華夏之源

中國傳統　經典與解釋

入其國，其教可知也……其爲人也：温柔敦厚而不愚，則深於《詩》者也；疏通知遠而不誣，則深於《書》者也；廣博易良而不奢，則深於《樂》者也；絜静精微而不賊，則深於《易》者也；恭儉莊敬而不煩，則深於《禮》者也；屬辭比事而不亂，則深於《春秋》者也。

——《禮記·經解》

中國傳統 經典與解釋
Classici et Commentarii

典籍校釋

劉小楓　周春健 ● 主編

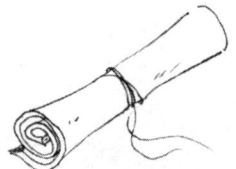

周易古經注解考辨

李炳海 ◎ 撰

古典教育基金·"資龍"資助項目

"典籍校釋"出版説明

晚清以降，西學入華，華夏道術分崩離析，我國學術和文教制度經歷了史無前例的大變局——晚近十餘年"奮不顧身"的現代化使得華夏學術和大學教育的本來面目更爲模糊不清。整頓大學文科、重新鋪展學術的基本格局，已然成爲深化改革開放的重大學術課題乃至新時代的艱巨使命——昇平之世必有文治。

文治之始，必基於整理舊故，賡續傳統。華夏文明亘古綿長，經典富贍，如今尤其需要我們加以整理，承前啓後——"典籍校釋"系列志在承接清代學人的學術統緒，進一步推進數百年來學人整理故籍的學術大業，在現代之後的學術語境中重新收拾我們自家的傳統經典。中國古代學術以繹讀經典爲核心和傳統，歷代碩儒"囊括大典，網羅衆家，刪裁繁誣，刊改漏失"的學術抱負和"皓首窮經"的敬業精神，在今天需要我們從自身的語境出發重新發揚光大。

百年來，我國學界整理故籍成就斐然，但尚待整理的故籍不在少數，仍需數代學人爲此付出辛勞。本系列着意在兩個方面推進我國的故籍整理：1.點校、注釋的範圍向次級經典擴展；2.以普及古典學術的整理方式整理故籍：繁體橫排，施加現代標點，生僻古字附注拼音，針對難解語詞、人物職官、典章制度、重要事件等下簡明注釋。如今的古籍整理，大多僅點校爲止，如此習慣做法使古書仍然是"古書"，我們的企望是，通過校注使得故書重新成爲當今向學青年的活水資源。

古典文明研究工作坊
中國典籍編注部甲組
2005 年 10 月

目　录

前言 ·· 1
一、《周易》名稱的由來 ································· 1
二、卦名與卦形的關聯 ····································· 6
三、兩卦為一組的對卦體制 ····························· 13
四、卦旨與爻位意義的交會 ····························· 18
五、卦爻辭的編排體例 ····································· 23
六、卦爻辭的象徵性表達方式 ························· 33
七、卦爻辭產生的時代及歷史映射 ················· 41

上經

☰ 乾 ·· 47
☷ 坤 ·· 53
䷂ 屯 ·· 60
䷃ 蒙 ·· 68
䷄ 需 ·· 72
䷅ 訟 ·· 78
䷆ 師 ·· 83
䷇ 比 ·· 87
䷈ 小畜 ·· 93
䷉ 履 ·· 98

䷊ 泰	103
䷋ 否	109
䷌ 同人	114
䷍ 大有	118
䷎ 謙	122
䷏ 豫	128
䷐ 隨	133
䷑ 蠱	138
䷒ 臨	142
䷓ 觀	148
䷔ 噬嗑	153
䷕ 賁	157
䷖ 剝	163
䷗ 復	168
䷘ 无妄	173
䷙ 大畜	178
䷚ 頤	184
䷛ 大過	188
䷜ 坎	193
䷝ 離	200

下經

䷞ 咸	206
䷟ 恆	211
䷠ 遯	216
䷡ 大壯	222
䷢ 晉	226

䷣明夷	232
䷤家人	237
䷥睽	242
䷦蹇	247
䷧解	253
䷨損	257
䷩益	261
䷪夬	269
䷫姤	274
䷬萃	279
䷭升	285
䷮困	290
䷯井	297
䷰革	304
䷱鼎	308
䷲震	313
䷳艮	319
䷴漸	325
䷵歸妹	332
䷶豐	341
䷷旅	349
䷸巽	354
䷹兑	359
䷺渙	363
䷻節	369
䷼中孚	372
䷽小過	376

䷾既濟 ································ 381
䷿未濟 ································ 387

徵引書目 ······························ 394
後記 ·································· 397

前　言

　　《周易》是一部千古奇書，它的解讀難度遠遠超過先秦時期的其他典籍。《周易》有許多難解之謎，由此也給後代解讀提供了馳騁想象的廣闊空間。《周易》本是用於巫術的筮書，帶有神秘化的色彩，因此之故，後代對它的解讀也往往走向神秘，甚至以巫術的操作方式加以觀照，最終走向虛妄。《周易》列為五經之首，是儒家極力推崇的經典，這樣一來，對《周易》的解讀又出現經學化的傾向，往往用後代的經學理念去附會《周易》本經。由於以上兩方面的原因，《周易》本經被遮蔽和曲解的程度遠遠超過先秦其他典籍。有鑒於此，要對《周易》最大程度地進行歷史還原，就必須以《周易》古經為本，即直接從卦爻辭切入，而把後出的《易》傳及各種注釋作為參考。

一、《周易》名稱的由來

　　循名責實是古今學人解讀《周易》的基本理路，對於《周易》名稱的辨析，是一個熱門話題，所採取的方法也多種多樣。對《周易》名稱所做的界定五花八門，其中不乏合理因素，可供借鑒。但是，如何更透徹、更確切地揭示出它的本義，仍有可供開拓的空間。

（一）對《易》的幾種主要說法

《易》成書於周代，故又稱《周易》。周指周代，這是古今學人比較普遍的共識，提出異議者很少。爭論主要來自對"易"字的理解，主要有以下四種說法。

第一，易指變化。最早對《易》做這種界定的是《繫辭上》："生生之謂易。"所謂生生，指生而又生，生生不息之義。《繫辭上》從運動、變化的角度給《易》下定義，《繫辭》作為《易》的綜論，也反復強調《易》的變動不居，唯變所適。《繫辭上》對《易》所做的界定帶有權威性，得到古今學人廣泛認可。高亨先生寫道：

> 陰陽與萬物皆新舊代謝，生生不已，是謂變易。《繫辭》作者認為《易經》之易即變易之義，以講陰陽變化之道也。①

所做的概括合乎《繫辭》的本義。《繫辭》確實是以陰陽的推移變化來解釋《易》的變動不居。

第二，易指蜥蜴。《說文解字·易部》："易，蜥易、蝘蜓、守宮也，象形。"這裏舉出三個名稱，是同一種動物的三種別名。許慎認為易指蜥蜴，屬於象形。對此，段玉裁在其《說文解字注》中道："上象首，下象四足，尾甚微，故不象。"段玉裁認為易字的構形不像蜥蜴，實際上否定了許慎的說法。許慎以蜥易釋易字，一方面認為是象形，另一方面也運用通假。蜥蜴，俗稱壁虎、馬蛇子，似蛇而有四足，屬於蛇的變種，取其蟬變之義。

第三，易為日月陰陽。《說文解字·易部》："秘書說：日月為易，象陰陽也。"對此，段玉裁注道：

---

① 高亨：《周易大傳今注》，齊魯書社，2000年版，第388頁。

> 秘書,謂緯書。……按,《参同契》曰:"日月為易,剛柔相當。"陸氏德明引虞翻注:"《参同契》云:'字從日,下月。"謂上從日,象陽。下從月,象陰。緯書説字,多言形而非其義。此非近理,要非六書之本。然下體亦非月也。

這裏所説的《参同契》,又稱《周易参同契》,是漢代解釋《易》的緯書,按照《参同契》的説法,易字的構形上為日,下為月,象徵陰陽剛柔相結合。段玉裁認為易字的下體不是月的象形,從文字學的角度否定了這種説法。

第四,易為陽。朱駿聲在其《説文通訓定聲》中寫道:

> 駿謂"三易"之"易",讀曰覡,《周易》之"易"讀若陽。……周人首《乾》,故曰《周易》。周者舟(周遍之周)之借字,昜者易之誤也。

這裏所説的"三易",指《周禮·春官·太卜》提到的夏易《連山》、殷易《歸藏》及《周易》。朱氏認為易是昜的誤字,但是找不到其他證據,這種説法很難成立。

除了以上四種主要説法之外,對於易字還有其他一些解釋,如《易乾鑿度》稱:"易者易也,變易也,不易也。變者其氣也,不易者其位也。"鄭玄《易贊》亦稱:"《易》之為名也,一言而函三義。簡易,一也;變易,二也;不易,三義。"這都是從字義上推衍引申,已脱離《易》本身。

以上幾種主要説法,以第一種觀點在歷史上居於主流。後幾種看法雖然難以成立,但也為後人提供了可資借鑒的因素,有加以斟酌取舍的必要。

（二）《易》之稱的本義

要考察《易》之名稱的本義，需要從它的字形入手加以辨析。《周易參同契》謂易字上從日，下從月。段玉裁不完全贊同這種説法，他認為"然下體亦非月也"。段玉裁否認易的下體不是月，但沒有對易的上體為日加以否定，實際是默認。易的上體確實是日。朱駿聲認為昜是易的誤字，也是根據易的上體為日，與昜的上體相同。

《説文解字·易部》："易……一曰從勿。"段玉裁注："又一説，從旗勿之勿，皆字形之別説。"許慎列舉對於易字構形的另一種説法，認為字形從勿，實際上確實如此。

易的字形從日，從勿；上為日，下為勿。日，指的是太陽。那麼，勿的原始本義是什麼呢？對此，趙誠先生有如下陳述：

> 勿，構形不明，甲骨文用來指稱物色，即後代所謂的雲氣之色，則為借音字。從這種意義來説，勿即物色之物的初文。古代占候，多望雲氣。《周禮·保章氏》："以五雲之物，辨吉凶水旱降豐荒之祲象。"鄭注："物，色也，視日旁雲氣之色。""知水旱所下之國。"《後漢書·明帝紀》："觀物變。"章懷太子注："物謂雲色災變也。"即指此。……勿見即物現，是説雲色之氣出現。①

甲骨文的勿指的是雲氣，易的構形上為日，下為勿，是太陽在雲氣之上進行照射之象，它的本義是太陽光綫穿透雲層，使天空由

---

① 趙誠：《甲骨文簡明詞典——卜辭分類讀本》，中華書局，1998年版，第188頁。

暗變明。趙誠先生認為甲骨文所說的易日,也是取易的這種本義:

> 易日。易即賜。天氣陰沉,晦暗,商代人希望上帝能把太陽賞賜給人間,所以叫作賜日。……既然希望賞賜一個太陽,則這種天氣一定沒有出日:可能是陰沉、晦暗,也可能是烏雲滾滾,也可能是時陰時雨,也可能是多雲蔽日。①

釋易日為賜日,不可取。但是,對於易日語境所做的分析,則是合乎實際的。所謂的易日,是在陰雨天對太陽進行祈禱,意謂光綫穿透雲氣。易,取其太陽光綫穿透雲層進行照射之義,目的是使天空由暗變明,由陰雨變為晴朗。

易,字形从日,从勿。把它與字形相近的昒、昜進行對比,其本義指太陽光綫穿透雲氣,會顯得更加明朗。《説文解字・日部》:"昒,尚冥也。从日,勿聲。"昒,即昒字。昒字的構形是勿在上,日在下,與易字的構形剛好相反。易字的本義是太陽光照射雲層,由暗轉明。昒字的本義則是太陽被雲氣遮蔽,尚處於黑暗之中。《説文解字・勿部》:"昜,開也。从日、一、勿。"段玉裁注:"此陰陽正字也,陰陽行而會易廢矣。"

字形从日从勿的昒、易、昜,是表明暗度的三個詞語,取象於太陽與雲氣的關聯。昒,指的是雲氣遮蔽太陽,處於黑暗之中。易,是太陽光綫穿透雲層,由暗轉明。昜,是日出雲開,一片光明。由昒到易,再到昜,是可見度逐漸增高,是太陽日長而雲氣日消的過程。

易的本義是太陽光綫穿透雲層,使得天空由暗轉明,由此引申出變化之義。易的本義是由暗入明,以光明驅逐黑暗,這也正是卦

---

① 趙誠:《甲骨文簡明詞典——卜辭分類讀本》,第191頁。

書所必須具備的功能。先民問卦，為的是能夠解惑發蒙，指點迷津，因此，稱卦書為《易》。《周禮·春官·大卜》稱："大卜掌三《易》之法：一曰《連山》，一曰《歸藏》，一曰《周易》。"夏、商、周三代，雖然卦書的名稱有別，但都稱為《易》。易的本義是驅暗入明，這是三代卦書皆稱為《易》的根本原因。瞭解到《易》的本來含義，這個名稱的由來就不難理解，對《易》這個名稱所做的各種解釋，其是非得失也就一目了然，不言自明。

二、卦形與卦名的關聯

《周易》的卦名是根據卦象而來，這是很早就得到公認的事實。《繫辭下》在敘述《易》的起源時寫道：

> 古者包犧氏之王天下也，仰則觀象於天，俯則觀法於地，觀鳥獸之文與地之宜。近取諸身，遠取諸物，於是始作八卦，以通神明之德，以類萬物之情。

按照這種說法，最初的八卦是由取象而來，具體而言，有取諸身和取諸物兩類。接著，《繫辭下》列舉《離》《益》等十二卦的由來，認為卦名是由具體事象而來。《繫辭上》也寫道：

> 聖人有以見天下之賾，而擬諸其形容，象其物宜，是故謂之象。

這是說《周易》最初的製作方式是觀物取象，《易》的卦形，就是所取之象的具體顯現。那麼，卦形，亦即卦象，與卦的名稱存在什麼樣的關聯，就是解讀《周易》本經不容回避的問題。

（一）取象於人體器官及動作

《頤》(䷚)卦名明顯取自人體器官。頤，指人的面頰、兩腮，而卦中所述均是與進食相關的事象。《頤》的卦形取象人的面頰的中間交界部位和內部構件。上下兩個陽爻猶如雙唇或上下牙牀，中間四個陰爻則取象於人的牙齒。《頤》卦的主旨頤養、進食，是由卦形取象於人的口腔而來。

與《頤》卦密切相關的是《噬嗑》(䷔)。所謂的噬嗑，指的是齧咬，相當於現代漢語所說的"吃喝"，爻辭所述屬於廣義的齧咬類型事象。《噬嗑》的卦形與《頤》很相似，《頤》的卦形是取象於人的口腔，《噬嗑》則取象於人對事物齧咬、咀嚼，上下兩爻像人的雙唇或牙牀，被兩個陽爻包於內的三個陰爻則像人的牙齒。至於陽爻九四，則取象口中的條狀食物。口中有食物，故稱《噬嗑》。

《周易》卦名直接取象於人體器官及其動作者數量有限，因為卦形畢竟不是圖畫，採用象形的方式展示人體器官及其動作，受到諸多限制。爻畫只有陰陽兩種，每卦只能六爻，在這種情況下，爻畫的組合很難與人體器官及動作相似，因此，這類卦形寥寥無幾。

（二）取象於直觀構形及其聯想

卦形由六爻組成，呈現出多種形狀。這種直觀構圖能夠激發人的聯想，由此而根據卦形來擬定卦名。

《屯》(䷂)和《蒙》(䷃)是對卦，《屯》指的是顯露出來，《蒙》則是指加以覆蓋。《屯》卦的上六是陰爻，中間斷開，九五是陽爻，再往下是三個陰爻，最下是陽爻。這個構形使人聯想到植物破土的景象。九五如同地面，上六則是破土而出之象。至於六二、六三、六四三個陰爻，則如同植物在地下階段的向上伸展，初九是植物生根的底部。《蒙》卦上九是陽爻，封閉之象，仿佛是覆蓋物置於下面諸爻之上,與《屯》卦所引發的聯想正好相反。

再如《鼎》(䷱),初六猶如鼎足,上九猶如抬鼎用的杠子,六五猶如鼎耳,九二、九三、九四三個陽爻,則如鼎的中部及其所盛的食物,而《鼎》兩個單卦的爻辭,把鼎分為鼎足、鼎實、鼎耳、鼎鉉四個部分。

《泰》(䷊)和否(䷋)是對卦,卦形都是由單卦《乾》和單卦《坤》組成,只是結構方式相反。《泰》卦上部是三個陰爻,由於中間是斷開的,給人以上行暢達的直觀印象,由此聯想到順境。與此相反,《否》卦的上部是三個陽爻,給人的感覺是頂部封閉,無法上達,由此聯想到逆境。《泰》指通達,《否》指閉塞,這對卦名的由來,與《屯》《蒙》兩卦有相似之處,都把卦的上部爻畫作為依據,陰爻表示通達、顯露,陽爻則是封閉、覆蓋之象。

《臨》(䷒)和《觀》(䷓)是對卦,這對卦名的生成,也是由卦形的直觀想象而來。《臨》卦上部四個陰爻,猶如陡峭對峙的懸崖,同時又是通達之象,初九、九二兩個陽爻則如懸崖下部的地面。由此引發出這樣的聯想,仿佛是人由地面登上懸崖,居高臨下進行審視,《臨》卦由此得名。《觀》卦上部兩個陽爻並列,是閉塞不通之象;下部四個陰爻並列,是懸崖對峙之象。《觀》卦的圖形激發的是這樣的聯想,懸崖的上部還有更高的山體,人雖然能夠登上懸崖,卻無法繼續上行,只能仰望上面的高山,《觀》卦的名稱由此而來。而《觀》卦所述的觀照對象,都大於觀照主體本身。

由卦形直觀構圖所引發的聯想,還來自爻畫的集中排列與單獨出現相結合的卦形。《剝》(䷖)和《復》(䷗)是對卦,《剝》是剝落,把同一物體分開;《復》是返回,所走的道路與出行時重疊,並且回歸住處,是相合之象。《剝》和《復》有分與合的差異。這兩個卦名與卦形有什麼關聯呢?單從它們本身無法得出確切的答案,需要有其他參照物。《夬》(䷪)和《姤》(䷫)是對卦,《夬》表示決絕、分離,《姤》表示結合。如果把這兩對卦加以比較,卦名和卦形的關聯就會顯現出來。《剝》和《夬》的意義都是表示分離,《剝》的卦形是上面一個陽爻,下面五個陰爻並列;《夬》的卦形是上面一個陰爻,下面五個陽爻並列。這樣看來,如果同一屬性的爻畫在下面集中排列五個,而最上位的爻畫是另一種屬性,那麼,卦形所表達的意義就是離異、分開。《復》卦是上面並列五個陰爻,下面一個陽爻;《姤》卦是上面並列五個陽爻,下面一個陰爻。由此可以得出結論,如果同一屬性的爻畫在卦的上部集中排列,底部是另外屬性的一種爻畫,那麼,卦形所表達的意義就是相疊、結合。以上四卦分屬兩組,卦名的由來和爻畫的數量直接相關,是從重力角度進行審視而引發的聯想。在周族先民看來,卦形的上部五個同一屬性而集中排列的爻畫就能夠以上制下,保持絕對的優勢,使這種結合處於穩定狀態,是以多制少,以重制輕的結果,《復》《姤》的卦名由此而來。相反,居於最上位的是一個陽爻或陰爻,下面集中排列的是與上爻屬性相反的五個爻畫,那麼,就形成少者居上而多者居下,輕者居上而重者居下的局面,上爻無力制衡,會出現解體,《剝》《夬》卦名就是由此而來。

由卦形直觀構圖而引發的聯想,有時還著眼於爻位的變化。《師》(䷆)和《比》(䷇)是對卦,《師》指出征作戰,《比》指人與人的親密相處。《同人》(䷌)和《大有》(䷍)也是對卦,《同人》指出兵作戰,《大有》指富足條件下人與人的相聚。這兩對卦所表達的意義相近,卦形也有相通之處。《師》卦五個陰爻,一個陽爻。陽爻處於下部第二位,上面是四個並列的陰爻,下面是一個陰爻,單獨出現的陽爻明顯處於被擠壓的地位。《同人》卦五個陽爻,一個陰爻。單獨出現的陰爻,上面是四個並列的陽爻,下面一個陽爻,陰爻也明顯處於被擠壓的地位。《師》卦和《同人》卦形中,單獨出現的陽爻和陰爻都是被擠壓的對象,因此,這兩卦都以出兵作戰為題材,是以實際行動進行打擊。《比》卦是五個陰爻,一個陽爻。其中陽爻居九五之位,上面一個陰爻,下面四個陰爻。五是尊位,《比》的卦形是一陽統轄五陰之象,是和諧相處之象。《大有》五個陽爻,一個陰爻,陰爻居六五之位,亦是尊位,是一陰凝聚五陽之象。《比》《大有》中單獨出現的爻畫都居於尊位,而不是《師》《同人》那樣處於下位,因此,《比》《大有》都用於表現和諧的人際關係,與《師》《大有》的戰爭取向相反。

卦名取象於卦形直觀構圖所引發的聯想,以上諸卦是明顯的例證。還有一些比較複雜的卦形,它們的得名有的也當是由這個途徑而來,但進行辨析有很大難度,無法把這種情況全部加以揭示。

(三)取象於陰陽互動、以陽為本的理念

陰陽理念是《周易》的靈魂,許多卦名的得來,都與陰陽理念相關。《周易》有八個經卦,《乾》和《坤》,分別象徵陽和陰,它們的得名是源於以日為陽、以水為陰的理念。其他六個經卦的名稱,也都是從陰陽理念推演出來的。

《坎》(☵)和《離》(☲)是對卦,卦名是由陰陽爻位的配置方式而來。《坎》的兩個單卦均是陽爻居於兩陰爻之中,是陽爻入乎陰爻之內,因此,《坎》指的是入乎其內,以監獄事象為背景。《序卦》稱:"《坎》者,陷也。"所謂的陷,指的是陽爻陷於陰爻的包圍之中。《離》卦的兩個單卦均是兩陽爻居外,內裏是一個陰爻,是陽爻出乎陰爻之外,因此,《離》指的是離開,全卦取材於撤離事象。《雜卦》稱:"《離》上而《坎》下也。"如果從陰陽爻位的組合來看,所謂的上、下,均指陽爻而言。《坎》《離》二卦的得名,主要著眼於陽爻所處的位置。

《震》和《艮》是對卦,《震》卦的兩個單卦均是兩陰爻居上,一

陽爻居下，是陽被陰所鎮之象。在古人觀念中，以陰鎮陽是不穩定的，陽會掙脫這種受制於陰的局面。因此，《震》指動，全卦以雷鳴為背景。古人認為雷出於地而升空，發出巨響，《震》的單卦形態與古人的這種認識相合。下面一個陽爻如同地平面，上面兩個陰爻中間斷開，仿佛是雷由地升空的通道。《艮》的兩個單卦均是一陽爻在上，兩個陰爻在下，是以陽制陰之象。古人認為陽居於上而制陰，是宇宙的正常秩序，可以保持穩定，所以，《艮》卦指的制止、鉗制，與《震》卦的動盪之義相反。《震》《艮》二卦的得名，主要也是根據陽爻在單卦所處位置而來。

　　《兌》和《巽》是對卦，它們名稱的由來，與《震》《艮》兩卦的依據是一致的。《兌》的兩個單卦均是一個陰爻居上，兩個陽爻居下，是以陰鎮陽之象。這種結構方式是不穩定的，陽要上行而擺脫受制狀態，因此，《兌》指的是人的言說，是進行宣發的行為方式，而居於上部的陰爻，猶如人的口部，是話語得以表達的通道。《巽》的兩個單卦是兩陽爻居上，一陰爻居下，是以陽制陰之象，古人觀念中的陰伏於陽的圖像。《巽》指的是下伏，每個單卦確實與人的下伏樣態相似。

　　綜上所述，《坎》《離》《震》《艮》《兌》《巽》六個經卦的得名，都是由陰爻與陽爻組合方式而來，主要著眼於陽爻所處的位置，秉持的是以陽為本的理念。這種理念在其他一些卦名中也有體現。

　　《易》有《小畜》，單從此卦本身進行考察，很難發現卦形與卦名之間的關聯，即使勉強加以解說，也往往陷入猜測和臆想。《易》還有《大畜》，和小畜的取材一致，都是講述搶劫蓄積之事。通過卦形對比可以看出，兩卦均是陽爻居外，陰爻居內，陰爻是被蓄積的地位。區別在於，《小畜》所蓄積的是一個陰爻，而《大畜》所蓄積的是兩個陰爻，蓄積的陰爻有多寡之別，故卦名分別是《大畜》和《小畜》。《遯》九三稱："畜臣妾吉。"臣妾屬於陰柔系列，是被蓄養的對象。因此，以蓄養陰爻的多寡進行劃分，有《大畜》和《小畜》之別。

《易》有《大過》，還有《小過》，皆取象其不合於中限之義。通過觀察卦形可以發現，《大過》《小過》名稱的由來，是由卦形的陰、陽爻的數量及分佈格局決定的。《大過》是四個陽爻，兩個陰爻，陽爻數量明顯多於陰爻。過，謂超過。所謂的《大過》，指陽爻超過，大指陽爻。所謂的《小過》，指的是陰爻數量多過陽爻，小指陰爻。

大，指的是陽爻。沿著這條綫索進行追尋，還可以找到有些卦名與卦形的關聯。《易》的《大有》，五個陽爻，一個陰爻，陽爻的數量明顯多於陰爻。這裏所説的有，指的是富足。所謂的《大有》，就是由卦形的陽爻富足而得名。《易》還有《大壯》，四個陽爻，兩個陰爻。陽爻、陰爻皆集中排列。所謂的《大壯》也是由陽爻數量多而來，陽爻本身就是強壯的象徵。由此看來，《大畜》《大過》《大有》《大壯》都是由卦形的陽爻明顯多於陰爻而得名。

《易》秉持的是陰陽觀念，許多卦的命名，都是由陰爻陽爻的消長而來，是以陽爻為主導。《損》（䷨）和《益》（䷩）是對卦，宗旨相反。這兩卦均是陽爻、陰爻各占一半，而且都是三個陰爻居中，三個陽爻居外側。《損》卦是兩個陽爻居下，一個陽爻居上，居於下面的陽爻數量多。在古人觀念中，上為增益，下為減損，陽爻居下者居多，故稱為《損》。《益》卦則與此相反，兩個陽爻居上，一個陽爻居下，陽爻居於上者佔優勢，故稱《益》。所謂的損和益，著眼於陽爻居下者多還是居上者多。至於三個陰爻，在兩卦都是居於中間，位置沒有大的變動，卦名的生成與陰爻沒有直接關聯。

《渙》（䷺）和《節》（䷻）的得名途徑，與《損》和《益》相似。《渙》是兩陽爻並列居上，一陽爻居九二，陽爻並列而居九五、上九，是陽盛之象，故稱《渙》，是解脱、發散之義。《節》卦則與此相反，兩個陽爻並列居下，只有一個陽爻居於九五，陽爻居於下位者多而居於上位者少,故稱《節》,指的是節制、約束。所謂的《渙》《節》,主要著眼於陽爻的排列位置,是從以陽為本理念而為卦命名的。

《周易》的卦名是由卦形而來,或取象於人體器官或動作,或取象於直觀構圖引發的聯想,還有的取象於陰陽互動,以陽為本的理念。這幾種取象命名的方式,有時融匯在一起,從多個角度進行推演。如前所述,《震》卦的得名,既有陰陽互動,以陽為本理念起作用,卦形的直觀性又引發出有關雷鳴的聯想。《兌》和《巽》既是以陽為本理念的結晶,又取象於人的器官及形體動作。再如《夬》和《姤》,《夬》表示決絕、分離,因為一陰爻在上,五陽爻在下,由於在上的陰爻只有一個,無法鎮伏並列的五個陽爻,因此,這種結構是不穩定的,故稱為《夬》。卦名的生成既著眼於陰爻、陽爻的數量對比及排列方式,同時也有陰陽互動,以陽為本理念滲透其中。一陰居五陽之上,是以一陰統轄五陽,違背以陽為本的理念,故斷定其必定要決絕、分離。《姤》卦則與此相反,以五陽統轄一陰,具有很強的穩定性,故稱《姤》,有緊密結合之義。卦名的生成往往有多種因素起作用,需要做綜合考察。

三、兩卦為一組的對卦體制

《周易》六十四卦,每兩卦為一組,共三十二組。對卦是由卦形相反的兩卦組成。因此,卦名所表達的意義、卦爻辭的取材對象相反,彼此呈現出互補關係。準確把握對卦體制,是解讀《周易》卦爻辭的關鍵所在。只有正確理解對卦內部的相反相成關係,才有可能從總體上準確地對各卦加以定性。反之,如果脫離對卦體制,勢必造成解讀的隨意性,甚至出現混亂。《周易》有些對卦所表達的相反指向比較明顯,很容易辨別;有的則很隱晦,很容易出現誤解,需要深入地加以辨析。

《乾》《坤》兩卦是《易》之門，它們相反相成的關係很顯豁，《乾》指陽剛，《坤》指陰柔，對此，古今學人已經達成廣泛的共識，沒有太多的異議。排在《乾》《坤》後面的是對卦《屯》和《蒙》，對於這兩卦的解說，就出現許多歧義。《彖》傳稱："《屯》，剛柔始交而難生。""《蒙》，山下有險，險而止，《蒙》。"按照這種説法，《屯》指的是艱難，《蒙》指的是遇險而止，二者不是相反的指向，而是相承接的關係。《序卦》稱："《屯》者，盈也。屯者，物之始生也。物生必蒙，故受之以《蒙》。《蒙》者，蒙也。"這是以盈釋《屯》，以蒙釋《蒙》，還是把二者説成是相承接的關係，看不出二者之間的相反指向。《雜卦》稱："《屯》，見而不失其居。《蒙》，雜而著。"《雜卦》力圖揭示出兩卦之間的相反指向，但是，所做的闡釋未能明確指出二者逆反的關係。類似解説在《易》傳中還有許多，從而造成後代解《易》的隨意性和神秘化。

揭示對卦之間的相反指向，關鍵在於對卦名含義的準確把握和細緻辨析，通過兩個卦名的對比，找出彼此之間的相反指向。即以《屯》《蒙》兩卦為例，可以看到在解讀過程中彼此參照的重要性。《屯》指草木破土而出，由此衍生出多種含義。草木破土而出，是顯露之象，故《屯》有顯露之義。草木破土而出不是孤獨地顯露，而是成批地向上伸展，所以，屯又有聚集之義。草木破土而出是一個艱難的過程，屯又有艱難之義。那麼，《屯》卦究竟取哪種意義呢？單從《屯》卦本身是無法確定的。《蒙》的含義比較單一，指的是覆蓋、掩蔽，顯然，與它這種意義相對的應該是顯露，而不是屯字的其他意義。《易》傳釋《屯》為艱難，為盈滿，並非毫無根據，其失誤在於未能和《蒙》的基本意義相溝通，沒有揭示出對卦之間的相反指向。

《易》傳對於《坎》《離》二卦所做的解説，同樣因為缺乏必要的相互參照而偏離卦的宗旨。《序卦》稱："《坎》者，陷也。陷必有所麗，故受之以《離》。離者，麗也。"釋《坎》為陷，合乎卦的本義，坎指的是沉陷其中、陷入。可是以麗釋《離》，麗指附麗，與沉陷其中無法構成反義。離，有附麗、離開兩種基本意義，如果釋《離》為離開，則正好與《坎》的陷入構成相反的意義。《坎》以監獄生活為背景，是身陷囹圄之象。《離》則是敘述逃亡事象，與《坎》的指向正好相反。

在《周易》三十二組的對卦中，有些對卦的相反指向極其相近，彼此的差異很微小，需要仔細辨析才有可能把不同對卦之間的區別揭示出來。如《泰》與《否》、《蹇》與《解》、《困》與《井》、《渙》與《節》。《泰》指順通，《否》指閉塞。《蹇》指凝滯，《解》指解脫。《困》指陷入困境，《井》指上下通達。《渙》指發散，《節》指節制。這幾對卦總體上都是通達與閉塞相對，具體到各對卦又有微小的差異。

再如《遯》與《大壯》、《晉》與《明夷》，這兩組對卦前後相次，所構成的相反指向也很相近。《遯》《明夷》均指退縮，而《大壯》《晉》則是指前行。可是，如果對這對卦名進行細入推敲，仍然能夠把它們區分開來。《遯》指逃跑、逃遁，《大壯》則是莽撞前行，二者指向相反。《晉》是前行而與對方相溝通，《明夷》則是隱蔽起來不與外界交往。這樣看來，兩對卦雖然大意相近，但還是有所不同。

《頤》與《大過》、《中孚》與《小過》，也是兩組很相似的對卦。《大過》與《小過》都是背離於中，這是它們的共同之處。區別在於，《大過》是陽剛過盛而超過限度，《小過》是陰柔過剩而不及限度，二者或為超過，或為不及，都背離於中。與《大過》相對的《頤》，指人的就餐進食，將食物納入體內，即入於腹中。與《小過》相對的《中孚》指的是內懷誠信並表現出來，是出自中而發於外。《頤》與《中孚》有物質與精神之別，自外入於中與自中發於外之別。由此而來，這兩對卦雖然都是中與不中相對，具體所指卻各有側重，不相雷同。

《周易》有許多相似的對卦，它們之間不是迥異，而是微殊，如何把這些相似的對卦區分開來，是解讀的難點之一，需要反復斟酌、仔細推敲，而不能籠統概括之。否則，《周易》本經的對卦就會被誤認為彼此重復、雜亂無序。

《周易》本經的對卦，有的單憑卦名就可以看出兩卦的相反指向。如《需》和《訟》，《需》是友好等待對方，《訟》則是訴訟打官司，與對方抗爭。《家人》是敘述家庭的團聚，《睽》則是孤獨者外行。這類對卦所占的比例較大，解讀起來比較容易。還有一類對卦則不同，單從卦名本身很難看出兩卦之間的相反指向，而要通過辨析卦爻辭加以認定。《同人》和《大有》是對卦，單從字面意義來看，《同人》是把眾人聚集起來，《大有》是極其富足，二者構不成相反的指向。如果進一步深入到卦爻辭層面，二者相反的指向就顯示出來了。《同人》取材於出兵作戰，《大有》則是著眼於如何持盈，是和平富足環境中的事象。再如，《漸》和《歸妹》，《漸》是前行之義，爻辭以鴻鳥前行為綫索，《歸妹》則是敘述嫁女事象，二者構不成相反的指向。《漸》的卦辭是"女歸吉"，意謂女性應當返回家中而不宜前行，這與女子出嫁恰好構成相反的指向。如果忽略《漸》的卦辭，那麼，就很難找出《漸》與《歸妹》之間的相反取向。再如，《豐》與《旅》這組對卦，《旅》的具體所指很明確，指的是出行、行旅。而《豐》究竟指的是什麼，單從卦名無法得出確切的答案。解讀爻辭會發現，《豐》是以喪禮期間搭建靈棚為背景，於是它和《旅》的相反指向也就變得顯豁：《旅》是離開家出行，與外界接觸；《豐》的活動範圍則是限於院庭內部，搭建的靈棚起的是遮蔽作用，與外界隔絕開來。對於這類對卦的解讀，不能停留於對卦名含義的辨析，而必須以卦爻辭所述事象為依據，揭示出兩卦之間的相反指向。

《周易》卦名的含義，多數是比較明確的，容易辨識。也有少數卦名顯得奇特古怪，往往被後人誤解，從而偏離對卦的歷史還原。

如《噬嗑》卦名由兩個字組成，各有固定的含義。《序卦》稱："可觀而後有所合，故受之以《噬嗑》。嗑者，合也。"這是把《噬嗑》釋為合。與《噬嗑》相對的卦是《賁》，《序卦》稱："《賁》者，飾也。"按照這種解釋，《噬嗑》為合，《賁》為飾，可是，飾何嘗不是合呢？它是外在修飾與固有本體之間的結合。這樣一來，《噬嗑》與《賁》就不是指向相反，而是意義相承。其實，《序卦》對於《噬嗑》只解釋了嗑字，而忽略了噬字。噬是口之開啟，嗑是口之閉攏，口之開合是就餐進食，把食物消滅掉，從而與《賁》卦的增飾構成相反的指向。這一事實表明，對於卦名的解釋，必須兼顧它的全部含義，由兩個字構成的卦名，不能只取其中一個字作解，否則，必然無法把對卦體制揭示出來。

《周易》有些古怪的卦名，往往取字的本義，而不是它的引申義，《蠱》卦就是如此。蠱，字形从蟲，从皿，是容器中生出蟲子之象，具體指穀物生出蠹蟲、飛蛾，因此，它有繼往開來之義。《蠱》與《隨》是對卦，《隨》指做事隨人，沒有自主性；而《蠱》則是繼往開來，獨立自主。如果按照蠱字的衍生意義去解釋蠱，把它說成表示蠱惑，就無法與《隨》構成對卦。再如《無妄》，用的是妄字的本義，指的是治理，無妄即無心治理，沒有預料之義，從而與《大畜》構成對卦，《大畜》敘述的是有預謀、有計劃的行動。《周易》卦名多取字的本義，多數可以從《說文解字》中找到答案。

《周易》本經是以對卦體制構建的，每兩卦為一組，兩卦的指向相反。《周易》對卦的次序編排，是由卦形變化推演出來的，各個對卦之間不存在邏輯和意義上的關聯。可是，《序卦》卻把三十二組對卦作為存在邏輯和意義關聯的連續鏈條看待，用因果律解說前後組對卦之間的關聯，認為兩組對卦之間是前後相承接的。在具體解說過程中，雖然有時也涉及對卦內部的相反指向，但是未能在這方面建立起體系，經常出現誤讀。如："井道不可不革，故受之以

《革》。革物者莫若鼎,故受之以《鼎》。"《雜卦》亦稱:"《革》,去故也;《鼎》,取新也。"照此說法,《革》和《鼎》都是表示變革之義,二者的指向相同,沿用至今的革故鼎新之語,就是由此而來。《革》指變革,卦爻辭所述均是與變革相關的事象。鼎由金屬製成,體積大,不宜頻繁移動,而應保持固定。《鼎》爻辭所述反復出現鼎足折斷、鼎耳脱落事象,就是由於移動而造成的。《革》主變革而《鼎》主穩固,這是它們構成對卦的根據。如果二者指向相同,就無法構成對卦。

《雜卦》基本是按對卦的體制解釋卦名,多數是每兩卦為一組,指出彼此相異的意義。儘管有許多解釋不符合原卦的宗旨,但是,它確實是想構建對卦體制的闡釋體系,有其可取之處。

《周易》本經的對卦體制,體現的是正反相成的理念。這種編排方式,對後代的著述有很大影響。劉向所編《説苑》,就是每兩篇為一組,有的是以正反相成的結構形態出現。

四、卦旨與爻位意義的交會

《周易》的卦旨和爻位意義,是編纂爻辭的依據。卦的宗旨和爻位意義的交會,就是爻辭所要敘述的事象和表達的意義。因此,準確地把握卦的宗旨及各個爻位的基本意義,是解讀《周易》本經的一把鑰匙。

《周易》各卦的宗旨,由卦辭加以表述。卦辭有兩種類型。第一種類型是在標示卦名之後,指出應當如何去做,還給出斷語。《坤》的卦辭屬於這種類型:"《坤》:元亨。利牝馬之貞。君子有攸往,先迷後得主,利。西南得朋,東北喪朋。安貞吉。"這是屬於完備型卦辭,具體指出應該怎樣做和需要避免的事情。"元亨""吉",則是標示吉祥的斷語。《周易》大多數卦辭屬於這種類型,只是有繁簡之別,如《遯》的卦辭:"亨,小利貞。"屬於完備型中的簡要者。

還有的卦辭屬於非完備型,或是只出示具體事象而無斷語,或者只有斷語而沒有具體事象。前者如《大壯》的"利貞"、《晉》的"康侯用錫馬蕃庶,晝日三接"。這兩條卦辭都是只出示具體事象,而沒有給出斷語,所出示的事象又有繁簡之別。這類卦辭所出示的事象,已經包含吉凶方面的判斷,只要按所出示的事象去做,就合卦的宗旨。《大壯》的"利貞",意謂當大壯之際,利於占問。《晉》的卦辭所述事象則暗示,卦的宗旨是進行貫通、勾連。

非完備型卦辭的另一種樣式是只有斷語,沒有出示具體事象,如《大有》卦的"元亨"、《鼎》卦的"元亨,吉"。這類卦辭的斷語,是根據卦名而做出的。《大有》指的是非常富足,卦辭用斷語對於這種狀況加以肯定,言外之意,對特別富足的狀況要善於保持,卦的宗旨是持盈。《鼎》是穩固的象徵,卦辭的"元亨,吉",就是針對鼎的穩固性而發,意謂保持穩固狀態則無比順通、吉利;反之,頻繁變動,就會帶來困厄。全卦的爻辭正是圍繞這個宗旨進行編排。只有斷語而不出示具體事象的卦辭極其罕見,只有以上兩例,這類卦辭實際是把卦名作為卦辭的組成部分,是出示斷語的前提和依據。

卦辭用於表述卦的宗旨,解讀卦辭的難度不是來自它在形態上的完備與否,而在於所用詞語及所述事象的象徵性,需要透過表象,或者採用聯想的方式加以破譯。

《周易》爻辭有十二個爻位,陰爻、陽爻各六。各個爻位的意義是固定的,不會因為卦的不同而發生變化。所以,正確把握各個爻位的基本含義,並且把它與卦的宗旨相貫通,才有可能對爻辭做出合理的解釋。

十二個爻位分為陰爻、陽爻兩類,這兩類爻辭在橫向上存在對應關係,從中可以看出陰爻和陽爻在同一高度時的具體差異。

初九爻位的意義是"潛龍勿用",初六爻位的意義是"履霜堅冰至",從總體上看,處於初位的陽爻和陰爻,所要求的均是不要有所動作,不能在事情的初始階段就投入其中,這是二者的相通之處。可是,從爻辭所做的表述來看,在警示的程度上有強弱之別。初九爻位是要求沉潛勿動,而初六爻位則是説踏著霜前行就會遇到堅冰,意謂有所行動必定受阻,陷於困境。顯然,初六爻位所做的警示,較之初九爻位的強度更大,禁忌更加嚴格。

九二爻位的意義是"見龍在田,利見大人",意謂龍出現在田地,利於大人顯露,也就是利於做大事,能夠有所成就。與九二相對應的六二爻位,它的意義是"直、方、大,不習无不利"。直、方、大,均屬於陽剛之類,六二爻位的意義是對於陽剛之行不予踐履,言外之意,只能以陰柔的方式做事。九二爻位對於人的行為方式著眼於大事,而六二爻位則限定在陰柔類型,對陽剛之行要予以回避。九二爻位是不受限制的行動自由,六二爻位是有限制的行動自由,二者形成鮮明的對照。

九三爻位的意義是"君子終日乾乾,夕惕若,厲,无咎"。終日乾乾,是獨立自主、一往無前之象。"夕惕若",則是指具有憂患意識,對於前行的舉措進行反思、調整。六三爻位意義是"含章,可貞。或從王事,无成有終"。所謂的含章,是把美好的東西蘊含於内,不加顯露,是内斂收縮,與九三爻位外向型的"終日乾乾"形成相反的取向。六三爻位的"可貞"、"或從王事",都是屬於順從型的行為,聽從神靈的旨意,隨從王事,沒有獨立自主性。九三爻位兼顧外向與内斂,行為主體具有自主性。六三爻位則只強調内斂,行為主體没有自主性。

九四爻位的意義是"或躍在淵,无咎",前行升騰而居其所宜,是主動型的行為方式。六四爻位的意義是"括囊,无咎无譽",指的是接納外物而加以封存,是被動型的行為方式。九四爻位的龍躍入淵,與六四爻位的納物於囊,二者的行為方式屬於不同的類型,有主動與被動之別。

九五爻位的意義是"飛龍在天,利見大人",與九二爻位相似,但可做的事較之九二爻位更大,陽剛之行得到充分的肯定。六五爻位的意義是"黃裳,元吉",意謂居尊位而以謙下之態出現。九五爻位所肯定的行為取向是高、是上,而六五爻位則主張謙下,二者的取向相反。

上九爻位的意義是"亢龍有悔",意謂陽剛過盛會出現困厄,因此進行警示。上六爻位的意義是"龍戰于野,其血玄黃",是警示不要陰盛犯陽,造成創傷。同是警示避免過盛,但上六爻位所做的警示較之上九更加嚴厲。陽盛僅僅是會有困厄,陰盛犯陽則會造成充滿血腥的慘烈結局。

陽和陰相對應的爻位,它們的意義有相通之處,與此同時,又存在明顯的差異。準確把握陽和陰相對應爻位的同和異,在解讀爻辭時可以提供參照,而不至於把二者混淆。

對於各個爻位相對固定的意義,《繫辭》已經予以關注。《繫辭下》寫道:

> 二與四同功而異位,其善不同,二多譽,四多懼,近也。……三與五同功而異位,三多凶,五多功,貴賤之等也。

《繫辭下》採用量化統計的方式,指出從二到五各個爻位的吉凶屬性。其稱"二多譽"、"五多功",合乎《周易》本經的實際。二、五均是單卦的中爻,故吉祥居多,體現的是以中為吉的理念。

《乾》卦有用九,《坤》卦有用六,分別指出陽爻和陰爻的基本屬性。用九稱:"見群龍无首,吉。"意謂出現的群龍沒有首領,指的是各自為主,獨立行事。獨立自主是陽爻的基本屬性。用六稱"利永貞",利於占問長遠之事,意謂陰爻應守被動,順從神靈的旨意。被動而隨從,是陰爻的基本屬性。

《周易》各卦有本身的宗旨,各爻位有固定的意義,對於爻辭的解讀,就是要找到卦的宗旨與爻位意義之間的關聯,從而對爻辭做出準確的判斷。

《周易》的爻辭有多種類型:一是爻辭所述事象與爻位意義、卦的宗旨相符合,在這種情況下,結局是吉利的。二是爻辭所述事象與卦的宗旨、爻位意義均相違背,結局必定是兇險的。三是爻辭所述事象符合卦的宗旨,而與爻位意義相悖或游離;還有的是爻辭所述事象合乎爻位意義,而與卦的宗旨相悖或游離。在第三種情況下,爻辭所出示的斷語或是依據卦的宗旨,或是依據爻位意義,有時兼顧二者,加以綜合。具體落實到各卦,出現許多複雜的情況,需要進行精心的運演加以認定。

爻辭所述事象及出示的斷語,其依據是卦的宗旨和爻位意義的關聯。明乎此,有些類似或相反的爻辭就可以得到合理的解釋。上九爻辭是"見群龍无首,吉",《比》上六是"比之无首,凶"。同是無首,一為吉,一為凶,斷語截然相反。上九是標明陽爻的意義,它的基本屬性是獨立自主、各行其是,故群龍无首吉。《比》卦的宗旨人與人親密相處,而"比之无首",人與人之間親密相處而沒有首領,缺少凝聚力,親密相處很難穩固,與卦的宗旨相違背。上六是陰爻最高位,比之无首是陽盛之象,與上六爻位意義不符。鑒於比之无首與卦旨、爻位意義均相違背,故出示的斷語為凶。

再如《履》六三:"眇能視,跛能履,履虎尾,咥人,凶。"兩眼大小不一而要審視,跛足而要前行,結果踩上老虎尾巴而被咬,結局兇險。《履》的卦辭稱:"履虎尾,不咥人,亨。"六三爻辭是踩上虎尾而被咬,與卦的宗旨相違背。六三爻位的意義一是內斂,二是做事隨人,而《履》六三爻辭所述事象不是內斂,而是向外伸展;不是做事隨人,而是獨立自主,與爻位意義相違。《履》六三爻辭所述事象與卦旨、爻位意義均相違,故結局兇險。

"眇而履"又見於《歸妹》九二:"眇能視,利幽人之貞。"歸妹,指嫁女。出嫁的女子兩眼大小不一而強行審視,這樣的人利於居於家中進行占問。爻辭以嫁女為背景,合乎卦的宗旨。九二爻位的意義是"飛龍在天,利見大人"。眼睛有缺陷的女子強行審視,不合乎九二爻位的意義,女子不屬於大人的行列。對於這樣的女性而言,最合適的選擇是不出家門而進行占問。這條爻辭運用的是逆反思維,九二爻位的意義是利於大人出現,既然出嫁的女性不屬於大人的行列,那麼,就應該做出相反的選擇,不要出頭露面,而要閉門不出;不要在人們面前出現,而只能和鬼神溝通,這樣才不至於違背九二爻位的意義。卦爻辭有許多地方運用逆反思維,有時需要從這個角度去考察爻辭與卦旨、爻位意義的關聯。

爻辭與卦旨、爻位意義的關聯,有時還要用換位思考的方式加以處理。《觀》的卦辭是"盥而不薦,有孚顒若",是以祭祀為背景。進行祭祀的人洗手之後尚未進獻祭品,內懷誠信而顯得莊嚴虔敬。所觀照的對象崇高、壯麗,所觀者大,是《觀》卦宗旨。《觀》六四爻辭稱:"觀國之光,利用賓于王。"做了王的客人,得以觀看國家的光輝景象。觀國之光,合乎卦的宗旨。六四爻位意義是"括囊,无咎无譽"納物於內而加以封存之義。作為王的客人出現,是被王接納,正是括囊之象。觀國之光,是國家光輝景象被納入視域,亦是括囊之象。無論從哪個角度考量,這條爻辭都與爻位意義相符。對這條爻辭如果不做換位思考,就只能從一個方面發現爻辭與爻位意義的相符,它的大吉大利屬性也就打了折扣。

五、卦爻辭的編排體例

《周易》卦爻辭最後寫定在殷周之際,它雖然是一部卦書,用於占問，但其中有較多的詩性因素。卦爻辭的編制體例，卦爻辭的句式、句型，以及它的表達方式，都帶有許多詩性因素，是從原始歌謡向周代詩歌過渡的中間環節。後代詩歌的許多要素，都可以從《周易》卦爻辭那裏找到胚胎和萌芽。

（一）六位成章的詩體樣式

《周易》共六十四卦，除《乾》《坤》二卦因其特殊地位而每卦七爻，其餘各卦均由六條爻辭構成，採用的是六位成章的方式。對此，《周易·說卦》寫道：

> 昔者聖人之作《易》也，將以順性命之理。是以立天之道曰陰與陽，立地之道曰柔與剛，立人之道曰仁與義。兼三才而兩之，故《易》六畫而成卦。分陰分陽，迭用柔剛，故《易》六位而成章。

《說卦》從貫通天地人的角度解釋《周易》每卦六爻的由來，滲入作者本人的理解和觀念，未必合乎卦爻辭製作的事實。不過，每卦六爻是由卦畫而來，這卻是歷史事實。《易》最初八卦，每卦三畫。後來出現的六十四卦，是把兩個單卦重疊變成復卦，每個復卦六畫，六個爻位，由此形成每卦六條爻辭的體制。這個卦體帶有詩體的性質，對於後來的詩歌體式產生了深遠的影響。

詩和散文很重要的一個區别，就是詩要有固定的格式、體式，有句數上的規定，而不能散漫無序。卦爻辭每卦六爻，從而規定每卦必須是六條爻辭，既不能增加也不能減少。這種規定是剛性的，和後來格律詩對每篇作品句數的限定有相似之處。也就是說，《周易》各卦所設置的是詩體樣式，爻辭的編排必須符合這種詩體樣式，是用一種固定的詩體樣式來規範爻辭的編制。卦名相當於一首詩的題目,卦辭類似於對題目的簡單解說,相當於副標題。至於六段爻辭,相當於六行詩句,是文本的主體部分。

《周易》採用的是六爻成章的方式,每卦由六條爻辭組成,是以偶數行成卦。《周易》每卦是一個獨立的單位,相當於後來一首完整的詩。《周易》每卦六條爻辭,是偶數行成卦,中國古代詩歌,絕大多數都是偶數句成篇,奇數句成篇者所占比例很低。至於後來出現的絕句、律詩,無一例外都是偶數句成篇,每首詩由四句或八句組成。就此而論,《周易》的六位成章,和後來詩歌多數以偶數句成篇有相似之處,把一篇詩的行數定為偶數,《周易》卦爻辭的體制有開創之功。《詩經》的創作距離卦爻辭的年代較近,其中六句成章和六章成篇的作品就占不小的比例。

《國風》《小雅》六句成章的作品較多,而《大雅》和《周頌》則較少。至於六章成篇者,則主要出現在《雅》詩中。在《詩經》的生成期,把六作為組成章或篇的基本單位,仍然是先民所遵循的原則之一。儘管後來出現的格律詩不再是每篇六句,但是,僅就偶數成篇而言,《周易》卦爻辭的體制也有奠基意義。

《周易》卦爻辭的體制是每卦六條爻辭,在數量上做了嚴格的規定,就此而論,這與後來新體詩的格律、詞牌、曲譜有相似之處,都要按照句數的相關規定進行操作。可是,《周易》卦爻辭體制所做的規定不僅是形式方面,還有內容方面的。《周易》每卦六爻,各個爻位都有固定的意義,陰爻、陽爻十二個爻位的意義,在《乾》《坤》兩卦已經做了顯示。具體到各卦,就是要把各爻位的意義與卦名相結合,創制出相應的爻辭,使之既能表達該卦的宗旨,又不違背各個爻位既定的意義。這樣看來,爻辭的創制要兼顧形式上的規定和意義上的限制,其難度並不亞於後來的格律詩和詞曲創作。《周易》卦爻辭的詩體樣式,開啟的是在規矩方圓中進行創制的傳統,這正是詩歌創作必須遵循的原則。

《周易》是每卦六條爻辭，其排列形態主要有兩種類型。一種類型是六條爻辭依次相接，一氣貫通，中間沒有間隔。如《需》卦，各段爻辭的開頭依次是"需于郊"、"需于沙"、"需于泥"、"需于血"、"需于酒食"、"入于穴"。這六條爻辭表示行動的連續性，通過地點的轉換加以展示。《臨》卦也屬於這種類型，各段爻辭的開頭依次是"咸臨"、"咸臨"、"甘臨"、"至臨"、"知臨"、"敦臨"，前兩個都是"咸臨"，懷疑其中一處文字有誤。這是依次敘述"臨"的六種類型，也是一氣貫通。《周易》各卦的爻辭都是以"初"開始，或是"初九"，或是"初六"；以"上"結束，或是"上九"，或是"上六"。"初"居於各卦最底部，"上"則是居於頂端。這樣一來，有些一氣貫通的六條爻辭就呈現出由低到高推移的走勢。如《艮》卦六條爻辭的開頭依次是"艮其趾"、"艮其腓"、"艮其限"、"艮其身"、"艮其輔"、"敦艮"。前五條爻辭依次出現的人體部位分別是腳趾、後腿、背後、上身、嘴巴，是由低到高推移。再如《漸》卦，六條爻辭的開頭依次是"鴻漸于干"、"鴻漸于盤"、"鴻漸于陸"、"鴻漸于木"、"鴻漸于陵"、"鴻漸于陸"。第一次出現的"陸"，指水邊陸地；第二次出現的"陸"，是山陵上的高平之地。鴻的遷徙是由水邊到陸地，再到樹上，最後到山陵，山上高平之地，是由低向高處遷徙。《周易》卦體從"初"到"上"排列爻辭的體例，使得許多卦的爻辭呈現出由下到上、由低到高依次推移的態勢。《詩經》創作的年代與《周易》卦爻辭相近，其中相當一部分採用重章疊唱的作品，主要見於《國風》和《小雅》，採用的都是遞進盤升的敘事抒情方式。《關雎》是《國風》之始，《鹿鳴》是《小雅》之始，這兩首著名的詩都是以遞進盤升的方式敘事抒情，越到後來出現的場面越熱烈，所抒發的情感不斷得到強化。這種遞進盤升的敘事和抒情脈絡，可以從《周易》爻辭那裏找到根據。

《周易》是每卦六爻，是兩個單卦疊合的結果。有的爻辭是以單卦的方式進行排列，即前三爻為一組，後三爻為一組，這是爻辭排列的第二種類型。《乾》卦爻辭即屬於這種情況。前三爻開頭依次是"潛龍勿用"、"見龍在田"、"君子終日乾乾，夕惕若"。龍從深潛到出現於田間，是由水中升到地面。但是，第三爻沒有出現龍繼續盤升的事象，而是以君子的夜間警惕結束，言外之意，龍的遷徙暫時告一段落。第四爻開始，再次敘述龍的遷移，後面的爻辭依次是"或躍在淵，无咎"、"飛龍在天，利見大人"、"亢龍有悔"。龍又重新從水中開始升騰，由淵到天，再到極高極遠處。很明顯，後三爻也是一個獨立的單位。每卦爻辭由前後兩組相對獨立的單位構成，每個獨立單位三條爻辭，這種情況還見於《蒙》卦，它的六條爻辭開頭依次是"發蒙"、"包蒙"、"勿用取女"、"困蒙"、"童蒙"、"擊蒙"。從所用詞語上看，第三條爻辭沒有出現"蒙"，明顯與其餘五條不同。這與《乾》卦的情況類似，是把六條爻辭中間平分，每三條爻辭為一組，是一個相對獨立的單位。《鼎》卦也是屬於這種類型，前三爻開頭依次是"鼎顛趾"、"鼎有實"、"鼎耳革"，從鼎足敘述到鼎耳，完成一次從下到上的推移。《鼎》卦後三條爻辭開頭依次是"鼎折足"、"鼎黃耳金鉉"、"鼎玉鉉"，再次由鼎足向上推移到鼎耳、鼎蓋，這三條爻辭又是一個獨立的單位。《周易》爻辭這種中間平分的類型，相當於一首詩分成前後相等的兩部分。《詩經》有些作品的演唱，採用的就是前後平分的方式，即每首歌詩前面用一種曲調演唱，後面再用另一種曲調演唱，前後兩部分的詩句數量相等。《鄭風·丰》，《小雅》的《魚麗》《小旻》，《大雅》的《桑柔》，採用的都是把一首詩從中間平分，用兩種曲調演唱的方式，與《周易》有些卦的爻辭中間平分有異曲同工之妙。至於後來的詞往往分為上下闋，也可以從《周易》的爻辭體制中找到原型。

總之，《周易》的六爻成章，確立的是詩的體制，而不是散文的範式。六條爻辭的組合方式，彼此之間的關聯，都和後來的詩體結構有相似之處。後代詩歌在體制方面的許多要素，可以從《周易》六爻成章的編排方式中找到它的最初形態。

(二) 句型、句組的詩性特徵

《周易》卦爻辭有的運用散文句式，其中所下的判斷語基本都是用散句。卦爻辭還有大量和詩體相近的句子，無論是句型結構，還是句子的組合方式，都帶有明顯的詩性特徵。

《周易》卦爻辭寫定的年代，介於原始歌謠和《詩經》之間，而與《詩經》的創作時段更為接近。卦爻辭帶有詩性特徵的句子有二言、三言、四言，也有少量五言以上的長句，呈現出多種詩體錯雜的狀態，帶有明顯的由原始歌謠的二言、三言向《詩經》四言詩過渡的痕迹。

卦爻辭接近於詩體的二言句有兩種類型，一種類型是實詞在前，虛詞在後。如《離》九四："突如，其來如，焚如，死如，棄如。"除第二句外，其餘都是二言句。前面是動詞，後面綴以虛詞"如"，構成一個二言句。它所遵循的仍然是整拍律，即每句為一拍。《周易》卦爻辭類似詩的句子往往在句尾綴以"如"字，用於描寫某種狀態，而不是像《詩經》那樣句尾多用語氣詞"兮"、"矣"。《詩經》用於演唱，語氣詞"兮"、"矣"，帶有明顯的抒情色彩。《周易》卦爻辭主要用於敘事，因此，句尾的虛詞"如"用以擬態寫狀，而不是用於抒情。《周易》卦爻辭帶有詩性的二言句還有一種類型，是把虛詞放在前面，實詞在後面。如《中孚》六三："得敵，或鼓，或罷，或泣，或歌。"除首句外，其餘三句都是先用虛詞"或"，後面是動詞。卦爻辭也有的二言句全用實詞，如《乾》初九："潛龍，勿用。"這種情況較少。

《周易》卦爻辭出現一些近乎詩句的二言，繼承的是原始二言歌謠的傳統，其淵源可以追溯到相傳黃帝時代所作的《彈歌》。不過,卦爻辭近乎詩句的二言數量較少,表明這種最原始的詩體已經衰落,不再是詩歌的主要樣式。卦爻辭中接近詩句的二言,有時可以兩句連讀,從而成為四言句。如《屯》上六:"乘馬班如,泣血漣如。"這是兩個四言句,每個四言句由兩個二言分句組成。雖然這兩個句子可以分解成四個分句,但四言連讀顯得更加順暢。再如《賁》六四:"賁如皤如,白馬翰如,匪寇婚媾。"這三個四言句同樣可以分解為六個二言句,但在四言詩即將成熟的時期,四言為句更符合人們的習慣。卦爻辭近乎詩句的二言較少,很重要的一個原因是它往往以兩句組合的方式變成四言,許多四言句都可以分解成兩個二言句,二言句的形態能夠得到還原。

《周易》卦爻辭和詩相近的的句子,三言多於二言。如下列句子:

介于石,不終日。(《豫》六二)
坎不盈,祇既平。(《坎》九五)
無攸遂,在中饋。(《家人》六二)
震索索,視矍矍。(《震》上六)
月幾望,馬匹亡。(《中孚》六四)

這些三言句都是前後兩句押尾韻。在句型結構上,以半拍領起者居多,即三言的開頭是單字,半拍;後面是二言,整拍,和原始歌謠所呈現的三言句在結構上存在差異。原始歌謠流傳下來的三言句極其有限,因此,《周易》卦爻辭和詩句相接近的三言,顯得彌足珍貴。由此推斷,《周易》卦爻辭寫定之前的歷史階段一定會有大量的三言歌謠、祝辭、咒語一類詩句,只是已經失傳,以至於後人無法更多地見到。

卦爻辭接近詩體的三言句以兩句為一組者居多,也有的是連續出現三個三言句：

  眇能視,跛能履,履虎尾。(《履》六三)
  鼎折足,覆公餗,其形渥。(《鼎》九四)

  這兩條爻辭都是連用三言句,句句押韻,用以敘述一個較為完整的事件,就其句句押韻而言,繼承的是原始歌謠的傳統。
  《周易》卦爻辭接近詩體的四言句數最多,按其組合方式主要有三種類型:兩句一組,三句一組,四句一組。先看兩句一組的例子:

  其亡其亡,系于苞桑。(《否》九五)
  賁于丘園,束帛戔戔。(《賁》六五)
  小人用壯,君子用罔。(《大壯》九三)
  君子豹變,小人革面。(《革》上六)

  卦爻辭中和詩體接近的四言句,基本都是每兩個字為一組,遵循的是整拍律,是四言二拍。上述爻辭與《尚書·洪範》所載的詩句相類似,每兩句為一組,上下句押韻。這些句子和《詩經》的四言已經非常接近,只要再把句子的數量進一步增加,就會構成相對獨立的四言詩。
  再看四言卦爻辭三句為一組的例子:

  大君有命,開國承家,小人勿用。(《師》上六)
  伏戎于莽,升其高陵,三歲不興。(《同人》九三)
  碩果不食,君子得輿,小人剝廬。(《剝》上九)
  系用徽纆,置于叢棘,三歲不得。(《坎》上六)

鴻漸于陸,夫征不復,婦孕不育。(《漸》九三)

　　從上述例句可以看出,《周易》卦爻辭接近詩體的四言句三句為一組,並不是嚴格遵循句句押韻的原則。除《漸》九三爻辭句句押韻外,其餘三例都是三句有兩句押韻,或是第一、三句押韻,或是第二、三句押韻。尾句必須押韻,是這類句組所遵循的規則。至於第一、二句,則不必一定都要和第三句押韻,有一句押韻即可。卦爻辭三言句和四言句以三句為單位進行組合,在入韻方式上體現出不同的規則,三言句是每句都要押韻,四言句則是除了尾句必須入韻,其餘兩句有一句入韻即可。四言句以三句為一組而又句句入韻,最早見於產生於夏代早期的《五子之歌》的第三首。卦爻辭的四言句,往往不再採取句句押韻的形式。

　　以三句為一組相結合,這種組合方式在《周易》卦爻辭中時有出現,有一定的數量,到了《詩經》就很少見到三句為一組的章節。《國風》一百六十首,只有《周南·麟之趾》,《召南·甘棠》,《騶虞》,《齊風·著》,《秦風·權輿》,《檜風·素冠》,《豳風·九罭》,總計七首,不到總數的百分之五。至於《小雅》和《大雅》,根本見不到完全是三句成章的作品,只有個別詩篇如《小雅·楚茨》,三句為一節的段落較多,屬於例外。三句相組合的詩體形態,在《周易》卦爻辭中尚有一定遺留,到《詩經》中已經明顯地衰落。

　　再看《周易》卦爻辭有詩體屬性的四言句,四句相組合的例子:

震來虩虩,笑言啞啞。震驚百里,不喪匕鬯。(《師》上六)
無妄之災,或系之牛。得人之得,邑人之災。(《無妄》六三)
鶴鳴在陰,其子和之。我有好爵,吾與爾靡之。(《中孚》九二)

高亨先生稱:"吾字似是衍文。"①從上下文的語氣推斷,後面不應該再出現"吾"字。這三段爻辭都是由四個四言句組成,相當於《詩經》的一章。尤其是後一條爻辭,與《詩經》的章句形態、意境已經極其接近,預示四句成章的四言詩即將成熟,《詩經·國風》大量採用的就是這種章句結構。

《周易》卦爻辭還有五言句組,如《歸妹》上六:"女承筐无實,士刲羊无血。"這類五言句組在卦爻辭中極其罕見。上述兩句都是單字領起,以半拍開始,後面是兩個整拍,採用的是一二二的句型。後來的五言詩句型或是二一二,或是二二一,因此,這兩句爻辭不能成為後來五言詩的原型。卦爻辭只有少量單個五言句的節拍與後來的五言詩相合,如《剝》六五的"貫魚以宮人",《井》卦卦辭"改邑不改井"等。由於是單句出現,可以忽略不計。《周易》卦爻辭距離後來五言詩的出現尚有較長時段的間隔,因此,五言句組在卦爻辭中數量極少也是必然的。

《周易》許多近於詩體的句子,採用的是雜言排列的方式,即多種長短不齊的句子相錯雜,其中出現頻率最高的是三言和四言的錯雜,如下列句子:

羝羊觸藩,羸其角。(《大壯》九三)
羝羊觸藩,不能退,不能遂。(《大壯》上六)
明夷于飛,垂其翼。君子于行,三日不食。(《明夷》初九)
困于石,據于蒺藜。入于其宮,不見其妻。(《困》六三)

這類三言、四言相錯雜的爻辭,兩種句子的組合相當自由,可

---

① 高亨:《周易大傳今注》,第362頁。

以先出現三言句,也可以先出現四言句。至於兩類句子在同一條爻辭中所占的比例,則没有固定的規則,根據具體情况而定。《周易》卦爻辭和詩體接近的句子,最多的是四言,其次是三言,所以,這兩類句型相錯雜的機率最高。三言四言相錯雜的情况,在《詩經》中依然存在,其中以《國風》居多。《國風》採用三言、四言相錯雜的句子,已經形成基本固定的規則,通常都是把三言置於各章的開頭,後面出現四言句,不再像《周易》卦爻辭那樣無序排列。

《周易》卦爻辭還有一些其他類型的雜言句,同樣富有詩意,如:

　　枯楊生稊,老夫得其女妻。(《大過》九二)
　　枯楊生華,老婦得其士夫。(《大過》九五)
　　帝乙歸妹,其君之袂,不如其娣之袂良,月幾望。(《歸妹》六五)
　　鳥焚其巢,旅人先笑後號咷。(《旅》上九)

這些雜言句子,最短的是三言,最長的七言,中間還有四言、六言。《大過》兩條爻辭是先用四言句,後用六言句,可以説是中國古代最早出現的四言六言兼用的體例。《歸妹》六五和《旅》上九則都有七言出現,其中後者和七言詩已經没有什麽差異。

六、卦爻辭的象徵性表達方式

《周易》六位成章的結構模式,使它在體式上具有詩的屬性。《周易》許多卦爻辭有節奏和韻律,並且其中出現許多生動的物類事象,顯得詩意盎然。

《繫辭下》在評論《周易》本經時寫道:

夫《易》,彰往而察來,而微顯闡幽。開而當名,辨物正言,斷辭則備矣。其稱名也小,其取類也大。其旨遠,其辭文。其言曲而中,其事肆而隱。

　　這段論述很大程度上是針對《周易》卦爻辭而言,其中所說的"稱名也小,取類也大",正是象徵性思維和表現方式的基本特徵。"象徵一般是直接呈現於感性觀照的外在事物,對這種外在事物並不直接就它本身來看,而是就它的所暗示的一種較廣泛、較普遍的意義來看。"①《周易》的許多卦爻辭,確實不能只就它本身的物類事象加以觀照,而是要從更加廣泛、普遍的意義上加以理解,因為它的編寫運用的是象徵性思維,採用的是象徵性的表現方式。

　　《周易》的象徵性表現方式按照它所使用的媒介可劃分為三類:卦形的象徵、爻位的象徵、卦爻辭的象徵。前二者是用圖形和數位作為象徵物,卦爻辭象徵則是用文字表達象徵意義。詩歌是語言的藝術,卦爻辭的象徵性使那些近乎詩體的句子具有詩歌意象的屬性。

　　《莊子·天下》篇稱"《易》以道陰陽",這是古今學者公認的事實。可是,縱觀《周易》卦爻辭,沒有任何一處提到陰陽,其中所蘊含的陰陽觀念,是通過具體的物類事象加以暗示的。對《周易》卦爻辭的觀照,需要透過表面的物類事象,去領會其中所潛藏的陰陽觀念,以及其他寄託。

　　《周易》卦爻辭的象徵物有的是人自身。如《小過》六五:"過其祖,遇其妣。不及其君,遇其臣。"爻辭以祖和君象徵陽,以妣和

---

① [德]黑格爾著,朱光潛譯:《美學》第二卷,商務印書館,1982年版,第10頁。

臣象徵陰。這種陰陽歸類，祖和妣是以性別區分，男為陽，女為陰；君和臣是以政治地位歸類，君為陽，臣為陰。依此類推，《周易》卦爻辭中，夫為陽，妻為陰；主為陽，僕為陰；君子為陽，小人為陰。用來象徵陰陽觀念的人都處於一定社會關係中，是具體的、活生生的人。

《周易》卦爻辭中作為陰陽觀念象徵物出現的還有鳥獸蟲魚和家畜，把動物作為陰陽觀念的象徵。

先看飛禽象徵。《解》上六爻辭稱"射隼"，《旅》六五爻辭出現"射雉"。隼指鷹類猛禽，雉指山雞，先秦時期也被視為猛禽。爻辭中出現的隼、雉，都是陽剛的象徵物，取其勇猛之性。用弓箭射隼、射雉，則是除去陽剛之象。鴻為水鳥，生活在水濱，先民由此聯想到水的柔弱之性，《周易》有《漸》卦，以鴻鳥的遭遇為線索展開，鴻鳥作為陰柔的象徵物出現。鴻鳥在水濱的安然自得，象徵陰柔處於順境。鴻鳥所遭遇的不幸，則是陰柔受挫之象。

再看野獸象徵。虎豹是兇猛的野獸，所以用它們來象徵陽剛。《革》九五："大人虎變。"《革》上六："君子豹變。"虎豹都是陽剛的象徵物，大人、君子也象徵陽剛，因此，分別把大人、君子和虎豹組合在一起，共同作為陽剛的象徵出現。《履》卦的卦辭和六三、六四爻辭都提到"履虎尾"，其中的虎作為陽剛的象徵。

再看水中動物。魚生活在水中，正常情況下不會對人造成威脅和傷害，《周易》卦爻辭中的魚類都是陰柔的象徵物。《姤》卦九二、九四爻辭分別是"包有魚"和"包無魚"，魚象徵陰柔。《井》九二有"井谷射鮒"之語，鮒為小魚，象徵陰柔。射鮒，除去陰柔之象。龍是先民想像中的水蟲之長，是一種精靈，所以，龍作為陽剛的象徵出現，《乾》卦的爻辭就是按照龍的動靜、升潛順序進行編排。

再看家畜象徵。《周易》卦爻辭用作象徵物的家畜有牛、羊、馬、豬。牛、羊頭上長角，給人以威武之感。馬雄壯有力，長於奔跑。由此而來，牛、馬、羊都用來象徵陽剛。《屯》六二、上六出現的"乘馬班如"，《賁》六四的"白馬翰如"，其中的馬都象徵陽剛。《既濟》九五有"東鄰殺牛"之語，《旅》上九又稱"喪牛于易"，牛都是作為陽剛之物出現。至於把羊作為陽剛的象徵，卦爻辭更是屢次出現。《大壯》九三、上六爻辭反復用"羝羊觸藩"象徵陽剛過盛，六五爻辭又稱"喪羊於易"，意味陽剛過盛而喪。和馬、牛、羊相比，豬較為馴服，卦爻辭出現的豕都用來象徵陰柔，分別見於《遯》九三、《睽》上九等。家畜和其他動物一樣，有雄雌之分，卦爻辭有時明確標示出牲畜的雌性，把它作為陰柔的象徵，如《坤》卦辭"利牝馬之貞"，《離》卦辭"畜牝牛吉"，都是屬於這種情況。卦爻辭用家畜作為象徵物，對它們的陰陽屬性劃分不是一次完成，而是有二次劃分。

除人和動物之外，《周易》卦爻辭還用自然界及人類社會的其他物類事象作為陰陽觀念的象徵。如：以石、蒺藜、鼎象徵陽剛，以水、雨、泥、血象征陰柔。運用這類象徵物，主要著眼於它們的物理屬性，根據軟硬劃分陰陽剛柔，堅硬者為陽剛，軟弱者為陰柔。

《周易》卦爻辭的象徵性，根據出現物類事象的方式，可分為單一型、復合型、寓言型三個類別，其中寓言卦又可稱為整體型象徵。

單一型是用一種具體的物類事象，用以象徵所寄託的陰陽觀念及其他意義。如：《坤》六四的"括囊"，《需》九三的"需于泥"，《豫》六二的"介于石"，《困》六三的"據于蒺藜"，出現的都是一種事象，其中只有一種物類具有象徵意義。囊、泥柔弱，象徵陰柔；石、蒺藜堅硬，象徵陽剛。

復合型，卦爻辭中出現的兩種物象都有象徵意義，並且彼此結合在一起，成為一個意象。如：《噬嗑》上九的"何校滅耳"，何，通荷，指承載。校為枷，是堅硬之物，象徵陽剛。耳朵是人體柔軟的器官，象徵陰柔。"何校滅耳"，是暗示陽剛滅掉陰柔。再如《震》九四:"震遂泥。"震指雷,象徵陽剛。泥指水分很大的土,象徵陰柔,"震遂泥",乃是陽剛消融於陰柔之象。

寓言卦屬於整體型象徵,就是以首尾完整的故事作為象徵物。《周易·乾》卦就是採用整體象徵方式的寓言卦,以龍的動靜升潛為綫索展開。《周易》的寓言卦數量衆多,各有自己的象徵意義。如《睽》卦敘述一位流浪漢遇到的各種風險,以此暗示人孤獨自處會遇到許多困擾。《旅》卦敘述一位商人旅途中的磨難,用來證實出外經商的艱辛。《明夷》全卦以明夷鳥為綫索展開,暗示人處逆境應當退隱自保。《周易》的寓言卦或是按時間先後推移,或者沿空間順序延展,各個爻位成了表示時間或空間的標誌。"寓言的巧妙一般在於從多種多樣的自然現象中,找到一些事例,可以用來證明關於人的行為儀表帶有普遍性的感想,同時卻又不歪曲動物界和自然界的真實生活情況。"①《周易》作為整體型象徵的寓言卦,其中的許多物類事象都是取於自然現象或現實生活,顯得生動形象。《坎》卦敘述的是監獄生活,各種事象都很逼真。上六爻辭稱:"系用徽纆,置於叢棘。"犯人被繩索捆綁,所住監獄圍牆上插有帶刺的蒺藜。這裏展現的場景很真實,同時又寓含象徵意義。繩索柔軟,蒺藜堅硬,意味犯人兼受剛性和柔性兩種折磨。類似形象生動而富有象徵性的爻辭,在許多寓言卦中都可以見到。

《周易》卦爻辭的物類事象,每種事物的象徵意義是穩定的、凝固的,在全書一以貫之。即以雨為例,它在相關的爻辭中都象徵陰柔,没有例外。《小畜》上九:"既雨既處,尚德載。"德,馬王堆出土帛書《周易》作"得"。處,謂停止。載,指積存。這是説雨下得過大,雨後還有積水,是陰柔過盛之象。《睽》上九:"往遇雨則吉。"上九是陽位之極高者,雨象徵陰柔,以柔濟剛,使陽剛不至於過盛,故

---

① [德]黑格爾著,朱光潛譯:《美學》第二卷,第110頁。

稱吉。《鼎》九三："鼎耳革，其行塞。雉膏不食，方雨，虧。"鼎是金屬製成，系陽剛之物。鼎耳脫落，是陽剛受損之象。"方雨"，正在降雨，是陰柔之象。這條爻辭出現的是陽剛受損而陰柔增強之象。類似雨這種在卦爻辭中用一種象徵意義相貫穿者，還有許多其他事物。

《周易》卦爻辭在思維方式和表現方式上的象徵性，造成了它的晦澀難懂。一方面，它的象徵性往往被忽視，人們往往只從它的字面義進行解說，而不再進行深入的開掘；另一方面，人們有時即使覺察到它的象徵性，也會由於把握不准而產生誤解。《周易》卦爻辭幾個典型的意象，都不同程度地被忽視或誤解。

《大壯》六五稱"喪羊於易"，《旅》上九有"喪牛于易"，對此，近代和當代學者多以殷商先祖王亥喪牛羊於有易、並且被殺的歷史事實加以解釋，這是《周易》研究的一個重要突破。這兩條爻辭確實以王亥傳說為根據，有其歷史真實性。但是，這兩條爻辭又是象徵性的，其中貫穿著陰陽觀念，牛、羊都是作為陽剛的象徵物加以運用的。編纂這兩條爻辭的目的絕不在於僅僅把歷史傳說復述出來，而是以此為象徵，闡釋某種理念。喪羊、喪牛，都是陽剛喪失之象。就此而論，朱熹《周易本義》釋"喪羊"為"失其壯"，倒是得其本義。再如《既濟》九五："東鄰殺牛，不如西鄰之禴祭，實受其福。"對此，王弼注道："牛，祭之盛者也。禴，祭之薄者也。……祭祀之盛，莫盛修德。故沼沚之毛，蘋蘩之菜，可羞於鬼神。"①王弼是魏晉玄學的代表人物之一，對《周易》多有發揮。可是，他對這條爻辭的闡釋，限於表面的祭祀事象而已。他的解說並沒有錯，但未能挖掘出深層的意蘊，沒有察覺到牛的象徵意義。牛象徵陽剛，殺牛即意味著除去陽剛。九五是陽爻居陽位，屬於至尊之位。陽爻居陽位

---

① 樓宇烈：《王弼集校釋》，中華書局，1980年版，第527頁。

而又要殺滅陽剛，當然是不適宜的舉措。

"利涉大川"是《周易》最常用的象徵語，有時也稱"用涉大川"。這類象徵語在卦辭中出現八次，爻辭中出現四次，是使用頻率最高的事象。

古人已經覺察到它的象徵意義，並且力圖把它揭示出來。《需》卦卦辭稱"利涉大川"，王弼在對《彖》辭的"利涉大川"進行解釋時寫道："乾德獲進，往輒亨也。"①後來的解釋多是沿襲王弼之說，罕有例外。水在《周易》中象徵陰柔，以此類推，大川是陰柔的象徵。"利涉大川"，是利於用陰柔。"不利涉大川"，是不利於用陰柔。《周易》中的大川意象，可以用這種意義一以貫之。《需》卦卦辭是"利涉大川"，與之相對的《訟》卦卦辭是"不利涉大川"。《需》和《訟》屬於對卦，關於它們的宗旨，《雜卦》寫道："《需》不進也；《訟》不親也。"《需》卦爻辭都是敘述友好等待對方的到來，是取被動，當然是一種陰柔之象，故稱"利涉大川"。《訟》卦是以訴訟為題材，與別人打官司要據理力爭，不肯相讓，故稱"不利涉大川"，不利於用陰柔，而要以陽剛之態行事。由此可見，"涉大川"，不是陽剛之德，而是陰柔之行。王弼對它象徵意義的理解完全顛倒了，是誤讀誤解。

《周易》卦爻辭還有兩個極富詩意的物類事象，需要進行重新解讀和歷史還原：一個是"月幾望"，另一個是"密雲不雨"。

"月幾望"，初次見於《歸妹》六五："帝乙歸妹，其君之袂，不如其娣之袂良，月幾望。"這裏敘述的是帝乙嫁妹於周文王的故事，出嫁的帝乙之妹有其妹陪嫁，即其娣。君，指出嫁的帝乙之妹。袂，本指衣袖，代指衣服。爻辭敘述的是這樣的傳說：帝乙之妹往嫁周文王，為她陪嫁的妹妹，所穿的衣服比作為正夫人姐姐的婚裝還要

---

① 樓宇烈：《王弼集校釋》，第245頁。

漂亮,後面用"月幾望"來做概括。"月幾望",指月亮將圓。月與水屬於同一系列,水屬陰,月亮當然也屬陰。月亮將要盈滿,是陰盛陽衰之象。陪嫁的妹妹比姐姐穿得漂亮,正是陰盛之象。"月幾望"還見於《中孚》六四:"月幾望,馬匹亡。""月幾望"是陰盛,馬是陽剛的象徵,"馬匹亡"指的是喪失陽剛。這兩個事象一正一反,把陰盛陽衰的理念表現得極為形象。

再看"密雲不雨",首見於《小畜》卦辭:"密雲不雨,自我西郊。"《小畜》卦敘述的是向內聚斂財物的事象。"密雲不雨",指的是濃雲密佈而不降雨,正是內斂凝聚之象。《小過》六五:"密雲不雨,自我西郊。公弋取彼在穴。"所出現的物象與《小畜》卦辭相同,只是後面又多了一個以繳射鳥的事象。"密雲不雨"是收斂之象,鳥躲進穴內而又被捕獲也是自我收斂,二者的象徵意義是一致的。"密雲不雨"是密布的濃雲飽含水氣向內收斂,是陰柔之象。按照《說卦》的配置,"兌,正秋也"。在陰陽五行體系中,秋與西相配,皆屬陰。"密雲不雨"是陰柔之象,西方也屬陰,因此"密雲不雨"和"自我西郊"連言,二者都是作為陰柔的象徵出現。

《周易》卦爻辭是作為巫術的工具而被運用的,精神生產工具和物質生產工具一樣,它的具體部件需要標準化才能在廣泛的範圍內運用,操作起來方便。正因為如此,《周易》卦爻辭象徵性思維和表現方式所做的聯想,對於同一個物類事象只能按固定的路徑進行,各種具體象徵物分別與陰陽建立起對應關係,或屬陰,或屬陽,各自對號入座。這是一種受束縛、遵循僵硬框架所開展的聯想。

《周易》卦爻辭所運用的象徵物可謂洋洋大觀,種類繁多,但這些物類事象的暗示意義卻是單調的,都指向陰陽觀念。卦爻辭在用象徵性方式表現陰陽觀念時,基本不摻雜感情因素,沒有喜怒哀樂的寄託,各種事象都視為陰陽觀念的顯現,因此,《周易》卦爻辭沒有感情色彩,不能成為嚴格意義上的詩。

綜上所述,《周易》卦爻辭象徵性的思維和表現方式,使得有些卦爻辭帶有詩句的屬性,有的已經成為一種意象。同時,由於它的象徵意義都指向陰陽觀念,且沒有感情色彩,因此無法成為真正的詩句。儘管如此,這種象徵方式畢竟富有藝術特質,是《詩經》比興的先聲。

七、卦爻辭產生的時代及歷史映射

關於卦爻辭產生的歷史階段,《繫辭下》有如下推測:

《易》之興也,其當殷之末世,周之盛德邪?當文王與紂王之事邪?

這是把卦爻辭產生的時段定為殷商末期到西周初期,所謂周之盛德,應指從周文王到周公制禮作樂及成康盛世這一歷史階段。從卦爻辭的實際情況考察,上述推斷是基本可信的。

《旅》上九稱"喪牛于易",《大壯》六五稱"喪羊於易",這兩條爻辭都以殷商先祖王亥在有易放牧被殺的歷史故實為背景。這是卦爻辭涉及的最早歷史人物和事件。而前於此的夏代及堯、舜、禹時期,在卦爻辭中沒有任何蛛絲馬迹,由此可以證明,卦爻辭產生的時段距離夏朝很遠,而與殷商時期較近。

爻辭還記載了一系列與殷商相關的事件。《既濟》九三提到"高宗伐鬼方,三年克之",《未濟》九四又寫道:"震用伐鬼方,三年,有賞於大國。"這兩條爻辭敍述的當是同一個事件,即殷商高宗武丁征伐鬼方的戰爭,持續長達三年。殷高宗武丁是中興之主,爻辭對他的戰功做了敍述。

《泰》六五稱"帝乙歸妹",《歸妹》六五亦有相同記載。帝乙是殷紂王之父,曾經把他的妹妹嫁給周文王。這兩條爻辭所涉的時段已是殷商後期。

《明夷》六五提到"箕子之明夷"。箕子生活在殷紂王時期,儘管佯狂避世,還是遭到囚禁,這是殷商末期的事情。

《晉》的卦辭寫道:"康侯用錫馬蕃庶,晝日三接。"指衛國首位君主康叔,他在西周初年被分封到衛地。這是爻辭有年代可考的歷史事實的下限,時當周成王時期。康王及之後周朝故實,卦爻辭中見不到明確的記載。

從上述材料推斷,卦爻辭產生於殷商之際,最後寫定當在西周初期到中期,不會早於成王時期。

卦爻辭產生的年代較早,留下了那個特定時段的歷史映射,有的是歷史的記憶,有的是現實的折射。這些歷史映射的基本形態,就是野蠻與文明的錯雜。

卦爻辭所反映的野蠻風氣,主要體現在兩個方面,一是搶劫,二是殺人以祭,把人作為祭品。

《繫辭下》寫道:"子曰:'作《易》者,其知盜乎!'"後面引用《解》六二爻辭"負且乘,致寇至"。《繫辭下》的推斷是有根據的,卦爻辭的編纂者確實"知盜",熟悉搶劫之風,並在多處做了記載。

《屯》六二寫道:"屯如邅如,乘馬班如。匪寇,婚媾。"《賁》六四稱:"賁如皤如,白馬翰如,匪寇,婚媾。"這兩條爻辭很相似,都是把娶親的大隊人馬先是誤認為強盜,後來才辨別清楚對方的身份。這兩條爻辭表明,那個時代的先民還對成群結隊的搶劫有深刻的印象,並且嚴密地加以防範。

卦爻辭對於搶劫事象的敘述,有著固定的用語。一類用語是"富以其鄰"和"不富以其鄰"。《小畜》九五:"有孚攣如,富以其鄰。"這裏所說的"富以其鄰",指因為搶劫相毗鄰的居民而富足。

《小畜》的卦辭稱："密雲不雨，自我西郊。"收斂積蓄之象。《小畜》爻辭敘述的是以家庭為單位外出搶劫的情況，是以搶劫為題材，"富以其鄰"成為外出搶劫的代用語。《謙》六五："不富以其鄰。利用侵伐，無不利。"這裏所說的"不富以其鄰"，指被鄰邦搶劫而喪失財物，因此要出兵討伐，進行報復。爻辭的"富以其鄰"，"不富以其鄰"，是用以記載搶劫事象的術語，是對搶劫所做的直白表述。

《大畜》卦辭稱："不家食，吉。"所謂的不家食，指不在家裏就餐，而是到外面謀生，具體指進行搶劫。《小畜》和《大畜》都是以搶劫為題材，《小畜》是以家庭為單位外出小搶，《大畜》則是動用戰車步卒大規模地進行搶劫。值得注意的是，《小畜》和《大畜》對於外出搶劫做了具體敘述，並且不時出以吉祥的斷語，對搶劫持認可態度，而沒有道德上的非議。這個事實表明，卦爻辭產生的時段，社會上的搶劫之風還比較盛，原始的野蠻風氣還在這方面有所保留，人們作為既定的事實而加以接受。

到了《易》傳製作的時期，人們對原始的搶劫之風已經變得陌生，因此，卦爻辭有關搶劫的專用術語，也都遭到曲解。《小畜》九五的"富以其鄰"，《象》傳釋為"不獨富也"。本來指搶劫，卻釋為樂善為施，與人共同富足。對於《大畜》卦辭的"不家食，吉"，《象》傳釋為"養賢也"，意謂朝廷供養賢人，他們可以不在家就餐。這些曲解掩蔽了卦爻辭記載的搶劫事象，需要去掉遮蔽，進行歷史還原。

卦爻辭所記載的原始野蠻風氣，還包括殺人以祭，把人作為祭品。《隨》卦上六："拘系之，乃從維之，王用亨於西山。"這裏指的就是用人祭祀的事情。對那些用於祭祀的人，拘留捆綁，在西山祭祀神靈時殺掉。《升》卦以祭祀為題材，六四爻辭稱："王用亨於岐山，吉，无咎。"這裏所說的岐山，當是《隨》上六所說的西山，那裏是進行祭祀的場所。文王的祖父古公亶父率眾遷於岐山一帶，其子王季繼續在那裏經營，直到文王才遷於豐地。在岐山殺人以祭，是古公亶父、王季階段的風氣。

《大雅・綿》敘述古公亶父遷於岐山的經歷。第七章結尾兩句是"乃立冢土，戎醜所行。"第八章開頭兩句是："肆不殄厥慍，亦不隕厥問。"這裏所說的肆，指陳列戰爭俘虜，向神靈表功，然後把他們殺掉，作為祭品。除此之外，《大雅・思齊》有"肆戎疾不殄"之語，《大雅・皇矣》先是說"執訊連連，攸馘所安"，後又有"是伐是肆"之語，還是指將捆綁的戰爭俘虜殺掉祭神。這幾篇以先周史實為題材的作品，反復出現殺人用以祭祀的場景，可以與《隨》上六爻辭的敘事相互印證。

卦爻辭主要從兩個方面反映當時社會遺留的原始遺風，帶有野蠻性。同時，卦爻辭對於那個階段已見雛形的禮樂文明，也做了多方面的顯示。

《屯》《賁》《歸妹》三卦都以婚姻為題材。《屯》卦敘述從定親、納吉、納徵到迎娶的全過程。《賁》卦選擇迎娶的一系列事象加以編排，《歸妹》卦則是以帝乙嫁妹於周文王為背景。從這三卦的爻辭來看，當時已有完備的婚禮儀式，各個環節都有具體的規定，爻辭所涉及的一些婚儀細節，可以從《儀禮・士昏禮》的記載中得到印證。婚禮屬於吉禮，祭祀也是吉禮。《萃》《升》都以祭祀為題材。除此之外，其他卦爻辭對於祭祀禮儀也多有涉及。

《豐》卦出現的事象頗為怪異，其實是以喪禮為背景，敘述在院庭搭建靈棚的場景。喪禮屬於凶禮，《豐》卦從一個側面對此做了反映。

燕禮屬於嘉禮，卦爻辭雖然沒有集中編排有關宴飲的內容，但是，散見於多處的相關記載，也足以反映出當時已經比較完備的燕禮，《大有》九三、《困》九二、《中孚》九二、《未濟》上九，都與燕禮相關。《鼎》卦的多條爻辭,也是以燕禮為背景。

和賓禮相關的記載集中見於《需》卦,是以候人迎送客人為綫索,具體記載可與《周禮·候人》相互印證。《觀》六四:"觀國之光,利用賓于王。"講的是朝廷招待來賓的舉措。

五禮的最後一項是軍禮。戰争、狩獵都是按軍禮行事。《比》《同人》都以戰争為題材,提到軍禮的一些細節。其他卦爻辭也多次出現與軍禮相關的事項。《屯》六三,《比》九五,《明夷》六二、九三、六四,《解》九二、上六,《巽》六四,都出現狩獵事象,從中可以過濾出有關狩獵的一些規則。

吉凶嘉賓軍五禮,是在原始禮儀基礎上形成的。卦爻辭有關五種禮儀的顯示,已經脫去原始樸野的屬性,成為禮樂文明的構成因素。

卦爻辭提到多個階層的社會成員,上至周王,下到平民百姓,都反復出現,而作為主體的則是貴族君子,或稱為大人。卦爻辭所出示的斷語是以貴族君子、大人為本位,反映出根深蒂固的等級觀念。先周及西周社會的宗法制屬性,可以從卦爻辭中得到驗證。

卦爻辭所反映的社會生活很廣泛,有和平環境的安居樂業,也有戰亂中的倉皇逃亡;有家庭成員的天倫之樂,也有孤獨者的流浪艱辛;有監獄生活的真實寫照,也有法律訴訟的曲折起伏;有商旅經營的坎坷經歷,也有出乎意料的幻想。卦爻辭展示的生活畫面豐富多彩,滲透其間的則是農業文明造成的安土重遷觀念,以及由血緣紐帶的牢固而形成的以群體為本位的意識。

卦爻辭所展示的生存狀態,有順境,也有逆境;與此相應,人們所選擇的應對舉措,或積極入世,或消極避世,甚至甘當隱士。對於社會所持的態度,一方面求其穩定,另一方面又強調變革。所有這一切,都成為寶貴的精神財富,為後代的思想家所繼承。

卦爻辭所投射的歷史映射極其繁富,因此,對於它的解析也必須多角度、多層面地進行。卦爻辭是一部用於巫術的筮書,但是,它所投射的歷史映射,卻遠遠超出巫術的範圍。重要的是揭去巫術的面紗,對它做最大限度的歷史還原。

上　經

乾

☰乾指代陽剛：元人的头部，引申為"最"亨通達，利貞利於占問。

初九：潛龍潛藏的龍勿用不要有作為，指應靜待時機。

九二：見 xiàn 同"現"，顯現龍在田農田，利見利於出現大人地位高的貴族成員。

九三：君子貴族成員終日乾乾自強不息，夕晚上惕若恐懼貌。厲危險，无咎没有災禍。

九四：或躍在淵間或躍入深水，无咎。

九五：飛龍在天，利見大人。

上九：亢龍窮高而飛的龍有悔困厄，不利程度低於咎。

用九：見群龍无首出現的群龍沒有首領，吉。

解　析

一、卦名和卦辭

卦名《乾》，單卦是三個陽爻相疊之形，與乾字所表達的意義一致。三陽相疊為乾，故後世有三陽開泰之語。

卦辭"元亨利貞"，意為極其通達，利於占問。《乾》卦純由陽爻組成，卦辭充分肯定它的吉祥屬性，意謂事事暢通無阻，並且利於進行占問。

二、爻位和爻辭

初九是卦的最低位,因此,以龍的潛藏狀態加以暗示,認為處於這個爻位是事情的初始階段,不應有所做為,而應該等待時機,避免盲目地躁動。這裏所說的勿用,指的是不採取自覺的行動,而要守靜。

九二爻辭繼續以龍為喻,龍在田地出現,與此相應,作為貴族高層的大人,也利於在這個階段加以展示,龍是貴族大人的象徵。從初九的"潛"到九二的"見",是由隱到現、由靜到動的轉變。九二是宜動爻位。

九三爻辭"君子終日乾乾",是上承九二爻辭而來,是一副進取前行之象。這裏所說的君子,指貴族成員,是相對於平民百姓而言。"夕惕若"是承接前面的"終日乾乾",整個白晝自強不息,進取前行,到了晚上則進行反思,呈現心懷恐懼之象。這樣一來,就可避免輕舉冒進,即使面臨危險也能夠加以化解,而不會出現災禍。九三爻辭強調的是有張有弛,在自強不息之後對自身的行為進行反思,並且看到困難的一面,具有自覺的憂患意識。從初九到九三,構成一個連續的鏈條,展示的是由隱到現、由靜到動,再由動返靜的過程。

九四爻辭"或躍在淵",行為主體還是龍。龍躍入淵,是得其所宜居,因為深淵是它的棲息之處。所以,斷語是"无咎",龍入淵是返回家園,不會有災患。這是第二階段的初始狀態。

九五爻辭"飛龍在天,利見大人",是上承九四爻辭而起。龍從淵中一躍而起,升上天空。當此之際,利於貴族大人的出現,龍還是充當貴族大人的象徵物。

上九爻辭的"亢龍有悔",是承九五爻辭"飛龍在天"而來。亢,謂極高處。所謂的亢龍，即《易·乾·文言》所稱："亢之為言也，知進而不知退，知存而不知亡，知得而不知喪。"龍在天空飛得過高，往而忘返，難免出現困厄，故稱"有悔"。

用九爻辭是針對陽爻而言，"見群龍无首，吉"，意謂陽爻的屬性是不受外界統轄和支配，有自主能力，就像群龍无首一樣，個體獨立自主，這正是陽剛之性的體現。除《乾》卦、《坤》卦之外，其餘各卦均無第七條爻辭。

《乾》卦前面六條爻辭的編排，以單卦為相對獨立的板塊，按照時空順序依次推進。初九到九三是第一個板塊，行為主體經歷的是由隱到現、由靜到動，又由動入靜的過程。九四到上九是第二個板塊，行動主體先是躍入淵，繼而升於天，最後是窮高極遠。《乾》卦的兩個板塊相對獨立，但又存在彼此之間的關聯。九三爻辭的後段有"夕惕若"之語，表達的是憂患意識。因此，與九三相承接的九四爻辭是"或躍在淵"，是以退為進，返回自己的棲息地。九二、九五爻辭有相似之處，然而，九二爻辭是"見龍在田"，九五爻辭是"飛龍在天"，二者的空間位置有高下之別。初九爻辭的"潛龍勿用"，與九四爻辭的"或躍在淵"，也有相似之處，最終都處於潛伏狀態。不過，初九的潛是靜潛，原本就處於潛伏狀態；九四爻辭則是由躍動而進入潛伏狀態，二者有動靜之別。

《乾》卦爻辭承載的主要理念是居中為吉和謹始慎終。九二、九五分別居於兩個單卦的中位，因此，出現的都是吉祥的事象。初九、九四均為單卦的初爻，分別是"潛龍勿用"和"或躍在淵"，皆有限定，表達的是謹始之義。九三、上九是兩個單卦的末爻，或是"夕惕若"，或是"亢龍有悔"，提示人們在事情的末尾階段要有憂患意識和警惕性，不可一味冒進，體現的是慎終理念。

《乾》卦的爻辭以龍為喻，或稱"潛龍勿用"，或稱"見龍在田"、"飛龍在天"，突出龍的活動場所的多變性，表達了先民對於龍的特性的理解。《管子·水地》篇寫道：

> 伏闇能存而能亡者，蓍龜與龍是也。……龍生於水，被五色而遊，故神。欲小則化如蠶蠋，欲大則藏於天下，欲上則淩於雲氣，欲下則入於深泉。變化無日，上下無時，謂之神。

在先民看來，龍不但活動空間變化無定，而且形體也能變化，或大或小，達於極致。龍的活動空間上達雲氣，下則入於深淵，《乾》卦爻辭對於龍所做的描述，正是按照這樣的空間背景展開的。

《乾》卦的卦爻辭出現一系列斷語，這些斷語的含義在《周易》本經中是固定的，能夠一以貫之。

元亨：大通，極其暢達之義。元謂最高、最達。亨：通達。

利貞：利於占問。貞：指的是占問。

厲：謂危險、危機、危難。

咎：災禍、災難。

悔：困厄。《繫辭上》："悔吝者，憂虞之象也。……悔吝者，言乎其小疵也。"悔，本指內心煩亂，卦爻辭用於指困厄，雖屬不順，但尚未達到災難兇險的程度，其負面效應輕於咎、凶，而與吝相近。

考　辨

【乾】語出卦名及九三爻辭。《說文解字·乙部》："乾，上出也，从乙。乙，物之達也。倝聲。𠄡，籀文乾。"對此，段玉裁在《說文解字注》中寫道：

> 此乾字之本義也。自有文字以後，乃用為卦名。……倝者，日始出光倝倝也。然則形聲中有會意焉。……𠄡蓋籀文

倝,故籀文朝、籀文乾皆從之。①

乾,字形、讀音从倝。《説文解字·倝部》:"倝,日始出,光倝倝也。"②乾,字形、讀音从倝。倝是太陽初升之象。倝、乾的籀文都有三日相疊之形。《乾》的卦形是三個陽爻相疊,與乾字的構形有相通之處,可謂異曲同工。

【元】出自卦辭。元,本指人的頭部。《左傳·僖公三十三年》:"(先軫)免胄入狄師,死焉。狄人歸其元,如生。"這裏的元,指的是首,即頭。《左傳·哀公十一年》:"公使大使固歸國子之元,置之新篋,熨之以玄纁,加組帶焉。"這裏所説的"國子之元",指在交戰中被殺的齊國將領國書的頭。《孟子·滕文公下》:"志士不忘在溝壑,勇士不忘喪其元。"這裏所説的元,指的也是腦袋。元,本指人的頭部,由此衍生出表示首位的意義:

> 元,《爾雅·釋詁》:"首也。"《廣韻》:"頭也。"……"元",古字作側立的人形而突出其頭部,以示所表部位。"元"表示"首",應是很遠的古代,因為先秦的典籍中"元"的常用意義已經不是它的本義而是它的派生義"為首的""開始的""第一的""最大的"……③

卦辭稱:"元亨",意謂極其通暢順利,用的是元字的引申義。

---

① 段玉裁:《説文解字注》,上海古籍出版社,1981年版,第740頁。
② 段玉裁:《説文解字注》,第308頁。
③ 王鳳陽:《古辭辨》,吉林文史出版社,1993年版,第115頁。

【亢】語出上九爻辭。《説文解字·亢部》:"亢,人頸也。从大省,象頸脈形。凡亢之屬皆从亢。頏,亢,或从頁。"段玉裁注:

> 《史》《漢》張耳列傳:"乃仰絶亢而死。"韋昭曰:"亢,咽也。"蘇林云:"肮,頸大脈也。俗所謂胡脈也。"《婁敬傳》:"搤其亢。"張晏曰:"亢,喉嚨也。"按《釋鳥》曰:"亢,鳥喉。"此以人頸之稱為鳥頸之稱也。引申為高也,舉也,當也。……飛而上曰頏。①

亢,本指人的咽喉,位於人體的上部,加之男性喉頭凸起,故亢有特高之義。《莊子·人間世》:"故解之以牛之白顙者與豚之亢鼻者。"對於"豚之亢鼻",司馬彪注:"高也。額折故鼻高。"②亢指的是特殊的高。所謂亢龍,指飛到極高之處的龍。

【群龍无首】語見用九爻辭。无首,謂没有首領,無統轄者。《比》上六:"比之无首,凶。"親密比附的群體没有首領,結局兇險。上六為陰爻,故以无首為凶。用九是闡述陽爻的屬性,故以群龍无首為吉。

---

① 段玉裁:《説文解字注》,第 497 頁。
② 郭慶藩:《莊子集釋》,中華書局,2004 年版,第 179 頁。

坤

☷坤：元亨，利牝pìn馬雌馬，代指陰柔之貞。君子有攸所往前往，先迷居前者迷路後得主後隨者得到領路人。利，西南得朋有利於西南方，可以得到朋友；東北喪朋。安貞安於占問，吉。

初六：履霜堅冰至踏寒霜而行，堅冰就會到來。

六二：直、方、大端直、方正、宏大，謂陽剛之行，不習操作，實踐，接觸无不利。

六三：含章蘊含美好之物（不外露），可貞。或從間或參與王周族最高首領事，无成不會圓滿成功有終有好的結局。

六四：括囊束結囊袋，指接納外物並加以封存，无咎无譽沒有災難也沒有稱譽。

六五：黃裳黃色的下裙，元吉大吉。

上六：龍戰于野野外，其血玄黃創傷嚴重，鮮血橫流不是正常的顏色。

用六：利永貞利於占問長遠之事。

解　析

一、卦名和卦辭

卦名《坤》，用以象徵陰柔。與象徵陽剛的《乾》卦是對卦。

卦辭："元亨,利牝馬之貞。"首言"元亨",意謂非常順通。但是,這種順通是有條件的,限於"牝馬之貞",即對屬於陰柔事象類的占問,而不是所有事情都能順通,從而與《乾》卦無條件的"元亨"形成對照。

"君子有攸往,先迷後得主。"有所前往而走在前面會迷路,走在後面則有人引領,這是説陰柔須受制於陽剛,而不能獨立自主,不能起主導作用。

"利,西南得朋,東北喪朋。"古人認為天傾西北,地不滿東南,通常多是東南與西北對舉。此處則是西南與東北對舉,是以殷周之際的政治地圖為根據的。周族東面是殷商,北面是犬戎等遊牧部落,均是周族的強敵。西南則有周族盟友,武王伐商,盟軍多來自西南。朋,這裏指朋友。這裏以殷周之際的政治地圖為背景,用以暗示《坤》卦對於人的行動空間的限制,西南有利,東北則不利。

卦辭的結尾是"安貞吉",意謂安於占問則吉利。占問是向神靈進行諮詢,按照神靈的旨意採取相應的行動。言外之意,人的行為不能取主動,而應守被動。這與《乾》卦辭的"利貞"是不同的,《乾》卦的"利貞"並不排除人的主動性。

二、爻位和爻辭

初六爻辭"履霜堅冰至",不宜前行之義。霜和冰是氣候寒冷的產物,古人把霜和冰視為嚴峻的自然現象,踐履霜雪作為痛苦的體驗出現。《詩經·魏風·葛屨》稱:"糾糾葛屨,可以履霜。"意謂葛麻編織的單薄的鞋子,怎麼可以踐履寒霜。"可以"指的是何以可,通何。《小雅·正月》稱:"正月寒霜,我心憂傷。"霜給人帶來的是痛感。冰得以形成的溫度較之霜更低,對於人也更具有殺傷力。爻辭以"履霜堅冰至"向人們警示,當初六之際,不宜前行。

初六是卦的最低爻位,故以踐履冰霜的腳部動作相對應。

六二爻辭"直、方、大,不習无不利"。直、方、大均屬陽剛系列。直則肆,方則有棱角,容易對人造成傷害。大則使對方感到壓抑,亦是對人的傷害。不踐履直、方、大的陽剛之行,而與它們相反的屈、圓、小則在可習之列。《老子》第四十一章稱"大方無隅",第四十五章稱"大直若屈",所謂的隅,指方形物體的棱角。當方形之物去掉棱角之後,就變成了圓形。

不習"直、方、大",暗示以屈、圓、小為宗,舍陽剛而取陰柔之義。

六三爻辭首稱"含章,可貞",美好的東西含於內,而不是顯露於外,這樣做才可以進行占問,是內斂收縮之象。六三是下卦的上部爻位,故強調斂嗇內向。這是六三爻位的首個主旨。

六三爻辭又稱"或從王事,无成有終"意謂偶爾有所行動,取被動而不要主動。被動相隨雖然不可能功德圓滿,但會有好的結局,這是六三爻位的又一主旨。

六四爻辭"括囊,无咎无譽"。括囊,束結囊口,加以封閉。囊中有物方須加以封閉,無物則沒有必要束結囊口。囊由皮革或絲織品製成,系柔軟之物。括囊,即以柔性容納外物。六四處於上卦的下位,又居於復卦的中間,故取其承受和納物於內的功能。這樣做的結果是"无咎无譽",不會有災難,也不會得到稱譽,平安之象。

六五爻辭"黃裳,元吉"。黃裳,黃色的下裙。六五是陰爻的尊位,黃是中色,普通的色彩。黃裳,是居尊位而以謙和之態出現,故非常吉利。

上六爻辭"龍戰于野,其血玄黃"。上六是卦的最高爻位。陰爻而居於最高位,是陰盛犯陽之象,因此與陽剛發生衝突,造成嚴重的創傷。龍是陽剛的象徵,血是陰柔的象徵,玄黃是一種病態。"其血玄黃",陰柔受到嚴重創傷之象。

上六位於卦的外部邊緣,故以野外相配,作為空間背景。

用六爻辭"利永貞",用以標示陰爻的基本屬性和功能。陰爻利於占問長遠之事,因此,陰爻用事不能急於求成,而要放眼長遠。

《坤》卦的爻辭不是像《乾》卦那樣,按照時空順序推移,而是把不同類別的事象編排在相應的爻位中,採取的是以類相次的方式。

《坤》卦爻辭的履霜、直方、含章、括囊、黃裳、玄黃,縱向協韻,有詩的屬性。

考 辨

【坤】語出卦名。阮元《周易正義·校勘記》寫道:"石經、岳本、閩監、毛本同。《釋文》本又作巛。巛,今字也。"①坤,又作巛,系古今字。巛,即川字。《説文解字·川部》:

> 川,毌穿通流水也。《虞書》曰:"濬く巛距巛。"言深く巛之水会为川也。凡川之屬皆从川。

段玉裁注:

> 毌,各本作貫。毌,穿物持之也。穿,通也。巛則毌穿通流。又大於く矣。水有始出謂川者。如《爾雅》:"水注川曰谿。"許云泉出通川為谷是也。有絕大乃謂川者。如《皋陶謨》:"く巛距川。"《考工記》:"澮達於川。"是也。②

---

① 孔穎達:《周易正義》,中華書局,1980 年影印《十三經注疏》本,第 22 頁。

② 段玉裁:《説文解字注》,第 568 頁。

又《說文解字·〈部》："〈，小水流也。"《說文解字·〈〈部》："〈〈，水流澮澮也。"坤，應按《釋文》本作〈〈〈，亦即川，衆水匯合貫通之象。坤的單卦之形為☷，實乃取象於〈〈〈，即以川為原型。

乾為三陽相疊，取象太陽始出上升之形，字形有三個日字。坤為三陰相疊，取象於水流的會合貫通。乾引申有乾燥之義，燥與濕相對，最濕者莫過於水，坤為水，亦與乾相對。乾為日始出之象，位於空中，居於上方；坤為水，居於地，乾、坤有天地之別。

《需》《訟》《蠱》《同人》《大畜》《益》《渙》《中孚》諸卦，或言"利涉大川"，或稱"不利涉大川"，大川乃陰柔之象，是《坤》卦的原型。"利涉大川"，即利於用陰柔；"不利涉大川"，即不利於用陰柔。

【利牝馬之貞】語出卦辭。《說文解字·牛部》："牝，畜母也。从牛。匕聲。《易》曰：'畜牝牛吉。'"段玉裁注：

> 《離》卦辭也。牝為凡畜母之稱，而牝牛最吉，故其字从牛也。①

牝指雌性家畜。在諸多家畜中，牛和馬的形體最大，故《周易》的《坤》《離》卦辭分別提到牝馬、牝牛，用以代指陰柔。

【西南得朋，東北喪朋】語出卦辭。《蹇》卦辭："利西南，不利東北。"《解》卦辭："利西南。"皆以西南為吉利的方位。朋指朋友，《周易》卦爻辭屢見之。《豫》九四："由豫，大有得，勿疑，朋盍簪。"《復》卦辭："出入无疾，朋來无咎。"《咸》九四："憧憧往來，朋從爾思。"《解》九四："解而拇，朋至斯孚。"以上朋字，均指朋友。九四

---

① 段玉裁：《說文解字注》，第50-51頁。

爻位的功能是得其所宜居之处,故《咸》《解》兩卦皆在九四提到朋友前來。

【无成有終】語出六三爻辭。成,有時指相對獨立的完整單元。《尚書·益稷》:"韶樂九成,鳳凰來儀。"孔安國傳:"備樂九奏而致鳳凰。"各種樂器合奏一遍為一成,成有完備之義。《左傳·哀公元年》:"有田一成。"杜預注:"方十里為成。"①成,這里指方圓十里的空間,是相對完整的一個地域。无成:謂不圓滿。對於有終,高亨先生寫道:

> 亨按:古語謂好結果為有終。《坤》六三曰:"无成有終。"《謙》曰:"君子有終。"《謙》九三曰:"君子有終。"《困》九四曰:"吝,有終。"《巽》九五曰:"无初有終。"有終皆謂有好結果。②

【黃裳】語初六五爻辭。《詩經·邶風·綠衣》:"綠兮衣兮,綠衣黃裳。"是婦女在家所穿的便服,黃裳是普通的下裙。《禮記·郊特牲》寫道:

> 蜡之祭,仁之至,義之盡也。黃衣黃冠而祭,息田夫也。野夫黃冠。黃冠,草服也。③

田夫即野夫,指普通農民。野夫黃冠,可見黃冠是平民百姓所戴的帽子。黃為中色,因此,黃裳、黃冠,都是普通的衣冠。六五是

---

① 楊伯峻:《春秋左傳注》,中華書局,2000年版,第1606頁。
② 高亨:《周易大傳今注》,第102頁。
③ 朱彬:《禮記訓纂》,中華書局,1996年版,第398-399頁。

陰爻的尊位,居尊位而著黃裳,尊而謙之象。

　　黃為中色,六五是單卦的中位,故以黃色相配。《周易》爻辭居於單卦中間的爻位,往往以黃色相配。《噬嗑》六五:"噬乾肉,得黃金。"《離》六二:"黃離。"《遯》六二:"執之用黃牛之革。"《解》九二:"田獲三狐,得黃矢。"黃為中色,故五行說以黃色配中。

　　【其血玄黃】語出上六爻辭。《詩經·周南·卷耳》:"陟彼高岡,我馬玄黃。"魯詩說:"玄黃,病也。"①《詩經·小雅·何草不黃》首章開頭是"何草不黃",第二章開頭是"何草不玄"。清人馬瑞辰在《毛詩傳箋通釋》中寫道:

　　　　玄與黃同義。《爾雅·釋詁》:"玄黃,病也。"馬病謂之玄黃,草病亦謂之玄黃,其義一也。②

　　玄黃指病態,《爾雅·釋詁》稱:"玄黃,病也。"上六爻辭"其血玄黃",指創傷甚重,鮮血橫流。玄黃本指病態,此指創傷所流的血不是正常顏色。

　　血象征陰柔,《周易》爻辭多有其例。《屯》上六:"乘馬班如,泣血漣如。"《需》六四:"需于血,出自穴。"《小畜》六四:"有孚,血去惕出,无咎。"《歸妹》上六:"女承筐无實,士刲羊无血。"《渙》上九:"渙其血去逖出,无咎。"血象征陰柔,故多在陰爻出現。《渙》上九"渙其血去逖出",則是去陰之象,血仍是陰柔的象徵。

---

① 王先謙:《詩三家義集疏》,中華書局,1987年版,第28頁。
② 《清人注疏十三經》(一),中華書局,1998年版,第258頁。

屯

☳☵屯顯現,或讀為zhūn:元亨,利貞。勿用不必有攸往,利建侯建國封侯。

初九:盤桓徘徊,逗留。利居居處,建立家庭貞。利建侯。

六二:屯如邅zhān如顯露出來而又盤旋不前,乘shèng馬四匹馬拉的車班如分布排列。匪fěi假借為"非",表示否定寇不是強盜,婚媾gòu是求婚的隊伍。女子貞不字(占問結果)不生育,十年乃字。

六三:即追逐鹿无虞虞人,主管山林之官,貴族狩獵時充當嚮導,惟雖然入于林中。君子幾面臨危險,不如舍捨棄。往前行吝艱難。

六四:乘馬班如,求婚媾。往吉,无不利。

九五:屯其膏顯露用於婚禮宴會的肥肉,小貞占問小事吉,大貞占問大事凶。

上六:乘馬班如,泣血漣如悲泣而血淚交流。

解　析

一、卦名和卦辭

卦名《屯》,顯露、顯示之義,取象於春草的破土而出。

《屯》指的是公開顯露,是上行走勢,卦辭對此予以充分肯定,故稱"元亨利貞",最為順通,利於占問,屬於大吉大利之卦。

卦辭又稱"勿用有攸往,利建侯",屯的本義是春草在原地破土而出,故稱"勿用有攸往",不必異地遷徙,而是要原地經營。裂土封侯使新的諸侯國出現,猶如春草破土而出,符合《屯》卦主張顯露的宗旨。

二、爻位和爻辭

初九爻辭"盤桓,利居貞",意謂原地駐留,利於占問居處之事。初九爻位的意義是"潛龍勿用",原地駐留符合初九爻位的意義。卦辭稱"勿用有攸往",原地駐留,占問居處之事,與卦的宗旨是一致的。下面幾條爻辭都以婚姻為綫索,這裏所説的"利居貞",當指占問婚姻事宜,以便使新的家庭出現。

六二爻辭敘述的是求婚、議婚的場景。"屯如邅如,乘馬班如。"駕車的四匹馬分開排列,顯露出來而又盤旋不前。六二爻位的意義是"直、方、大,不習无不利",不踐履陽剛之行。馬是陽剛的象徵,四匹馬所駕的車是貴族成員乘坐,排場頗大,這些均與六二爻位的意義相違背。可是,車隊顯露出來而又盤旋不前,又與卦的宗旨相契。綜合上述爻辭與爻位意義,與卦旨有所違背而又有一致性的複雜關聯,最後出示的結果是"女子貞不字,十年乃字"。占問的結果是將要出嫁的女子目前不能生育,十年之後才能生育。這樁婚姻初始階段遇到艱難,但最終結果尚可。

爻辭的"匪寇,婚媾",對强盜和議親隊伍開始分辨不清,這説明尚未進入迎娶階段,而是前往媒介處進行商議。媒介事先不知對方的到來,故開始產生錯覺。媒介要通過占卜預測婚姻的吉凶,所以,爻辭的後一部分敘述占問的情況。

六三爻辭敘述貴族君子林中逐鹿,因為沒有虞人作嚮導而被迫放棄的事象。六三爻位的意義是"含章,可貞。或從王事,无成有終"。强調內斂,做事順人,而不自作主張。林中逐鹿不是內斂,而是向外伸張。沒有虞人引導而進入林中,是自作主張。這些都與六三爻位的意義相違背。《屯》卦的宗旨是進行顯露而又無有所往,逐鹿林中與卦的顯露之旨相合,而與"勿用有攸往"相悖。林中逐鹿事象與爻位意義、卦旨相悖者多而契合者寡,故最後出示的斷語是"不如舍",以捨棄這種行為方式為宜。從現實層面考量,沒有虞人作嚮導而深入林中逐鹿,確實有很大風險,應當放棄。爻辭所說的吝,指的是艱難。它的這種含義在《周易》卦爻辭中是固定的,能夠一以貫之。

　　古代婚姻有納徵之禮,男方以鹿皮作為禮品。君子逐鹿,當是為納徵之禮做準備。

　　六四爻辭"乘馬班如,求婚媾",敘述的是男方前往迎娶新娘的事象。六四爻位的意義是"括囊,无咎无譽",把女子迎娶過來,正是"括囊"之象,是把女子接納到家中,合乎爻位的意義。迎娶的隊伍是四匹馬所駕的車,排場得以充分顯露,與卦旨相契。爻辭與爻位意義、卦旨皆相切合,故大吉大利,出示的斷語是"往吉,无不利"。

　　九五爻辭"屯其膏",指的是對婚宴所用的肥肉加以顯露,合乎卦的宗旨。九五爻位的意義是"飛龍在天,利見大人",指的是重要人物的展現,與"屯其膏"這類普通事象不相一致。綜合"屯其膏"事象與卦旨和爻位意義的複雜關聯,爻辭最後的斷語是"小貞吉,大貞凶"。占問小事吉利,占問大事則結局兇險。

　　膏指肥肉,因其營養豐富而被納入陽剛之列。九五是陽爻,故以陽剛之物與之相對應。

　　上六爻辭"乘馬班如,泣血漣如",敘述的是出嫁女子離開家的場景。她因悲泣而血淚交加,不斷流淌。上六爻位的意義是"龍戰于野,其血玄黃",警示避免陰盛犯陽而遭受創傷。"泣血漣如"是淚水和鮮血交加,陰盛之象。婚禮而大放悲聲乃至血淚交加,雖有合乎情理的一面,但未免過分,確實是陰盛犯陽之象,是對新婚男子的冒犯,與爻位意義相悖。可是,這種表現又與卦的主張顯露的宗旨相契。鑒於上述複雜情況,爻辭沒有出示斷語。

《屯》卦的爻辭以婚姻為背景加以編排,各條爻辭所敘述的事象,分別與婚姻進程的相關環節相對應:

初九:盤桓,利居貞。——占問婚姻吉凶,準備組建新的家庭。

六二:屯如邅如,乘馬班如。——前往媒介處傳達求婚意願。

六二:女子貞不字,十年乃字。——訂婚前的占問。

六三:即鹿无虞。——婚姻已定,男子狩獵逐鹿,為納徵做準備。

六四:乘馬班如,求婚媾。——男子前往迎娶。

九五:屯其膏。——迎娶儀式中的婚宴。

上六:乘馬班如,泣血漣如。——女子離開娘家時的哭泣。

爻辭按照時空順序進行敘事,所展示的物類事象與古代的婚禮大體相符,是以婚禮為依據加以編排。

《屯》卦的宗旨是進行顯露,古代婚禮是展示儀仗排場的重要方式,對此,《儀禮·士昏禮》有具體記載,《詩經》也有這方面的作品,具體見於《召南·鵲巢》《召南·何彼穠矣》《衛風·碩人》《大雅·韓奕》。

考　辨

【屯】語出卦名及六二、九五爻辭。《説文解字·屮部》:"屯,難也。象草木初生,屯然而難。从屮貫一,屈曲之也。一,地也。"段玉裁注:

《説文》多説一為地,或説為天,象形也。中貫一者,木克土也。屈曲之者，未能申也。《乙部》曰："春草木冤曲而出，陰氣尚強，其出乙乙。"屯字从屮而象其形也。①

屯的本義是草木初生，破土而出，因此有顯露之義。草木初生是在春季，因此屯與春有時相通。對此，于省吾先生寫道：

> 甲骨文"今屯"、"來屯"屢見，是有時亦以屯為春。《説文》："萅，推也，從艸從日，艸春時生也，屯聲。"萅字隸變作春。②

屯指春季草木初生，破土而出，由此衍生出多種含義：

> 屯……象子芽破土而出之形。鄭玄注《禮記·月令》云："物之出土艱屯，如車之碾地澀滯。"可見子芽破土而出給人以艱難之感，故屯有難義。……小草破土，往往是叢聚而生，故引申屯又有聚義，這同生和牲衆義相通。③

屯的引申義表示艱難，因此，《易·屯·彖》寫道："《屯》，剛柔始交而難生。"這是以難釋屯。《序卦》稱："《屯》者，盈也。屯者，物之始生也。"這是以盈釋屯，與它的顯露之義相近。《雜卦》稱："《屯》者，見而不失其居。"所謂的見，指的是顯露、顯現。見，通現。以現釋屯，道出了它的本義，《雜卦》的解釋最為準確，道出了《屯》

---

① 段玉裁：《説文解字注》，第 21 頁。
② 于省吾：《甲骨文字釋林》，中華書局，1999 年版，第 2 頁。
③ 尹黎雲：《漢字字源系統研究》，中國人民大學出版社，1998 年版，第 315 頁。

卦名稱的真實含義。

【邅如】語出六二爻辭。邅，謂徘徊、盤旋。《荀子·箴賦》："尾生而事起，尾邅而事已。"楊倞注："尾邅回盤結，則箴功畢也。"①這是把邅釋為回環盤結。《楚辭·九辯》："邅翼翼而無終兮，忳慴慴而愁約。"邅，亦謂盤旋不前。

【班如】語出六二、六四爻辭。《説文解字·玨部》："班，分瑞玉，从玨、刀。"段玉裁注：

> 《堯典》曰："班瑞於群后。"會意，刀所以分也。布還切，古音在十三部，讀如文質份份之份。《周禮》以頒為班。古頒、班同部。②

班的本義是分玉、分開之義。爻辭的"班如"，分布開來的樣子。古時貴族所乘之車由四匹馬牽引。四馬並列分布，故稱"班如"。

【字】語出六二爻辭。《説文解字·子部》："字，乳也。从子在宀下，子亦聲。"段玉裁注：

> 人及鳥生子曰乳，獸曰產。引申之為撫字。亦引申之為文字。《敘》云："字者，言孳乳而浸多也。"③

---

① 王先謙：《荀子集解》，中華書局，1997年版，第480頁。
② 段玉裁：《説文解字注》，第20頁。
③ 段玉裁：《説文解字注》，第743頁。

字的本義是指女性產子、生育。段玉裁注所引的《敘》，指許慎《說文解字敘》，爻辭稱"女子貞不字，十年乃字"，字，謂生育。

【即鹿无虞】語出六三爻辭。即鹿，指逐鹿，為的是獲取鹿皮以作為納徵的禮品。《儀禮·士昏禮》："納徵，玄纁，束帛，儷皮。"鄭玄注：

> 徵，成也。使使者納幣以成昏禮。……儷，兩也。……兩皮為庭實。皮，鹿皮。①

虞，指虞人，管理山林的人員。《周禮·地官·山虞》："山虞掌山林之政令。……若大田獵，則萊山田之野。及弊田，植虞旗於中，致禽而珥焉。"山虞參與貴族的田獵，為其提供服務。

【君子幾】語出六三爻辭。幾，謂危險。《尚書·顧命》："王曰：'嗚呼！疾大漸，惟幾。'"孔安國傳："自歎其疾大進篤，惟危殆。"②孔傳釋幾為危殆。爻辭"君子幾"，意謂君子面臨風險。

【求婚媾】語出六四爻辭。婚媾，已見六二爻辭，謂婚姻媾和，尚未成婚。求婚媾，謂迎娶成婚。求，不是指請求、索取，而是指聚集。《詩經·小雅·桑扈》："彼交匪敖，萬福來求。"對此，馬瑞辰《通釋》做了如下論述：

---

① 賈公彥：《儀禮注疏》，中華書局，1980 年版，第 962 頁。
② 孔穎達：《尚書正義》，中華書局，1980 年版，第 238 頁。

王尚書曰："求，讀與'逑'同。逑，聚也。謂福祿來聚。"其説是也。逑、鳩古同義。《釋詁》："鳩，聚也。"……"逑"，音又同"勼"。《説文》："勼，聚也。""萬福來求"，猶《鳬鷖》詩"福祿來崇"，《瞻彼洛矣》詩"福祿既同"，《長發》詩"百祿是遒"。崇、同、遒，皆"聚"也。①

求婚媾，即聚婚媾，完婚之義。《大雅·下武》："王配於京，世德作求。"陳奂曰："'求，讀為'逑'。逑，匹也。"②其實，這裏的"世德作求"，意謂世代的德為之聚集，求，亦指聚集。

【屯其膏】語出九五爻辭。《儀禮·士昏禮》："期初昏，陳三鼎於寢門外，東方北面北上。其實特豚和合升。"③期，謂結婚之日。特豚，指用單個的豬肉為佳餚。合升，指將宰殺的豬分為兩半，置於鼎中。爻辭所説的"屯其膏"，就是以此為背景。

膏指肥肉，因其營養豐富而納入陽剛系列，出現在九五爻位。《鼎》九三有"雉膏不食"之語，意謂肥美的山雞肉未能得以食用，膏還是作為陽剛之物出現。

---

① 《清人注疏十三經》(一)，第 239 頁。
② 陳奂：《詩毛氏傳疏》(下)：商務印書館，1993 年版，第 115 頁。
③ 賈公彦：《儀禮注疏》，第 963 頁。

蒙

☷ 蒙遮蓋:亨。匪不是我求童蒙主動聚集蒙昧的童子,童蒙求我聚集於我。初筮告初次占問出示結果,再第二次三第三次瀆褻瀆輕侮,瀆則不告。利貞。

初六:發蒙去掉遮蓋,利用刑人有利於受刑的人,用說 tuō 同"脫"桎 zhì 手部刑具梏 gù 脚部刑具。以往吝前行艱難。

九二:包包裝蒙,吉。納婦娶妻,吉,子克家兒子能夠建立家庭。

六三:勿用取女,見出現金夫手執兵器的武夫,不有躬失去身體,喪身,无攸利。

六四:困蒙困於遮蓋,吝。

六五:童蒙,吉。

上九:擊蒙擊打遮蓋,不利為寇不利於做強盜,利禦抵禦寇。

解 析

一、卦名和卦辭

卦名《蒙》,覆蓋、遮蔽之義。《蒙》與《屯》是對卦,《屯》謂顯露、展現,《蒙》謂遮蔽、掩蓋,二者的含義相反。

卦辭稱"蒙,亨"。遮蔽而順通,有兩種含義。一是因遮蔽而順通,需要進行遮蔽。二是遮蔽需要順通,去掉遮蔽之義。巫術語言的多義和模糊,在這個卦辭中得到充分體現。

"匪我求童蒙,童蒙求我。"啟蒙的基本原則是有來學而無往教。被遮蔽者本人有啟蒙願望,主動聚集於巫師那裏,而不是巫師向被遮蔽者聚集。啟蒙者不應主動施教,這是古代的基本理念。算卦的巫師作為啟蒙者出現,啟蒙對象則設定為蒙昧的兒童。卦辭是以巫師的語氣進行表述。求,指聚集,已見《屯》六四"求婚媾"之語。

"初筮告,再三瀆,瀆則不告。利貞。"問卦是向巫師進行諮詢,巫師傳達的是神靈的旨意,具有權威性。因此,問卦只能以一次為限,而不能一而再,再而三地反復進行。多次問卦是對神靈和巫師的輕侮褻瀆,所以,不能再出示問卦的結果。處於遮蔽之際利於占問,這樣可以去掉遮蔽,有啟蒙作用。

二、爻位和爻辭

初六爻辭"發蒙,利用刑人,用說桎梏",是為在押犯人脫去手腳上的刑具,予以釋放。初六爻位的意義是"履霜堅冰至",不宜前行之義。犯人去掉桎梏則有利於前行,與初六爻位的意義相違背,二者的指向相反。去掉手銬腳鐐,乃是犯人的訴求,合乎卦辭所說的"童蒙求我",亦即啟蒙之義。爻辭所述事象與爻位意義相悖,而與卦旨相合,故出示的結果是"以往,吝"。從實際情況考察,剛剛脫掉桎梏的人,行走的確艱難。

九二爻辭"包蒙,吉。納婦,吉,子克家",是以男子娶親事象加以解說。九二爻位的意義是"見龍在田,利見大人",可以有所作為,能夠進行顯示。納婦娶親是件大事,也是顯示威儀排場的機會,《屯》卦的爻辭就是把娶親作為加以顯示的事象。因此,爻辭與爻位意義相契。《蒙》的宗旨是遮蔽,納婦娶親的車輛四周都有遮蔽,合乎卦的宗旨。納婦是人生喜事,男子娶親表明他具有組成家庭的能力。爻辭與爻位、卦旨均相符合,故兩次稱吉。

六三爻辭"勿用取女,見金夫,不有躬",把娶女作為不可行的兇險之事看待。六三爻位的意義是"含章,可貞。或從王事,无成有終"。含章是內斂,而取女則是向外伸展。"或從王事"是隨從別人做事,娶女則是自主前行。從這兩個層面考量,娶女都與六三爻位的意義相悖。《蒙》卦的宗旨是加以遮蔽,男子娶女則是自我顯露,違背卦旨。娶女事象與爻位意義、卦旨均相違背,故示的結局極為兇險:納婦途中遇到手持金屬兵器的武夫,娶女者慘遭殺害。

六四爻辭"困蒙,吝"。六四爻位的意義是"括囊",將外物納入而加以封閉。困於被遮蔽則無法接納外物,雖是括囊之象,而囊中空無一物,與爻位意義有所疏離。困於被遮蔽,與卦旨基本相合,但亦有不協調之處。鑒於困蒙與爻位意義、卦旨的微妙關係,出示的斷語是吝,處於艱難之中,但還不至於出現災難。

六五爻辭"童蒙,吉"。六五爻位的意義是"黃裳,元吉",居尊位而以謙下之態出現。童蒙,指處於蒙昧狀態的兒童,自身無法獨立,要順從成年人,這與六五爻位意義相契,也與卦的遮蔽之旨相契,故出示的斷語為吉。童年是人生的美好時光,無憂無慮並且受到呵護,確實是吉祥。

上九爻辭"擊蒙,不利為寇,利禦寇",這段話有兩層含義。一是為擊打而蒙,二是擊打蒙蓋者。有兩種可能:一是身著盔甲當強盜,二是身著盔甲抵禦全副武裝的強盜,後者是以蒙制蒙。

上九爻位的意義是"亢龍有悔",警示人們避免出現盛陽造成創傷的情況。身著盔甲外出當強盜,是盛陽之象,故稱不利。用盔甲保護自己,抵禦來犯的強盜,屬於被動性行為,不是盛陽。而無論是為寇還是禦寇,都有盔甲遮蔽形體,與卦的宗旨相契。上九是卦的最高位，物極必反，遮蔽至此，應向相反的方面轉化，即去掉遮蔽。抵禦強盜來犯有利，意謂能把強盜打敗，使其丟盔棄甲，這正是去掉遮蔽之象。

爻辭採用以類相次的方式進行編排，羅列的多是屬於遮蔽的事象：犯人受刑具遮蔽，新娘被婚車遮蔽，人生被困境遮蔽，兒童被蒙昧遮蔽，武夫被盔甲遮蔽。由於爻位不同，上述遮蔽或吉或凶，有的予以保留，有的則加以銷解。

考 辨

【包蒙吉，納婦吉】語出九二爻辭。把納婦列入包蒙系統，是因為當時新娘乘坐的婚車遮蔽周嚴。《詩經·召南·何彼襛矣》："何彼襛矣，唐棣之華。曷不肅雝，王姬之車。"王先謙稱："此以唐棣之襛華，興車服之盛美。"①唐棣，指的是山櫻桃，叢生，花朵濃密，相互遮掩。王姬出嫁所乘之車遮蔽甚嚴，故以唐棣之花起興作比。《衛風·碩人》敘述莊姜出嫁到衛國，"翟茀以朝"。毛傳："翟，翟車也。夫人以翟羽飾車。茀，蔽也。"②這裏還是渲染婚車所用的遮蔽之物。《儀禮·士昏禮》提到新娘所乘之車為墨車，"有裧"。鄭玄注："裧，車裳幃。《周禮》謂之容車，則固有蓋。"③新娘所乘的婚車有頂蓋，有幃幔，包蒙甚嚴。

【見金夫，不有躬】語出六三爻辭。或以"見金，夫不有躬"為句。按：《周易》卦爻辭未有"金"字單獨出現者，皆以金字冠於詞語

---

① 王先謙：《詩三家義集疏》，第117頁。
② 王先謙：《詩三家義集疏》，第284頁。
③ 賈公彥：《儀禮注疏》，第964頁。

的前面。《噬嗑》九四："噬乾肺,得金矢。"《姤》初六："系于金柅。"《困》九四："困于金車。"金夫與金矢、金柅、金車屬於結構類型相同的詞語。

【童蒙】語出卦辭、六五爻辭。《觀》初六："童觀,小人无咎,君子吝。"《蒙》六五、《觀》初六皆為陰爻,兒童被列入陰柔系列。

需

☵☰ 需等候:有孚有誠信,光亨光輝順通,貞吉,利涉涉渡,踐履大川象征陰柔。

初九:需于郊在郊外等候,邑外為郊,利用恆耐心堅持,无咎。

九二:需于沙沙灘,小有言小有非議,終吉最終吉利。

九三:需于泥稀泥,致寇至招致強盜到來。

六四:需于血血泊,出自穴從洞穴中走出。

九五:需于酒食酒食宴會,貞吉。

上六:入于穴,有不速招之客未邀請的客人三人來,敬之,終吉。

解 析

一、卦名和卦辭

卦名《需》,等待、等候之義。《彖》曰:"需,須也。"需、須均有等待之義。《雜卦》稱:"《需》,不進也。"需是原地等待,故稱不進。

卦辭稱"有孚,光亨,貞吉"。有孚,謂有誠信。等待別人到來,必須心懷誠信,這樣才有可能光輝通順,占問也會吉利。這是把誠信作為迎候對方的前提,因此,此卦所說的需,指的是友好的等待。卦辭又稱"利涉大川",從表層意義解讀,指的是利於涉渡艱難,實際上是說利於踐履陰柔,這是它的深層涵義,大川是陰柔的象徵。友好地等候別人,是陰柔之行,故稱"利涉大川"。

二、爻位和爻辭

初九爻辭"需于郊,利用恆",在郊外等待對方的到來,因為對方到來的時間不確定,所以,要有恆心,堅持下去。初九爻位的意義是"潛龍勿用",不宜有所動之義。在郊外迎候客人,合乎初九爻位的意義,並且與卦名相契,故出示的斷語是"无咎",不會出現災難。迎候客人宜早不宜遲,在時間上要提前,這也是必須有恆心的原因。

九二爻辭"需于沙,小有言,終吉"。九二爻位的意義是"見龍在田,利見大人",利於大人的出現,就此而論,爻辭與爻位意義基本一致。可是,九二爻位的意義是"見龍在田",龍出現在田地,是自然生態良好之處,而九二爻辭卻是"需于沙",在沙灘等待客人,不是理想的場所,由此而來,又與九二爻位稍有偏離,故"小有言",小有非議,引起別人的不滿。但是,迎候客人畢竟合乎卦的宗旨,所以,"終吉",最終結局是吉祥的。

九三爻辭"需于泥,致寇至",在稀泥中迎候客人,招致前來的卻是強盜,造成一場災難。九三爻位的意義是"君子終日乾乾,夕惕若,厲,无咎"。在稀泥中等待客人,既無乾乾之象,又無惕若之貌,因此不是"厲,无咎",而是有危險並釀成災難。"需于泥"雖然合乎卦的宗旨,但與九三爻位的意義相悖。爻辭所描述的災難性的結局,主要是根據"需于泥"與爻位意義的大相徑庭。

泥指稀泥,質地柔軟,是陰柔的象徵。九三是陽爻,與稀泥中迎候的事象不相協調。

六四爻辭"需于血,出自穴",是承九三爻辭"致寇至"而來,暗示曾經發生過流血衝突,候人者在衝突之後躲進穴中,繼而又走出洞穴,在血泊中等候。

六四爻位的意義是"括囊,无咎无譽",從洞穴走出,不是括囊,而是敞開囊口;不是納物於內,而是由內自外走出,明顯與爻位意義相違。所以,儘管"需于血"與卦旨相合,但由於與爻位意義相悖,因此,這條卦辭所述事象帶有不詳的性質。

六四是陰爻,血是陰柔的象徵,爻位與象徵物的屬性均為陰柔。

九五爻辭"需于酒食",設酒食等候,自然是吉祥,故稱"貞吉"。九五爻位的意義是"飛龍在天,利見大人",設酒食等候,是大人即將出現之象,與爻位意義相契,亦符合卦旨。

九五是陽爻,酒食作為陽剛的象徵出現,與爻位的屬性一致。

上六是卦的終位,等候已經結束,故有入于穴之象。物極必反,先前是等候客人,此時則是三人不招自來,即所謂的不速之客。對三位不速之客恭敬相待,避免了上六爻位所警示的"龍戰于野,其血玄黃"悲劇的出現,沒有陰盛犯陽,並且與卦的宗旨也無抵牾。因此之故,有驚無險,"終吉"。

《需卦》初九爻辭稱"需于郊",是在郊外迎候,隨後出現的需于沙、需于泥、需于血、入于穴,所涉地點都是荒涼之處。由此推斷,郊外是迎候的起點,越到後來離都邑越遠,迎候的對象是從都邑向邊緣地帶出行。而擔當等候接待任務的,當是所設的候人之官。爻辭按照時空順序依次編排,敘事具有連續性,並且險象環生,故事性頗強。

考　辨

【需】語出卦名及爻辭。《説文解字·雨部》："需，䇂也，遇雨不進，止䇂也。从雨、而。《易》曰：'雲上於天，需。'"段玉裁注：

> 䇂者，待也，以疊韻為訓。《易·彖傳》曰："需，須也。"須即䇂之假借也。《左傳》曰："需，事之賊也。"又曰："需，事之下也。"皆待之義也。凡相待而成曰需。遇雨不進止䇂也。从雨而。遇雨不進，説從雨之意。而者，䇂之意。①

需，字形从雨从而。而，本指人的須毛。須毛下垂，需字从雨从而，降雨之象。需字的本義或是遇雨不進，或是期盼降雨，故有等待之義。段注所引《左傳》的文字，分別見於哀公六年、哀公十四年。

【有孚】語出卦辭。《説文解字·爪部》："卵即孚也。从爪、子。一曰信也。𡥩，古文孚，从呆。呆，古文保。"段玉裁注：

> 《通俗文》："卵化曰孚。"……《廣雅》："孚，生也。謂子出於卵也。"《方言》："雞卵伏而未孚。"於此可得孚之解矣。卵因伏而孚，學者因即呼伏為孚。凡伏卵曰抱，房奧反。亦曰蓲，央富反。②

段玉裁所引《方言》出自該書卷八："北燕朝鮮洌水之間謂伏雞

---

① 段玉裁：《説文解字注》，第 574 頁。
② 段玉裁：《説文解字注》，第 113 頁。

曰抱,……其卵伏而未孚謂之涅。"孚字本義是孵化,孚是孵的初文。孵化有固定週期,並且雞卵生雞,鴨卵生鴨,由此而來,孚有誠信之義,是原始本義的引申。孵化是生命的孕育,是母體把自己的生命能量傳輸到所孵化的卵。孚字的這種原始内涵,使它帶有生命哲學色彩。因此,出自生命的本然、發自内心的真誠,在《周易》卦爻辭中皆稱為孚。它的這種意義在《周易》本經中是固定的,可以一以貫之。或釋孚為俘、為罰,均失之。

【利涉大川】語出卦辭。對此,何妥做了如下解釋:

"大川"者,大難也。須之待時,本欲涉難。既能以信而待,故可以"利涉大川"矣。①

這是把利涉大川釋為利於涉難,把大川釋為艱難的代用語。古今學者多以涉渡險難來解釋涉大川。大川由水彙集而成,水質柔弱,是陰柔的象徵。利涉大川者,利於踐履陰柔,以陰柔方式做事也。卦爻辭或言利涉大川,或稱不利涉大川,分別見於《需》《訟》《同人》《蠱》《大畜》《益》《渙》《中孚》的卦辭及《未濟》六三,大川均用以象徵陰柔。

【需于郊】語出初九爻辭。《國語·周語中》:"周之《秩官》有之曰:'敵國賓至,關尹以告,行理以節逆之,候人為導,卿出郊勞。'"對於"候人為導",韋昭注:"導賓至於朝,出送之於境也。"對於外賓旅途中的送迎往來,主要由候人負責。《需》卦中迎候客人的也當是候人,是把客人由都邑送到邊境。

---

① 李道平:《周易集解纂疏》,中華書局,1998年版,第113頁。

《周禮·夏官·候人》:"各掌其方之道治,與其禁令,以設候人。若有方治,則帥而致於朝。及歸,送之於竟。"鄭玄注:"方治,其方來治國事者也。"候人的職權範圍按地域劃分,各有自己管轄的地段。《需》卦的爻辭所涉地域有多種形態,當是分屬於不同的候人管轄。因此,客人在返回途中,不同地段都有相當地的候人迎接,爻辭的行為主體不是一人,而是幾個人。

【小有言】語出九二爻辭。卦爻辭的有言、聞言,其中的言指的是非議、微辭。《訟》初六:"不永所事,小有言,終吉。"《夬》九四:"聞言不信。"《困》卦辭:"有言不信。"《震》上六:"婚媾有言。"《漸》初六:"有言无咎。"有言、聞言之言,皆屬負面語言。

【需于泥】語出九三爻辭。泥指稀泥,象徵陰柔,爻辭皆取此義。《睽》上九:"睽孤見豕負塗。"虞翻稱:"豕背有泥,故'見豕負塗'。"①塗,謂稀泥。豕與塗均象徵陰柔。《井》初六:"井泥不食。"初六為陰爻,以泥配之。《震》九四:"震遂泥。"剛入柔之象。

【出自穴】語出六四爻辭。《詩經·大雅·綿》:"古公亶父,陶復陶穴,未有家室。"鄭玄箋:"'復'者,復於土上,鑿地曰穴,皆如陶然,本其在豳時也。"②周人在古公亶父時期尚處於穴居階段,住的是窰洞,爻辭保留的是這方面的資訊。

【需于酒食】語出九五爻辭。《周易》本經的酒,酒食是陽剛的象徵。《坎》六四"樽酒",《困》九二:"困于酒食。"《中孚》九二:

---

① 李道平:《周易集解纂疏》,第361頁。
② 王先謙:《詩三家義集疏》,第835頁。

"我有好爵,吾與爾靡之。"《未濟》上九:"有孚于飲酒,无咎。"酒象徵陽剛,著眼於它的功能效應。酒象徵陽剛,故多出現在陽爻。

訟

☲☵訟訴訟:有孚窒惕_{堅定信念可以遏制恐懼}。中_{中間階段}吉,終凶。利見大人,不利涉大川。

初六:不永所事_{不在訴訟上過多糾纏},小有言,終吉。

九二:不克訟_{沒有勝訴},歸而逋 bū _{逃亡}其邑人_{指這位貴族所屬領地的成員}。邑,封邑,貴族封地三百戶,无眚 shěng _{困苦}。

六三:食舊德_{食用往口所得}。德,通"得",貞厲_{占問有危險},終吉。或從王事,无成。

九四:不克訟,復_{返回}即命_{就命},聽從命令。渝(出現)變化,安貞吉。

九五:訟,无吉。

上九:或錫之鞶 pán _{佩囊}帶_{腰帶},終朝 zhāo _{一個早晨}三褫 chǐ 之_{三次被剝奪}。

解 析

一、卦名和卦辭

卦名《訟》,指的訴訟、打官司。《訟》與《需》是對卦,《需》卦是以友好等候為背景,《訟》卦則是以法律訴訟、進行抗爭為綫索,二者取材的指向相反。

卦辭"訟,有孚窒惕",反映出周族先民對法律訴訟所持的複雜心理:一方面對訴訟懷有恐懼,另一方面又鼓勵自己堅定意志,勇敢面對,消除恐懼。

卦辭稱"中吉,終凶",反映的是周族先民對法律訴訟所持有的理念。認為訴訟不是解決爭端的最佳方式,即使中間階段進展順利,但最終結果是兇險的。法律訴訟不能從根本上解決問題,最終的結果對於訴訟雙方都沒有吉祥可言,反映出對於法律訴訟的疏遠態度。

卦辭又稱"利見大人,不利涉大川",這是從法律訴訟實際操作層面所下的斷語,屬於經驗之談。法律訴訟最終要有人裁決,所謂的大人指貴族階層的有權勢者,司法權掌握在這些人手裏,因此,進行訴訟有貴族大人出現是有利的。訴訟要據理抗爭,而不能以陰柔之行進行操作,因此稱"不利涉大川",用陰柔方式投入訴訟無所利。這與《需》卦的"利涉大川"正相反。

二、爻位與爻辭

初六爻辭"不永所事",指在訴訟方面不能延續太久。初六爻位的意義是"履霜堅冰至",不宜前行之義。"不永所事"指的是不能長久持續地進行訴訟,與爻位意義相符。"不永所事"與爻位意義相符,但是與卦旨有疏離,所以,出示的結局是"小有言,終吉",雖然小有非議,結局卻是吉利的。

九二爻辭講述敗訟之後出現的事象:所屬領地的三百户逃亡,但是並未使他陷入困苦境地。九二爻位的意義是"飛龍在田,利見大人",這位敗訴者在喪失領地的三百户居民之後,生活依然有保障,可見是一位高層貴族,屬於大人之列。他在敗訟之後返回領地,正是大人出現之象,與爻位意義相契。這位貴族已經進入訴訟程序,與卦的宗旨亦不相違背。鑒於上述情況,爻辭出示的結局是"无眚",雖然敗訴而無衣食之憂,正常生活沒受到影響。

六三爻辭的"食舊德"是上承六二爻辭而來。敗訴的貴族大人返回家中,依靠舊日所得生活。六三爻位的意義之一是"含章,可貞"。敗訴之後居於家中靠往日所得生活,正是含章之象,與爻位意義相符。可是,這種生存方式游離於法律訴訟之外,與卦旨相疏遠。綜合"食舊德"與爻位意義、卦旨的上述關聯,爻辭出示的結局是"貞厲,終吉"。占問的結果是有危險,但最終結局吉利。敗訴之人確實面臨風險,但是,能夠安然處之,又可化險為夷,這是爻辭所做的暗示。

六三爻位的另一層意義是"或從王事,无成有終",《訟》六三的"或從王事,无成",正是根據爻位意義而來,並且基本是照用原有語句。作為敗訴之人而隨從王事,確實難以有圓滿結局。或從王事,與訴訟無關,脫離卦的宗旨,故稱"无成"。

九四爻辭的"不克訟,復即命",指的是又一輪訴訟。敗訴之後返回家中,聽從命令。這時,形勢出現變化,訴訟有了轉機。九四爻位的意義是"或躍在淵",龍躍入淵,得其所宜居。敗訴而返回家中、聽從命令,與爻位意義相近。在形勢發生變化之際不草率行事,而是安於占問所得到的提示,亦與卦旨相近。所謂的"安貞吉",其根據是爻辭所述事象與爻位意義、卦旨的相近。

九五爻辭"訟,吉",指的是第三輪訴訟。九五爻位的意義是"飛龍在天,利見大人",貴族大人再次投入訴訟,出現在法庭,與爻位意義相契。《訟》卦的宗旨是"利見大人,不利涉大川",爻辭與此完全相符。斷語稱吉,就在於此時的訴訟與爻位意義、卦旨均相符合。

九五是上卦的中爻,斷語稱吉,是回應卦辭的"中吉"。

上九是卦的最高位，上九爻位的意義是警示"亢龍有悔"險象的出現。爻辭敘述的確實是"亢龍有悔"事象，因勝訟而得到賞賜的佩囊和腰帶，但一個早晨又被三次剝奪。勝訟而受賞，悖於情理，疏離於卦旨，正是《象》傳所稱："以訟受服，亦不足敬也。"爻辭之所以編排"亢龍有悔"事象，是因為周族先民把法律訴訟視為不祥之事，卦辭斷定訴訟的結局是"終凶"，上九爻辭是對卦辭的呼應。

　　上九爻辭所做的敘事，反映的是物極必反的理念。勝訟已是皆大歡喜，因勝訟而受到賞賜，確實是做得過分，得到的太多。於是，大喜之外伴隨的是大悲，喜出望外之後出現的是出乎意料的懲罰。

　　爻辭總體上按照時間順序進行排編，六段爻辭構成首尾連貫的敘事鏈條。同時，又以單卦為相對獨立的板塊，下卦編排第一次訴訟，上卦編排第二、三次訴訟及後續情節。

考　辨

　　【訟】語出卦名及爻辭。《說文解字·言部》："訟，爭也。從言，公聲。"段玉裁注：

　　　　公言之也。《漢書·呂後紀》："未敢訟言誅之。"鄧展曰："訟言，公言也。"此形聲包會意。①

　　訟字構形從言、從公，形聲加會意，公字亦有表意功能。《說文解字·八部》："公，平分也，從八、厶。八猶背也。《韓非》曰：'背

---

① 段玉裁：《說文解字注》，第100頁。

厶為公'。"公,指的是平分,引伸為公平、公正。訟,字形从言、从公,以言語求公平之義。

【有孚窒惕】語出卦辭。意謂信念堅定,遏制恐懼。《小畜》六四:"有孚,血去惕出。"與此含義相近。《易·損·象》:"君子以懲忿窒欲。"窒,謂遏止。

【食舊德】語出六三爻辭。德,謂得,德、得相通。《小畜》上九:"既雨既處,尚德載。"尚德載,亦即尚得載。德、得相通。

【或錫之鞶帶】語出上九爻辭。虞翻稱:"'錫'謂'王之錫命'也。鞶帶,大帶,男子鞶革。"①虞翻將鞶帶釋為大帶,後代解《易》者多宗之。如果鞶帶為一物,何以能夠"終朝三褫之"?帶,指大帶、腰帶。鞶,另有所指。《禮記·內則》:"男鞶,革;女鞶,絲。"鄭玄注:"鞶,小囊盛帨巾者,男用韋,女用繒。"鞶帶,指佩囊大帶等多種物品,不是專指大帶。

【終朝】語出上九爻辭。《老子》第二十三章:"故飄風不終朝,驟雨不終日。"《左傳·僖公二十七年》:"終朝而畢,不戮一人。"楊伯峻先生注:"終朝,自旦至食時。"②朝,謂早晨。《詩經·鄘風·蝃蝀》:"朝隮於西,崇朝其雨。"毛傳:"崇,終也。從旦至食時謂崇朝。"終朝,或作崇朝,見於《衛風·河廣》:"誰謂宋遠,曾不崇朝。"終朝,崇朝,謂一個早晨。

---

① 李道平:《周易集解纂疏》,第126頁。
② 楊伯峻:《春秋左傳注》,中華書局,2000年版,第444頁。

師

䷆師軍隊作戰：貞，丈人年長的人吉，无咎。

初六：師出以律出兵作戰要靠紀律，否不臧善。此指軍紀不嚴，凶。

九二：在師中，吉，无咎，王三錫命王三次下達賞賜的命令。

六三：師或輿尸有的車輛裝載尸體。凶。

六四：師左次退居左側，无咎。

六五：田有禽田獵有擒獲，利執指收取田獵的所獲，言進言，无咎。長子帥統帥師，弟子輿尸弟子的尸體用車輛裝載。

上六：大君輩分高的女主人有命有命令，開國裂土封侯承家繼承家業，小人勿用地位低的小人不能任用。

解　析

一、卦名和卦辭

卦名《師》，指的是軍隊、師旅，該卦敘述的是軍隊作戰之事，取材於戰爭。

卦辭稱"貞，丈人吉，无咎"。用兵作戰須用年長者，因為他們經驗豐富並且具有權威。中國古代創造的是農業文明，農業生產很大程度上依賴以往的經驗。中國古代長時期保持原始的血緣紐帶,形成宗法制社會。上述兩個方面原因形成尊老傳統,年長的人有發言權、決斷權。對於治軍作戰,也強調年紀大的成年人要承擔重任。所謂丈人吉,指的是要由年紀大的成年人領兵作戰。

二、爻位和爻辭

初六爻辭首先強調"師出以律",軍隊出征要有嚴明的紀律,初六爻位的意義是"履霜堅冰至",不宜前行,有所約束之義。"師出以律"符合爻位意義,亦與卦旨相契,自然是吉祥之事。反之,軍律渙散,即所謂的"否臧",只能造成災難性後果,故爻辭稱"凶"。

九二爻辭"在師中",省略了主語,指的是軍隊統帥或將領在軍中。九二爻位的意義是"飛龍在田,利見大人",軍隊的統帥或將領在軍中,是貴族大人出現之象,與爻位意義和卦旨均相符合,因此,吉祥而無災難,並且得到王的三次賞賜。

九二是下卦的中爻,故以"在軍中"相對應。

六三爻位的意義是"含章,可貞。或從王事,无成有終"。出兵作戰不是含章內斂,而是向外伸張。率兵作戰不是順隨別人,而是自主決斷。出兵作戰與六三爻位的意義在兩個層面均相違背,因此,儘管與卦旨沒有衝突,但所出示的結局仍然很悲慘。"師或輿尸",戰死者的尸體用車輛裝載,是戰敗或損失慘重之象。

六四爻辭"師左次"是承六三爻辭而來。由於出師不利,損失慘重,軍隊撤退,駐紮在左方,取守勢。六四爻位的意義是"括囊,无咎无譽",接納外物而加以封閉。"師左次"是撤退而取守勢,與"括囊"之舉相似。況且軍隊作戰有進有退,"師左次"與卦旨並不違背。爻辭出示的段語是"无咎",是根據"師左次"與爻位意義及卦旨相一致而下的斷語。

六五爻辭前半段是"田有禽,利執,言,无咎"。利用戰爭間隙進行狩獵,並且頗有斬獲。見到獵物利於持拿而進言,與六五爻位

"黃裳元吉"的意義有相通之處，都是一種謙下之態。古代狩獵與戰爭同屬軍事行動，建議斂取獵物、打掃獵場，與卦的宗旨也相符合，因此稱"无咎"。

六五爻辭的第二段是"長子帥師，弟子輿尸"，出現的是兇險之象。六五爻位的意義是"黃裳元吉"，居尊位而作謙下之態。"長子帥師"是父親健在而由長子擔任軍隊統帥，是居卑賤而行尊長之事，與六五爻位的意義相反。卦辭稱"丈人吉"，而長子不屬於丈人之列，與卦旨相違。"長子帥師"與爻位意義、卦旨俱相違背，造成的結果極其慘烈，是"弟子輿尸"。中國古代早期軍隊的建制以家族為單位，精銳部隊或親兵由王室或公族子弟組成，屬於貴族成員。"弟子輿尸"，指精銳部隊遭受重創，貴族子弟戰敗身亡。

上六爻辭作為戰爭的總結出現。由於連續戰敗，年輩高的女主發佈命令，裂土封侯或繼承家業這類大事，不能任用小人。上六爻位的意義是"龍戰于野，其血玄黃"，警示不要陰盛犯陽而造成創傷。《周易》本經中的小人指社會地位低下的成員，屬於陰柔之列。對小人的任用加以限制，符合上六爻位的意義。上六爻位是卦的終位，軍事行動至此已經結束，應該轉入和平建設，因此提到開國承家之事。

上六是卦的最高位，又是陰爻，因此，以地位最高、年輩最長的女主相配。這裏所説的大君，相當於後代的皇太后、太皇太后。

《師》卦敘述的是主動出擊的軍事行動，爻辭出現的多是戰敗事象，反映出卦爻辭編纂者對戰爭所持的保留態度，即不要主動發起，而應該後發制人。"師或輿尸"、"弟子輿尸"，反映出戰爭的殘酷。

爻辭按時空順序進行敘事，整體上一脈貫穿。同時，單卦又是相對獨立的板塊。六三爻辭的"師或輿尸"是第一次戰敗，六五爻辭的"弟子輿尸"是第二次戰敗，第二次戰敗較之第一次更加慘烈，在敘事上呈現的是逐步盤升、強化的趨勢。至於六四爻辭的"師左次",則是兩次戰役之間的過渡環節。

考　辨

【師】語出卦名及爻辭。《說文解字·帀部》:"師,二千五百人為師。从帀,从𠂤。𠂤四帀,衆意也。"師,字形从𠂤从帀。𠂤指小丘,帀指周遍。小丘周遍,是師的本義。《詩經·大雅·公劉》提到"京師之野",鄭玄箋:"絕高謂之京。"其中的師,指衆多的土丘。"師……甲骨文與𠂤同字,𠂤乃聚土而成,引伸聚人而成也可稱𠂤。……許慎所謂'二千五百人為師',系後世的轉義,並非造字的初意。金文增帀乃為足意別字。"①

【丈人】語出卦辭。《論語·微子》:"子路從而後,遇丈人。"楊伯峻先生釋丈人為"老頭"②。《莊子·天地》:"子貢南游於楚,反於晉,過漢陰,見一丈人方將為圃畦。"成玄英疏:"丈人,長者之稱也。"③對於丈人之稱的由來,尹黎雲先生寫道:

　　丈,戰國文字作𠂉,象拐杖之形。……《禮記·曲禮上》:"謀於長者,必操几杖以從之。"可知丈乃長者之物,故持丈之人稱丈人。④

---

① 尹黎雲:《漢字字源系統研究》,第 310 頁。
② 楊伯峻:《論語譯注》,中華書局,2006 年版,第 196 頁。
③ 郭慶藩:《莊子集釋》,中華書局,2004 年版,第 433 頁。
④ 尹黎雲:《漢字字源系統研究》,第 127 頁。

【師左次】語出六四爻辭。《老子》第三十一章："君子居則貴左,用兵則貴右。……吉事尚左,凶事尚右。偏將軍居左,上將軍居右。言以喪禮處之。"兵事尚右,"師左次",退卻避讓之義。《逸周書·武順解》："天道尚右,日月西移。……武禮右還,順天以利兵。"右還,尚右之義。

【大君有命】語出上六爻辭。大君,猶言太君。《周易》本經的大君,指輩份高於王的女主,相當於後代所説的太后、太皇太后。《履》六三:"武人為於大君。"《臨》六五:"知臨,大君之宜,吉。"大君指輩份高於王的女主,故皆出現在陰爻。

比

䷇比_{親附、親密相處}:吉。原筮_{推究問卦},元永貞_{開始占問極其長遠之事},无咎。不寧方_{不順從的方國}來,後夫遲到者凶_{結局兇險}。

初六:有孚_{真誠},比_{親附}之无咎。有孚盈缶_{陶製容器,真誠使缶充盈},終來。有它_{意外情況},吉。

六二:比之自内_{親附從内部做起},貞吉。

六三:比之匪人_{親附對象不是適當人選}。

六四:外比之_{對外親附},貞吉。

九五:顯比_{顯赫地親附,此指王在狩獵時隨從人員衆多},王用三驅_{狩獵方法,謂三次驅趕獵物},失前禽_{失去跑在前面的獵物}。邑人不戒_{邑中人不警戒,此指王的狩獵没有擾民},吉。

上六：比之无首親附而沒有首領，凶。

解　析

一、卦名和卦辭

卦名《比》，親附之義，意謂建立人與人之間的親密關係。《比》與《師》是對卦。《師》以出兵作戰為背景，是人與人之間的抗争廝殺；《比》則是以協調的人際關係為背景，強調人與人的友好相處。《雜卦》稱"《比》樂《師》憂"，道出了兩卦之間的相反取向。

卦辭"比，吉"，充分肯定人與人相親附的重要性，認為協調的人際關係會帶來吉祥，反映的是以和為貴的理念。

"原筮，元永貞"，是針對人與人的親密相處而言。意謂當親附之際，推究問卦，應該著眼於最為長遠之事的占問。人與人親密相處，有的急功近利，這樣做不會使親密關係持久。鑒於這種情況，卦辭提醒人們對待人與人之間的友好相處，在問卦時要進行推究考量，放眼未來，占問最為長遠之事。

卦辭所說的親附，行為主體是貴族階層，並且涉及朝廷與所轄地域的關係。所謂的不寧方，指對朝廷不順從的方國。對於這類地域的首領和使者而言，如果朝廷集會時遲到，後果將是兇險的。這是向人們昭示，當親附之際，原來與朝廷存有隔閡的方國，更要積極主動地加以表現，拉近與朝廷的關係，而不能掉以輕心，失之怠慢。否則，後果將不堪設想。個人之間的關係亦如此，原有的芥蒂應在親附之際儘量消解，而不是雪上加霜，導致彼此關係的惡化。

二、爻位和爻辭

初六爻辭首言"有孚，比之无咎"，把真誠視為人與人親附的基礎。人與人之間的相處如果沒有真誠,很難建立起親密的關係。

爻辭又稱"有孚盈缶,終來",繼續強調人與人以誠相待的重要性。真誠發自內心是無形的。爻辭卻以有形之物加以描述,意謂人的內心充滿真誠,尤如缶中充盈,盛滿食物。如果能夠如此,親附對象最終會前來,真誠具有凝聚力。

爻辭又稱"有它,吉",還是針對"有孚"而言。與人真誠相處,即使出現意外變故,結局仍然吉祥。對人真誠相待,對於意外事件具有很強的承受力,能夠把它化解。

初六爻位的意義是"履霜堅冰至",不宜前行之義。真誠地與人相處,有凝聚力,能化解災難,無須前行而事事吉利,與爻位意義及卦旨俱相符合,故爻辭出示的斷語或是"无咎",或是"吉"。

六二爻辭"比之自內",建立親密的人際關係從內部做起。六二爻位的意義是"直、方、大,不習无不利",意謂不去踐履陽剛之行。從內部進行親附,屬於陰柔之行,不是踐履陽剛。"比之自內",與爻位意義及卦旨大體一致,故斷語為"貞吉",進行占問是吉利的。

六二是下卦的中爻,故以內相對應。

六三爻辭"比之匪人",所選擇的親附對象不適當,不是應該親附的人。六三爻位的意義是"含章,可貞。或從王事,无成有終"。主動親附別人不是含章之行,也不是隨順別人,而是向外伸張,自行其事,與爻位意義相違。"比之"合乎卦旨而違背爻位意義,故出現"比之匪人"的結局。

六四爻辭"外比之,貞吉"。六四爻位的意義是"括囊,无咎无譽",與人相親附,正是接納外物而加以存留之象,與爻位意義及卦旨俱相符合,故出示的斷語為"貞吉"。

六四爻位居於外卦下部邊緣,故以"外比之"與之相對應。

九五是卦的尊位,所謂的親附到此也發展到極致。一方面,親附的對象極其衆多,即爻辭所說的"顯比"。王進行狩獵,隨從人員衆多,都是他親附的對象。"王用三驅,失前禽",王用三驅之禮狩獵,故意使迎面跑來而又在前面的獵物走失,親附的對象由人及物,惠及禽獸。"邑人不戒",王狩獵而沒有驚動邑人,親附對象由隨從人員擴充到當地居民。九五爻位的意義是"飛龍在天,利見大人",王出行狩獵,正是大人出現之象,與爻位意義相符合,亦與卦旨相契,故吉祥。

九五是至尊之位,故以王當之。

上六爻辭"比之无首,凶",意謂人與人之間的親密相處達到過分的程度,以至於沒有進行統轄的首領,暗示物極必反。上六爻位的"比之无首"是陽盛之象,與上六爻位的意義相違背。比之而無首,難以持久,與卦旨相背離。出示的斷語為"凶",主要是根據"比之无首"與爻位意義及卦旨相悖而來。

《乾》用九是"見群龍无首,吉",《比》上六則曰"比之无首,凶"。同為无首,或吉或凶,就在於二者的陽爻陰爻之別。

考　辨

【比】語出卦名及爻辭。《說文解字·比部》:"比,密也。二人為從,反從為比。凡比之屬皆从比。𣬉,古文比。"段玉裁注:"蓋从二大也。二大者,二人也。"比字的籀文是兩人並列之形,與从字的意義不同。對此,尹黎雲先生寫道:

> 比的形體和从相近,但差異很明顯。从的二人是一前一後,出於動態,二人有主次之分;比的二人是並列的,處於靜

態,二人沒有主次之分。①

比字的原義是兩人並列,平等相處,關係密切。《比》卦的所謂比,是以貴族成員為行為主體,而他們親疏的對象則處於次要地位,彼此的關係並不是完全平等的。

【原筮】語出卦辭,推究問卦之事。原:推究、追溯。或解原筮為再筮,誤,無有兩次連續問卦之理。對此,程頤寫道:

> 人相親比,必有其道,苟非其道,則有悔咎。故必推原占決,其可比而比之。②

程氏之説大意得之,可從。

【不寧方來,後夫凶】語出卦辭。《國語·魯語下》:"昔禹致群神於會稽之山,防風氏後至,禹殺而戮之。"韋昭注:"防風,汪芒氏之君名也。違命後至,故禹殺之,陳尸為戮也。"這則傳説可為卦辭作解。

不寧方,或稱不庭方。《詩經·大雅·韓奕》:"王親命之,……幹不庭方。"鄭玄箋:"我之所命者,勿改易不行,當為不直違失法度之方,作楨幹以正之。"不寧方、不庭方,指對朝廷抗拒或疏遠的方國。

【有它】語出初六爻辭。有它:出現意外。《説文解字·它

---

① 尹黎雲:《漢字字形源系統研究》,第56頁。
② 程頤:《周易程氏傳》,中華書局,2011年版,第46頁。

部》:"它,蟲也。从蟲而長,象冤曲垂尾形。上古草居患它,故相問無它乎。凡它之屬皆从它。蛇,它或从蟲。"段玉裁注:"相問無它,猶後人之不恙、無恙也。"它,本指蛇。古人對蛇有畏懼感,故稱意外的不幸為它。

它,指的是意外負面事象,在《周易》本經中一以貫之。《大過》九四:"棟隆,吉。有它,吝。"《中孚》初九:"虞吉,有它不燕。"

【顯比】語出九五爻辭。《周禮·夏官·大司馬》敘述王的田獵之禮:"田之日,司馬建旗於後表之中,群吏以旗物鼓鐸鐲鐃,各帥其民而致。"

【王用三驅,失前禽】語出九五爻辭。《春秋·桓公四年》:"春正月,公狩於郎。"孔穎達疏:

《易·比卦》九五:"王用三驅,失前禽。"鄭玄云:"王者習兵於蒐狩,驅禽而射之,三則已,法軍禮也。"夫前禽者,謂禽在前來者,不逆而射之;旁去又不射,唯背走者順而射之。不中則已,是其所以失之。①

【邑人不戒】語出九五爻辭。《詩經·小雅·車攻》敘述周王狩獵稱:"之子于征,有聞無聲。"王先謙云:"號令嚴肅,有嘉聞而無歡聲,可想君臣平日講習之善。"②狩獵而無喧嘩,不擾民,百姓不必警戒,是周人理想的田獵之舉。

---

① 孔穎達:《春秋左傳正義》,中華書局,1980年版,第1747頁。
② 王先謙:《詩三家義集疏》,第626頁。

小 畜

☰小畜_{小規模蓄積}:亨,密雲不雨_{烏雲密布而不降雨},自我西郊_{從我西郊(興起)}。

初九:復自道_{從道路上返回},何其咎_{有什麼災患}?吉。

九二:牽復_{牽引(車輛)返回},吉。

九三:輿_{車輛}說 tuō 輻_{輻條},夫妻反目。

六四:有孚,血去_{血跡掩埋}惕出_{恐懼消除},无咎。

九五:有孚攣 luán 如_{連續不斷,謂進行搶劫的意志堅定不移},富以其鄰_{因搶劫毗鄰地區的居民而富足}。

上九:既_{即將達限而又未達}雨既處_{停止,此指雨將要降得足量又將止未止},尚德載_{尚得積存,此指地面還有積水},婦貞厲。月幾_{將近}望_{盈滿},君子征凶_{君子出征結局兇險}。

解 析

一、卦名和卦辭

卦名《小畜》,意為小規模蓄積。這裏所說的畜,指以搶劫的方式蓄積財富。《小畜》是小型搶劫,《周易》還有《大畜》,指的是大規模搶劫。《小畜》九五爻辭稱"富以其鄰",富足是因為搶劫鄰居。《大畜》卦辭稱"不家食",指的是外出謀生,也就是進行搶劫。《小畜》

《大畜》反映《周易》本經產生的時期,尚有原始的搶劫之風遺存。

卦辭稱"亨",肯定外出搶劫的合理性和可行性,認為這種生財之道是順通的。"密雲不雨,自我西郊",採用的是象徵性語言。"密雲不雨",濃雲密布而不降雨,收斂蓄積之象,暗示適於搶劫斂財。周人早期生活在陝西境內,屬內陸氣候,主要受西北冷空氣影響而降雨,雲多來自西方,故稱"密雲不雨,自我西郊"。

二、爻位與爻辭

初九爻辭"復自道",從路上返回家中,合乎初九爻位"潛龍勿用"的意義,返回家即進行潛藏之義。"復自道",是搶劫之後回到家中,與《小畜》的搶劫宗旨相合。"復自道"與爻位意義、卦旨相符合,故稱"吉",認定這樣做不會有災難。家中是搶劫者的避風港,因此有安全感。

九二爻辭"牽復",牽而復,指牽引載物的車輛而歸,搶劫有收穫之象。六二爻位的意義是"見龍在田,利見大人",利於有所作為,"牽復"與爻位意義相契,亦合於卦的宗旨,故稱"吉"。

九三爻辭"輿說輻,夫妻反目",出現的是不祥事象。九三爻位的意義是"君子終日乾乾,夕惕若",牽引搶劫的物品返回家中,既無乾乾前行之象,又無恐懼之心,與爻位意義相違。但因為這種事象與卦旨相合,所以,出現的是小的困擾,而不是大的災難。車的輻條脫落可以重新安裝,夫妻雖然反目還可以重歸於好。

輿與輻本為一體,輻條脫落是整體分裂。夫妻本為一家人,夫妻反目是情同一體的家庭成員出現對立,兩個事象的屬性相似。

車輛主要以木材為原料製成,用以象徵陽剛。"輿說輻",陽剛受損之象。"夫妻反目",陰陽衝突之謂。陽剛受損引發陰陽衝突,二者之間存在因果關係。

六四爻辭"血去惕出",敘述的是搶劫過程中出現的流血衝突,以及搶劫者的心理變化。搶劫出現流血衝突，把血迹加以掩埋，恐懼心理也隨之消除。六四爻位的意義是"括囊，无咎无譽"。把血迹加以掩埋，正是括囊之象。恐懼心理消除，還要繼續進行搶劫，合乎卦的宗旨。斷語為"无咎"，不會再有災難，是根據爻辭所述事象與爻位意義及卦旨相合而給出的結論。

血是陰柔的象徵，把血迹加以掩埋，藏陰之象，與六四的陰爻屬性相對應。

九五是卦的尊位，搶劫活動至此也大獲全勝。"有孚攣如"，搶劫的衝動連續爆發，"富以其鄰"，對相毗鄰地區的搶劫也取得成功，達到致富的程度。九五爻位的意義是"飛龍在天，利見大人"，利於大有作為。"富以其鄰"確實是在搶劫方面大有作為，與爻位意義和卦旨相契合，出現的事象對於搶劫者而言是吉祥的。

上九爻辭所說的"既雨既處，尚德載"，"月幾望"，暗示搶劫所獲得的財物已經達到多餘的程度，這種行動即將達到極限。"既雨既處，尚德載"，雨將停未停之際，地面出現積水，表示水份已經達到飽和狀態。"月幾望"，月亮即將盈滿，月盈則虧，盛極而衰。在這種情況下，女子占問的結果是有危險，男子出行作戰結局兇險。搶劫和作戰都是訴諸武力，屬於同一類型。爻辭以象徵性語言暗示：搶劫到此過分的程度，應該停止進行。

雨和月亮均是陰柔的象徵。雨水過多，月亮將圓，都是陰盛之象。上九是陽爻最高位，爻辭展示的卻是陰盛之象。陰盛則陽衰，上九爻位的意義是警示人們避免出現"亢龍有悔"的現象。陰盛而陽衰，正是"亢龍有悔"之象。搶劫是充滿風險的野蠻行為，很容易失控，上九爻辭呈現的陰盛陽衰事象，正是搶劫失控而要走向反面的先兆。

《小畜》爻辭的編排，以單卦為相對獨立的敘事板塊。初九、九二、九三敘述搶劫者從路上返回家中，屬於第一個板塊。六四、九五、上九敘述出行搶劫，屬於第二個板塊。全卦講述的是兩次搶劫的情況,每三爻為一個單元。

考　辨

【密雲不雨,自我西郊】語出卦辭。又見於《小過》六五:"密雲不雨,自我西郊。公弋取彼在穴。"密雲不雨,皆指斂取蓄積。

【輿說輻】語出九三爻辭。說,謂脫。《蒙》初六"用說桎梏",亦是說、脫相通。

輻,指車的輻條。《老子》第十一章:"三十輻共一轂。當其無,有車之用。"王弼注:"轂所以能統三十輻者,無也。"樓宇烈先生寫道:

"轂",車輪中間湊輻貫軸的部件。《說文》:"轂,輻所湊也。"《六書故》:"輪值正中為轂。空其中,軸所貫也,輻湊其外。"①

《大壯》九四:"壯于大輿之輹。"或將輻、輹相混淆,視為一物,誤。
《周易》本經中的車及其部件作為陽剛的象徵出現,多有其例。《賁》初九:"賁其趾,舍車而徒。"《剝》上九:"君子得輿。"《大畜》九二:"輿說輹。"《大畜》九三:"日閑輿衛。"《大壯》九四:"壯于大輿之輹。"車是陽剛的象徵,均出現在陽爻。

【血去惕出】語出六四爻辭。血去:把血迹加以掩埋。去:埋藏之義。《國語·鄭語》:"龍亡而漦在,櫝而藏之。"《史記·周本紀》作:"龍亡而漦在,櫝而去之。"司馬遷以去釋藏,去,指收藏。《漢書·蘇武傳》:"武既至海上,稟食不至,掘野鼠去草實而食之。"

---

① 樓宇烈:《老子道德經注校釋》,中華書局,2010年版,第27頁。

顏師古注："去謂藏之也。"去，謂收藏，由它的字形而來。《説文解字·去部》："去，人相違也。从大，厶聲。"去，字形从大从厶。《説文解字·厶部》："厶，厶盧，飯器。以柳作之，象形。"去，字形从厶，厶，盛飯的器具。《説文解字·血部》："盍，覆也。从血，大聲。"段玉裁注："皿中有血而上覆之，覆必大於下，故从大。"去，字形从厶从大。厶為盛飯的器具。大，指器具的上蓋。去，指帶蓋的器具，故有收藏之義。蓋，字形从去从皿，取去字的帶蓋之義。《小畜》六四的"血去"指將血迹掩埋。《涣》上九的"血去逖出"，則是指掩埋血迹遠行。血去，皆指掩埋血迹，藏陰之象。

【有孚攣如】語出九五爻辭。《中孚》九五："有孚攣如。"與此相同。《家人》上九："有孚威如。"句式結構與"有孚攣如"同。

【富以其鄰】語出九五爻辭。意謂因其搶劫毗鄰地區而致富。《泰》六四："不富以其鄰。"《謙》六五："不富以其鄰。"不富以其鄰，因被鄰居搶劫而不富。

【既雨既處】語出上九爻辭。雨象徵陰柔，在《周易》本經一以貫之。《睽》上九："往遇雨則吉。"《夬》九三："君子夬夬獨行，遇雨若濡，有慍，无咎。"《鼎》九三："鼎耳革，其行塞，雉膏不食，方雨，虧，悔，終吉。"以上出現在陽爻的雨，起著以柔濟剛的作用。

【月幾望】語出上九爻辭。"月幾望"謂陰盛。《歸妹》六五："帝乙歸妹，其君之袂不如其娣之袂良。月幾望，吉。"月幾望，亦陰盛之象。《中孚》六四："月幾望，馬匹亡，无咎。"月幾望：陰盛。馬匹亡：喪陽。

【征凶】語出上九爻辭。《周易》本經所説的征，不是指日常普通的出行，而是指外出作戰，謂軍事行動。《泰》初九："拔茅茹以其彙，征吉。"《復》上六："至于十年不克征。"《頤》六二："拂經于丘頤，征凶。"《離》上九："王用出征，有嘉折首。"《革》六二："巳日乃革之，征吉。"《困》上六："征吉。"《震》上六："震索索，視矍矍，征凶。"《漸》九三："夫征不復。"《歸妹》卦辭："征凶，无攸利。"《未濟》六三："未濟，征凶，利涉大川。"

履

䷉履虎尾踐踩虎尾，不咥 dié 咬人，亨。

初九：素事先謀劃履指有預慮出行，往，无咎。

九二：履道行路坦坦平平安安，幽人居於家中的婦女貞吉。

六三：眇 miǎo 兩眼大小不一能而視，跛 bǒ 瘸脚能履，履虎尾，咥人，凶。武人武將為偶對、勾結于大君。

九四：履虎尾，愬 sù 愬驚懼貌，終吉。

九五：夬 guài 履決絶地急急前行，貞厲。

上九：視履審視前行的歷程考成功祥吉祥，其旋返歸元吉。

解 析

一、卦名和卦辭

卦名《履》，前行之義。《雜卦》稱："《履》，不處也。"處，謂止。

不處,即不止,前行之義。《履》與《小畜》是對卦。《小畜》是以搶劫的方式蓄積財物,是向內聚斂。《履》則是向外前行,二者的最終指向相反。

卦辭"履虎尾,不咥人,亨",卦辭前面還應有履字,用以標示卦名。老虎是兇猛之物,系百獸之王,往往對人造成傷害。老虎用以傷害人的器官主要有三,即牙、爪和尾巴。前行而踐踏虎尾,是很危險的事。在這種情況下而不受傷害,確實是意外的順利,故卦辭稱亨。

履虎尾而不受傷害,是相當高超的前行藝術。卦辭表達的是這樣的理念:人應該具有履險前行的能力,要善於化險為夷。

虎是兇猛的野獸,在《周易》本經中是陽剛的象徵。卦辭所說的履虎尾,指的是觸剛之義。

二、爻位和爻辭

初九爻辭稱"素履",謂預慮而後前行,具有前瞻性。初九爻位的意義是"潛龍勿用",反對躁進盲動。事先有所規劃而後前行,與初九爻位意義相契,亦合乎卦的前行宗旨,故稱"往,无咎"。出行而有超前意識,確實不會發生災害。

九二爻辭"履道坦坦,幽人貞吉"。這兩句爻辭具有因果關係,因為男子在道上前行平安無事,所以,居於家中的婦女進行占問吉利。九二爻位的意義是"見龍在田,利見大人",可以加以顯露,能夠有所作為之義。在路上前行而平安無事,是顯現之象,合乎爻位的意義及卦旨,爻辭出現的是吉祥事象。幽人指家中的女子,又見於《歸妹》九二。

九二是單卦的中爻,故以居於家中的女性相對應。

六三爻辭前段敘述的是兩種反常事象:兩隻眼睛大小不一而要四下環顧,足跛而仍然前行,這兩種行為違反常規,也不符合六三爻位的宗旨。六三爻位的意義是"含章,可貞。或從王事,无成有終"。眇而視,跛而履,不是内斂含章,而是向外伸展;不是順隨他人,而是自作主張。卦辭又稱"履虎尾,不咥人",是高超的前行藝術,跛而履則連中等水準的行走都不如。由此而來,結局必然兇險。

六三爻辭的後半段是"武人為于大君",武將與皇太后一類長輩女主相偶對,内外勾結,屬於宫闈之亂。大君本應守内,這才合乎六三爻位的意義。可是,她卻與武人相偶,明顯違背爻位意義,也與卦的宗旨相游離。武人應聽命於君主,"或從王事,无成終",這才合乎爻位意義。然而,他與長輩女主相通,而不是前行以從王事,同樣與爻位意義和卦的宗旨相違背。這段爻辭没有出示斷語,可以預料,結局必然是兇險的。

九四爻辭"履虎尾,愬愬,終吉",既是對卦辭的回應,同時又與六三爻辭形成鮮明的對照。九四爻辭的意義是"或躍在淵",龍躍入淵,得其所宜居。"履虎尾"是前躍之舉,但履其所不宜履,與爻位意義相合又相悖,但與卦旨相契。兩相綜合,得出的斷語是"終吉",其條件是"愬愬",因驚懼而採取彌補措施。

九五爻辭的"夬履"指的是決絕前行。《周易》有《夬》卦,通篇叙述的都是決絕行為。九五爻位的意義是"飛龍在天,利見大人",決絕前行必然是一往無前、急躁迅速,與爻位意義不甚相契,但也並不相悖。夬履是急急前行,與卦的宗旨接近,可是,没有達到"履虎尾,不咥人"那樣高的行為技巧。"夬履"之象與爻位意義、卦旨的關聯若即若離,得出的斷語是"貞厲",占問的結果是有危險。決絕前行,汲汲惶惶,確實存在危險。

九五是單卦的中爻,"夬履"是前行速度失中,與爻位不相協調。

上九爻辭"視履考祥,其旋元吉",意謂審視前行的歷程成功而吉祥,於是向起點回歸,結局吉祥。上九爻位的意義是避免"亢龍有悔"現象的出現。前行的歷程已成功而吉祥,審視之後毅然返歸,屬於功成身退,急流勇退,完全合乎爻位的意義。對前行歷程加以審視,也合乎卦的謹慎前行的宗旨。爻辭所述事象與爻位意義、卦旨均相符合,最後得出的結論是"元吉",最為吉利。

爻辭編排兼有按類別陳列和按照時空順序進行敘事兩種屬性。六條爻辭出現的事象屬於不同類別,或吉或凶,或憂喜參半。同時,爻辭之間又存在前後的關聯。從素履、履道坦坦的平安前行,再到履虎尾出現的驚險事象,前後一脈相承,又跌盪起伏。六三和九四作為相鄰爻位,又以履虎尾事象相承接。九三是履虎尾被咬,九四則是履虎尾受到驚嚇而小心翼翼。九五爻辭的"夬履",上承履虎尾事象,這是決絕前行的原因之一。作為開頭的初九和結尾的上九,構成相互對應的關係。初九"素履"是有前瞻性,上九的"視履"則是回顧走過的路程。初九"素履"是前行,上九"其旋"則是回返。初九和上九以相反的指向構成互補。

卦爻辭出現的事象,吉祥和險困者參半,反映出周族先民對於前行的體驗和思索,既有進取精神,又有憂患意識。

對於前行過程中的吉凶與否,卦爻辭主要強調人自身所起的作用,而沒有把客觀環境置於重要的位置。

考 辨

【履】語出卦名及爻辭。對於履字的由來,尹黎雲先生寫道:

> 履,甲骨文前字或作𢓊,這是前進字的專字。人行路著履,故履字可利用前字來造字。其最初的形體只是將止字由桨上移到桨下,這樣便同前字區別開了。後世又增尸,這就是

小篆的履。①

【履虎尾】語出卦辭及六三、九四爻辭,虎是陽剛的象徵,還見於《革》九五:"大人虎變,未占有孚。"

【素履】語出初九爻辭。素,為事先有謀劃。《國語·吳語》:"夫謀必素見成事焉,而後履之。"韋昭注:"素,猶豫也。履,行也。"素,謂豫,即預先,《易·豫》卦,即以預慮為取材對象。《吳語》素與履對言,素履當是古代早期常用語,未染色之帛為素,故有預慮之義。

【眇能視,跛能履】語出六三爻辭,又分別見於《歸妹》初九、九二。《説文解字·目部》:"眇,一目小也。从目、从少。"眇,指兩眼大小不一。

【武人為于大君】語出六三爻辭。《説文解字·爪部》:"為,母猴也。其為禽好爪。爪,母猴象也。下腹為母猴形。王育曰:爪,象形也。𤓰,古文為,象兩母猴相對形。"籀文為是兩母猴相對之形,為字的本義是相偶、相對。"武人為于大君",即武將與長輩女主相偶、淫亂之義。《周易》本經的為字,用的是其本義,指偶對、面對、應對。《益》初九:"利用為大作。"《益》六四:"利用為依遷國。"《萃》初六:"一握為笑。"《井》九三:"井深不食,為我心惻。"《漸》上九:"其羽可用為儀。"

【視履考祥】語出上九爻辭。考:謂成功。《春秋·隱公五年》:"九月,考仲子之宮。"楊伯峻先生寫道:

---

① 尹黎雲:《漢字字源系統研究》,第137頁。

古時宗廟宮室或重要器物初成，必舉行祭禮，或名曰考。①

考，猶言落成。因宗廟落成而舉行的祭禮，亦稱為考。《禮記·禮運》："禮義以為器，故事行可考也。"鄭玄注："考，成業。器利見事成。"爻辭的"考祥"，猶言成祥，成功吉祥之義。

泰

☷☰ 泰通達：小往所去者小大來所來者大，吉，亨。

初九：拔清除茅茹菅草一類植物以有其彙刺蝟。意謂刺蝟藏在茅茹中，被發現，征出征作戰吉。

九二：包 páo 荒覆蓋，此指浮在水面，用馮 píng 凌駕河此指用（葫蘆）來渡河。不遐（離岸）不遠（處）遺朋朋友失散，亡失去、失散得（又）得到。朋友回到身邊，尚相助于中行 háng 中道、途中。

九三：无平不陂 bēi 坡。沒有平坦無坡之地，无往不復沒有往而不返之事。艱，貞无咎，勿恤擔心。其孚（能夠）誠信，于前往食就食有福。

六四：翩翩鳥高飛輕舉，此指人輕鬆遊走離家，不富以其鄰意謂被鄰居盜竊或搶劫，不戒以孚不戒備是因為誠實。

六五：帝乙子姓，名羨，商朝第三十任君主歸嫁妹，以有祉 zhǐ 福

---

① 楊伯峻：《春秋左傳注》，第40頁。

祉,元吉。

上六:城城墙復坍塌于隍無水的護城壕。有水稱池,無水稱隍,勿用師。自邑告命從邑中發佈命令。邑,基層行政區劃,貞吝。

解　析

一、卦名和卦辭

卦名《泰》,順利、通達之義,指的是順境。《序卦》稱:"《泰》者,通也。"道出了《泰》卦的宗旨。

卦辭"小往大來,吉,亨",《泰》卦的宗旨是順通,但是,並非一帆風順,不會出現任何障礙,而是利多弊少,失去的少而得到的多。卦辭所說的吉、亨,是從整體上而言。雖然順通之際,依然會有所喪失,而不是完美無缺,這是卦辭所承載的理念。

二、爻位和爻辭

初九爻辭"拔茅茹以其彙",敘述一件比較奇異的事象:清除茅茹過程中發現那裏有刺蝟。初九爻位的意義是"潛龍勿用",不宜有所作為。清除茅茹是為了通達,合乎卦的宗旨,卻與爻位意義相違。清除茅茹過程中發現刺蝟,這種動物渾身有刺,是清除工作受阻之象。刺蝟身上的硬刺有很強的殺傷力,由此聯想到兵器、戰爭,故稱征吉。清除茅茹受阻而利於出征,這是綜合爻辭所述事象與爻位意義、卦旨之間的關聯而得出的結論。拔茅茹受阻屬於小的困擾,利於征戰則是大的通達。

九二爻辭敘述的是渡河事象。用葫蘆做腰舟渡河,離岸未遠就與一道泅渡的同伴失散。後來,失散的同伴又重新回到他的身邊,行進途中相互幫助。九二爻位的意義是"見龍在田,利見大人", 適於人的顯現。借助葫蘆的浮力渡水, 與爻位意義相符, 亦合乎卦名。卦辭稱"小往大來", 故爻辭安排朋友散失而又復聚的情節。渡水雖小有所失而終於到達彼岸, 同伴散而復聚並在路上相互幫助, 總體上是順通的。

九二是單卦中爻, 故爻辭結尾以中行相呼應。

九三爻辭"无平不陂, 无往不復", 首先闡述的是哲理。"无平不陂", 意謂任何事物都不能完滿無缺, 而是總要有所缺失。言外之意, 雖然處於順通之際, 也會有障礙出現。"无往不復", 意謂得與失不是絕對不變的, 而是處於流轉之中, 失去的東西會重新得到, 正像人的出行要返回。這兩句帶有哲理性的警句是提醒人們不要追求圓滿, 不要為暫時的困難而煩惱, 而應繼續前進。遇到障礙進行占問, 不會有災難。對於利害得失不是耿耿於懷, 前行就食會有福祉。九三爻位的意義是"君子終日乾乾, 夕惕若。厲, 无咎", 爻辭所激賞的正是乾乾前行而又不乏憂患意識的行為方式, 與爻位意義及卦旨俱相符合, 故有吉祥的結局。"于食有福", 展現的是順通之事。

六四爻辭"翩翩, 不富以其鄰, 不戒以孚", 出現的是分別屬於兩個行為主體的順通事象。"翩翩"敘述爻辭主角的順通行為, 他輕鬆地遊走, 對家庭財產沒有任何戒備。可是, 他的這種順通行為導致鄰人對他家進行盜竊搶劫, 這是盜賊的順通, 對於爻辭主角則是一種困窘。沒有任何戒備心理而四處遊走, 合乎卦的宗旨。六四爻位的意義是"括囊, 无咎无譽"。翩翩遊走不是接納外物然後括囊, 而是張開囊口, 任憑囊中之物被人竊取, 是開門揖盜之象, 與六四爻位的意義相悖。爻辭綜合"翩翩"遊走事象與爻位意義及卦旨的相悖及相符, 出示的結局是負面的。

六五爻辭"帝乙歸妹", 以殷王帝乙嫁妹於周文王為題材。殷王帝乙是周文王的宗主, 他把妹妹嫁給周文王, 與周族通婚, 是順達之事，合乎卦的宗旨。六五爻位的意義是"黃裳元吉"，意謂居尊位而做出謙下之態。殷王帝乙與周族通婚，把妹妹嫁給周文王，屬於公主下嫁，與爻位意義相契。爻辭的斷語是"以祉，元吉"，有福祉而最為吉利，其根據是帝乙歸妹與爻位意義、卦旨完全相符。

六五是陰爻的尊位，故以殷王帝乙之妹相配。

上六是卦的最高爻位，順通到此已經達到極點，並且向相反方向轉化。順通本是人的幸運，可是，城牆坍塌在壕溝，都邑失去屏障，無法防守，這種順通帶來的將是災難。順通要有尊卑之序，保證政令暢通。政令是由上頒布而達於下，如今卻是屬於基層的封邑向上發布命令，尊卑顛倒失序。上六爻位的意義是防止"龍戰于野，其血玄黃"現象的出現，避免陰盛犯陽。城牆倒塌，陽剛受損之象。"自邑告命"，以陰犯陽之象。這兩種事象雖以通達為背景，與卦旨相合，卻違背爻位意義，故出示的斷語分別是"勿用師"、"貞吝"。城牆坍塌，不能再出兵作戰。下層向上層發號施令，占問的結果是艱難。

考　辨

【泰】語出卦名。《說文解字·水部》："泰，滑也，从廾、水。大聲。夳，古文泰如此。"段玉裁注：

> 字从収水，水在手中，下溜甚利也。與《辵部》達字義近，皆他達切。《周易》："泰，通也。否，塞也。"……滑則寬裕自如，引伸為縱泰，如《論語》"泰而不驕"是也。又引伸為泰侈，如《左傳》之汏侈、《西京賦》之心侈體泰是也。汏即泰之隸省。

隸變而與淅米之汱同形,作汱者誤字。①

泰,隸書是水在手中之象,向下滑落,故有通達之義。籀文泰,依段玉裁說當作"夵,古文泰如此。……从仌,取滑之意也","大"謂人;"仌",水之所聚。人行水中,故有滑義。

【拔】語出初九爻辭。《周禮·秋官·赤犮氏》鄭玄注:"赤犮,猶言捇拔也,主除蟲豸自埋者。"賈公彦疏:"言赤犮猶言捇拔者,拔,除去之也。"拔,除去之義。茅茹根系發達且堅牢,非可拔出之物。《詩經·大雅·皇矣》"柞棫斯拔",亦是砍除柞棫之義。

【茅茹】語出初九爻辭。《說文解字·草部》:"茅,菅也。""菅,茅也。"段玉裁注:"統言則茅菅是一,析言則菅與茅殊。……陸璣曰:'菅似茅而滑澤無毛。'"茅的莖葉有細刺,菅草則光滑無刺。《說文解字·草部》:"茹,飤馬也。"茹可飼馬,茅菅亦可做馬的飼草。

【彙】語出初九爻辭。"拔茅茹以其彙",鄭玄注:"彙,類也。"②後代解此句多依鄭玄注,釋彙為類。《爾雅·釋獸》:"彙,毛刺。"郭璞注:"今蝟,狀似鼠。"郝懿行在《爾雅義疏》中則寫道:

今蝟,毛蒼白色,聲如犬嗥。大者如小狟,小者似鼠矣。③

---

① 段玉裁:《說文解字注》,第 565 頁。
② 李道平:《周易集解纂疏》,第 169 頁。
③ 郝懿行:《爾雅義疏》,上海古籍出版社,1983 年版,第 1279 頁。

彙,指的是刺蝟,《山海經》亦有記載。《北次二經》:"梁渠之山……其獸多居暨,其狀如彙而赤毛,其音如豚。"郭璞注:"彙,似鼠,赤毛如刺蝟也。"居暨似刺蝟,故稱如彙。彙,謂刺蝟。《中次十一經》:"樂馬之山,有獸焉,其狀如彙,赤如丹火,其名曰狼,見則其國大疫。"這裏提到的還是彙狀獸,彙指刺蝟。

【包荒】語出九二爻辭。高亨先生寫道:

　　包借為匏,瓠也,今語謂之葫蘆。……縛大瓠於腰間,以浮水渡河,雖不善游泳,亦可不沉。①

荒,謂覆蓋其上,這裏指浮於水面。《詩經·周南·樛木》:"南有樛木,葛藟荒之。"毛傳:"荒,奄。"王先謙寫道:

　　《說文》:"荒,蕪也。一曰草掩地也。"兩訓相成,草多則荒蕪而所掩覆者大。《釋言》:"荒,奄也。"郭注:"奄,奄覆也。見《詩》。"……《魯頌》"遂荒大東",《釋詁》郭注引作"遂幠大東"。《說文》:"幠,覆也。"則知"蕪"亦有"覆"義矣。②

王先謙所引《魯頌》,指的是《閟宮》。其中的"遂荒大東",指於是覆蓋遙遠的東方。包荒,謂葫蘆浮於水面。以葫蘆為腰舟渡水,先秦文獻多有記載。《詩經·邶風·匏有苦葉》,《國語·魯語下》載:"魯叔孫賦《匏有苦葉》。"韋昭注:"共濟而已,佩匏可以渡水也。"這首詩的首二句就是以佩瓠渡水起興。《莊子·逍遙遊》

---

① 高亨:《周易大傳今注》,第114頁。
② 王先謙:《詩三家義集疏》,第34頁。

稱:"今子有五石之瓠,何不慮以為大樽而浮乎江湖?"司馬彪注:"慮,猶結綴也。案所謂腰舟。"①《鶡冠子·學問》篇亦稱:"中流失船,一壺千金。"壺,謂葫蘆。

【尚于中行】語出九二爻辭。中行:中道,行進途中。尚:幫助。《復》六四:"中行獨復。"《益》六三:"中行告公用圭。"中行,皆指中道、途中。《坎》卦辭:"行有尚。"尚,謂幫助。

【自邑告命】語出上六爻辭。邑謂封邑、領地、基層行政區劃。《訟》九二:"不克訟,歸而逋其邑人三百戶。"《无妄》六三:"无妄之災,或系之牛。行人之得,邑人之災。"《井》卦辭:"改邑不改井。"

否

☷☰ 否閉塞:否之匪人閉塞不是人為因素造成,不利君子貞,大往所去者大小來所來者小。

初六:拔茅茹以其彙,貞吉,亨。

六二:包包裹起來承捧在手裏,小人吉,大人否亨不順通。

六三:包羞包裹起來加以進獻。

九四:有命有命令,无咎。疇積壓擁塞離祉背離福祉。

九五:休否休息於閉塞不通之際,大人吉。其亡其亡逃亡逃

---

① 郭慶藩:《莊子集釋》,第39頁。

亡，繫拴繫、束縛于苞叢生桑。

上九：傾否顛覆閉塞，先否後喜。

解　析

一、卦名和卦辭

卦名《否》，閉塞不通之義。《彖》傳稱："天地不交，否。"天地不交即彼此隔絕，指的是閉塞不通。《否》與《泰》是對卦，《泰》指順通暢達，《否》則是指閉塞阻隔。《泰》指的是順境，《否》謂逆境。

卦辭"否之匪人"，意謂閉塞不通不是行動主體本人造成的，而是客觀形勢所致，是行動主體必須面對的外部環境。因為是逆境，因此，"不利君子貞"，不利於君子占問。所謂的閉塞不通，主要是針對貴族成員而言。因此，《彖》傳稱："小人道長，君子道消也。"對於君子來說是否，而對於平民百姓來說則未必如此。

二、爻位和爻辭

初六爻辭"拔茅茹以其彙"，與《泰》初九相同，是拔茅茹受阻之象。清除茅茹而遇到刺蝟，就不會繼續進行。初六爻位的意義是"履霜堅冰至"，不宜前行之義，爻辭所述事象與此相合，亦與卦旨一致。

初六為陰爻，清除茅茹而有刺蝟，是陰遇陽而受阻之象。爻辭所述事象合乎爻位意義和卦旨，因此，雖處閉塞之際，仍有可以順通之事，那就是進行占問，故爻辭稱："貞吉，亨。"閉塞於人事而通於神靈。

《泰》初九爻辭與《否》初六爻辭相同。《泰》初九的斷語是"征吉"，《否》初六的斷語則是"貞吉"，陽爻、陰爻之別，於此可見一斑。

六二爻辭"包承",把東西包裹起來,進行封閉,用雙手捧著,是守持閉塞之象,合乎卦的宗旨。六二爻位的意義是"直、方、大,不習无不利",意謂不去踐履陽剛之行。把包裝的東西捧在手裏,是恭敬之象,不屬於陽剛之行,與爻位意義相通。但是,這種手捧著經過包裝的物品的做法,對於平民百姓一類小人是吉利的,是他們在人際交往中慣見的行為方式。至於貴族君子,這種行為方式則有失尊嚴,很不體面,不是順通之象。這條爻辭向人們昭示,處於閉塞之際,平民百姓一類小人仍有順通的方式,而貴族君子則不必進行效仿,那種做法對於他們來說行不通。

六三爻辭"包羞"是承六二爻辭"包承"而來。包承是把經過包裝的物品雙手相捧,包羞則是把包裝好的物品進行奉獻,二者是連續性的動作。

"包羞",加以包裝而進獻,包是進行封閉,合乎卦的宗旨,羞為進獻,是順應卦的宗旨。六三爻位的意義是"含章,可貞。或從王事,无成有終"。把物品加以包裝,正是含章之象。把經過包裝的物品加以進獻,是以己隨人,與"或從王事"相通。"包羞"事象與爻位意義、卦旨俱相符合,雖然未言吉祥,而吉祥自在其中。奉獻精心包裝的禮物,通常不會出現風險。

九四爻辭"有命,无咎。疇離祉",這是以貴族當權者為背景所設置的事象。處於閉塞之際而仍然發號施令,這對貴族當權者來說是正常的,也是必須採取的運作方式,不能因為處於逆境而荒廢政務。這種做法與九四爻位"或躍在淵"的意義相悖,而與卦旨有相通之處。出示的斷語是"離祉",意謂背離福祉。政令暢通則有福祉相伴,政令積壓壅塞則無福祉可言。

九五爻位的前半段是"休否,大人吉"。九五爻位的意義是"飛龍在天,利見大人"。休息於閉塞之際,是以休養生息的方式加以顯露,這對於貴族大人來說是吉祥的,既合乎九五爻位的意義,又順應卦的閉塞之旨。

九五爻位的後半段是"其亡其亡,繫于苞桑",還是就貴族大人而言。如果他們不安於閉塞之際進行休息,而是想要逃離,那就會被叢生的桑樹所拴繫,根本無法逃脱。逃離不是飛龍在天之象,不符合九五爻位的意義,亦與卦的閉塞之旨相違背,故結局是逃亡者被束縛,處於更加艱難的閉塞之中。

上九是卦的最高位,閉塞狀態至此不能持續,否則就是"亢龍有悔",與上九爻位的意義相反。爻辭稱"傾否,先否後喜",閉塞狀態遭到顛覆,避免了閉塞過度,屬於物極必反,合乎上九爻位的意義。所謂的否,指的是逆境,而傾否則是對逆境加以顛覆,是否極泰來,故稱"先否後喜"。《否》卦設置的是閉塞不通的背景,這種形勢的生成不是人為造成的,至於閉塞形勢的逆轉,也沒有提到人所起的作用。

《否》卦以閉塞起始,而以傾否結束,展示的是一個完整的過程,承載的是盛極必衰、物極必反的理念。

《否》卦爻辭以單卦為相對獨立的敘事板塊,除了初上兩爻之外,下卦的主角是平民百姓一類小人,上卦主角是貴族君子大人。上下卦的角色轉換和編排,滲透的是鮮明的等級觀念。

考 辨

【否】語出卦名及卦辭、爻辭。否,字形从不、口。"不,或寫作 ⺊、⺊、⺊。構形之意同,均象草根之形。"①不,最初指草根,是否的

---

① 趙誠:《甲骨文簡明詞典——卜辭分類讀本》,第292頁。

初文。"否和不古文實際上是一個字,从口與否無別。"①否,最初指植物的根部,處於地面以下,没有顯示出來,故否有閉塞之義。否的卦形是☷,通於下而不達於上,亦是閉塞不通之象。《泰》卦形☱,達於上而閉塞於下,故謂順通,與《否》卦相反。

【疇離祉】語出九四爻辭。《説文解字·田部》:"疇,耕治之田也。从田、弔,象耕田溝詰詘也。"疇為已經耕治之田,字形从田从弔。對於弔字的含義,朱駿聲在《説文通訓定聲》中做了如下辨析:

> 弔,古文也,象土起成棱之形,上下有界,今隸作疇。……《管子·地員》:"五臭疇生。"注:"隴也。"《吕覽·慎大》:"農不去疇。"注:"畝也。"②

疇本指田壟,又稱為畝。田壟是土壤相堆積,引伸出壅積之義。《淮南子·俶真訓》:"今夫樹木者,灌以瀿水,疇以肥壤。"高誘注:"疇,壅。"壅,即壅、堆積之義。爻辭的"疇",指積壓、壅塞。政令積壓壅塞,無法下達,故背離福祉。離,謂離開。《離》卦通篇講述離開之事。多釋疇為類,離為麗、附麗,皆誤。

【休否】語出九五爻辭。休否,謂休息於閉塞之際。休,謂休息。《復》六二:"休復。"謂休息於返回之際。

---

① 尹黎雲:《漢字字源系統研究》,第339頁。
② 朱駿聲:《説文通訓定聲》,中華書局,2011年版,第252頁。

同 人

☲☰同人_{聚集衆人}。同,聚集_于野_{邑外為郊,郊外為野},亨。利涉大川,利君子貞。

初九:同人于門,无咎。

六二:同人于宗_{宗廟},吝。

九三:伏戎_{設伏兵}。戎,軍隊_于莽_{草莽},升其高陵_{有人登於高處丘陵},三歲_{三年}不興_{振作}。

九四:乘_{登上}其墉_{城墻},弗克_{未能取勝},攻_{(繼續)進攻},吉。

九五:同人_{聚集的衆人}先號 háo 咷 táo _{放聲大哭}而後笑。大師_{主力部隊}克_{取勝},相遇_{會師}。

上九:同人于郊,无悔。

解 析

一、卦名和卦辭

卦名《同人》,聚集衆人之義。把衆人聚集起來,必有重要的集體行動。該卦以戰爭為題材,敘述聚集衆人進行征戰的過程。

卦辭"同人于野,亨",在野外聚集衆人,暗示要在遠處有重要的行動。《坤》上六爻辭稱"龍戰于野",戰爭往往在野外進行,軍隊也多駐扎在郊野。

"利涉大川,利君子貞",這兩句爻辭道出了在聚集眾人、採取軍事行動時應注意的問題。所謂的利涉大川,指利於踐履陰柔之行,要把聚集起來的眾人緊密地團結在一起,很重要的一種方式就是以柔和的姿態待人,從而形成強大的凝聚力,使得群體成員能夠服從指揮,把自己的能力盡最大可能地奉獻出來。聚集眾人從事重大行動,需要有人統領,擔當指揮的人員非貴族君子莫屬。重大行動會遇到複雜的情況,需要進行占問,因此,卦辭稱"利君子貞"。

二、爻位和爻辭

初九爻辭"同人于門",在門下聚集眾人。初九爻位的意義是"潛龍勿用",同人于門是有所行動,雖然與卦旨相契,但是與爻位意義不符,故出示的斷語是"无咎",主要取其與卦旨相契的一面。

在門外聚集眾人,還沒有投入具體活動,只是聚集而已。沒有面臨風險,故稱无咎,不會有災患。

初九是單卦的外爻,居外,故取象於門。

六二爻辭"同人于宗",宗指祖廟。中國古代早期戰爭,先進行祭祖,然後軍隊出征,並將象徵祖先神的木主載於車上。

同人于宗,是出師前聚眾告祭祖廟之後出兵作戰,屬於陽剛之行,與爻位意義相悖,而與卦旨相契。綜合同人于宗與爻位意義,卦旨的關係,得出的斷語為"吝",艱難之義。祭祖是戰爭的前奏,聚集的眾人已經面臨戰爭的風險,確實是艱難。

九三爻辭敘述的是一次失敗的戰役。先是設伏兵於草莽之中,但有人登上高陵、暴露目標,導致作戰失利。由於大傷元氣,以至於三年無法重新振作起來。

九三爻位的意義是"君子終日乾乾,夕惕若,厲,无咎"。伏戎於莽,無乾乾前行之象。登其高陵,無"惕若"之心,爻辭所述事象與爻位意義相悖。同人是把眾人聚集起來,統一行動。可是,在進行埋伏時有人擅自登上高丘，破壞了整體行動的計劃，與卦的宗旨相違背。爻辭所述事象與爻位意義、卦旨皆相違背，故結局很慘。

九四爻辭敘述的是第二次戰役。軍隊進攻已經登上對方城牆，但還未能徹底取勝。繼續進攻，結局吉利。九四爻位的意義是"或躍在淵"，居其所宜居。進攻登城，正是龍躍之象。攻城掠地，是軍隊的正常行為。在登城之後繼續作戰，才能取得徹底勝利，爻辭所述事象合乎爻位意義，亦與卦旨相契，故結局為吉。

九五爻辭敘述第二次戰役最後勝利的場景。一支軍隊先是因陷入困境而號咷大哭，後來主力部隊取勝，兩支軍隊會師，取得戰爭的勝利。九五爻位的意義是"飛龍在天，利見大人"，軍隊進行鏖戰，合乎九五爻位的意義，也與卦旨相契，故結局是大獲全勝，軍隊成員歡呼雀躍。九五是陽爻尊位，故以大師相配。大師，指主力部隊，在軍隊編制中地位最高。

上九爻辭"同人于郊"，敘述凱旋班師的舉措。古代班師有郊勞之禮，迎接軍隊的歸來。上九爻位的意義是"亢龍有悔"，警示人們避免出現陽剛過盛，知進不知退現象的出現。班師郊勞，是進而知返，與上九爻位意義相契。郊勞是返回的將士聚餐痛飲，合乎卦的宗旨。同人于郊與爻位意義、卦旨均相契，故出示的斷語是"无悔"，沒有困厄。郊勞是喜慶之事，當然不會有困厄。

上九爻位居於卦的外部邊緣，故以郊與之相應，邑外為郊。

《同人》爻辭按照時空順序進行編排，依次敘述兩次戰役。軍隊聚集的地點依次是門、宗、莽、高陵、墉、郊，空間方位的推移脈絡清晰。

該卦每個單卦為相對獨立的敘事板塊，每個單卦敘述一次戰役，與《師》卦的結構類型相似。

卦名《同人》，爻辭反復昭示"同人"，亦即眾人聚集，同心同德的重要性。九三爻辭的"伏戎於莽"與"升其高陵"，反映軍隊內部的不協調,未能統一遵守命令,故導致戰爭失敗。九五爻辭"大師克,相遇",兩支部隊會師,故大獲全勝。

《同人》爻辭暗示出戰爭的艱苦、殘酷。六二爻辭"同人于宗,吝",戰前已經感到艱難。"三歲不興",軍隊大傷元氣而三年無法恢復,可見失敗之慘。九四爻辭"乘其墉,弗克",反映戰鬥的激烈。九五爻辭出現的悲喜交加的場景,所謂的"先號咷",也暗示戰爭的艱難,置人於絕境,主力部隊的取勝才使這些人絕處逢生。

考　辨

【同人】出自卦名及卦辭、爻辭。《詩經》中單獨使用同字,多與狩獵活動相關。《豳風·七月》:"二之日其同,纘載武功。"《小雅·吉日》:"吉日庚午,既差我馬。獸之所同,麀鹿麌麌。"《小雅·車攻》:"我車既攻,我馬既同。四牡龐龐,駕言徂東。"

《詩經》單獨使用同字,有時所述係與周邊方國之事。《大雅·文王有聲》:"四方攸同,王后維翰。"《大雅·常武》:"四方既同,天子之功。"《魯頌·閟宮》:"奄奄龜蒙,遂荒大東,至於海邦,淮夷來同。"

【同人于宗】語出六二爻辭。出征之前必先祭祖,先秦文獻有明確記載。《尚書·甘誓》:"用命,賞於祖;弗用命,戮於社,予則孥戮汝。"孔安國傳:"天子親征,必載遷廟之祖主。行有功,則賞祖主前,亦不專。"《禮記·曾子問》:"'古子師行,必以遷廟主行乎?'孔子曰:'天子巡守,以遷廟主行,載於齊車,言必有尊也。'"出征前祭祖於宗廟,然後載廟主而行。

【先號咷而後笑】語出九五爻辭。《旅》上九:"鳥焚其巢,旅人先笑後號咷。"笑與號咷對言,當是那個時代的用語習慣。

大　有

☲☰ 大有_{非常富足}:元亨。

初九:无交害_{互相殘害},匪咎_{不是災患},艱則无咎。

九二:大車以載_{大車裝載(貨物)},有攸往,无咎。

九三:公用亨_{同"享",宴享}于天子_{公奉命參加天子的宴會},小人_{平民}弗克_{不能前往}。

九四:匪其彭_{不進行擴張、膨脹},无咎。

六五:厥_{代詞,其、那個(的)}孚交如威如_{彼此有誠信和威嚴。交,彼此},吉。

上九:自天祐之_{來自上天的護佑},吉,无不利。

解　析

一、卦名和卦辭

卦名《大有》,極其富裕之義。《雜卦》稱:"《大有》,眾也。"道出了卦名的基本含義。《大有》和《同人》是對卦。《同人》以戰爭為題材,《大有》則是以安定的和平生活為背景,二者的取材相反。

《大有》的卦辭是"元亨",極其富裕,當然最為順通。卦辭體現出對物質財富的重視,把它視為得以順通的前提條件之一。

二、爻位和爻辭

初九爻辭"无交害，匪咎，艱則无咎"，爻辭前後承接，強調在富裕情況下應該警惕的一個問題，就是在內部不要相互殘害。在富裕時保持和諧的人際關係，而不能相互殘害，這樣就能有效應對出現的艱難，而不會出現禍患。

人往往能夠共患難，而不能同享富貴。在極其富裕的條件下，很容易出現內部紛爭，這是爻辭的潛話語。

初九爻位的意義是"潛龍勿用"，"无交害"與爻位意義相符，並且有利於保持極其富裕的現狀，與卦旨相契，故結語是"无咎"。

九二爻辭"大車以載，有攸往"，出現的是滿載貨物的大車出行，富裕之象，與九二爻位的"見龍在田，利見大人"有相通之處，亦與卦旨一致，故稱"无咎"。是一種太平景象，沒有災患出現。

九三爻辭"公用亨于天子"，高層貴族成員奉命到天子那裏去赴宴，是吉祥之事，與九三爻位"君子終日乾乾，夕惕若"不相違背，合乎卦的宗旨。到天子那裏赴宴，是一種榮耀和享受，屬於高層貴族的特權，因此，爻辭把平民百姓一類小人排除在外。平民百姓不屬於特別富裕的群體，不是《大有》卦的表現對象。

九四爻辭"匪其彭"，意謂保持特別富裕的現狀，而不要再有所擴張。這樣做實際是安居樂業，不再有別的奢望。九四爻位的意義是"或躍在淵"，龍躍入水中，得其所宜居。極其富有而安居樂業，不求擴張，合乎爻位意義和卦旨，故稱"无咎"。在極其富裕的情況下而沒有災患，已經是一種幸運。

六五爻辭"厥孚交如威如"，是對初九爻辭的回應。初九爻辭提出極其富裕的群體內部不要互相殘害，這裏敘述的則是極其和諧的人際關係。彼此之間誠實而又有威嚴，是極其富裕的群體能夠持盈、盛而不衰的保障。六五爻位的意義是"黃裳元吉"，處尊位而做出謙下之態。以誠相待便互相謙讓，保持威嚴則體現出極其富有的貴族的尊嚴，合乎卦位意義，亦與卦旨相契，故稱"吉"。

上九爻辭是卦的最高位，故以上天相配。極其富裕有來自上天的保佑，這就使得此種狀態能夠持續，無所不利。上九爻位的意義是"亢龍有悔"，提示人們避免出現陽剛過盛，知進不知退、知得不知失的弊病。極其富有而有來自上天的保佑，而不是人力所強為，合乎上九爻位的意義和卦旨，出示的斷語是吉祥的。

《大有》的爻辭所出示的斷語以"无咎"居多，其次是"吉"。從中可以看出，在爻辭作者的觀念中，極其富裕對於貴族成員來說是一種幸運，應該加以珍惜，同時，其中也體現出居安思危的憂患意識。強調友好相處，避免內耗，防止自我膨脹，都是富有價值的思想。

《大有》六段爻辭各有側重，同時又存在內部的關聯，所述事象基本上以單卦為相對獨立的敘事板塊。初九以"无交害"起始，中經九二的"大車以載"，到九三的"公用亨於天子"，達到高潮。上卦以六四的"匪其彭"起始，中經六五的"厥孚交如威如"，到上九的"自天祐之"，出現第二個高潮。第二個板塊與第一個板塊相比，對於富裕狀態的渲染更加充分，並且由人間升到上天。

考　辨

【大有】語出卦名。大有，特別富裕之義。《詩經·魯頌·有駜》："自今以始，歲其有。"毛傳："歲其有，豐年也。"有，指豐年，故有富饒、充裕之義。《小雅·魚麗》："君子有酒，旨且有。"旨且有，謂既甘美又眾多。《小雅·吉日》："瞻彼中原，其祁孔有。儦儦俟俟，或群或友。"孔有，謂野獸特別多。

【大車以載】語出九二爻辭。大車，謂載物重車。《周禮·考工記·輈人》提到大車，鄭玄注："大車，牛車也。"《周禮·春官·巾車》："士乘棧車，庶人乘役車。"賈公彥疏："大車、柏車、羊車，皆方。"所謂的方，指的是方箱。車廂方形，便於承載貨物，與載人之車形制不同。《詩經·王風·大車》稱"大車檻檻"、"大車啍啍"，指的也是載物重車。

【匪其彭】語出九四爻辭。《說文解字·壴部》："彭，鼓聲也。从壴、从彡。"段玉裁注：

> 毛詩"出車彭彭"，又"四牡彭彭"，又"駟騵彭彭"，又"以車彭彭"。凡言彭彭皆謂馬，即《鄭風》"駟介旁旁"之異文。彭、旁皆假借字，其正字則馬部之"騯"也。言馬而假鼓聲之字者，其壯盛相似也。《齊風》"行人彭彭"，傳曰："多貌。"亦盛意。①

【自天祐之】語出上九爻辭。《周易》處於最高位的爻辭，往往與天相關聯。《大畜》上九："何天之衢，亨。"《明夷》上六："不明，晦。初登于天，後入于地。"《中孚》上九："翰音登于天，貞凶。"

---

① 段玉裁：《說文解字注》，第205頁。

謙

☷☶謙謙讓、謙下：亨，君子有終有好的結局。

初六：謙謙謙而又謙君子，用用於涉大川，吉。

六二：鳴本指鳥鳴，引申為言語謙，貞吉。

九三：勞身體力行、踐履謙對"謙"身體力行，君子有終，吉。

六四：无不利，撝 huī 相偶、相合謙。

六五：不富以其鄰，利用侵意謂因為本身謙讓，利於鄰人偷竊、侵襲伐，无不利。

上六：鳴謙，利用行師征邑國利於用來出兵征伐邑落方國。

解　析

一、卦名和卦辭

卦名《謙》，謙讓、謙遜之義，通篇以謙讓為取材對象。

卦辭稱"亨，君子有終"，謙讓則順通，君子會有好的結局。這是把謙視為人生通達的路徑，是貴族君子安身立命的保障。謙讓可以減少紛爭，從而使得自身的安全係數得以提高，人生會有好的結局。《彖》傳稱："天道虧盈而益謙，地道變盈而流謙，鬼神害盈而福謙，人道惡盈而好謙。"謙相對於盈而言，謙是不足，盈指滿溢。《尚書·大禹謨》亦稱："滿招損，謙受益。"謙與滿相反。

二、爻位和爻辭

初六爻辭"謙謙君子,用涉大川",謙指的是退讓、守下,與"用涉大川"所象徵的踐履陰柔之行屬於同一系列。初六爻位的意義是"履霜堅冰至",不宜前行之義。謙而又謙不是前行,而是退讓,合乎初六爻位的意義,亦與卦旨相合,故稱"君子有終"。

六二爻辭"鳴謙",指的是言語謙和。六二爻位的意義是"直、方、大,不習无不利。或從王事,无成有終"。言語謙和是以屈、圓、小為法,不屬於直、方、大之列。言語謙和是尊從對方,而不是自以為是,亦與"或從王事"相近。鳴謙與爻位意義、卦旨均相符合,故斷語為"貞吉",占問會吉利。占問時言語謙和,乃是恭敬之態,為巫師所喜聞樂見,占問會順利,也會吉利。

九三爻辭"勞謙,君子有終"。勞謙,謂身體力行於謙,踐履謙讓之行。九三爻位的意義是"君子終日乾乾,夕惕若,厲,无咎"。勞謙是辛勞於謙讓,既是乾乾之行,又有惕若之心,與爻位意義、卦旨均相契合,斷語"君子有終",既是對卦辭的回應,又是本於九三爻位"吝,无咎"而來,著眼君子的最終結局。

六四爻辭"无不利,撝謙",意謂撝謙則無所不利。撝謙,指與謙為偶,與謙相合,謙德形影不離之義。六四爻位的意義是"括囊,无咎无譽",撝謙正是括囊之象,納謙德於內,與自身相伴而不離。撝謙合乎爻位意義及卦的宗旨,故稱"无不利"。撝謙是對謙德全方位地接納存留,因此而無有不利,處處順通。

六五爻辭的前半段是"不富以其鄰,利用侵"。由於自身以謙讓的方式為人處事,結果使鄰人有可乘之機,對他進行偷竊,造成財產損失。鄰人是把對方的謙讓視為軟弱可欺。爻辭的後半段"伐,无不利"。由於財產被盜竊,因此進行討伐。六五爻位的意義是"黃裳元吉",意謂居尊位而以謙下之態出現。財物被盜竊之後進行征伐,是在以謙讓行事受到損失之後的舉措,屬於被動性的反擊,這與六五爻位意義不相違背,因為是後發制人,亦與卦旨相通,故稱"无不利"。退讓是有限度的,當退讓為對方所利用,認為有隙可乘,那麼,就不能再繼續退讓,而要予以反擊,這是爻辭所傳達的理念。

上六爻辭"鳴謙,利用行師征邑國",是前承六五爻辭而來。上六是卦的最高位,謙讓到了極點,向相反的方面轉化。不再以謙為主,而是以謙為輔,在征討過程中運用謙和之辭。上六爻位的意義是"龍戰于野,其血玄黃",意謂應該避免陰盛犯陽,造成創傷。行師征邑國屬於陽剛之行,不是陰盛之象。所伐邑落方國是其下屬,征伐它們不是犯陽。在征伐過程中"鳴謙",運用的是謙和的言語,屬於以柔濟剛。爻辭與爻位意義、卦旨均有相一致之處,故爻辭所述事象是吉利的。

《謙》卦六條爻辭的編排,是以類相次與按時空順序敘事相結合。六條爻辭是謙讓的六種具體表現,也可視為同一行動主體前後相繼的舉措。

六條爻辭的編排,以單卦為相對獨立的板塊。從初六到九三,都是敘述行為主體本身的表現,沒有涉及外在對象。六四到上六是第二個板塊,主要敘述行為主體與外界的關係。在每個板塊中,爻辭的編排又遵循從概括到具體的原則。初六的"謙謙君子"是總體概括,帶有抽象性。六二的"鳴謙",九三的"勞謙",則是落實到具體的言和行。六四的"撝謙"是普遍性的概括,六五的"伐",上六的"行師征邑國"則是具體的舉措。再從具體舉措來看,"勞謙"比"鳴謙"更為重要,身體力行勝於口頭言說。"行師伐邑國"較之後發制人的征討盜賊力度更大。各個單卦內部、兩個單卦之間,爻辭敘事呈現的是逐步盤升的趨勢。

考　辨

【謙】語出卦名及卦辭、爻辭。謙,字形从言、兼。《說文解字·秝部》:"兼,並也。从又持秝。""秝,稀疏適秝也,从二禾。凡秝之屬皆从秝,讀若歷。"段玉裁注:

《玉篇》曰:"稀疏厤厤然。"蓋凡言歷歷可數。歷,錄、束,文皆當作秝。歷行而秝廢矣。……《說文》厤字下云:"治也。"曆字下云:"調也。"凡均調謂之適歷。①

謙,字形从言、兼。兼,字形从又、秝。秝,指禾苗稀疏適宜。對於謙字,或從稀疏方面加以理解,與盈滿相對,《象》傳、《序卦》、《尚書·大禹謨》屬於這種類型;或從適中方面進行理解,《象》傳稱:"地中有山,《謙》,君子以裒多益寡,稱物平施。"這裏所說的裒多益寡,指損有餘以補不足,最終實現均平。《謙》卦取稀疏的引伸義,指的是退讓、守下,取其不足。

【謙謙君子】語出初六爻辭。周族先民之所以強調謙而又謙,出於對人性的理解。《國語·周語中》記載周王朝大臣單襄公如下話語:

君子不自稱也,非以讓也,惡其蓋人也。夫人性,陵上者也,不可蓋也。求蓋人,其抑下滋甚,故聖人貴讓。且諺曰:"獸惡其網,民惡其上。"《書》曰:"民可近也,而不可上也。"

---

① 段玉裁:《說文解字注》,第329頁。

《詩》曰:"愷悌君子,求福不回。"在禮,敵必三讓。①

【鳴謙】語出六二、上六爻辭。鳴,指人的言說。《莊子·德充符》:"天選子之形,子以堅白鳴。"

【撝謙】語出六四爻辭。撝,字形从手、為。《説文解字·爪部》:"為,母猴也。其為禽好爪。爪,母猴象也。下腹為母猴形。王育曰:'爪,象形也。'𦥮,古文為,象兩母猴相對形。"為的本義是兩獼猴相對,故有相偶之義。撝,字形从手、為,亦有相偶之義。許慎《説文解字·敘》:"四曰會意。會意者,比類合誼,以見指撝。"這裏所說的指撝,謂指頭相合。撝:指相合、相偶、相契。《説文解字·木部》:"楎,履法也。从木,爰聲,讀若指撝。"段玉裁注:"今鞋店之楦也。楎、楦,正俗字。……《手部》撝下曰:'一曰手指也。'"指撝,謂指頭相合。鞋楦置於鞋内,以使鞋的形制與人的脚趾相適宜,故稱指撝。撝謙,謂與謙相偶相合。舊解撝為揮、為溥散,不確。

【不富以其鄰,利用侵。伐,无不利】語出六五爻辭。《周易》本經所言伐,皆屬正面事象。《謙》上六:"鳴謙,利用行師征邑國。"《晉》上九:"晉其角,維用伐邑,厲,吉。"《既濟》九三:"高宗伐鬼方,三年克之。"《未濟》九四:"震用伐鬼方,三年,有賞于大國。"侵與伐性質不同,有明確的區分。《左傳·莊公二十九年》:"凡師,有鐘鼓曰伐,無曰侵,輕曰襲。"楊伯峻先生注:

聲罪致討,鐘鼓堂堂曰伐;鐘鼓不備或不用曰侵;以輕師

---

① 《國語》,上海古籍出版社,1998年版,第84頁。

掩其不備曰襲。《晉語五》:"是故伐備鐘鼓,襲、侵密聲。"亦此意也。①

鄰人進行盜竊,是偷偷摸摸進行,故曰侵。對偷盜者加以反擊,堂堂正正地進行,故曰伐。

《公羊傳·莊公十年》:"曷為或言侵,或言伐? 粗者曰侵,精者曰伐。"侵和伐有粗、精之分,侵是匆匆忙忙,伐則是準備很充分,有計劃地進行。《穀梁傳·隱公五年》:"苞人民、毆牛馬曰侵,斬樹木、壞宮室曰伐。"范寧集解:

> 制其人民,毆其牛馬,賊去之後則可還反。樹木斬不復生,宮殿壞不自成,故其為害重也。②

照此說法,侵與伐所造成的破壞程度有輕重之分,侵者輕而伐重者。

【鳴謙,利用行師征邑國】語出上六爻辭。戰爭中的鳴謙,亦即言語謙和,主要指辭令。具體見於《左傳·僖公二十八年》晉楚城濮之戰、《左傳·宣公十二年》晉楚泌之戰等篇目。

---

① 楊伯峻:《春秋左傳注》,第244頁。
② 楊士勛:《春秋穀梁傳注疏》,中華書局,1980年版《十三經注疏》,第2370頁。

豫

☷☳ 豫 預謀：利建侯行師。

初六：鳴說出豫，凶。

六二：介觸碰于石，不終日(受阻)不足一整天，貞吉。

六三：盱 xū 本指張目，引伸為張揚豫，悔。遲(預謀)遲緩，有悔。

九四：由豫按照預謀(行事)，大有得多有所得。勿疑不要懷疑，朋盍簪朋友聚集成行列。盍，本指帶蓋的器皿，此指聚集、會合。簪，用來固定髮髻或連冠於髮的長針，此指一連串、成行列。

六五：貞，疾恆不死久病不死。

上六：冥通"瞑"，休眠豫停止預謀，成。有渝有變故，无咎。

解 析

一、卦名和卦辭

卦名《豫》，指的是預謀、事先策劃，屬於前瞻性的舉措。《豫》與《謙》是對卦。《豫》指預謀，有前瞻性，屬於超前意識；《謙》則滯後。《豫》是主動謀劃，《謙》則守被動。《豫》是先發制人，《謙》是後發制人。

卦辭稱"利建侯行師"，封建諸侯、出兵作戰，屬於軍國大事，故須事先謀劃,而不能倉促行事。卦辭充分肯定超前意識的重要性,認為它關係到國家的興衰和戰爭的勝敗。

二、爻位和爻辭

初六爻辭"鳴豫",指將預謀説出,加以公開。初六是卦的最下爻,也是事情的開始階段。在這個時段就把預謀説出,不利於事情的順利進展,屬於洩密行為。初六爻位的意義是"履霜堅冰至",不宜前行之義。"鳴豫"是把預謀説出,屬於前行之列。《豫》卦的宗旨是使預謀發揮良性作用,過早地洩密,與爻位意義相悖,亦與卦旨相左,故出示的斷語是"凶"。

六二爻辭的"介于石,不終日",敍述的是這樣的事實:由於缺少事先的謀劃,走路碰在石頭上,前行受阻,但這種狀況沒有持續一整天就結束。六二爻位的意義是"直、方、大,不習无不利",不去踐履陽剛之行。出門上路而沒有進行事先的預測,不屬於陽剛之行,與爻位意義相一致,但與卦旨主張的有預謀相抵觸。綜合爻辭所述事象與爻位意義、卦旨的上述關聯,出示的斷語是"貞吉"。進行占問吉利,是通過占問進行預測,彌補先前缺少的預測環節。石象徵剛,介于石,觸于剛,受阻於剛之象。

六三爻辭前半部分,"盱豫,悔"。盱,本指人睜開眼睛,這裏指張揚、炫耀。六三爻位的意義是"含章,可貞。或從王事,无成有終"。對於預謀加以張揚,與爻位的意義相悖。六三是單卦的末爻,到此階段事情已近結束,把事先的謀劃公開並無大礙,只是不宜過分張揚,"盱豫"與卦旨稍有偏離。爻辭出示的斷語為"悔",意謂會出現困厄,這個斷語是根據"盱豫"與爻位意義相悖,並且與卦旨稍有偏離而來。

爻辭的後半部分是"遲,有悔",預謀推出過於緩慢,明顯滯後,亦與六三爻位意義相游離,這意味著很長時間無章可含,未能"或從王事",與卦的主張有預謀的宗旨亦相悖,故斷語為"有悔",會出現困厄。《豫》卦的宗旨是主張有前瞻性,預謀遲遲不能推出,也就失去前瞻的屬性,所造成的困厄必然很多。

九四爻辭的前半段是"由豫,大有得"。按照預定計劃行事,會大有所得。九四爻辭的後半段是"勿疑,朋盍簪",意謂對預先的謀劃不要懷疑,朋友相聚會有許多成員出席,成列成行。九四爻位的"或躍在淵"是按既定目標行動,得其所宜。朋友聚會是事先謀劃的,因此,朋友會陸續前來,與九四爻位意義相合,亦與卦旨主張事先謀劃的宗旨相契,結局是朋友團聚,是吉祥之象。

六五爻辭"貞,疾恆不死",因為占問而久病不死,是事先有所預慮,採用防範措施的緣故。六五爻位的意義是"黃裳,元吉",意謂雖處尊位而以謙下之態出現。進行占問是求助於巫師和神靈,是以謙下之態出現,合乎爻位意義。占問是進行預測,亦與卦的宗旨相契。因為占問而久病不死,就在於占問這種行為與爻位意義、卦旨皆相符合。俗話稱"久病成醫",爻辭是基於這種生活經驗而編制的。

上六是卦的最高位,預謀到這個階段也就不再繼續,故爻辭稱"冥豫",使預謀處於休眠狀態,不再持續進行。上六爻位的意義是"龍戰于野,其血玄黃",警示人們避免出現陰盛犯陽,造成創傷現象的出現。使預謀休眠,不會出現陰盛犯陽之事,與爻位意義相符,與卦旨亦不相違背,故出示的斷語是"成",是"有渝,无咎"。成,謂圓滿、成功,上六已是到了停止預謀的階段,當停而停,故稱圓滿。所謂的"有渝,无咎",意謂有變故而無災患。以往的事先規劃對於各種變故有足夠的應對措施,不會出現災難性後果。

所謂的豫,指的是超前預謀。上六作為卦的最高位,表示事情已經到了最後階段,應該終結。終結階段已無預謀的必要,上六爻辭的"冥豫",就是基於這種現實而來。

《豫》卦的爻辭是按照以類相次的原則進行編排，六條爻辭分屬六類。同時，爻辭又以單卦為相對獨立的板塊，明顯劃分為性質不同的兩部分，從初六到六三，這個單卦出現的事象，或缺少預謀，或對事先規劃提前洩密或過分張揚，都不是預謀的成功實踐。六四到上六，則是對預謀的實行、休停掌握得恰到好處，取得圓滿的結果，從而與下卦形成鮮明的對照，反映出兩個單卦所屬爻辭的明確分工，有清晰的邏輯層次。

　《豫》卦承認超前意識、前瞻性的重要，重視對事先規劃的實行，而不是對它的提前洩露和過分張揚。《豫》卦有明顯的尚智傾向，對於後代的權謀家有很大影響。

考　辨

　【豫】出自卦名及爻辭。《説文解字·象部》："豫，象之大者。賈侍中説：不害於物。从象，予聲。"段玉裁注：

> 此豫之本義，故其字从象也。引伸義，凡大皆稱豫。……大必寬裕，故先事而備謂之豫，寬裕之義也。寬大則樂，故《釋詁》曰："豫，樂也。"①

　豫指預謀，事先有準備，先秦典籍的豫字往往取此義。《荀子·大略》："先患慮患謂之豫，豫則禍不生。"《禮記·中庸》："凡事豫則立，不豫則廢。"這兩處所用的豫字，指的都是事先策劃、預慮。

　【介于石】語出六二爻辭。介：謂接觸。《詩經·小雅·甫

---

① 段玉裁：《説文解字注》，第459頁。

田》:"攸介攸止,烝我髦士。"鄭玄箋:"介,舍也。禮,使民鋤作耘耔,閒暇則於廬舍及所止息之處,以道藝相講肄,以進其為俊士之行。"鄭玄釋介為舍,留止、居留之義,大體近之。《詩經·大雅·生民》:"履帝武敏歆,攸介攸止。"這裏的"攸介攸止",與《甫田》句式相同。介,謂接觸、觸及。"介于石",謂接觸到石頭,亦即與石頭相碰,造成行動障礙。

【朋盍簪】語出九四爻辭。朋,指朋友。盍,或作盇。《說文解字·血部》:"盇,覆也。从血,大聲。"段玉裁注:

皿中有血而上覆之,覆必大於下,故从大。草部之蓋从盍,會意。訓苫,覆之引伸耳。今則蓋行而盇廢矣。①

盍通盇,器中有物而加以覆蓋。盇,字形从去、皿。去,字形从大、厶,《說文解字·厶部》:"厶,厶盧,飯器。以柳作之,象形。"去,謂飯器加蓋。盇,亦是對容器加以覆蓋之義,引伸為納入、囊括、相聚。"朋盍簪",意謂朋友相繼到來如簪之串連。

【冥豫】語出上六爻辭。冥,通瞑,謂休眠、停止。《莊子·列禦寇》:"彼至人者,歸精神乎無始而甘冥乎無何有之鄉。"《經典釋文》:"本亦作瞑,又音眠。"俞樾稱:"瞑、眠,古今字。"②冥豫:休眠於預慮,不再預慮之義。《升》上六:"冥升。"亦休眠於上升,不再上升之義。

---

① 段玉裁:《說文解字注》,第214頁。
② 郭慶藩:《莊子集釋》,第1048頁。

【有渝】語出上六爻辭。渝：謂變化、變故。《訟》九四："不克訟，復，即命。渝，安貞吉。"《隨》初九："官有渝，貞吉。"渝，均指變故、變化。

隨

☷☳ 隨跟隨：元亨，利貞，无咎。

初九：官通"館"有渝，貞吉，出門指離開有變故的館舍交有功出門上路，彼此圓滿。

六二：係捆縛小子未成年男子，失丈夫成年男子。

六三：係丈夫，失小子。隨有求，得。利居貞。

九四：隨有獲跟隨他人而有收穫，貞凶。有孚有誠信在道路途中，以明顯示出來，何咎？

九五：孚于嘉真誠地執著於美好(的事物)，吉。

上六：拘係拘禁捆縛之，乃從維之並且還用繩索拴住，王用亨通"享"，祭祀于西山周族首領所在地西面的山，可能指岐山，在今陝西境內。

解　析

一、卦名和卦辭

卦名《隨》，指的是跟隨、追隨，不是獨立自主，而是有所依傍。

卦辭"元亨，利貞，无咎"，意謂當需要隨從之際而追隨別人，就能非常順通,利於占問,不會有災患。占問是求助於神靈和巫師,是一種隨從行為,故稱"利貞"。能夠順從別人進行占問,故無災患。

二、爻位和爻辭

初九爻辭"官有渝,貞吉",所住旅館發生變故,因此而進行占問,與卦辭的"利貞"相契。"出門交有功",走出發生變故的旅館,並且與別人一道行動,有跟隨別人之義,合乎卦的宗旨。初九爻位的意義是"潛龍勿用",意謂不要主動地有所作為。無論是進行占問,還是走出旅館跟隨別人,都是被動的行為,是在旅館出現變故之際採取的應對措施,與爻位意義不相違背。爻辭所述事象合乎卦的宗旨、與爻位意義不相抵觸,故出示的斷語是"吉"、"有功"。

六二爻辭"係小子,失丈夫",捆束未成年男子,為的是使他跟隨自己,聽從調遣,結果是成年男子走失,可謂得不償失。使未成年男子隨從自己,而不是自己隨從別人,這種做法違背卦的宗旨,亦與六二爻位的"直、方、大,不習无不利"相抵觸。六二爻位的意義是不去踐履陽剛之行,而把未成年男孩加以捆束,屬於陽剛之行。六二爻辭所述事象與卦辭、爻位意義均相違背,故結局是得不償失,所失者大。

六三爻辭"係丈夫,失小子",亦違背卦的順從他人的宗旨。六三爻位的意義是"含章,可貞。或從王事,无成有終"。"係丈夫",與六三爻位的"含章"相疏離。"或從王事"指的是隨從周王的事業而行動,"係丈夫"明顯與此相悖。"係丈夫"與卦旨、爻位意義俱相背離,故結局是"失小子",未成年男子走失。

六三爻辭的後半段"隨有求,得,利居貞",隨從別人,合乎卦旨和六三爻位的意義,故求而有得。"利居貞",謂利於占問居處之事,回應卦辭的"利貞",與卦旨相符。占問是心懷誠意向神靈和巫師求助,合乎六三爻位的"含章"和"或從王事"的指向。占問的是居處之事,安居家中,亦合乎六三爻位的"含章"之義。爻辭後半段所述事象與卦旨、爻位意義相符合,結局是吉祥的。

九四爻辭的前半段"隨有獲,貞凶",隨從別人而自己有所獲,這樣一來,就由隨別人變成所獲之物隨從自己,明顯與卦旨相違。六四爻位的意義是"括囊",被動地承受外物加以封存,"隨有獲"與爻位意義大體一致。所謂的"貞凶",主要是根據"隨有獲"與卦旨相抵觸而來。

九四爻辭的後半段是"有孚在道,以明,何咎?"這段話是承前而來。在"隨有獲"而占問的結局又兇險的情況下,途中把自己的誠信顯示出來,就不會有災患。原因在於,這種做法能夠得到自己隨從對象的理解。把自己的誠信表露給隨從對象,實際是把自己納入對方所屬的利益群體,也是一種隨從行為,合乎爻位的"或躍在淵"主張,亦與卦旨相一致,故可免除災患。

九五爻辭"孚于嘉",執著於對美好事物的追求,也就是隨從於真善美。九五爻位的意義是"飛龍在天,利見大人",利於大人的出現。"孚于嘉",所顯示的正是貴族君子的美好形象,與爻位意義相一致。"孚于嘉"與卦旨、爻位意義均相符合,故出示的斷語為吉。

上六是卦的最高位,物極必反,跟隨至此也就向相反的方面轉化,不是跟隨別人,而是別人相跟隨。爻辭敘述的是殺人以祭的事象,對於戰爭俘虜加以捆綁,又用繩索固定在相關地點,也就是西山,那裏是周王進行祭祀的地方,這些戰俘作為人犧充當祭品。周王在西山祭祀神靈,是對神靈的跟隨,合乎卦的宗旨。上六爻位的意義是"龍戰于野,其血玄黃",警示人們不要陰盛犯陽而造成創傷。周王用戰爭俘虜進行祭祀,不存在陰盛犯陽的因素,與爻位意義不相違背。祭祀是古代的大事,屬於吉禮。爻辭雖然沒有出示斷語,但所述事象本身是吉祥的。而這種吉祥,是以戰俘的遭拘禁拴係，最後被殺為代價。

上六是卦的最高位，故以西山相對應。周人從太王古公亶父開始生活在岐山，文王時遷於豐。因此，西山指岐山的可能性居多。

《隨》卦六條爻辭按照以類相次的原則編排，無法聯綴成完整的故事。爻辭所選擇的空間或是館舍，或是祭祀場所，只有一處提到家居。所説的隨順，主要指在外面活動期間的舉措。

爻辭所涉及的跟隨對象，有人、有神靈，還有真善美，是在不同領域的跟隨行為，具有較強的針對性。

跟隨要真心實意，而不能虛與委蛇，這是九四、九五爻辭承載的理念。九四爻辭還指出，出自内心的坦誠，可以化險為夷。

考　辨

【官有渝】語出初九爻辭。關於官字的由來，趙誠先生寫道：

> 官，構形不明。……卜辭的官不指官職，而是用作動詞或指可以舉行祭祀的處所。……周代用作處所之官，為"朝廷治事處"（《禮記·王藻》"在官不俟屨"鄭玄注）或為"版圖文書之處"（《禮記·曲禮下》"在官言官"鄭玄注），未見用於祭祀，與商代有別。這種意義的官，後代演為館，一直延用到現在，……官是館的古文。①

關於官字的構形及含義，尹黎雲先生做了如下解釋：

---

① 趙誠：《甲骨文簡明辭典——卜辭分類讀本》，第213頁。

从宀、从自,猶言高屋,顔師古注《漢書·賈誼傳》云:"官謂官舍。"這才是官的本義。凡官舍必高大,異於民居,故官字如此造字。①

官,在爻辭中指的是館舍,應指旅館。

渝,指變化。《訟》九四:"渝,安貞吉。"《豫》上六:"有渝,无咎。"這兩處的渝字,均指事情、形勢的變化。

【係小子】語出六二爻辭。係:謂捆綁束縛。《說文解字·人部》:"係,絜束也。从人,系聲。"段玉裁注道:

絜者,麻一耑也。絜束者,圍而束之。《左傳》"係輿人",又"以朱絲係玉二轂",束之義也。束之則縷與物相連,故凡相聯屬謂之係。②

係指捆綁並加以拴係。《遯》九三:"係遯,有疾,厲。"《姤》初六:"係於金柅。"係指束縛於某一物體,故《否》九五"其亡其亡,繫於苞桑"、《姤》初六皆標示所係之物被束縛於何處。《隨》卦的"係小子"、"係丈夫",指把對方捆綁束縛,而繩索控制在自己手中,以使對方隨從自己。

【拘係之,乃從維之】語出上六爻辭。維:指用繩索加以固定。《詩經·小雅·白駒》:"皎皎白駒,食我場苗。縶之維之,以永今朝。"毛傳:"縶,絆。維,係也。"毛傳以係解釋這裏的維字,指將白

---

① 尹黎雲:《漢字字源系統研究》,第261頁。
② 段玉裁:《說文解字注》,第381頁。

駒加以拴係、固定。《詩經·小雅·采菽》:"泛泛楊舟,紼纚維之。"鄭玄箋:"楊木之舟浮於水上泛泛然,東西無所定,舟人以紼繫其緌以制行之。"這裏的維之,指用繩索把浮在水面的船加以固定。《解》六五:"君子維有解。"維:亦謂用繩索加以束縛而固定在某處,沒有行動自由。

【王用亨于西山】語出上六爻辭。西山,當指岐山。《升》六四:"王用亨于岐山。"指的是同類事象,指在岐山進行祭祀。

蠱

☶☴ 蠱_{做事}:元亨,利涉大川。先甲三日,後甲三日。①

初六:幹父之蠱_{做父親所做的事},有子考_{有兒子取得成功},无咎。厲,終吉。

九二:幹母之蠱,不可貞_{無法占問}。

九三:幹父之蠱,小有悔,无大咎。

六四:裕_{發揚}父之蠱,往見吝_{前行出現艱難}。

六五:幹父之蠱,用譽_{因此得到稱譽}。

上九:不事王侯,高尚其事_{不服事王侯,高於服事王侯}。

---

① 古代以天干紀時,也稱十子,即:甲、乙、丙、丁、戊、己、庚、辛、壬、癸。先甲三日為辛、壬、癸,是十干的末三位。後甲三日是乙、丙、丁,是十干的第二、三、四位。甲居於二者中間,且為十干之首。意謂終則復始,繼往開來。

解 析

一、卦名和卦辭

卦名《蠱》,謂做事、獨立自主地有所作為。《蠱》與《隨》是對卦,隨指跟隨、依附,而蠱則是強調自主性。《序卦》稱:"豫必有隨,故受之以《隨》。以喜隨人者必有事,故受之以《蠱》。《蠱》者,事也。"《序卦》以跟隨釋隨,以事釋蠱,大體上道出了兩卦之間的差異。《雜卦》稱:"《蠱》則飭也。"以飭釋蠱,飭指整治、做事,這種概括是準確的。

卦辭稱"元亨,利涉大川",意謂自主地做事會非常順通,在此過程中宜於踐履陰柔之行,要以柔性方式獨立做事。"先甲三日,後甲三日"是對所做事情屬性的暗示,論述終則復始、繼往開來的道理。蠱有時指糧食生蟲、蟲腐為蛾,是一個蛻變過程,由此引出繼往開來的話題,為爻辭的子承父業預設鋪墊。

人生活在世上需要相互依賴,同時又要獨立自主,二者不可偏廢,因時因地因人而異。《隨》和《蠱》分別以依附性和自主性為宗旨,具有辯證性。

二、爻位和爻辭

初六爻辭"幹父之蠱,有子,考,无咎",子承父業並且取得成功,自然是喜慶之事,並且符合卦的宗旨。"厲,終吉",即使出現艱難,最終也是吉利的。初六爻位的意義是"履霜堅冰至",不宜前行之義。子承父業,指的是終則復始,是對父業的繼承和持守,而不是在已有基礎上加以發展,守業與初六爻位的意義是一致的。爻辭所述事象與卦旨及爻位意義相切合,故斷語為"无咎"、"吉",不會有災患,最終結局吉利。

但是,子承父業進行持守也並非易事,創業難,守業亦難,所以,爻辭提到"吝",亦即艱難。關鍵在於子承父業要堅持不懈,最終會渡過難關,取得成功。

九二爻辭"幹母之蠱,不可貞"。繼承母親所做的事,無法進行占問。《周易》卦爻卦辭是以男性為本位編制的,反映的是父系社會、男權社會的觀念。男性而繼承母親的事業,成為匪夷所思之事。"幹母之蠱"與卦的宗旨並無違背,但是與九二爻位的"見龍在田,利見大人"相悖。繼承母親的事業是居內料理家務,而不是"見龍在田"。料理家務不是男性貴族成員所做的,出現的不是大人形象。爻辭所說的"不可貞",主要根據是"幹母之蠱"與爻位意義的相悖。

九二為陽爻,兒子繼承母親所做的事,是承陰柔,與爻位屬性相抵觸,是陰陽錯位。

九三爻辭"幹父之蠱",與卦旨相契。九三爻位的意義是"君子終日乾乾,夕惕若,厲,无咎"。幹父之蠱,子承父業,正是君子終日乾乾之象。至於爻辭所說的"小有悔,无大咎",則是根據九三爻位的"夕惕若,厲,无咎"而編寫,意在說明子承父業的合理和艱難。因其合理,故沒有大的災患;因其艱難,故小有困厄。

六四爻辭"裕父之蠱,往見吝",發揚光大父親所做的事,合乎卦的宗旨。六四爻位的意義是"括囊,无咎无譽",而"裕父之蠱"不是指括囊,而是向外伸展,與爻位意義相違背。綜合"裕父之蠱"與卦旨、爻位意義既相契又相悖的複雜關係,出示的結局是"往見吝",前行會遇到艱難。這條爻辭向人們昭示,守業難,創業更難,要想對父業有所超越實屬不易。

六五爻辭"幹父之蠱,用譽",因為繼承父業而得到稱譽。繼承父業合乎卦的宗旨,也符合六五爻位"黃裳,元吉"的主張,繼承父業是以謙恭的姿態出現，顯示的是對前人的尊重。"幹父之蠱"與卦旨、爻位意義均相符合，得到的結局是"用譽"，是吉祥的。

上九是卦的最高位，自主做事至此也到了需要收斂的階段。"不事王侯，高尚其事"，不為王侯做事，意謂在繼承父業之外不再有入仕的追求。上九爻位的意義是"亢龍有悔"，警示人們適可而止，而不能有進無退。"不事王侯"，合乎上九爻位的意義。"不事王侯"並非無所事事，而是有高於其上的事可做，那就是在家中繼承父業，這與卦旨相切合。爻辭雖然沒有出示斷語，但可以斷定，這種選擇是吉祥的，不會有風險。

不事王侯就是不入仕途，隱居家中繼承父業，也就是當隱士。這是最早見諸文字記載的隱士宣言。在爻辭作者看來，以隱士的身份繼承父業，在層次上高於服事王侯。其中的道理很簡單，服事王侯要依附於對方，難以充分發揮自主性，與卦的宗旨相疏離。而在家當隱士繼承父業，則完全是自主獨立的，與卦旨相契。

"不事王侯，高尚其事"，是對官本位的超越，是對個體獨立自主性的肯定，這在那個歷史階段是難能可貴的。

"幹父之蠱"是貫穿爻辭的主綫，其中排除了"幹母之蠱"和"事王侯"兩項選擇，把子承父業作為唯一可行的人生取向。爻辭提到"裕父之蠱"，即發揚光大父親的事業，但所持的是有所保留的態度，沒有充分肯定，這是基於歷史和現實所做的考量，同時又帶有保守的傾向。

考　辨

【蠱】語出卦名及爻辭。蠱謂自主做事。《左傳・僖公十五年》記載，秦晉韓之戰，秦國卜徒父戰前筮之，得《蠱》卦，其爻辭有"獲其雄狐"之語。卜徒父稱："夫狐《蠱》，必其君也。"楊伯峻先生

注:"古人喜以雄狐喻君,《詩·齊風·南山》亦以雄狐喻襄公,説本惠棟《補注》。"①狐《蠱》指君主,而君主有決斷權,蠱有自主行事之義。

蠱有繼往開來之義。《左傳·昭公元年》:"於文,皿蟲為蠱。穀之飛亦曰蠱。"楊伯峻先生注:"積穀生蟲而能飛者為蠱。"②蠱,字形从蟲从皿。意謂從容器所儲之物中生出蟲子,具體而言,指穀類顆粒生出蚝蟲,再由蚝蟲變成飛蛾,是一個蛻變的過程。《爾雅·釋器》:"康謂之蠱。"郝懿行《爾雅義疏》寫道:

《左氏昭元年傳》:"穀之飛為蠱。"杜預注:"穀久積則變飛蟲,名曰蠱。"《論衡·商蟲篇》云:"穀蟲曰蠱,蠱若蛾矣,粟米饐熱生蠱。"按:今麥腐生小白蛾,粟生小黑甲蟲,即蚌子也。若依《左傳》"穀飛為蠱",參以《論衡》所言,然則《爾雅》當云"穀謂之蠱",蓋穀能為飛蟲,康不能為飛蟲矣。③

臨

䷒臨居高臨下:元亨,利貞。至于八月有凶到了八月有兇險之事。

初九:咸受感應、觸動(而)臨,貞吉。

---

① 楊伯峻:《春秋左傳注》,第353-354頁。
② 楊伯峻:《春秋左傳注》,第1223頁。
③ 郝懿行:《爾雅義疏》,第688頁。

九二：咸臨，吉，无不利。

六三：甘舒緩(地)臨，无攸利；既憂之即將到達預定的高度而對此憂慮，无咎。

六四：至周到(地)臨謂登高環視，對各個方位均有關注，无咎。

六五：知與人有接觸(地)臨，大君之宜輩分高的女主人適宜，吉。

上六：敦督察責問(地)臨，吉，无咎。

解　析

一、卦名和卦辭

卦名《臨》，居高臨下之義，也就是自上而下俯視之義。《序卦》稱："《臨》者，大也。"在一定程度上觸及卦名的含義。

卦辭稱"元亨，利貞"，臨指的是居高臨下，所處位置具有優勢，因此，稱其非常順通，利於占問。卦辭又稱"至于八月有凶"，是由居高臨下引出的話題。居高臨下是進行審視、觀察，與治國理政密切相關。按照當時的政令，每年到這個季節要進行全面的監察，處理罪人，故稱"至于八月有凶"。

二、爻位和爻辭

初九爻辭"咸臨，貞吉"。咸，指受感應、被觸動。《咸》卦全篇均以感應、觸動為綫索。咸臨，謂受到感應、觸動之後居高臨下，合乎卦的宗旨。初九爻位的意義是"潛龍勿用"，不宜有所行動。受感應觸動而後居高臨下，雖然屬於被動的行為，但也與爻位意義相違。咸臨與卦旨相契而與爻位意義相違，爻辭出示的斷語是"貞吉"，進行占問會吉利，應該向神靈和巫師進行諮詢，然後再決定該如何去做。所下的斷語為吉,是有保留和受限定的吉利。

九二爻辭"咸臨,吉,无不利",受感應和觸動而居上臨下,合乎卦的宗旨。九二爻位的意義是"見龍在田,利見大人",利於貴族大人的顯露。咸臨是居高臨下進行審視,正是大人顯現之象。咸臨既合乎卦旨,又與九二爻位的意義相契,故出示的斷語是"吉,无不利",這裏標示的吉利是無保留、不受限制的,是全方位的吉利。

初九、九二爻辭所述事象均為咸臨,二者没有任何差異。但是,所出示的斷語卻存在明顯的差異,初九是有限定的吉利,九二是無限定的吉利。造成這種差異的原因,就在於初九、九二的爻位意義不同,各有自己的指向,由此而來,即使出現的是完全相同的事象,所出示的斷語也會存在差異。

六三爻辭的前半段是"甘臨,无攸利"。甘臨,謂舒緩地居高臨下,具體指向高處行走的速度很慢。甘臨與卦旨相契,但與六三爻位的意義相違。六三爻位有兩層含義,一是"含章,可貞",把美好的事物加以藴涵,是内斂型的,而甘臨則是向高處伸展,與爻位意義相違。六三爻辭的第二層意義是"或從王事,无成有終",意謂不要獨立自主做事,而要有所依附。甘臨則是自主行事,無所依附,亦與爻位意義相違。甘臨與六三爻位的兩層意義均相背離,故稱"无攸利"。

爻辭的下半段是"既憂之,无咎",是承前面的爻辭而來。在向高處行進的過程中,速度緩慢。為什麼會這樣呢?是因為心中有憂慮,對於居高臨下心懷恐懼。"既憂之",既指將要登到預定高度,即將居高臨下之際。在這個階段憂慮恐懼,必然三思而後行。這種事象合乎卦旨,因為是向高處行進;也合乎六三爻位的意義,憂慮屬於内斂型心態。因此,出示的斷語是"无咎",不會有災患。從現實層面來看,居高臨下者在向高處行進途中能夠有憂慮意識,無論是登臨山水,還是發號施令、治國理政,確實有助於避免災患的出現。

六四爻辭的"至臨",指周全得當地居高臨下,這種事象合乎卦的宗旨。六四爻位的意義是"括囊,无咎无譽",所謂的括囊,指的是接納外物並且加以封存。至臨指的是周全得當地居高臨下,能夠眼觀六路、耳聽八方,目之所及没有遺漏的角落,對於所有的觀照對象了然於心,這正是括囊之象。爻辭出示的斷語"无咎",是根據至臨與卦旨、爻位意義相一致而來。

六五爻辭"知臨,大君之宜",所謂的知臨,指與人有交往然後居高臨下。知,用它的特殊意義,指的是交往、接觸。大君,指輩份長於在世君王的女主,已見於《師》上六、《履》六三。知臨,合乎卦的居高臨下的宗旨。六五爻位的意義是"黄裳,元吉"。居尊位而以謙下之態出現,知臨正是這種行為方式。在與人接觸交往的過程中居高臨下,確實是居尊位而以謙下之態出現。知臨與卦旨、爻位意義均相符合,故稱吉。從實際操作層面來看,居高臨下而又接觸所觀照的人群,必然拉近彼此之間的距離,有利於溝通,不會成為高高在上的孤家寡人。

六五是陰爻的尊位,故以長輩女主相對應。

上六爻辭"敦臨",指的是對居高臨下者進行督察、問責,實際還是做居高臨下的審視,合乎卦的宗旨。上六爻位的意義是"龍戰于野,其血玄黄",警示人們不要陰盛犯陽,以免造成創傷。對居高臨下者加以督察、問責,是一個階段居高臨下行為的終結,不是陰盛犯陽,而是使居高臨下適度而止,與爻位意義相合。敦臨合乎卦旨和爻位意義,故稱"无咎"。

上六是卦的最高位,故以督察、問責者的角色相對應。且居高臨下行為的終結,應該有問責者出現。

《臨》卦的爻辭編排,體現的是以類相次的原則。前五爻列出居高臨下的四種類型,分別是咸臨、甘臨、至臨、知臨。同時,各段爻辭之間又有清晰的邏輯。咸臨是受到感應、觸動之後居高臨下，屬於被動型；甘臨、至臨、知臨，則屬於主動型。同屬於被動型的咸臨，又分別置於初九、九二兩爻。初九咸臨是有限定的吉利，九二咸臨則是全方位的吉利，體現出事情發展的漸進性。主動居高臨下也有程度、方式的劃分。六三甘臨，動作舒緩，心懷憂慮，六四至臨則是全面周到地居高臨下，六五知臨則是保持與俯視對象的接觸，居高臨下的細密程度不斷提高，上六的敦臨則是對居高臨下者進行問責，與前面五條爻辭一脈相承，構成連續的鏈條。

考　辨

【臨】語出卦名及爻辭。《説文解字·臥部》："臨，監也。""監，臨下也。"這是臨、監互釋，均有居高臨下之義。朱駿聲在《説文通訓定聲》中稱："臨，隱幾視下之稱。"尹黎雲先生稱："臨……象人俯身察視衆物之形。"①《詩經·大雅·大明》："上帝臨女，無貳爾心。"鄭玄箋："臨，視也。"這裏的臨，指想象中的天帝自上向下俯視，而不是普通的注視。《詩經·大雅·皇矣》："皇矣上帝，臨下有赫。"鄭玄箋："臨，視也。"臨下，即向下審視。

【至于八月有凶】語出卦辭。八月，即《禮記·月令》所説的仲秋之月，其中寫道："乃命有司申嚴百刑，斬殺必當，毋或枉橈。枉橈不當，反受其殃。"八月是治獄斷刑的階段，故稱"至于八月有凶"。

【甘臨】語出六三爻辭。《莊子·天道》："斲輪，徐則甘而不

---

① 尹黎雲：《漢字字源系統研究》，第81頁。

固,疾則苦而不入。"司馬彪注:"甘者,緩也。苦者,急也。"①甘有遲緩之義,由它的構形而來。尹黎云先生寫道:

> 甘,甲骨文作📇,與小篆同,在口中增一畫,象口中嚼物之形。甘的本義就是美味。凡嚼美味必慢慢細細地咀嚼,方可品味,引伸甘有緩義。《廣雅·釋詁二》:"甘,緩也。"正得其義。②

【至臨】語出六四爻辭。至,謂得當、周全。《詩經·小雅·賓之初筵》:"烝衎烈祖,以洽百禮。百禮既至,有壬有林。"鄭玄箋:"洽,合也。奏樂和,必進樂其先祖,於是又合見天下諸侯所獻之禮。"這裏的"百禮既至",指百禮周全。《荀子·正論》:"不知逆順之理,小大、至不至之變者也,未可與及天下之大理者也。"楊倞注:"至不至,猶言當不當也。"

【知臨】語出六五爻辭。知,謂接觸、交往。《墨子·經上》:"知,接也。"《莊子·庚桑楚》:"知者,接也。"《爾雅·釋詁》:"知,匹也。"郝懿行寫道:

> 蓋接以交會對合為義,故為匹也。《詩》云:"樂子之無知。"鄭箋:"知,匹也。"樂其無妃匹之意。③

郝氏所引詩句,出自《檜風·隰有萇楚》。另外,《衛風·芄

---

① 郭慶藩:《莊子集釋》,第491頁。
② 尹黎云:《漢字字源系統研究》,第88頁。
③ 郝懿行:《爾雅義疏》,第61頁。

蘭》："雖則佩觿,能不我知。"這裏的"能不我知",謂而不與我相接觸、相親近。

【敦臨】語出上六爻辭。《説文解字·攴部》："敦,怒也,詆也,一曰誰何也。"段玉裁注："皆責問之意。……此字本義訓責問,故從攴。"敦謂責問,爻辭中指問責。

觀

䷓觀瞻望:盥 guàn 洗手而不薦 jiàn 進奉祭品,有孚顒 yóng 頭部碩大,此指莊嚴若。

初六:童觀兒童的瞻望,小人平民百姓无咎,君子吝。
六二:窺觀從隱蔽處或縫隙向外瞻望,利女貞利於女性占問。
六三:觀我生朋友,或稱友生進退。
六四:觀國之光國家的光輝,利用于賓王利於做王的賓客。
九五:觀我生,君子无咎。
上九:觀其他人(的)生,君子无咎。

解　析

一、卦名和卦辭

卦名《觀》,指瞻望、觀瞻,所觀對象是高大或盛大之物。《觀》與《臨》是對卦。《臨》指居高臨下,從上向下俯視,審視對象低於審視者。《觀》卦則與此相反，所瞻望的對象高於，大於觀照主體。《彖》傳稱"大觀在上"，把觀與大相溝通。《序卦》則稱："物大然後可觀，故受之以《觀》。"這是明確指出《觀》的宗旨是審視大的觀照對象。

卦辭稱"觀，盥而不薦，有孚顒若"，敘述的是祭祀場面。進行祭祀的人用水洗手，準備向神靈奉獻祭品。祭祀者內懷虔誠，顯得莊嚴肅穆。祭祀尚潔淨，古代許多民族都是如此，因此，奉獻祭品之前要把手用水清洗乾淨。祭祀主敬，這是祭禮最基本的要求，因此，卦辭用"有孚顒若"展示祭祀者的虔誠和莊嚴。

祭祀是古代的大事，參加的人員衆多，場面宏大，禮儀繁富，氣氛莊嚴，是盛大、崇高的觀照對象。卦辭以此暗示，卦的宗旨是"物大可觀"。觀字的起源與祭祀密切相關，因此，也就通過敘述祭祀場面，暗示卦的宗旨。

二、爻位和爻辭

初六爻辭的"童觀"，指兒童對外部世界的瞻望，在兒童的視野裏，外部世界很大，成人世界作為其中的組成部分也很大，被瞻望的對象總體上都大於自己、高於自己。兒童對外部世界進行展望，與卦的宗旨相合。初六爻位的意義是"履霜堅冰至"，不宜前行之義。兒童瞻望外部世界，是把目光向外投射，是目光前行，與初六爻位意義相悖。童觀與卦旨相契而與爻位意義相悖，基於這種情況，出示的斷語也就兼有正、副兩種屬性："小人无咎，君子吝。"以童觀的方式生活在世上，平民百姓這類小人沒有災患，貴族君子則會陷於艱難。兒童的瞻望是天真幼稚的，同時又流於表面現象和過於簡單。這種觀照方式用於普通平民百姓，容易得到周圍的認可，不會帶來災患。可是，貴族君子作為社會的統治者，如果也像兒童那樣觀照世界，就無法應付複雜的局面，勢必出現困頓。

初六是卦的初爻，是起始之位，故以童觀相對應。

六二爻辭"窺觀"，指從隱蔽處或縫隙向外面瞻望，見到的是大於觀照者所處地點的外部世界，合乎卦的宗旨。六二爻位的意義是"直、方、大，不習无不利"。窺觀見到的是外面的大世界，就此而論，與爻位意義有些背離。窺觀是在隱蔽處或透過縫隙進行瞻望，而不是公開露面進行審視，這種行為方式不屬於直、方、大類型，與爻位意義是一致的。再從審視效果來看，由於是在隱蔽處或透過縫隙向外瞻望，所以視域必然受到局限，而不可能像在明處那樣視野開闊，只能是以管窺天。這種瞻望效果也不屬於直、方、大系列。窺觀事象符合卦旨，與卦旨、爻位意義相符合的因素多，偏離處少，所以，出示的斷語是"利女貞"，這種瞻望方式利於女性占問，是有限度的吉利。

六二爻辭是單卦的中爻，古代女性主要居於家中室內，故爻辭以窺觀、女性的占問與爻位相對應。窺觀所見的是局部世界，勢必造成認識的狹隘、片面，因此，有必要通過占問而解蔽，故在窺觀之後稱"女貞吉"。

六三爻辭"觀我生進退"，瞻望自己朋友的進與退。朋友是可尊敬的對象，所觀者大，合乎卦的宗旨。六三爻位的意義是"含章，可貞。或從王事，无成有終"。瞻望朋友的進退，是對朋友懷有仰慕之情，合乎對朋友的關心，同時又有參照效法之義，是把朋友作為榜樣，這與"或從王事"所指的隨從別人行事，亦有相一致之處。"觀我生進退"與卦旨、爻位意義多有相契，爻辭所述事象是吉祥的。

六四爻辭"觀國之光，利用于賓王"，觀瞻國家的光輝氣象，以君王賓客的身份出現，所觀者大矣，合乎卦的宗旨。六四爻位的意義是"括囊，无咎无譽"。觀國之光，是把國家的光輝氣象納入視野之內，正是括囊之象。充當君王賓客，為君王所接納，也是括囊之象。爻辭所述事象與卦旨、爻位意義相契合,是吉祥之象。

九五爻辭"觀我生",瞻望自己的朋友,是本身尊崇的對象,合乎卦的宗旨。九五爻位的意義是"飛龍在天,利見大人",利於高層貴族成員出現。所瞻望的朋友應屬貴族成員,但沒有明確標示是大人,與爻位意義稍有游離。觀我生雖與卦旨相合而與爻位意義有所游離,故出示的斷語是"君子无咎",貴族君子無災害而已,沒有提到大吉大利。

九五是卦的尊位,且為陽爻,但是,爻辭所述屬於普通事象,故出示的斷語屬於低調。

上九"觀其生",意謂瞻望別人的朋友,與卦的宗旨相合。上九爻位的意義是"亢龍有悔",提示人們適可而止,避免亢進。上九是卦的最高位,瞻望至此應當終結,而沒有必要繼續擴展,"觀其生"已經超越自己所屬群體,有亢進之嫌。綜合所述事象與卦旨、爻位意義既符合又有背離的複雜關聯,得出的斷語是"君子无咎",仍然是低調肯定,與九五爻辭的斷語相同。

上九處於卦的外部邊緣,爻辭所述瞻望對象是別人的朋友,與自己關係疏遠,在人際關係網上亦處於外部邊緣。

爻辭的編排遵循的是以類相次的原則。以瞻望的主體劃分,有童蒙、女性、君子、小人之別。以瞻望的方式劃分,有童蒙的表像觀照,女性的片面觀照和君子得全方位的觀照。以瞻望對象劃分,有外部世界、朝廷氣象與朋友風範之別。爻辭所述的瞻望對象,都超越瞻望主體,所觀者大,蘊含的是非大勿觀的理念。

卦的宗旨是所觀者大,因此,各段爻辭儘管所示斷語存在差異,有的沒有斷語,但是,爻辭所述事象及斷語基本上都是正面的,只有初六的"君子吝"屬於負面。這種現象表明,所觀者大,則利多弊少,可以免於災患,不會出現兇險的結局。所觀者大是對行為主體的自我提升,是人生修養的上行走勢,因此,卦爻辭對此基本持肯定態度，並且對待不同的群體能夠分門別類，採用不同的評判尺度。

考　辨

【觀】語出卦名和爻辭。《説文解字·見部》："觀，諦視也，从見，雚聲。𩀠，古文觀，从囧。"對於觀字的由來，趙誠先生寫道：

> 萑，或曾加吅作雚，隸定當作雚，即後代之觀。構形不明，甲骨文用作祭品之名，亦用作以該祭品進行祭祀之名……用是殺之以祭，則萑是一種動物。再從萑、雚均从隹來看，似為禽類。①

觀字的生成與祭祀相關，因此，《觀》的卦辭敘述的是祭祀場面。

觀的古文構形从雚。雚為飛鳥，字形从隹。鳥在天空飛翔，字形从隹者往往有高遠之義。觀的古文構形从囧，朱駿聲在《説文通訓定聲》中寫道：

> 囧，窗牖麗廔闓明也，象形。凡囧之屬皆从囧，讀若獷。賈侍中説，讀與明同。②

觀，古文構形从囧，有空曠光明之義，亦與高遠之義相近。

---

① 趙誠：《甲骨文簡明詞典——卜辭分類讀本》，第 244 頁。
② 朱駿聲：《説文通訓定聲》，第 591 頁。

【觀我生進退】語出六三爻辭。生,指朋友。《小雅·常棣》:"雖有兄弟,不如友生。"毛傳:"兄弟尚恩怡怡然,朋友以義切切然。"毛傳以朋友釋友生,生即朋友。《小雅·伐木》:"相彼鳥矣,猶求友聲;矧伊人矣,不求友生。"鄭玄箋:"鳥尚知居高木呼其友,況是人乎,可不求之?"這裏的友生,還是朋友。

噬 嗑

☲☳噬 shì 嗑 kè 張口納物閉口咀嚼:亨,利用獄審判案件。

初九:屨 jù 校 jiào 鞋狀刑具滅趾掩蓋腳趾,无咎。

六二:噬膚肉皮滅鼻吃的肉皮掩蓋鼻子,无咎。

六三:噬臘 xī 肉醃製風乾的肉遇毒;小吝,无咎。

九四:噬乾胏 zǐ 帶骨頭的乾肉,得金矢金屬箭頭,利艱貞利於占問艱難之事,吉。

六五:噬乾肉,得黃金黃色金屬,貞厲,无咎。

上九:何通"荷"校滅耳負荷的刑具掩蓋耳朵,凶。

解 析

一、卦名和卦辭

卦名《噬嗑》,納物於口中,並且加以咀嚼,把食物吃掉之義。卦名是根據卦形而來。此卦形狀如口中有物,初、上兩爻如唇,六二、六三、六五三個陰爻像上下牙齒,九四如橫於齒間之物。《彖》

傳稱："頤中有物,曰《噬嗑》。"揭示出卦名的本義。《序卦》稱："嗑者,合也。"對於嗑字本義的解釋是確切的。《雜卦》稱："《噬嗑》,食也。"也是把卦名解釋為對食物的攝取。噬,即後代所說的吃。

卦辭稱"亨,利用獄"。民以食為天,人每天都要吃飯,這是人的生理需求之一,也是生命的基本保障。卦辭所說的"亨",意謂人能攝取食物則順通,肯定吃飯的重要性。

人的進餐是把食物置於口中,斷案是先把犯人投入監獄。進餐是通過咀嚼、吞咽把食物消耗掉,斷案判刑則是對犯人加以處理。就行為對象而言,人的進餐和斷案判刑,對於它們來說都是減損,而不是增益。人的進餐與斷案判刑多有相似之處,故卦辭把二者聯繫在一起,爻辭的編排亦從這兩個方面取材。

二、爻位和爻辭

初九爻辭"履校滅趾",敘述的是監獄犯人的遭遇。鞋狀刑具把腳趾掩蓋,系噬嗑之象,合乎卦的宗旨。初九爻位的意義是"潛龍勿用"。從治獄方面來看,給犯人腳上加以刑具,已是有所動作,不符合初九爻位的意義。從犯人方面來看,腳上帶有很大的刑具,不便於行走,也沒有隨意行動的自由,與初九爻位的意義相合。履校滅趾事象與卦旨、爻位意義相符者多而相悖者寡,故出示的斷語為"无咎",不會有災患。犯人腳部著有刑具是常見的現象,還稱不上是人生的災難。

初九是卦的最底部,故以人的腳部相對應。刑具是強力工具,屬於陽剛系列。人的腳趾較硬,也屬於陽剛系列。履校滅趾是以剛掩剛,故無大礙。

六二爻辭"噬膚滅鼻",敘述的是帶有漫畫特徵的場景。吃的肉皮把鼻子掩蓋,可見肉皮面積很大,吃的人又很貪婪。噬膚符合卦的宗旨。六二爻位的意義是"直、方、大,不習无不利",意謂不踐履陽剛之行。吃肉皮不屬於陽剛之行，屬於攝取食物的正常需求。但是，肉皮很大，吃的人頗貪婪，又有習大的嫌疑。爻辭所述事象與卦旨、爻位意義基本符合，小有偏離，故斷語為"无咎"。吃的肉皮把鼻子掩蓋，確實不會造成災患。

六二是陰爻，肉皮柔軟，人的鼻梁硬度較大，噬膚滅鼻，以柔掩剛之象，故稱无咎。

六三爻辭"噬臘肉遇毒"，敘述的還是進食事象，符合卦的宗旨。六三爻位的意義有兩層。一是"含章，可貞"，把臘肉吃下去，正是含章之象。六三爻辭的第二層意義是"或從王事，无成有終"，意謂要有所依附，不能獨立自主地行事。吃臘肉是獨立自主地行為，與爻位意義相違。吃臘肉事象與卦辭、爻位意義相合者多，相違者寡，故設計出遇毒的情節，但最終結局是"小吝，无咎"，小有困厄，沒有造成災患。食物中毒的程度較輕，很快就恢復正常。

六三是陰爻，而所吃的臘肉是醃制風乾之物，質地堅硬，吃臘肉是犯剛之象，故小有不利。

九四爻辭"噬乾肺，得金矢"，吃帶骨肉，裏面有金屬箭頭，是遇剛、得剛之象。九四是陽爻，遇剛得剛與爻位屬性相合，故最終斷語是"吉"。噬乾肺，合乎卦的宗旨。九四爻位的意義是"或躍在淵"，得其所宜之義。吃帶骨頭的乾肉是一種享受，與爻位意義相合。可是，帶骨的乾肉難啃，又發現其中的金屬箭頭，給進食造成困擾，是克堅之象，故爻辭稱"利艱貞"。爻辭所述事象與卦旨、爻位意義相符合，故最終斷語為"吉"。

六五爻辭"噬乾肉，得黃金"，所述事象與九四爻辭大體相同，合乎卦的宗旨。六五爻位的意義是"黃裳元吉"，居尊位而以謙下之態出現，噬乾肉、得黃金事象與此相疏離。爻辭所述事象合乎卦旨而與爻位意義相疏離，故最後出示的斷語是"貞厲，无咎"，占問的結果是有危險，最終沒有出現災患。

六五是陰爻，乾肉、黃金皆屬陽剛之物。噬乾肉、得黃金，是犯剛、遇剛之象，故小有不利。

六五是單卦的中爻，黃是中色，故以得黃金與爻位相應。

上九是卦的最高位，噬嗑至此並沒有停止，而是繼續對犯人加以懲罰，並且力度更大。"何校滅耳"，刑具把耳朵掩蓋，這種事象雖然合乎卦的宗旨，但與上九爻位"亢龍有悔"的警示相悖。最終出示的斷語為"凶"，主要根據是"何校滅耳"事象與爻位意義的完全相悖。

犯人所戴的刑具把耳朵遮掩，可見刑具很大，罪行嚴重。再加上已到卦的末尾而犯人仍然在押，確實是結局凶險。

校作為刑具象徵陽剛，人的耳朵柔軟，象徵陰柔。何校滅耳，以剛掩柔之義，乃陽剛過盛之象，這也正是上九爻位的禁忌。上九是卦的最高位，故人的耳朵與之相應。

爻辭基本是以類相次，但中間有片段的連續情節。六二的噬膚、六三的噬臘肉、九四的噬乾胏、六五的噬乾肉，既可視為以類相次，又可視為連續的情節。

初九、上九所述均是獄中犯人被刑具所折磨的事象，中間四爻則是展示進食場景，爻辭取材明顯分為兩部分。

初九爻辭涉及的人體部位是腳趾，上九爻辭提到的是耳朵，中間四爻敘述的都是用嘴進食遇到的各種情況。從腳趾到嘴、再到耳朵，是在空間從下向上依次推移。

考 辨

【噬嗑】語出卦名。《說文解字・口部》："篅，啗也。喙也。从口，筮聲。"噬、篅構型相同，《周禮》的筮字，皆作篅。噬，字形从口从筮。筮指算卦，對於人有開啟功能，噬，謂開口、張嘴。嗑，字形从口从盍。盍,指容器加蓋封閉,《豫》九四"朋盍簪",盍字就是由閉合引伸出相聚之義。噬嗑,謂嘴的開合,具體指就餐進食。

【屨校滅趾】語出初九爻辭。《説文解字·木部》:"校,木囚也,從木,交聲。"段玉裁注道:

> 囚,系也。木囚者,以木羈之也。《易》曰:"屨校滅趾","何校滅耳"。屨校,若今軍流犯人新到著木靴。何校,若今犯人帶枷也。①

"何校滅耳"見本卦上九爻辭。

趾以象徵陽剛,爻辭多有其例。《賁》初九"賁其趾"、《大壯》初九"壯於趾",《夬》初九"壯於前趾",《艮》初六"艮其趾"。《解》九四"解而拇",拇謂拇指,亦屬趾,象徵陽剛。

賁

☲☶ 賁 bì 修飾:亨,小利有攸往。

初九:賁其趾,舍車而徒徒步行進。

六二:賁其須下巴的鬍鬚。

九三:賁如濡如修飾得潤澤靚麗,永貞吉占問長遠之事吉利。

---

① 段玉裁:《説文解字注》,第 267 頁。

六四：賁如皤 pó 如修飾得高大昂揚，白馬翰如威武雄壯貌，匪寇，婚媾。

六五：賁于丘園修飾村落的園林，束帛帛五匹為一束，長二百尺戔 jiān 戔欠缺貌，吝，終吉。

上九：白賁用白色修飾，无咎。

解　析

一、卦名和卦辭

卦名《賁》，指的是修飾、文飾。《序卦》稱："《賁》者，飾也。"以飾解說賁，道出了卦的宗旨。《賁》與《噬嗑》是對卦。《噬嗑》是減損乃至消滅客體對象，或者是行為主體自身遭到減損。《賁》則是在原有基礎上加以增益、修飾。

卦辭稱"亨，小利有攸往"，認為修飾可以使人順通，但限於小有所利之事，也就是說，單靠修飾只能小有所利，而無法成就大事。卦辭對於修飾所具有的正面效應做了有限度的肯定，沒有把它誇大。中國古代對於修飾所持的態度，可以從卦辭中找到源頭。從實際情況考察，修飾有其合理性和必要性，但它不能從根本上解決問題，因為它畢竟屬於表面的行為。

二、爻位和爻辭

初九爻辭敘述的是頗為滑稽的事象：為了顯示經過修飾的腳趾，竟然捨棄所乘的車輛而徒步行走。初九爻位的意義是"潛龍勿用"，修飾腳趾雖然合乎卦旨，卻違背爻位意義，兩相綜合，設計出"舍車而徒"的情節。初九居於卦的底位，故以腳趾與之相應。

六二爻辭"賁其須"，修飾頤下的鬍鬚，合乎卦的宗旨。六二爻位意義是"直、方、大,不習无不利",意謂不去踐履陽剛之行。鬍鬚柔軟下垂,對它加以修飾,乃是飾柔之象,不屬於陽剛之行。修飾鬍鬚是美化自身,不會有什麼災患,爻辭雖然未出示斷語,但是吉利自在其中。

九三爻辭"賁如濡如",修飾之後顯得潤澤靚麗,當是經過沐浴並塗抹脂膏之故,合乎卦的宗旨。九三爻位的意義是"君子終日乾乾,夕惕若。厲,无咎"。對自身精心加以修飾,面部潤澤可觀,在修飾方面有乾乾之象。但是,修飾得如此靚麗,顯然無惕若之心。這樣看來,"賁如濡如"與爻位意義有相合之處,又稍有疏離。綜合這一事象與卦旨、爻位意義的複雜關聯,出示的斷語是"永貞吉",占問長遠的事情吉利,言外之意,這種修飾不能取得立竿見影的效果,當下未必吉利。

九三是陽爻,"濡如"是陰柔之象,與爻位屬性不合,故出示的斷語是有限制地予以肯定。

六四爻辭"賁如皤如,白馬翰如。匪寇,婚媾"。敘述娶親隊伍的前來。經過裝飾的白馬威武雄壯,駕車前來,這種事象合乎卦的宗旨。六四爻位的意義是"括囊,无咎无譽"。從娶親隊伍方面而論,將新娘迎娶到家中,正是括囊之象。對迎親方面來説,娶親隊伍前來,將要被女子所在之處接納,也是括囊之象。娶親是喜慶之事,並且裝飾甚盛,與卦旨、爻位意義均相契,是吉祥之象。

六四是陰爻,爻辭出現的白馬卻是陽剛的象徵,二者存在矛盾,因此有"匪寇,婚媾"之語。人們先是以為強盜前來,後來才發現是娶親的隊伍,可謂是有驚無險。所受到的驚嚇,是由作為陽剛象徵的馬匹而來。

六五爻辭的"賁于丘園",是把村落所在的園林加以裝飾,作為舉行婚禮的場所,這種舉措合乎卦的宗旨。"束帛戔戔",是説娶親一方所帶財禮不足,陳列開來顯得欠缺。六五爻位的意義是"黃裳，元吉"，居尊位而以謙下之態出現。作為娶親的一方，如果是以謙下之態出現，應該多備財禮，表示對女方的尊重，"束帛戔戔"與六五爻位的意義相悖。爻辭所述事象與卦旨相合，而與爻位意義相悖，故出現艱難，但最終結局吉利。

在現實生活中，迎娶階段因財禮不足而出現矛盾的現象經常發生。但是，先前已有納吉、納徵等一系列禮儀，婚姻已成定局，所以，最後還是以成婚終結。

上九爻辭"白賁"，是以白色加以修飾，合乎卦的宗旨。用白色加以修飾，是把樸素的色彩置於原有的本體之上，不會出現過於鮮豔的現象，不會修飾過分，避免了"亢龍有悔"，合乎上九爻位的意義。"白賁"之舉合乎卦旨和爻位意義，故出示的斷語是"无咎"，不會出現災患，是一椿結局圓滿的婚姻。

"白賁"是用白色加以修飾，反映的是那個歷史階段的婚俗，出嫁女子是以白色麻紗作為罩衣，加在裏面的錦衣之上，以樸素的色彩表現端莊。

爻辭的編排表面上是以類相次，實際是按照迎娶的進程進行敘事，同時又以單卦為相對獨立的敘事板塊。初九、六二、九三展示迎親成員的自我修飾，從脚到鬍鬚，再到面部的潤澤，遵循的是從下到上的順序，涉及人體的三個部位。六四、六五、上九，是從出嫁女子方面進行敘事：先是見到娶親隊伍前來，接著是在婚禮場所因財禮欠缺而出現風波，最後是女子身著白色罩衣出嫁。

考　辨

【賁】語出卦名和爻辭。《說文解字・貝部》："賁，飾也。從貝，芔聲。"賁，字形從芔、從貝。貝指貝殼，表面有花紋，燦然可觀。《說文解字・草部》："芔，草之總名也。"芔，草類衆多之象。《尚

書·湯誥》:"上天孚佑下民,罪人黜伏,天命弗僭,賁若草木,兆民允殖。"宋人蔡沈在《書集傳》中寫道:

> 孚、允,皆信也。僭,差也。賁,文之著也。殖,生也。上天信佑下民,故夏桀竄亡而屈服,天命無所僭差。燦然若草木之敷榮,兆民信乎其生殖矣。①

蔡沈把賁釋為文之著,又以草木開花為喻加以說明,符合原文的本義。賁,取象於貝殼的花紋和草木花朵的燦然可觀,引伸出修飾之義。

【賁其須】語出六二爻辭。《說文解字·須部》:"須,頤下毛也,从頁、彡。"段玉裁注寫道:

> 須在頤下,䫇在口上,髯在頰,其名分別有定。《釋名》亦曰:"口上曰髭,口下曰承漿。頤下曰鬚。在頰耳旁曰髯。"與許說合。……彡者,毛飾畫之文,須與髭每成三綹,形似之也。②

【賁如濡如】語出九三爻辭。濡,謂濕潤。《大壯》九三:"君子夬夬獨行,遇雨若濡。"《既濟》上六:"濡其首。"《未濟》上九:"有孚於飲酒,无咎。濡其首,有孚失是。"濡,皆陰柔之象。

---

① 王頊齡:《書經傳說彙纂》,中華書局,1998 年版《尚書》(上),第 721 頁。
② 段玉裁:《說文解字注》,第 424 頁。

【賁如皤如】語出六四爻辭。《左傳·宣公二年》:"睅其目,皤其腹。"杜預注:"大腹。"腹大則隆起。皤如:謂駕車的馬昂首向上,上揚之象。

【白馬翰如】語出六四爻辭。重大禮儀乘白馬,系殷人習俗。《禮記·明堂位》:"夏后氏牲尚黑,殷白牡,周騂剛。"《詩經·周頌·有客》:"有客有客,亦白其馬。"毛傳:"殷尚白也。"乘白馬所駕車而前來娶親的人員,系殷商成員,爻辭反映的是殷周通婚的歷史事實。

《詩經·大雅·常武》:"如飛如翰。"毛傳:"疾如飛,摯如翰。"鄭玄箋:"其行疾自發舉,如鳥之飛也。翰,其中豪俊也。"翰如,威武雄壯的樣子。

【賁于丘園】語出六五爻辭。丘,指村落。《莊子·則陽》:"少知問於大公調曰:'何謂丘里之言?'大公調曰:'丘里者,合十姓百名而以為風俗也。'"《釋文》引李頤注:

> 四井為邑,四邑為丘,五家為鄰,五鄰為里。古者鄰里井邑,土風不同,猶今鄉曲各自在方俗,而物不齊同。

成玄英疏則稱:"古者十家為丘,二十家為里。"①每井九家,四邑為丘,則每丘一百四十四家,兩說不同。

【束帛戔戔】語出六五爻辭。"戔……從二戈會意,即殘字之

---

① 郭慶藩:《莊子集釋》,第909頁。

古文,本義不明。甲骨文作為動詞,有攻擊剪伐之義。"①"凡從戔得聲者多含有小意。"②戔戔:欠缺,不足之象。

【白賁】語出上九爻辭。周代出嫁女子身著白色罩衣。《詩經·衛風·碩人》敘述莊姜嫁時的服裝稱"衣錦褧衣"。鄭玄箋:"褧,禪也。……今衣錦者,在途之所服也。尚之以禪衣,為其文之大著。"禪衣,即白色罩衣。《禮記·中庸》寫道:"《詩》曰'衣禪尚褧',惡其文之著也。"對此,《四書章句集注》記載了朱熹的如下解說:

《詩·衛風·碩人》、《鄭風》之《丰》,皆作"衣錦褧衣"。褧、絅同,禪衣也。尚,加也。……尚絅,故暗然;衣錦,故有日章之實。……錦之美在中也。③

白賁,指的正是以白色罩衣著於外,將錦衣掩於內,不致於過分鮮豔,用以表現莊重。

剝

䷖剝剝落:不利有攸往。

---

① 趙誠:《甲骨文簡明詞典——卜辭分類讀本》,第330頁。
② 尹黎雲:《漢字字源系統研究》,第209頁。
③ 朱熹:《四書章句集注》,中華書局,1983年版,第39頁。

初六:剝牀以足把牀脚去掉,蔑不必貞,凶。

六二:剝牀以辨把牀板去掉。辨,牀板,蔑貞,凶。

六三:剝之,无咎。

六四:剝牀以膚把牀上的席子去掉。膚,本謂皮膚,此指牀上的席子,凶。

六五:貫魚以宮人寵如同把魚貫穿成串,君主對后妃輪流臨幸,無不利。

上九:碩果不食碩大的果實未被食用,君子得輿,小人剝廬剝掉田間的簡易住房。廬,臨時性的簡易住房,此指建在田間的窩棚,農忙季節供人居住,秋季剝掉。

解　析

一、卦名和卦辭

卦名《剝》,指的是剝落、去掉,屬於減損型的行為,通常給行動對象造成破壞的後果。卦辭"不利有攸往",意謂當剝落之際不宜出行,如果有所前往,會遭到搶劫一類的剝奪。

二、爻位和爻辭

初六爻辭"剝牀以足",把牀脚去掉,這種行為合乎卦的宗旨。初六爻位的意義是"履霜堅冰至",不宜前行之義。把牀脚去掉,是已經前行並採取行動,與初六爻位的意義相悖。爻辭出示的斷語"蔑貞,凶",不必占問就可判斷是兇險之事,這個斷語主要是根據"剝牀以足"事象與爻位意義相衝突而來。

把牀脚去掉,牀就失去支撐,導致傾斜,人如果繼續使用它,勢必出現危險。爻辭的斷語是對生活經驗的總結。

初六是卦的最低爻位，故以牀足與之相對應。

六二爻辭"剝牀以辨"，指把牀板去掉，這種做法與卦的宗旨相合。六二爻位的意義是"直、方、大，不習无不利"，意謂不去踐履陽剛之行。把牀板去掉是一種強力行為，屬於陽剛之行，與爻位意義相悖。爻辭出示的斷語"蔑貞，凶"，主要是根據爻辭所述事象與爻位意義相違背而來。

把牀板去掉，人就無法在牀上休息，牀也因此失去使用價值，確實屬於凶險之事。

六三爻辭"剝之，无咎"。這裏沒有出示剝落的具體對象，從前後的爻辭考察，這裏的剝落對象仍然是牀，而且是整個牀體。既然牀足、牀板都已經被去掉，殘損的牀不再具有使用價值，索性把它全部去掉，這種做法合乎卦的宗旨。

六三爻位的第一層意義是"含章，可貞"，主張把美好的事物蘊涵於內，遭到損壞的牀不屬於美好之物，不是蘊涵的對象，把殘損的牀去掉，與爻位意義是一致的。六三爻位的第二層意義是"或從王事，无成有終"，意謂要順應行事。處於剝落之際而把殘損的牀去掉，亦是一種順應時勢的做法，符合爻位的意義。

六三爻辭所述事象符合卦旨和爻位意義，故稱"无咎"。

六四爻辭"剝牀以膚"，是把牀上所鋪席子去掉，符合卦的宗旨。六四爻位的意義是"括囊，无咎无譽"，指的是納物於內並且加以封存。把牀的席子去掉，是棄物於外，而不是棄物於內；不是封存納入之物，而是將已有之物去掉，明顯與爻位意義相悖。爻辭的斷語稱"凶"，主要是根據"剝牀以膚"事象與爻位意義相悖而來。

把牀上的席子去掉，造成人的躺臥障礙，確實不是吉祥之事。

六五爻辭"貫魚以宮人寵"，指君主對後宮嬪妃排定次序，令其輪流當夕，如同把魚貫穿成串。宮人當夕則需去掉外部包裝，系剝落之象，合乎卦的宗旨。

六五爻位的意義是"黃裳，元吉"，意謂居尊位而以謙下之態出現。在爻辭作者看來，君主令後宮嬪妃輪流當夕，是恩澤普施，合乎六五爻位的意義。爻辭所述事象與卦旨、爻位意義均相符合，故稱"无不利"。

六五是陰爻，居於單卦的中爻，故以宮人相呼應。宮人指嬪妃，居於深宮之內，與六五爻位的屬性相契。

上九是卦的最高位，剝落至此，不再用慣性推動繼續加大剝落的力度和範圍，而是對剝落加以調控。"碩果不食"，指豐碩的果實沒有被食用，亦即未被剝落。正因為如此，貴族君子得到車輛，準備把果實裝載運走。但是，上九爻辭並非沒有剝落之舉，只是剝落的對象有限制而已。到了果實成熟的秋季，平民百姓要把搭建在田間的簡易住房拆除，剝落的是已經完成一年使命的窩棚。上九爻辭有剝落之行，合乎卦的宗旨。上九爻辭對於剝落有限定，沒出現"亢龍有悔"事象，合乎爻位的意義。

"碩果不食"是停止剝落，"君子得輿"非但不是遭到剝落，而是有所增益，反映的是剝落有度、物極必反的理念。

上九居於卦的外部邊緣，故以室外的事象相呼應。

"君子得輿"，君子、輿，俱是陽剛的象徵物，是以剛得剛之象。

六條爻辭的編排是按照時空順序推移與以類相次兩種方式兼用。初六、六二、六三、六四，剝落對象均與牀相關，從牀足、牀板、牀的整體，再到牀上的席子，以及睡在牀上的人，遵循的是從低到高的順序。上九爻辭所敘事象則與牀第無關，屬於另外一類。

爻辭涉及的事象屬於兩大類別，彼此之間存在著邏輯的關聯。爻辭是按照從物到人、從室內到室外的程式編排。初六到六四只涉及物，沒有提到人。六五、上九才出現作為行動主體和對象的人。初六到六五，都是以室內為空間背景，上九則轉移到室外。

爻辭的按時空順序敘事及其邏輯層次的劃分，沒有把單卦作為相對獨立的板塊，而是不受單卦界限的束縛，顯得自由靈活。

考　辨

【剝】語出卦名及爻辭。《説文解字·刀部》："剝，裂也。从刀从彔。彔，刻也，彔亦聲。一曰剝，割也。𠚣，剝或从卜。"段玉裁注：

《衣部》曰："裂，繒餘也。"謂殘破也。《夏小正》："二月剝鱓，以為鼓也。""八月剝瓜，畜瓜之時也。""剝棗，剝也者，取也。"……按：剝鱓者，謂殘其皮。剝瓜棗者，謂殘其實，其用一也。①

剝的含義比較寬泛，爻辭或指去掉，或指剝落，至於上九的"碩果不食"，則將吃掉亦稱為剝，與噬嗑之義相通。

【剝牀以辨】語出六二爻辭。揚雄《方言》卷五："牀……其上板，衛之北郊，趙魏之間謂之牒，或曰牑。"牀板稱為牑，亦即爻辭所説的辨。《説文解字·片部》："牑，牀板也。"段玉裁注："《方言》曰牀其上板。"《方言》《説文》均稱牀板為牑，亦即爻辭所説的辨。

《爾雅·釋器》："革中絶謂之辨，革中辨謂之韏。"對於辨字，郭璞注："中斷皮也。"辨，指的是皮革從中間分開，變成兩塊。牀板是由多塊木板組合而成，是由整塊木板分割而來，故稱辨。

【剝牀以膚】語出六四爻辭。崔覲云："牀之膚為薦席，若獸之

---

① 段玉裁：《説文解字注》，第180頁。

有皮毛也。"①其説可從。

【小人剝廬】語出上九爻辭。廬,這裏指搭建在田間的簡易住房。《詩經·小雅·信南山》稱:"中田有廬。"鄭玄箋:"中田,田中也。農人作廬焉,以便其田事。"②

復

☷☳復_{往而返}:亨。出入无疾,朋來无咎。反復其道_{反復出現在道路上},七日來復_{七天返回},利有攸往。

初九:不遠_{離開}復_{未曾離開就返回},无祇 zhī _{適逢}悔_{没有恰好到來的困厄},元吉。

六二:休復_{休息於返回之際}。

六三:頻_{危機、風險}復_{遇到危險而返回},厲,无咎。

六四:中行_{中途}獨復_{獨自返回}。

六五:敦_{監督}復,无悔。

上六:迷復_{迷失不返},有災眚。用行師,終有大敗,以_{連帶,此指連累、拖累}其國君,至于十年不克征_{以致於十年不能出征}。

---

① 李道平:《周易集解纂疏》,第 257 頁。
② 王先謙:《詩三家義集疏》,第 757 頁。

解　析

一、卦名和卦辭

卦名《復》，往而返、出而入之義，指的是回歸。《雜卦》稱："復，反也。"道出了卦的宗旨。《復》與《剝》是對卦。《剝》卦的宗旨是剝落，使行為對象的一部分脫離本體，或者是把行為對象去掉。《復》則是返本歸宗，回歸本體。

有往有復是周族先民的生存方式，並且由此形成往復型的思維模式，因此，專設《復》卦，用以表明往而有復的重要性。

卦辭稱"亨"，意謂往而能返必然順通，言外之意，往而不返則會陷入困境，導致閉塞不通。卦辭又稱"出入无疾"，出而能入則不會有疾病，反之，出而不入，長期停留，則容易生病，這是生活經驗的總結。"朋來无咎"，朋友前來屬於正常的人際交往，這是把朋友前來視為如同自己回家，賓至如歸之義。

卦辭又稱"反復其道，七日來復，利有攸往"，這段卦辭不但強調往而有返的重要性，而且為往而返規定了期限，把七天作為一個週期。人在外而逗留時間過長，往往忘返，或是出現困難而無法返回。因此，卦辭認為如果七天之內能夠返回，則利有所往；反之，七天不能返回，則不利於出行。把七作為計數的基本單位，是周人的習慣。

二、爻位和爻辭

初九爻辭"不遠復"，意謂沒有離開就想到返回，把返回作為歸宿，符合卦的宗旨。初九爻位的意義是"潛龍勿用"，不宜有所動作之義。未離開就想到返回，只是有心靈的活動，而沒有形體動作，與爻位意義大體一致。"不遠復"合乎卦旨,與爻位意義相近,因此,出示的斷語是"无祗悔,元吉",原地未動而想著出而有入,不會有適逢的困厄,非常吉利。祗,指適逢,還見於《坎》九五:"祗既平。"

六二爻辭"休復",把返回作為一種休息、消遣,合乎卦的宗旨。六二爻位的意義是"直、方、大,不習无不利",意謂不踐履陽剛之行。休息於回歸,不屬於陽剛之行。"休復"合乎卦旨和爻位意義,是吉祥之象。

休指休息,已見於《否》九五的"休否",指休息於閉塞不通之際。

六三爻辭"頻復",指遇到危險而返回,合乎卦的宗旨。六三爻位的第一層意義是"含章,可貞",主張內斂收縮。知難而返屬於內斂行為,與爻位意義相契。"頻復"雖屬被動的行為,卻是自主所為,與爻位意義相疏離。遇險而歸事象符合卦旨,而與爻位意義有相契之處,亦有疏離,故出示的斷語是"吝,无咎"。從現實層面考察,遇險而歸,確實會遭遇艱難,但最終沒有災患。

六四爻辭"中行獨復",中途獨自返回,合乎卦的宗旨。六四爻位的意義是"括囊,无咎无譽",指的是納物於內而加以封存,中途獨自返回,正是括囊之象,是把自己納入家中而不出。爻辭所述事象與卦旨、爻位意義均相符合,是吉祥之象。

六四爻位居於卦的中間部位,故以中行相對應。《益》六四的"中行告公",也是把中行與六四相對應。

六五"敦復",指的是監督返回,符合卦的宗旨。六五爻位的意義是"黃裳,元吉",意謂處尊位而以謙下之態出現。監督返回系被動型行為,受制於外人,本身是監督對象,合乎爻位的意義。"敦復"與卦旨、爻位意義均相契合,故稱"无悔",沒有困厄。

敦促監督,已見於《臨》上六的"敦臨",不過,《臨》上六是監督別人,《復》六五則是受別人監督。

上六爻辭的"迷復",敘述的是負面事象。迷失而不知返,違背卦的宗旨。上六爻位的意義是"龍戰于野,其血玄黃",警示人們不要陰盛犯陽,避免造成創傷。"迷復"正是陰盛之象,並且造成創傷。迷失而不返,與卦旨和爻位意義均相違背,因此,所出現的後果極其悲慘,有災難,有出兵作戰的慘敗,甚至連累到國君,以至於十年沒有能力出兵作戰。往而不返是戰爭的大忌,故爻辭用戰爭事象來加以說明。

爻辭的編排是以類相次,前五爻列舉各種不同的復返方式,各段爻辭之間沒有時空順序方面的關聯。

從初九到上六,行為主體復返的自覺性總體上呈現的是遞降的走勢,而不是遞進盤升。初九的"不遠復"、六二的"休復",復返的自覺性較高。六三"頻復"、六四"中行獨復",已是面臨危險或是行至半路方復返。六五的"敦復",則是由先前的主動轉為被動,是在敦促之下復返。至於上六的"迷復",則是不知復返。《周易》爻辭的編排,多數是遞進盤升的走勢。隨著爻位的升高,所敘事象的力度較之先前不斷強化。《復》卦的爻辭呈現的這種走勢,與人的行為特徵有密切關係。在通常情況下,人的出行越遠越久,返歸就越加困難,有的是由於客觀障礙,有的則是人本身返歸意識日益淡薄,以至於往而忘返、往而不返。爻辭的編排充分關注到出行之人的這種特點,因此,各段爻辭的敘事在回歸方面呈現自覺性遞減的走勢。

考　辨

【復】語出卦名及卦辭、爻辭,《周易》本經凡是提到復,多指返回,與往相對。《小畜》初九"復自道"、九二"牽復",《泰》九三"无往不復",皆屬此類。而《泰》上六"城復于隍",屬於另一種類型,復指的是傾覆,積土於地面。

【七日來復】語出卦辭。卦爻辭把七天作為一個期限,還見於《既濟》六二:"婦喪其茀,弗逐,七日得。"七天作為一個往復的週期出現。

【不遠復】語出初九爻辭。遠,謂離開。《論語·顏淵》:"舜有天下,選於衆,舉皋陶,不仁者遠矣。"楊伯峻先生注:"遠,本是'離開''遁逃'之意。"①《孟子·滕文公下》稱周公"驅虎豹犀象之野獸而遠去之"。以上兩處的遠字,均指離開。

【无祗悔】語出初九爻辭。祗,或作衹,在這裏指適逢。《詩經·小雅·何人斯》:"胡逝我梁,祇攪我心。"鄭玄箋:"祇,適也。"《詩經·小雅·無將大車》:"無將大車,祇自塵兮。"鄭玄箋:"祇,適也。"祗,或作衹,謂適逢、恰值,這種含義還見於《坎》九五:"坎不盈,祇既平。"

【頻復】語出六三爻辭。頻,指危機。《詩經·大雅·桑柔》:"於乎有哀,國步斯頻。"毛傳:"頻,急也。"《說文解字·瀕部》:"瀕,水厓,人所賓附也,顰戚不前而止,从頁从涉。"瀕,謂人在行進中遇水不前的憂慮之狀,故有危急之義。瀕的省文為頻。

---

① 楊伯峻:《論語譯注》,第 131 頁。

无 妄

☷☰无妄_{出乎意料}:元亨,利貞。其匪正_{不期而遇之事非正道},有眚,不利有攸往。

初九:无妄,往,吉。

六二:不耕,獲_{不耕田而有收穫};不菑 _{zī} _{開墾荒地},畬 _{yú}(_有)_{熟田},則利有攸往。

六三:无妄之災,或繫之牛_{有時是被拴繫的牛}。行人_{過路人}之得,邑人_{謂本地居民}之災。

九四:可貞,无咎。

九五:无妄之疾_{小病},勿藥有喜_{未服藥而喜見痊癒}。

上九:无妄,行_{出行離開}。有眚,无攸利。

解 析

一、卦名和卦辭

卦名《无妄》,出乎意料之義。人生在世,有些事情在意料之中,有些事情則在意料之外。意料之外的事情往往突如其來,需要謹慎應對。各條爻辭所述事象,均置於出乎意料的背景之下。

卦辭稱"元亨,利貞"。所謂的元亨,指出乎意料會非常順通。現實生活中往往出現這樣的現象:人們對某些事情百思不得其解,找不到解決的辦法。正在這個時刻,出乎意料的因素發揮作用,難題得以順利破解。所謂的"元亨",指的就是這種情況。

無妄之事出乎人們的意料,偶然性居多,並且往往突如其來,使人難以應付。出乎意料之事對於普通人而言無法預測,又難以應對,因此需要通過占問來解疑釋難。卦辭所說的"利貞",就是針對這種情況而言。

出乎意料的事情有的是正面的、積極的,有的則是負面的、消極的。對於那些造成負面效應的出乎意料之事,人們不應該參與其間、推波助瀾,而應該進行回避。卦辭所說的"其匪正",指有些無妄之事的負面性質,定會造成破壞。因此,提醒人們要對這類事情加以回避,而不利於前往。出乎意料之事往往使人產生僥倖或投機心理,或者異想天開,誘發不切實際的幻覺,卦辭對此做了警示。

二、爻位和爻辭

初九爻辭"无妄,往",指出乎意料地前往,合乎卦的宗旨。初九爻位的意義是"潛龍勿用",沒有預慮、出乎意料地前往,與爻位意義相合,沒有預慮即勿用之義。爻辭所述事象與卦旨、爻位意義均相符合,故稱吉。

六二爻位所述事象是不耕田而有收穫,未開荒而有熟田,皆是喜出望外之事,合乎卦的宗旨。六二爻位的意義是"直、方、大,不習无不利",意謂不踐履陽剛之行。前往不耕而獲、已有熟田之地,不屬於陽剛之行。爻辭所述事象符合卦的宗旨,與爻位意義亦不相違背,故稱"利有攸往"。

這條爻辭表達的是農耕社會的理想。所謂的不耕而獲,不開荒而有熟田,對於普通平民百姓而言是空想,對於貴族成員而言卻並非可望而不可及,有時他們可以通過君主賞賜獲得,這在他們看來也是出乎意料的幸運和福祉。

六三爻辭敘述的是晦氣的事象：拴繫在外邊的牛被過路人順手牽走，造成出乎意料的損失。這個事件的結果帶有無妄的性質，合乎卦的宗旨。對牛加以拴繫，是出自有意，而非無心，又與卦旨相違。六三爻位有兩層含義，一是"含章，可貞"，把美好的東西蘊含在內部。把牛拴繫在路旁，明顯違背"含章"的理念。六三爻位的第二層意義是"或從王事，无成有終"，意謂做事要隨順別人，而不是自作主張。把牛加以拴繫，是令牛順從己意，不能隨意活動，這也違背爻位意義。爻辭出示的結果是邑人失牛，這主要根據繫牛事象與爻位意義及卦旨的相違背。

六三是陰爻，牛是陽剛的象徵物。把牛加以拴繫，是制剛之象，與陰爻屬性相悖。牛被路人所得，是陽剛走失之象。

九四爻位的"可貞，无咎"，是針對無妄的背景而言，前面省略了有關背景的陳述。事出意外的情況可以進行占問，而占問本身對於當事人來說，其結果也是不可預料的，是當無妄之際而行無妄之事，合乎卦的宗旨。九四爻位的意義是"或躍在淵"，意謂處其所宜居。在出乎意料之際選擇占問的方式加以諮詢，這種選擇是用其所宜用，與爻位意義相合。占問事象與卦旨、爻位意義均相符合，故斷語為"无咎"。通過占問可以找到應對方案，所以不會有災患。

九五爻辭敘述的是典型的無妄之事：出乎意料地患有微疾，沒有服藥就出乎意料地痊癒，令人驚喜。疾病的來去都是出乎意料，合乎卦的宗旨。九五爻位的意義是"飛龍在天，利見大人"，利於大人出現，是喜慶之象。疾病不治而愈，是喜出望外之事，是福從天降，與九五爻位的意義一致。爻辭所述事象合乎卦的爻位意義，故結局是喜慶的。

九五爻辭是對生活經驗的總結。人的疾病往往來得莫名其妙，找不到發病的原因，屬於無妄之疾。疾指的是小病、輕微病症，沒有大的危險。對於這類病症，有時不必急於求醫服藥，依靠自身的調節就可以恢復正常，爻辭講述的正是這種情況。疾和病在古代的含義不同，疾是輕微病症，而病是重病。疾可以"勿藥有喜"，重病則通常不會如此。

上九爻辭"无妄，行"。意謂當出乎意料之際，應當出行，離開這種環境。爻辭以無妄為背景，與卦的宗旨相合。上九是卦的最高位，無妄至此也到了過盛的程度。無妄本指出乎預料，出乎預料而達到過盛，就更無法預測和應對，明智的選擇是脫離這種偶然性和風險過大的環境。上九爻位的意義是"亢龍有悔"，警示人們不要陽剛過盛，往而不返。因出乎意料達到頂點而離開，不是亢龍有悔，而是急流勇退、見機行事，合乎爻位意義。爻辭後半段的"有眚，无攸利"，是繼續加以警示，意謂當上九之際，無妄已經過盛，只能給人帶來災難，而無有所利。

初九爻辭稱"无妄，往，吉"，意謂當出乎意料之際，前往吉利。而上九爻辭則稱"无妄，行。有眚，无攸利"。二者的指向和所下的斷語完全相反，原因就在於爻位意義的不同。

考　辨

【无妄】語出卦名和卦爻辭。《説文解字・女部》："妄，亂也。从女，方聲。"《説文解字・乙部》："乱，治也，从乙。乙，治之也。"王筠在《説文解字句讀》中寫道："《釋詁》文，郭引《論語》'予有亂臣十人'。"《説文解字》以亂釋妄，又以治釋亂。由此看來，妄指的是治，無妄即無治、無所用心之義，由此引申為出乎意料。《説文》以治釋亂，用的是《爾雅・釋詁》之文。郭璞為《爾雅》作注，引《論語・泰伯》篇的話語，以治釋亂。

無妄即無治，即未加思慮料理，出乎意外。有時又作毋望、無望。《戰國策·楚策四》提到無妄之福、無妄之禍、無妄之世、無妄之主、無妄之人，對此，范祥雍先生寫道：

> 吴師道云："朱子解《易·無妄》云：《史》作'毋望'，謂無所期望而有得焉者，義亦通。"……《正義》云："'無望'猶不望而忽至也。"……按黃式三《周季編略》作"無望"，云："'無望'猶'不測'也。《易》'無妄'本作'無望'，言天命不佑之時，難測禍福也。"①

【不菑，畬】語出六二爻辭。《爾雅·釋地》："田一歲曰菑，二歲曰新田，三歲曰畬。"郭璞注："今江東呼初耕地反草為菑。"郝懿行寫道：

> 《詩·采芑》正義云："菑者，災也。"引孫炎曰："菑，始災殺其草木也。"《易·無妄·釋文》引董遇云："菑，反草也。"蓋田久蕪萊，必須利耜熾菑，發其冒橛，拔彼陳根，故云反草。……畬者，田和柔也。孫炎曰："畬，和也，田舒緩也。"蓋治田三歲，則陳根悉拔，土脈膏肥，畬之言舒。《易·釋文》引董遇云："悉耨曰畬，是也。"②

菑為開荒、殺草之義。菑，字形从巛，即災字。草被殺而為田，故稱開荒為菑。畬，指整治田地、疏鬆土壤。余，本指尖銳之器，以銳器治田，故稱畬。

---

① 范祥雍：《戰國策箋證》，上海古籍出版社，2006年版，第918頁。
② 郝懿行：《爾雅義疏》，第843頁。

【无妄,行】語出上九爻辭。行,謂離開。《左傳·僖公五年》:"宮之奇以其族行。"楊伯峻先生注:"以,率領之意。《晉語二》謂'以其孥適西山'。"①這裏的行,指宮之奇離開虞國首都,前往西山。《史記·孔子世家》有如此記載:

　　桓子卒受齊女樂,三日不聽政;郊,又不致膰俎於大夫。孔子遂行,宿乎屯。②

對於屯地,裴駰《集解》稱:"屯在魯之南也。"孔子遂行,謂孔子離開魯國首都。行,謂離開,上九爻辭取這種意義。

大　畜

☷ 大畜 大規模地蓄積:利貞。不家食,吉。利涉大川。

初九:有厲,利已 有危險,利於停止。

九二:輿 車輛,此指載貨的大車說 同"脫" 輹 fù 車軸上的伏兔,用以固定車廂。

九三:良馬逐 良馬相互追逐,利艱貞。曰 一作"日",每日(操練)閑 訓練,演習 輿 戰車 衛 步兵。三人居車上,為一輿;七十二步卒在車下,為一

---

① 楊伯峻:《春秋左傳注》,第310頁。
② 司馬遷:《史記》,中華書局,2009年版,第1918頁。

衢，利有攸往。

六四：童牛未生角的牛犢之前往，此指放入牿gù家畜圈欄，元吉。

六五：豶fén豕去勢的豬之牙圍欄、豬圈，吉。

上九：何通"荷"，負載天之衢四通八達的天路，意謂上天護佑，亨。

解　析

一、卦名和卦辭

卦名《大畜》，大規模蓄積之義。前有《小畜》，以搶劫為題材，是小規模搶劫。《大畜》則是大規模地進行搶劫。《大畜》與《無妄》是對卦。《無妄》是以出乎意外為背景，沒有事先的籌劃。《大畜》則是有預謀、有組織地進行搶劫，與《無妄》的意料之外正相反。

卦辭稱"大畜，利貞"，進行搶劫是暴力掠奪，未必每次都能得手，有很大的風險，因此利於進行占問，以預測吉凶禍福。

卦辭稱"不家食，吉"。所謂的不家食，指不在家裏就食，而是到外邊謀生，也就是進行搶劫。這句爻辭道出了卦的取材對象，是以搶劫為背景。

卦辭稱"利涉大川"，意謂利於用陰柔。這句卦辭有兩重含義：一是搶劫要暗地裏進行，乘其不備而入，儘量避免暴力衝突；二是搶劫的隊伍內部要協調一致，相互支持。《同人》言戰爭之事，亦稱"利涉大川"，都是以柔濟剛之義。

二、爻位和爻辭

初九爻辭"有厲，利已"，存在危險，利於暫停搶劫，這與卦的宗旨有所游離。初九爻位的意義是"潛龍勿用"，暫停搶劫與爻位意義相符。爻辭所述事象游離於卦旨而與爻位意義相合，故未出示斷語。因面臨危險而暫停搶劫，不會有災患，也無所獲取，無吉凶可言。

九二爻辭"輿說輹"，用以搶劫的車輛出現故障，連結車軸和車廂的伏兔脫落，車輛無法出行，與卦宗相違。九二爻位的意義是"見龍在田，利見大人"，利於大人出現。車輛出現故障而無法出行，與爻位意義相悖。爻辭所述事象與卦旨、爻位意義均相違背，結局是陷於艱難。

九二是單卦的中爻，輹位於車軸與車廂中間，二者的空間位置相對應。

九三爻辭出現的演練戰車步卒的場景，是為大規模搶劫做充分的準備，合乎卦的宗旨。九三爻位的意義是"君子終日乾乾，夕惕若，厲，无咎"。進行軍事演練，正是終日乾乾之象。而在出發前每日進行演練，乃是懷有"惕若"情緒的緣故。因為擔心出手不利，所以要事先演練，做充分的準備。爻辭所述事象與卦旨、爻位意義均相契合，故稱"利有攸往"。

六四爻辭"童牛之牿"，敘述對於搶劫所獲的戰利品進行處理的情況，合乎卦的宗旨。童牛，指未生出角的牛犢，把它放入圈欄之中，以免走失。六四爻位的意義是"括囊，无咎无譽"，意謂納物於內而加以封存。把搶來的牛犢放入圈欄，正是括囊之象。爻辭所述事象與卦旨、爻位意義均相契合，故稱元吉。

六五爻辭"豶豕之牙"，把搶劫來的去勢的豬放入圍牢，防止走脫，合乎卦的宗旨。六五爻位的意義是"黃裳，元吉"，意謂居尊位而以謙下之態出現，進行減損之義。把豬加以閹割，是一種減損。把去勢的豬置於圍牢之中，限制它的活動範圍，對它也是一種減損。就行為的效應而言，把豬去勢並置入圍牢，可謂損之又損，與爻位意義相符。爻辭所述事象與卦旨、爻位意義均相切合，故稱吉。

上九是卦的最高位，因此，爻辭稱"何天之衢"，進行搶劫的人員上對四通八達的天路，意謂得到上天的保佑，行動順利，這種事象合乎卦的宗旨。

上九爻位的意義是"亢龍有悔"，意謂陽剛過盛會出現困厄，應當防止這種結局的出現。"何天之衢，亨"是總結性的話語，意謂大規模搶掠之所以獲得成功，是上天保佑的結果。搶掠如同天路四通八達，是因為搶劫者承載著上天。這條爻辭並不是敘述繼續搶劫，而是對以往的回顧和總結，不存在亢龍有悔的嫌疑，故稱吉。

把上九爻位與天界相溝連，還見於《大有》上九："自天佑之，吉，无不利。"兩條爻辭寓意相同。

爻辭按照時空順序進行敘事，兩個單卦有比較明確的分工。下卦敘述出發前的準備工作：選擇出行時機，因出現危險而暫停；檢修車輛，發現伏兔脫落；演練戰車和步兵，準備出發。上卦敘述搶劫的成果及處理方式：由於準備得很充分，搶劫多有所獲。把所搶到的牛犢、去勢的豬放入欄牢，以防走失，作為財富加以蓄積。最後，把搶劫的得手歸結為上天的保佑。

和《小畜》相比，《大畜》進行搶劫的規模更大，不再只是單個家庭出行，而是有戰車和步兵，是軍事搶劫。同時，《大畜》所敘述的搶劫，準備也更加充分，有周密的安排，反映出周族先民對這類行動所持的謹慎態度。對於搶劫所獲的戰利品，提到的是牛犢和去勢的豬，牲畜是當時重要的搶劫對象，體現出自然經濟的特徵。

考　辨

【輿説輹】語出九二爻辭。《左傳·僖公十五年》有"輿説其輹"之語，對此，楊伯峻先生做了如下辨析：

説，今作脱。輹音服，車下伏兔，輕車曰蕝，大車曰輹。《易・大壯》九四"壯于大車之輹"可證。蕝與輹異名而同實，俱在輿底軫下，為半規形，與軸同衡，狀似伏兔，又與履齒相類，亦謂之鉤心。説參徐灝《説文解字注箋》及王筠《説文釋例》。輹所以固於軸上，車脱輹，則輿不能固，失車之用。①

爻辭稱"輿説輹"，可見是裝載貨物的大車，準備用於裝載搶劫所得之物。《大壯》九四"壯于大車之輹"，更可證明輹是載貨大車的部件。

【童牛之牿】語出六四爻辭。童牛，未生角的牛犢。山無草木曰童，牛無角亦曰童。童、禿，一聲之轉，音義相通。

牛在卦爻辭中是陽剛的象徵，因其生兩角，顯得威武雄壯。《睽》六三："見輿，曳其牛，掣其人。"曳其牛，觸犯陽剛之義。《旅》上九："喪牛于易。"喪剛於輕忽。《既濟》九五："東鄰殺牛，不如西鄰之禴祭。"殺牛，除剛之象。

卦爻辭還有對於出示的牛加以限定者。《離》卦辭"畜牝牛吉"，爻辭所説的童牛，或為雌性，或未生角，已不再象徵陽剛。

《説文解字・牛部》："牿，牛馬牢也。从牛，告聲。《周書》曰：今惟牿牛馬。"牿，指牛馬的圈欄。許慎所引《周書》出自《尚書・費誓》："今惟淫舍牿牛馬。"孔安國傳："今軍人惟大放舍牿牢之牛馬，言軍所在必放牧也。"牿指牛馬欄圈，"童牛之牿"，指把未生角的牛犢置於圈欄之中。

【豶豕之牙】語出六五爻辭。《説文解字・豕部》："豶，羠豕

---

① 楊伯峻：《春秋左傳注》，第364頁。

也。从豕,貴聲。"段玉裁注:

> 羠,騸羊也。騬,犗馬也。犗,騸牛也。皆去勢之謂也。或謂之劇,亦謂之犍。許書無此二字。①

豶豕指去勢的豬。卦爻辭中出現的豬,均是陰柔的象徵。《睽》上九"睽孤見豕負塗",豬在稀泥中,俱是陰柔之象。《姤》初六:"羸豕孚,蹢躅。"羸豕,被拴繫的豬,固柔之象。《中孚》卦辭:"豚魚吉。"豬、魚皆象徵陰柔。爻辭的豶豕,亦是陰柔的象徵。豶豕之牙,納陰存留之義。

牙,謂豬的圍牢,亦即圈欄。《周禮・考工記・輪人》:"牙也者,以為固抱也。"鄭衆稱:"輪輮也,世間或謂之罔,書或作輮。"②牙,指車輪的週邊部分,用以固定車的輻和轂,俗稱車瓦,《輪人》又稱它為牙圍。

車輪的週邊部分稱為牙,古人對於所佩帶的玉而處於週邊者,亦稱之為牙。《大戴禮記・保傅》篇稱:"上車以和鸞為節,下車以佩玉為度,上有雙衡,下有雙璜、沖牙、玭珠以納其間。"盧辯注:"衡,平也。半璧曰璜,沖在中,牙在旁。"③佩玉居於旁側者稱為牙,取其處在週邊之義。《禮記・玉藻》稱"佩玉有衡牙",朱彬援引段玉裁如下解說:

> 系於中組者曰沖牙,系於左右組者曰璜,皆以玉。璜似半

---

① 段玉裁:《說文解字注》,第455頁。
② 賈公彥:《周禮注疏》,中華書局,1980年影印《十三經注疏》本,第907頁。
③ 王聘珍:《大戴禮記解詁》,中華書局,2008年版,第61頁。

璧而小,亦謂之牙。系於中者觸牙而成聲,故曰"沖牙"。①

牙,指係於旁側的佩玉。牙,車輪指週邊部分,佩玉亦指週邊所係,牙有週邊、環繞之義。"豶豕之牙",這裏的牙指的是豬圈。

頤

☶☳頤頤養:貞吉。觀頤腮,自求口實自求食物入口。

初九:舍爾靈龜占卜用龜甲,觀我朵 duǒ 頤下垂的腮,指口中有食。凶。

六二:顛通"填"頤往口中填充食物。拂違背經常規于丘空虛頤謂兩腮空空,口中無食,征凶。

六三:拂頤違背口腹之慾,貞凶,十年勿用,无攸利。

六四:顛頤,吉。虎視眈眈瞪目逼視貌,其欲逐逐急欲得到貌,无咎。

六五:拂經,居,貞吉。不可涉大川。

上九:由頤順應口腹之慾,厲吉,利涉大川。

---

① 朱彬:《禮記訓纂》,第 469 頁。

解　析

一、卦名和卦辭

頤,本指人的腮。《孫子·九地》:"偃臥者涕交頤。"其中的頤,指的就是人的腮。腮位於口部的兩側,由此頤就和口聯繫在一起。口的重要功能之一是進食,於是,頤又引申為頤養、養生。《頤》卦所述均與進食養生之事相關。

卦辭稱:"頤,貞吉。"頤養則占問的結果是吉祥。民以食為天,通過飲食補充營養,保持旺盛的生命力,當然是吉祥之事,占問會有好的結果。"觀頤,自求口食。"《周易》有《觀》卦,觀指的是向外觀察,而不是自我審視,《觀》卦敍述的都是向外審視的事象。"觀頤",指觀看別人是否有食物。與其如此,還不如"自求口實",即自求口中有食物。實,指用食物充填口中。卦辭道出了以食物頤養生命的重要性,同時指出,人的頤養求食要靠自己,而無需羨慕別人,更不能外求施舍,或取之非道。

二、爻位和爻辭

初九爻辭:"舍爾靈龜,觀我朵頤,凶。"《頤》卦的宗旨是"自求口實"。而舍己靈龜,觀看別人口中有食物,則是有外求搶奪之嫌,與卦的宗旨相違,故稱凶。

初九爻位的意義是"潛龍勿用",而舍己靈龜、觀人朵頤之人則是已有蠢動,與爻位意義相背,結局自然危險。

初九是陽爻。靈龜生有堅硬的甲殼,屬於陽剛之物。頤指人的腮。腮部柔軟,下垂的腮更是柔軟之象。舍靈龜而觀朵頤,是棄陽而就陰,與陽爻屬性相悖,亦造成凶險的結局。

六二"顛頤",這是帶有命令語氣的爻辭,意謂人必須吃飯進食。"拂經于丘頤",則是與吃飯進食相反的舉措。這種做法違背常規,使得人的口中無物,處於饑餓狀態。餓著肚子出征,必然打敗仗,故稱"征凶"。爻辭後半部分所述事象不合乎卦的宗旨,所以斷語是凶險的結局。

六二爻位的意義是"直、方、大,不習无不利",意謂不去演練屬於陽剛的行為,不會有負面效應。言外之意,應取陰柔之行。往口中進食是為了養生,不屬於陽剛之行,故爻辭主張"顛頤",而拒絕進食則是屬於拋棄養生的陰柔之舉,所以結局不好。

六二爻位處於下卦的中間,"丘頤"是中空之象,與爻位的訴求正好相反,是中間受損之象。

六三爻辭的"拂頤",與六二爻辭的"拂經"含義相同,指的也是不能滿足人對食物的需求,與卦旨相違背,所以後面是一系列不祥的斷語。

六三爻位的意義是"含章,可貞",而"拂頤"使人口中沒有食物,無章可含,當然只能是凶事相隨。"十年勿用,无攸利",十年不能有所作為,可謂大傷元氣。

六四爻辭先稱"顛頤,吉",往口中填充食物,結局自然吉利。後面進一步強調,即使對食物虎視眈眈,急不可待,也不會有災患。對食物的索取是人的生理本能,是最基本的生存需要,並且與卦的宗旨相契,因此有吉祥的結局。

六四爻位的意義是"括囊",是把外物納入囊中。對食物虎視眈眈、急不可耐地要得到它,正是把外物納入囊中之象,與爻位的意義完全一致。

六五爻辭的"拂經"是承六二爻辭而來,指的是違背常規,不能以食物頤養生命,與卦的宗旨相違背。"居,貞吉。"這是有條件、有限制的斷語。六五居於上卦的中間,居指家居、不外出,是居中之象,與爻位相契,所以占問的結果是吉利。"不可涉大川",涉大川是從家中走出,在外跋涉,與爻位的居中相矛盾,所以屬於禁忌之列。"拂經"是違背常規,不以食物養生,這樣的人當然沒有足夠的體能涉渡大川。

六五爻位的意義是"黃裳,元吉",雖居高位而猶以謙下之態出現。"拂經"屬於違背常規的做法,與六五爻位的意義相疏離。"涉大川"是踐履陰柔之行的象徵語。"拂經"是對養生的陰柔之行加以拒絕,因此,"不可涉大川",不能再以陰柔之行出現。

上九爻辭的"由頤",指的是順應人的口腹之欲,合乎卦的宗旨,因此斷語是"厲,吉",雖有危險,而最終吉利。

上九爻辭的意義是"亢龍有悔",意謂剛過盛而會帶來困厄。正因為如此,爻辭稱"利涉大川",利於踐履陰柔之行,是以柔制剛。而對於順從口腹之欲的人而言,身體健壯,自然有能力涉渡大川。上九爻辭的取象、斷語,與六五爻辭兩相悖反。

考　辨

【朵頤】初九爻辭稱"觀我朵頤"。《說文解字·木部》:"朵,樹木垂朵朵也。"段玉裁:"凡枝葉華實之垂者皆曰朵朵,今人但謂一華為一朵。引申為《易》之朵頤。李鼎祚曰:'朵,頤垂下動之貌也。'"李鼎祚《周易集解》釋朵頤,本自《說文》。

【顛頤】分別見於六二、六四爻辭。顛,通填。《莊子·馬蹄》:"故至德之世,其行填填,其視顛顛。"填填、顛顛,作為同義詞出現。《禮記·玉藻》:"盛氣顛實揚休。"鄭玄注:"顛,讀為闐。……盛身中之氣,使之闐滿其息。"鄭玄以闐釋顛,闐,填滿之義,顛與填意義相通。填,謂填塞。《說文解字·頁部》:"顛,頂也。"段玉裁注:

顛為最上，倒之則為最下。故《大雅》"顛沛之揭"，傳曰："顛，仆也。"《論語》"顛沛"，馬注曰："僵、仆也。"《離騷》注曰："自上下曰顛。"①

自上而下曰顛，這是顛字的引申義。填為充塞，亦是自上而下走勢。顛、填，聲通形近，意義亦有一致之處。

【丘頤】見於六二爻辭。《説文解字·丘部》："丘，土之高也，非人所為也。……一曰四方高中央下曰丘。""虛，大丘也。"段玉裁注："虛本謂大丘，大則空曠，故引申之為空虛。"丘指空虛，取自"四方高中央下"之義。丘頤：空腮，口中無物之象。

大　過

☱☴ 大過 超過限度：棟 房屋棟樑 橈 náo 向下彎曲，利有攸往，亨。

初六：藉 jiè 墊在底部用白茅，无咎。

九二：枯楊生稊 tí 嫩芽，老夫得其女 青年女性 妻，无不利。

九三：棟橈，凶。

九四：棟隆 向上隆起，吉。有它，吝。

九五：枯楊生華（重新）開花，老婦得其士 青年男性 夫，无咎

---

① 段玉裁：《説文解字注》，第416頁。

无咎。

上六：過涉判斷錯誤的情況下涉水滅頂（水）淹没頭頂，凶，无咎。

解　析

一、卦名和卦辭

大過，謂超過限度，不合於中。《周易》還有小過，其卦辭稱："飛鳥遺之音，不宜上，宜下。"小過是不及，未及於中。大過是超過、度越中的限度。《大過》和《頤》是對卦，取向主旨相反。《頤》卦的宗旨是守中，取食入於中；《大過》則是超越於中，疏離於中度的上限之外。

卦辭稱："棟橈，利有攸往，亨。"房屋的棟樑正常狀態應當保持平直，向下彎屈是因為不堪重負，是低於中的限度而呈現的不及之象，屬於小過。棟樑向下彎屈，房屋有倒塌的危險。在這種情況下出行可以躲避災難，故稱順暢。走出房屋前往別處，是出離於中，與《大過》的背景及宗旨相契，所以斷語稱其順利。

二、爻位和爻辭

《大過》卦設定的背景是超出中限的過分狀態，初六爻辭的"藉用白茅"正是這樣的行為方式。把用於祭祀或贈饋的物品用白茅相墊，表示的是極其崇敬和謙恭的心情，超出平常心態。對神靈及饋贈對象的超常尊敬，自然不會有災患。

初六爻位的意義是"履霜堅冰至"，意謂不宜前行。"藉用白茅"與爻位的主旨沒有抵牾之處，結果是沒有災患。

初六爻位處於下卦最低處，白茅是墊在物品的下面，二者所處的空間位置都是最下處。

初六是陰爻,白茅柔軟,與陰爻的屬性相對應。

九二爻辭敘述的是老夫娶年輕女性為妻,二者年齡相差懸殊,遠遠大於正常婚姻的年齡差。是在大過之時,行大過之事,故稱無不利。

九二爻位的意義是"見龍在田,利見大人",利於有所作為,並且會有好的結局。老夫娶少妻,與爻位的意義相合。

"枯楊生稊"用以比喻老夫娶少妻,爻辭作者對這類婚姻表示認可,並且視為枯樹重生。

《大過》設定的背景是超出中限的過分狀態,九三爻辭的"棟橈"則是低於中限的不及事象,與卦宗相悖,故結果凶險。卦辭雖然也有棟橈之語,但後面有"利有攸往"作為避禍的舉措,故結局與九三爻辭有別。

九三爻位的意義是"君子終日乾乾,夕惕若",棟橈非乾乾之象,爻辭與爻位主旨相悖反,亦見不到惕若之事,故結局凶險。

九四爻辭的"棟隆",確實是超過中限的過分狀態,與卦旨相合,故稱吉。但是,棟樑向上隆起不是穩固牢靠之象,安全係數不是很高,爻辭故稱發生意外情況,會遇到艱難困厄。

九四爻位的意義是"或躍在淵,无咎"。棟隆合乎上躍之義,但沒有下行入淵的事象,與爻位宗旨不完全一致,故斷語有吉有吝。

九五爻辭與九二爻辭有相似之處,都是婚配雙方年齡相差懸殊,是大過之時,行大過之事,合乎卦的宗旨。區別在於,九二爻辭所述是老夫娶少妻,九五爻辭所述是老婦嫁少男;爻辭作者對老夫娶少妻予以充分肯定,因為這類婚姻在社會中經常可以見到,上層貴族更是多見。九五爻辭對老婦嫁少男並不完全認可,認為這類婚姻不會造成災難,但也得不到讚譽,因為這類情況在當時極為罕見。

九五爻位的意義是"飛龍在天,利見大人",有利於做成大事。老婦嫁少男不屬大事之列,故斷語屬於中性。

九五爻辭以枯楊生花比喻老婦嫁少男。花指楊花,生於樹的枝條,居於較高處,與九五爻位的居高相應。

上六爻辭的"過涉滅頂",是涉河時被水淹沒頭頂,屬於超中限的莽撞之行,與《大過》卦旨相契合。因此,所設定的結局是儘管有危險,但最終未造成災難。《既濟》上六"濡其首",亦以渡河為背景,取象與此相近。

上六爻位的意義是"龍戰于野,其血玄黃",陰盛侵陽之象。"過涉滅頂"正是以陰傷陽之象。水為陰柔,頭顱堅硬,為陽剛。水淹沒頭頂,正是陰盛傷陽之象。上六爻位並非吉祥之位,但是,由於"過涉滅頂"合乎大過之旨,卦旨與爻位意義進行綜合,得出有險無災的結論。

上六爻位居於卦的最上部,故以頂——即人的頭頂——與之相配。

考　辨

【藉用白茅】語出初六爻辭。先秦時期,對那些用於贈饋或祭祀的物品,通常以白茅相包裹。《詩經‧召南‧野有死麕》:"野有死麕,白茅包之。有女懷春,起士誘之。"毛傳:"野有死麕,群田之,獲而分其肉。白茅,取潔清也。"王先謙:"詩人覽物起興,言雖野外之死麕,欲取而歸,亦必用白茅裹之,稍示鄭重之意,況昏姻大事,豈可苟且!"[①]詩的男主角是位獵手,他把獲取的獵物用白茅加以包裹,送給自己心儀的女性。

---

① 王先謙:《詩三家義集疏》,第111-112頁。

《詩經·小雅·白華》:"白華菅兮,白茅束兮。之子之遠,俾我獨兮。"王先謙:"言白華已漚而為菅,更得白茅以相纏束,則端成潔白,夫婦之道正矣。"①詩中以白茅纏束白花菅草,當與婚禮相關,屬於新婚禮物。以白茅纏束,表示鄭重。

《逸周書·作雒解》有如下記載:

> 諸侯受命於周,乃建大社於周中。其壇:東,青土。南,赤土。西,白土。北,驪土。中央疊以黃土。將建諸侯,鑿取其方一面之土,苞以黃土,苴以白茅,以為土封,故曰受則土於周室。②

西周王朝分封諸侯,鑿取太社相應方位的土以贈受封者,用白茅包裹受封之土,用以表示莊嚴之義。

奉獻的祭品要以植物作底墊。《楚辭·九歌·東皇太一》是祭祀天神的歌詩,詩中寫道:"蕙肴蒸兮蘭藉。"王逸注:"言己供待彌敬,乃以蕙草蒸肴,芳蘭為藉。""藉,所以藉飯食也。《易》曰'藉用白茅'也。"或用白茅為藉,或用蘭草為藉,用以表達對祭祀對象的敬畏之情。

【枯楊生稊】语出九二爻辭。稊,或作荑。《爾雅·釋草》:"蕛,苵。"郭璞注:"蕛似稗,布地生,穢草。"對此,郝懿行《爾雅義疏》寫道:

> 《說文》云:"蕛,苵也。"《廣雅》云:"蕛,或作稊。又通作

---

① 王先謙:《詩三家義集疏》,第811頁。
② 黃懷信、張鎬懋、田旭東:《逸周書匯校集注》,上海古籍出版社,2008年版,第535頁。

荑。"《孟子》云:"五穀不熟,不如荑稗。"《莊子·知北遊》篇云:"道在稊稗。"……《爾雅》稊莠,是野生者。今驗其葉,似稻而細,青綠色。作穗似稗而小,穗又疏散,其米亦小,人不食之。①

稊,野生稗類植物。《莊子·秋水》:"計中國之在海内,不似稊米之在大倉乎!"成玄英疏:"稊,草似稗而米細甚少也。"稊似稗,故《莊子·知北遊》稊稗連言。稊,多年生草本植物,其根每年都發出新芽,故《大過》六二有"枯楊生稊"之語,以稊指代枯楊發出的新芽。

坎

☵習靠近坎坑穴,有孚維心誠信在於内心,亨,行有尚前行會得到幫助。

初六:習坎,入于坎窞dàn 坑穴中的深坑,凶。

九二:坎有險坑穴中有危險,求小得所求僅能小有所得。

六三:來之坎,坎險且枕暫且躺下。枕,把頭放在枕頭或其他東西上面躺著。入于坎窞,勿用不要有所行動。

六四:樽酒用杯盛酒。樽,酒杯、簋竹制圓形器具貳兩個盛飯的簋用缶用瓦器盛酒和飯。缶,瓦制器具,大腹小口,有蓋,納約自牖,終无

---

① 郝懿行:《爾雅義疏》,第965頁。

咎。

　　九五：坎不盈，衹恰逢既不久的將來平審理，无咎。

　　上六：係綁縛用徽多股搓成的繩索纆 mò 黑色繩索，寘 zhì 同"置"于叢棘叢生的棘樹，此指法庭審判場所。棘，有刺的灌木，三歲不得不成，意謂不得釋放，凶。

解　析

一、卦名和卦辭

　　卦名應為《習坎》，即接近、入於坎穴之中。坎指低於地面的坑穴，習坎，指走入坎坑，從而與《離》卦的走向相反。習坎是進入，離是離開，二者相悖。

　　周族先民早期穴居，住的是窰洞，正如《詩經·大雅·綿》所言："古公亶父，陶復陶穴，未有家室。"古公亶父是周文王的祖父，他所處的先周時段，人們住在窰洞中，還没有開始建築房屋。《習坎》也是以坑穴中的生活為背景，不過這裏的坎不是指普通民居，而是指關押犯罪嫌疑人的拘留所，全卦主要以拘留所的生活場景為綫索。

　　卦辭稱"有孚維心"，孚謂誠實，這是《周易》本經反復强調的要點。對於訴訟斷獄來説，誠信顯得尤為重要。《尚書·吕刑》作於周穆王時期，是論述刑罰的專門文獻。《吕刑》反復强調"五辭簡孚"，"獄而成孚，輸而孚"。要驗證供詞的誠信與否，獄詞所説的要合乎事實，使人相信，不合乎事實的要進行重審，加以變革。卦辭認為，在法律訴訟中能有誠心，就會順通，前行會得到幫助。《泰》九二稱："朋亡，得尚于中行。"尚，謂幫助。《習坎》的有尚，與《泰》九二的得尚，含義相同。

二、爻位和爻辭

初六爻辭:"習坎,入于坎窞,凶。"坎指低於地面的陷阱,窞則是坎中有坎,深而又深。周族先民生活的窰洞,其底部不低於地面。作為拘留所的坎坑則是陷阱,進入之後還有更深的坎坑,因此讓人感到很可怕,斷言結局為凶。

初六爻位的意義是"履霜堅冰至",不宜有所前行。可是,《習坎》初六爻辭出現的是前行並且進入陷阱之中的行為,與初六爻位的宗旨相悖,故斷言結局兇險。入于坎窞雖然與《習坎》的背景一致,但未涉及"有孚",故斷語為凶。

初六居於一卦的最底部,故爻辭設置"入于坎窞"情節,是以深而又深之處為背景,以與初六爻位相匹配。

九二爻辭的"坎有險",是入於坎坑之中的感受,與《習坎》的背景一致。九二爻位的意義是"見龍在田,利見大人",《習坎》九二則不是在田,而是在坑穴之中,二者不相切合,故斷語為"求小得",只能小有所得。

九二居於下卦之中,"坎有險"敘述的坑穴之內的情況,亦取其中。

六三爻辭"來之坎,坎險且枕",也是敘述在坑穴中的生活狀況,與卦的習坎之旨相契。六三爻位的意義是"含章,可貞",在坑穴中枕著東西躺下,正是"含章"之象,內心坦然,隨遇而安,這也正是卦辭所說的"有孚維心"。"入于坎窞,勿用",是對前面"坎險且枕"行為方式所做的解釋,意謂既然已經進入深而又深的坑穴,就不能輕舉妄動。

六四爻辭敘述的仍然是在坑穴中的生活場景,與卦的宗旨一致。這段爻辭展示的是拘留所罕見的事象:被拘留人員得到外界送來的酒食,杯裏盛著酒,兩個圓形裝酒飯的簋,酒、飯都用瓦器盛著。所有酒食都是用繩子從窗送入的。這裏的窗,當指天窗,是從上面懸落而下。對於生活在拘留所的人員而言,這確實是一頓美餐,實屬難得。這正是卦辭所說的有尚,得到外界的幫助。

六四爻位的意義是"括囊,无咎无譽"。把酒食從天窗送入坑穴之中,正是括囊之象。酒食置入瓦器,瓦器又分別放入圓形的竹制容器,也是括囊之象。爻辭展示的事象與六四爻位的意義相合,自然无咎,不會有災患;同時也無譽,對於被扣留人員來說,不會有所謂的稱譽。"樽酒、簋貳用缶",樽酒、簋、缶,都象徵陽剛,是以剛濟柔之象。

六三爻辭表現的是"有孚維心",六四爻辭出現的則是"行有尚",兩條爻辭的情節前後相承,與卦辭相呼應。

九五爻辭是"坎不盈,祇既平",敘述的還是坑穴中的事象,與卦的宗旨相一致,是入於坎中。九五居於上卦的中間,故爻辭以坎不盈的適中之象相對應。

坎不盈,指的是坑穴中被拘留的人員不多,沒有達到人滿為患的程度,生活空間適度。祇既平,謂恰值近期就要審理案件,暗示在拘留所不會再滯留太長的時間,因此斷語是"无咎",不會有災患。

九五的爻位意義是"飛龍在天,利見大人",審理案件由法官承擔,是利見大人之事。但是,被拘留人員不是飛龍在天,而是生活在低窪坑穴之中,與九五爻位意義不切合。綜合卦旨及九五爻位意義及爻辭,得出的是中性結論,不會有災患,也不至於凶險或大吉。

上六爻辭的"係用徽纆,寘於叢棘",所指的是法庭審理的場面,已經離開坑穴,與《習坎》的卦宗相悖。上六是卦位的最外端,所以設置的場所在坑穴之外。

上六爻位的意義是"龍戰于野,其血玄黃",陰盛犯陽之象,導致爭鬥而出現創傷。徽是繩索，是柔軟之物。徽又不是普通的繩索，或是三股搾成，或是黑色，屬於盛陰的象徵，用以襯托法官的威嚴。被繩索捆縛的犯罪嫌疑人，與棘叢中的法官相對，正是盛陰與陽剛相犯之象。上六爻位的意義是謹防相鬥致傷，《習坎》上六爻辭的事象與此相反，再加上與卦旨相違，因此，所下的斷語也是負面的。審判的結果是被拘留者三年不能釋放，判的是重刑，可能還有更加悲慘的結果等著他。

《坎》卦對於拘留所相關事象所做的敘述，按照爻位的編排循序漸進地推移，反映得比較真實。被拘留人員初入坎坑，充滿恐懼感，覺得那裏坎中有坎，自己的遭遇很兇險。到了九二爻位，他開始體驗到，在這種特殊的環境中有所求只能小有所得，恐懼感有所減弱。到了六三爻位，他已經適應坎坑的環境，索性枕物而躺下，不再想有所作為。六四爻位則是一場坎坑中的美餐，有酒有飯，和外面的生活沒有什麼差異。九五爻辭是敘述被拘留者的滿足：裏面人員不多，沒有擁擠帶來的煩惱。而且適值近期就要開庭審理，他對未來又懷著希望。上六爻辭反映的是被審人員心理期待與審判結果之間的巨大反差，這位被拘留者三年不得釋放，未來生死未卜。六段爻辭所展示的情節波瀾起伏，是中國早期拘留生活的生動再現，有重要的文學和史學價值。

考　辨

【習坎】語出卦辭及爻辭。《彖》傳解釋為"重險"，《象》傳解釋為"水洊至"，都是從兩坎重疊的角度立論。王弼釋為便習。案，習，謂靠近、接近。《坤》六二："直、方、大，不習无不利。"其中的習字，指的就是靠近、接觸。習坎，謂與坑穴相接觸，意為生活在低於地面的拘留所中，全卦多以坑穴為背景，指的是一種特殊的生存狀態、人生的磨難之一。

【坎窞】語出初六爻辭。《說文解字·土部》:"坎,陷也。从土,欠聲。"段玉裁注:"陷者,高下也。高下者,高而入於下也,因謂阱為坎。《井部》曰:'阱者,大陷也。'"坎指凹陷的坑穴。坎、坑、科,讀音相近,皆指坑穴。《說文解字·穴部》:"窞,坎中更有坎也。……一曰:'旁入也。'"段玉裁注:"干寶釋《易》,正用旁入之義。"從《習坎》反復出現"入于坎窞"之語判斷,窞指的當是坎中有坎,深而又深,不當用旁入之義解之。《說文解字·臼部》:"臽,小阱也。从人在臼上。"段玉裁注:"阱者,陷也。……古者掘地為臼,故从人、臼,會意。臼,猶坑也。"臽的本義是小坑。坎窞是坎中有坎,窞指面積較小的凹陷坑穴。

【祗既平】語出九五爻辭。祗,取其特殊用法,適值、恰逢之義。既,亦取其特殊意義,謂不久。《國語·周語上》:"既,榮公為卿士,諸侯不享,王流於彘。"既,謂時間相隔不久。平,謂治理,爻辭中指審理案件。祗既平,謂適值不久將要審理案件。

【徽纆】語出上六爻辭。《說文解字·糸部》:"徽,袤幅也,一曰三糾繩也。"段玉裁注:

> 三糾,三合而糾之也。《丩部》曰:"糾,三合繩。"《易》:"係用徽纆。"劉表曰:"三股曰徽,兩股曰纆。"一說,糾本三股,三糾當為九股。①

---

① 段玉裁:《說文解字注》,第657頁。

徽，究竟是三股擰結為繩，還是九股，已經無法確認，只能釋為多股擰結而成的繩，這種繩通常比較結實耐用，有很強的承受力。劉表解《易》釋徽為三股而成的繩，其說法取自《說文》。

《說文解字·系部》："纆，索也。从糸，黑聲。"段玉裁注："按从黑者，所謂黑索，拘攣罪人也。今字从墨。"纆，指黑色繩索，用以束縛犯人。徽是特殊的繩索，有專門用途。

【叢棘】語出上六爻辭。《周禮·秋官·朝士》寫道：

> 朝士掌建邦外朝之法。左九棘，孤卿大夫位焉，群士在其後。右九棘，公侯伯子男位焉，群吏在其後。……左嘉石，平罷民焉；右肺石，達窮民焉。

這裏敘述的是朝廷設立法庭進行審判的場景。法庭左右都設有棘木，大臣立於棘木旁側，鄭玄注寫道：

> 樹棘以為立者，取其赤心而外刺，象以赤心三刺也。……鄭司農云："……左九棘，右九棘。故《易》曰：'係用徽纆，寘於叢棘。'"①

鄭玄承認審判場所立棘具有象徵意義，同時又引述鄭衆對此所做的解釋。鄭衆援引《坎》上六爻辭以證法庭樹棘，顯然，他把這條爻辭視為法庭審判事象的展示。

《禮記·王制》記載："成獄辭，史以獄成告於正。正聽之，正以獄成告於大司寇。大司寇聽之棘木之下。"大司寇是朝廷最高法

---

① 賈公彥：《周禮注疏》，第877頁。

官，他對案件的審判是在棘木之下進行的，與《周禮·鄉師》的記載一致。《坎》上六所説的"置于叢棘"，指的是法庭審判場面。古今解《易》多以牢獄釋之，未確。《困》卦有"據于蒺藜"之語，亦指法庭審判。

離

☲ 離離開：利貞，亨，畜牝牛母牛吉。

初九：履前行錯然(脚步)錯雜貌，敬警戒之，无咎。

六二：黄赤黄相雜的馬，此指人所駕馭的對象離離去，元吉。

九三：日昃 zè 太陽西斜之離撤離，不鼓敲擊缶而歌指發出撤離信號，則大耋 dié 高齡老人。耋，七八十歲的老人之嗟悲歎，凶。

九四：突如，其來如突如其來，焚如放火，死如殺人，棄如棄置。

六五：出涕沱若淚流滂沱貌，戚嗟若悲痛慷慨貌，吉。

上九：王用因此出征，有嘉折首獎賞斬首立功的人，獲俘獲匪其醜其類，指强盗的同類。醜，類，无咎。

解 析

一、卦名和卦辭

離，謂離開，用的是它的常見意義。《離》卦與《坎》卦相對，

《坎》卦的主旨是進入不屬於自己家園的坑穴,即拘留場所;《離》卦的主旨則是離開家園,先是撤離避難,最後是率兵出征進行復仇。《彖》傳釋離為麗,《象》傳也以附麗之義釋離,皆不合乎卦的本義。

《離》卦與《坎》卦相對,所敘述的人的行為方式取向相反,或進入不屬於自己的拘留所,或離開家園。兩卦都取材於生活中的不幸事象,《坎》卦講述的是被拘禁的遭遇,《離》卦則是講述一場燒殺搶掠的劫難。

卦辭稱"離:利貞,亨",意為離開家園這類事件,利於事先進行占問,這樣就會通達。言外之意,撤離或出發前應未雨綢繆,早有準備,以免陷於被動。同時,離開家園是件大事,應謹慎為之,通過占問向神靈諮詢,決定採取什麼樣的行動。

卦辭稱"畜牝牛吉",有兩層含義。牛有兩角,在《周易》卦爻辭中作為陽剛的象徵出現。牝牛是母牛,雖屬陽剛之物而有陰柔之性,意謂在離開家園事件的處置上要剛柔相濟。牝牛有繁殖功能,牝牛產犢可以使離開家園的人在經濟上有持續發展的可能,故稱"畜牝牛吉"。《坤》卦辭稱"利牝馬之貞"與此寓意不盡一致,但是有相通之處。

二、爻位和爻辭

初九爻辭稱"履錯然,敬之,无咎"。《離》卦的宗旨是離開原地,爻辭的腳步雜亂之象,正是將要離開居住地,是在撤離,這樣做是出於對外來突發事件的警戒,合乎卦的宗旨。

初九爻位的意義是"潛龍勿用",不宜前行。與《離》卦宗旨相悖,也與腳步錯雜的事象不合。爻辭合於卦宗而背離初九爻位的意義,兩者相綜合,得出的是中性結論,無災患而已。

初九居於卦的最底部,故取象於腳步錯雜之象,人用以走路的雙腳,居於人體的最下部。

六二爻辭極其簡略："黃離,元吉。"黃指赤黃相雜的馬。黃離,實際是説有人駕馭赤黃相雜的馬離去,合乎《離》卦的宗旨。黃指赤黃相雜的馬,馬在《周易》本經中是陽剛的象徵。"黃離",暗示陽剛離去。六二爻位的意義是"直、方、大,不習无不利",不接觸陽剛之物,象徵陽剛的赤黃相雜的馬的離去,正與六二爻位意義相合。"黃離"與卦旨、爻位意義皆相契合,所以斷語是元吉,大吉大利。從現實生存層面而言,在遭到洗劫之前駕馭黃馬離開住地,躲過人生一劫,確實是萬幸之事。

六二爻位居於下卦中間,黃是中色,故以黃與六二相對應。

九三爻辭敘述的是撤離居住地的事象。在進行撤離時,没有敲擊瓦器而歌,也就是没有發出撤離信號,致使高齡老人來不及撤離,在悲傷中長籲短歎。這種狀況與《離》卦宗旨不合。

九三爻位的意義是"君子終日乾乾,夕惕若",乾乾屬陽剛之行,一往無前的樣子。《離》卦九三爻辭出現的則是相反事象,有的人悄然撤離,有的人來不及隨行,無陽剛之象,見到的只有"夕惕若",及"大耋之嗟"。九三爻辭出示的事象與卦旨、爻位意義都相違背,因此斷語是凶險。高齡老人無法撤離,遭到搶掠洗劫必定性命難保。

九四爻辭展示的是燒殺搶掠的慘烈景象。爻辭講述的不是居民撤離居住地,而是外來人闖入,與卦的宗旨正相逆反。九四爻位的意義是"或躍在淵",是上行下降而得其所。《離》九四爻辭事象與卦旨、爻位意義俱相違逆,雖然没有斷言結局兇險,但是,深重的災難已盡現爻辭之中。

六五爻辭展示的是涕洟交加、長籲短歎的劫後景象,但是,所出示的斷語卻是吉。這其中自有它的緣由。《離》卦的宗旨是離開。涕洟滂沱是淚水鼻涕離開眼睛鼻孔,長籲短歎是悲哀傷感之情離於心而顯諸外,這些事象合乎《離》卦宗旨。六五爻位的意義是"黃裳，元吉"，以謙下陰柔之象出現。涕淚滂沱、長籲短歎，皆屬陰柔之行，合乎六五爻位的意義。六五爻辭與卦旨、爻位意義相合，故斷語為吉。因為畢竟是劫後餘生的事象，所以，儘管爻辭於卦宗、爻位意義兩相符合，但是斷語只是吉，而不是元吉。

六五是陰爻的高位，"出涕沱若，戚嗟若"，這些動作發自鼻、口和眼睛，位於人體上部，與六五爻位相應。六五是盛陰之位，鼻涕眼淚交加橫流，正是盛陰之象。鼻涕眼淚皆為液體，與水同屬陰柔。

劫後餘生，涕淚交加，長籲短歎，帶有痛定思痛的性質，有利於吸取教訓，避免類似災難再次出現。從這個角度看，有它的積極作用，故斷定結局吉利。

上九爻辭是周王率兵出征，向從事劫掠的人復仇並且取得勝利。出征是離開本地，合乎卦的宗旨。

上九爻位的意義是"亢龍有悔"，周王率兵復仇，並且有斬獲，獎賞立功人員，但是，所獲俘虜並非前來燒殺搶掠者的同夥，有濫殺無辜之弊。爻辭合乎卦宗而與爻位意義相違，兩相綜合，得出的斷語屬於中性，"无咎"，不會有災患。既然出兵征伐獲勝，儘管未能斬獲真正的兇手，也具有威懾力，可以在一段時間內免除災患。

上九爻辭居於一卦之末，是卦的最高位置，故選取周王以配其位。

上九爻辭與前面五條爻辭的關聯，體現的是物極必反的理念。前五條爻辭是敘述從本地撤離以避禍亂，上九爻辭則是從本地出發向燒殺搶掠者復仇。前五條爻辭的行為主體是被動撤離，上九爻辭主體則是主動進攻。撤離與進攻、被人攻擊與征伐對方、被動與主動，這些轉化體現的都是物極必反的理念。在現實生活中，撤退逃離是有限度的，而不是無限的。到了相應階段，就應該變逃離為主動反擊，這也是周族先民的生存之道。

考　辨

【黃離】語出六二爻辭。《埤雅·釋馬》有如下記載：

> 黃駓曰黃。黃亦馬之上色，故《駉頌》首章曰"有驪有黃"也。《列子》曰："牝而黃，牡而驪。馬至，果天下之馬也。"《有駜》曰"乘黃"矣，然後乃言"乘牡"，卒言青驪之"駉"，則黃牝、牡驪，剛柔之質具矣。《明堂位》曰："周人黃馬蕃鬣。"言吉事乘此，《詩》曰"四黃既駕，兩驂不猗"是也。①

文中所引的詩句依次出自《魯頌》的《駉》《有駜》，《小雅·車攻》。《列子》之文出自《說符》。文中稱周人吉事乘黃馬，這從所援引的《詩經》句子及作品可以得到驗證。《魯頌·有駜》敘述魯國大臣在朝廷宴飲娛樂的場景，其中提到"駜彼乘黃"，駕車的是四匹黃馬。《小雅·車攻》則是以周王狩獵為題材，其中有"四黃既駕"的句子，用四匹黃馬駕車進行狩獵。除此之外，《鄭風·大叔於田》也寫道："叔於田，乘乘黃。"鄭莊公之弟弟共叔段又稱大叔，他狩獵也是四匹黃馬駕車。吉事乘坐黃馬所駕的車，是周人的習俗。《離》六二爻辭的"黃離"，當是有人乘黃馬所駕的車離開居住地，或是狩獵，或是休散娛樂，因此躲過一場劫難。

【鼓缶而歌】語出九三爻辭。《說文解字·缶部》："缶，瓦器，所以盛酒漿，秦人鼓之以節歌。"段玉裁注：

---

① 陸佃：《埤雅》，浙江大學出版社，2008年版，第120頁。

缶有小有大。如汲水之缶，蓋小者也。如五獻之尊，門外缶大於一石之壺、五斗之瓦甒，其大者也，皆可以盛酒漿。鼓之……擊也。《韻會》鼓作擊。《李斯傳》《廉藺傳》《漢·楊惲傳》皆可證。①

《離》六四稱"樽酒、簋貳用缶"，是用缶盛酒，屬於缶之小者。《離》九三稱"不鼓缶而歌"，缶又作為報警的樂器出現。段注所涉《李斯傳》《廉藺傳》出自《史記》，《楊惲傳》出自《漢書》，其中均有以缶為樂器而相擊的記載。缶屬於一物多用，既是容器，又可作為樂器。古代刁斗亦是一物多用，既是炊具，夜間又用於敲擊報更。

【大耋】語出九三爻辭。《説文解字·老部》："耋，年八十曰耋。"段玉裁注：

毛傳云："耋，老也，八十曰耋。"按：馬融注《易》，服虔注《左傳》，皆云七十曰耋。故七十、八十皆得稱也。②

《爾雅·釋言》："耋，老也。"郭璞注："八十為耋。"《釋名·釋長幼》："八十曰耋。耋，鐵也，皮膚變黑，色如鐵也。"耋，或謂年七十，或謂年八十，高齡之稱。大耋，七十、八十歲老人之中尤為年高者。

---

① 段玉裁：《説文解字注》，第224頁。
② 段玉裁：《説文解字注》，第398頁。

下　經

咸

☷☶ 咸觸動：亨，利貞，取通"娶"女吉。

初六：咸其拇脚的大拇指。

六二：咸其腓 féi 小腿肌，凶。居家居吉。

九三：咸其股大腿，執執持、固定其隨此指受股部制約、隨順大腿動作的身體部位，往吝。

九四：貞吉，悔亡困難消失。憧憧心神不定貌往來（心神不定地思慮）交往，朋從爾思朋友順從你的思慮。

九五：咸其脢 méi 脊背肌肉，无悔。

上六：咸其輔頰 jiá 面部兩旁的皮肉舌。

解　析

一、卦名和卦辭

卦名《咸》，指的是觸動，因接觸而動。《咸》卦所列舉的觸動，主要是形體的觸動，初六、六二、九三、九五、上六爻辭都屬於此類。另一類是心靈的觸動，一方有所思，另一方則產生心靈感應，九四爻辭屬於這種類型。

卦辭稱"亨，利貞"。亨指通暢、通順。咸指觸動，因觸而動，雙方進行溝通,與亨字的含義相合。受觸而動,吉凶難卜,故在採取行動之前利於占問,避免莽撞行事。一觸即發,往往會造成不良後果。

卦辭稱"取女吉"。咸指觸動,兩性接觸,必有所動。當觸動之際,宜於娶女成婚,符合《咸》卦名稱的含義。"取女吉"還是象徵語,女象徵陰柔,"取女吉",意謂當觸動之際,宜取陰柔。所謂的接觸,應是撫摸推拿一類柔性動作,而不是擊打齧掐之類剛性動作。由此而來,觸動引發的應是快感,而不是痛感;相伴隨的是柔性動作,而不是劇烈的運動。心靈的接觸感應也是柔性的,而不是剛性的。

二、爻位和爻辭

初六爻辭是"咸其拇",觸動脚的大拇指,合乎卦的宗旨。

初六爻位的意義是"履霜堅冰至",不宜前行之義。脚的大拇指被觸摸,必然會產生想要舉趾前行的反應,與爻位意義相悖。

初六爻辭合乎卦的宗旨而違背爻位意義,故未言吉凶,沒有給出斷語。

六二爻辭的前半段是"咸其腓,凶"。觸摸小腿後面的肌肉,這種事象符合卦的宗旨。小腿後肌受到觸摸,產生的反應是要舉腿前行。六二爻位的意義是"直、方、大,不習无不利",直、方、大謂陽剛之行、過度之行。六二爻位主靜不主動,取陰柔而疏離陽剛,取適中而忌過限。小腿後肌被觸摸而抬腿前行,必然脫離六二的中位,與爻位意義相違。在合乎卦旨而違背爻位意義的情況下,爻辭服從爻位意義,出示的斷語是凶險。在爻辭作者看來,居位守中顯得更為重要。

六二爻辭的後半部分"居吉",雖受觸動而不離開所居之處,不出家門,居位守中之象。既符合卦旨,又與爻位意義相合,故出示的斷語是吉祥。

六二爻辭貫穿始終的綫索是，小腿後肌受到觸動之後是否出離於中。出離於中為凶，居位守中為吉，體現的是以中為正的理念。

九三爻辭是"咸其股，執其隨，往吝"。觸摸大腿，執持大腿下部的小腿，這種動作合乎咸卦的宗旨，是觸動之象。

九三爻位的意義是"君子終日乾乾，夕惕若"，乾乾，一往無前之象。觸摸大腿而同時又執持小腿，必然使人難以前行，大腿無法帶動小腿，小腿也無法隨從大腿。爻辭與爻位的意義不合。

九三爻辭合乎卦旨而有違於爻位意義，得出的結論是"往吝"，前行艱難。大腿受觸動而小腿被執持，確實是舉步維艱。

九四爻辭首言"貞吉，悔亡"。當觸動之際，占問會吉利，小災小難會消失。卦辭稱"亨，利貞"，爻辭是對卦辭的回應。九四爻位的意義是"或躍在淵"，有所行動而又處本身宜居之處，所謂的"貞吉"與爻位意義亦相符合。

九四爻辭的後半部分是"憧憧往來，朋從爾思"，憧憧，心神不定而有所思索之義。那麼，所思的是什麼呢？是往來，即有往有來，指社會交際。朋友被他的思念所觸動，產生心理感應，紛紛前來與他相聚。這段爻辭合乎卦的宗旨，也與爻位意義相契。居於家中思慮人際交往，正是"或躍在淵"之象。這段爻辭後面沒有斷語，未言吉祥而吉祥自存其中。

九五爻辭出示的動作是"咸其脢"，觸動後脊背，合乎卦的宗旨。觸動後背會使身體前行，屬於受感而應，被動前行。九五居單卦的中位，前行則出離於中。九五爻位意義是"飛龍在天，利見大人"，是主動飛升。"咸其脢"合卦旨而與爻位意義相疏離，兩相綜合，給出的是中性斷語"无悔"，不會有小的災難。

上六爻辭"咸其輔頰舌"，觸動面部皮肉，合乎卦的宗旨。上六爻位的意義是"龍戰于野,其血玄黃",陰盛犯陽之義。面部皮肉及舌,都是柔軟之物,觸動它們是接陰之象,與上六爻位意義雖然不完全契合,但也不相悖。這條爻辭沒有出示斷語,屬於中性。

《咸》卦所出示的是人在受到觸動之後的生理和心理反應。觸動,有形體觸動和心理觸動。受到觸動的身體部位,有的爻位是一處,如初六、六二和九五;有的則是兩處,如九三、上六。這些觸動所引起的反應不同,所示的斷語也不盡一致。卦爻辭是在向人們昭示,無論是形體觸動,還是心理觸動,施動和受動雙方都應該根據具體情況,做出斟酌取舍,採取適當的方式。

爻辭按照爻位的上下順序,對於人體部位由低到高依次排列,從拇、腓、股再到脢、輔頰舌。九四爻辭稍有例外,列舉的不是形體部位,而是内心的思索。大腿與後背之間的形體器官,對於人來說屬於隱秘部位,不可輕易觸動。有鑒於此,九四爻辭以心理觸動當之,而人心確實處於身體的中部偏上。爻辭的這種編排,反映出編纂者的智慧。

考　辨

【咸】語出卦名及卦辭、爻辭。《彖》傳稱:"咸,感也。"大意得之,咸字的構形包含的就是這種含義:

咸……是在口之側增一兵器,使這個口增添了幾分殺氣。《說文・二下・齒部》:"鹹,齧也。"咸是齧的初文。……《尚書・君奭》:"誕將天威,咸劉厥敵。"此咸用殺義,也是齧義的引申。……從咸的孳化系列看,也多與齧義相關。齧則損,故訓"目陷",訓"飯不飽面黃起行"……齧則動,故撼訓"動"。①

《咸》卦中的咸字,指的是觸動,用的是它的本義。

【執其隨】語出九三爻辭。隨,不是指人體的固定部位,而是因文而異,取其順隨、隨從之義,前面要出示隨從對象。《咸》九三:"咸其股,執其隨。"股,即大腿的隨從對象,腿的上部制約小腿,這裏的隨指腿的膝蓋以下部位,即小腿。《艮》六二:"艮其腓,不拯其隨。"腓指小腿後面的肌肉,它是順從的對象。小腿位於脚的上部,脚受小腿制約,順從於小腿。這裏的隨,指的是脚部。爻辭的意義是:把小腿固定,無法抬高脚部。拯,謂提升、抬高。《周易》有《隨》卦,取隨從之義。

【輔頰】語出上六爻辭。《說文解字·車部》:"輔……人頰車也。"《說文解字·面部》:"䩉,頰也。"《說文解字·面部》:"頰,面旁也。"輔,用於表示人的面頰,或作䩉。輔頰,指的是同一部位,即人的面頰。《楚辭·大招》有"曾頰倚耳"之語。王逸注:"曾,重也。"洪興祖補注:"言美女之面,丰容豐滿,頰肉若重。"②這裏所說的曾頰,意謂面頰肌肉豐滿,仿佛是雙層相疊。《大招》還有"靨輔奇牙"之語,對於其中的靨輔,現代學者做了如下解釋:

靨,臉頰上的微陷,俗稱酒渦。輔,"䩉"之借字。洪氏《考

---

① 尹黎雲:《漢字字源系統研究》,第92—93頁。
② 洪興祖:《楚辭補注》,鳳凰出版社,2007年版,第222頁。

異》一本作"酺",是。"酺"即面頰。①

《大招》中的頰、輔,指的都是人的面頰,是酒渦生成的部位,肌肉較多,有的人還呈現豐滿重疊之象。輔頰指面部兩邊的肌肉,是柔軟的部位。因此,《咸》上六輔頰舌連言,用以象徵陰柔。

恆

䷟ 恆恆久:亨,无咎,利貞,利有攸往。

初六:浚 jùn 深掘恆恆久地深掘,貞凶,无攸利。

九二:悔亡(堅持恆久,)小災小難會消失。

九三:不恆其德,或承之羞可能要蒙受羞辱,貞吝。

九四:田通"畋",狩獵无禽(恆久狩獵,)狩獵無禽獸可捕獲。

六五:恆其德,貞,婦人吉,夫子男性凶。

上六:振向上提升恆恆久地提升,凶。

解 析

一、卦名和卦辭

卦名稱為恆,指穩固、恆定。《恆》與《咸》是對卦,咸指觸動,恆

---

① 湯炳正、李大明、李誠、熊良智:《楚辭今注》,上海古籍出版社,1998年版,第252頁。

指穩固,二者有動與止的區別。咸指觸動,所歷時間較短;恆指恆久,是長時間持續,二者所表示的時段有長短之別。因此,《雜卦》稱:"《咸》,速也;《恆》,久也。"這種概括是有道理的。

《恆》卦卦辭出示的是正面斷語:亨、利貞、利有攸往,都是吉利之辭。无咎屬於中性斷語,對於人來說,沒有災患亦屬幸運。卦辭對於恆久之德予以充分的肯定,體現出周族先民對於持之以恆行為方式的高度重視。《論語·子路》篇記載孔子如下話語:

> 子曰:"南人有言曰:'人而無恆,不可以作巫醫。'善夫。"

能夠持之以恆,是因為人的意志堅強、目標明確,因此作為一種美德懿行得到普遍的讚揚,並且為孔子所認可。

二、爻位和爻辭

《恆》卦的卦辭對恆久之德予以充分肯定,是從總體上概括而論。爻辭涉及的多是具體事象,在實際操作過程中,持之以恆並非全都可取,爻辭表明了先民的這種看法。

初六爻辭的"浚恆",恆久地向下挖掘,這種行為方式合乎卦的宗旨,但斷語卻是"貞凶,无攸利",這是由於與爻位意義大相徑庭。初六爻位的意義是"履霜堅冰至",不宜前行之義。"浚恆"則是非但前行,而且前行不已,持續地向下開掘。爻辭的斷語是以爻位意義為根據,卦旨沒有起作用。

初六居於卦的最底部,故選取向地下開掘的事象。初六是一卦的初始爻位,在事情的開始就求深不已,違背常理,因此所下的斷語都是負面的。

九二爻辭是"悔亡",是以恆為背景所下的斷語,前面省略了恆字。意謂持之以恆,微小的災患都會消失。以恆為背景,合乎卦的宗旨。九二爻位的意義是"見龍在田,利見大人",可以有所作為,持之以恆正是有所作為,合乎爻位的意義。九二是下卦的中位,持久地守中,可以免除災患。這條爻辭是把守恆與持中加以綜合,得出相應的斷語。但是,持久守中,與九二爻位的意義畢竟還有程度上的差異,顯得有些平凡,故沒有下以元吉的斷語。

九三爻辭是從反面論述恆久之德,強調恆久之德的重要性。不恆其德是朝三暮四、反復無常,這樣的人難免有時要遭遇尷尬、蒙受恥辱。不恆其德是缺少誠信的結果,即使是占卜預測,得到的結論也只能是難免困厄。不恆其德與卦旨相悖反,因此不會有太好的結果。

九三爻位的意義是"君子終日乾乾,夕惕若",整個白天一往無前,進取不已,到了傍晚又有恐懼心理,進行反思。九三爻位所出現的不是持之以恆,而是時進時止。所謂的"不恆其德",與九三爻位的意義雖然屬於不同類型,但並非針鋒相對,而是有相通之處。綜合爻辭與卦旨、爻位意義之間的關聯,雖不合乎卦旨但不違背爻位意義,給出的斷語屬於中性。

九四爻辭的"田无禽",也是以恆久為背景,意謂長久持續狩獵就不再有禽獸可供獲取。持久狩獵,與卦的宗旨相契,但出示的斷語卻是負面的。九四爻位的意義是有所動作而又居其所當居。龍入於淵是回歸家園之象。狩獵則是在荒山野外馳騁,與爻位意義相悖。從現實層面來看,持久狩獵必然破壞自然生態的平衡,過度捕殺導致野生動物減少,最後以至於無禽獸可獵取。爻辭稱"田无禽",著眼於持久狩獵與爻位意義的相違背,同時也是對歷史和現實經驗教訓的總結。"田无禽"僅是無所獲而已,這對人並無大的傷害,這個斷語與爻辭合於卦旨相關。

六五爻辭首言"恆其德",這種做法與卦旨相契,但所出示的斷語卻有吉有凶,因男女性別而異。恆其德,符合卦的宗旨。六五爻位意義是"黃裳,元吉",位高而以謙下之態出現,女性能夠恆守此德,自然是吉祥的,與卦旨、爻位意義俱相契合。六五是陰爻,男性如果恆守"黃裳,元吉"的理念,則是以女性之德加於男性之身,不合情理。古代是夫權社會,男性需要制斷、變通,凝滯不變則難以應對現實,故爻辭稱男子恆其德"貞凶",占問的結果是凶險。六五爻辭所表達的性別觀,帶有明顯的重男輕女傾向。

上六爻辭"振恆",振指升高、提升,意謂恆久地提升,與初六爻辭的"浚恆"首尾相應,只是取向相反。初六是恆久地深掘,上六是恆久地升高。振恆與卦旨相契,但是斷語卻是凶,因為爻辭與上六爻位意義相悖。上六爻位意義是"龍戰于野,其血玄黃",陽與盛陰衝突而受傷害之象,意謂陰盛非吉利之事。而爻辭"振恆"卻是提升不已,沒有收斂之勢,與爻位的意義正相違背,爻辭的斷語據此做出。上六作為陰爻過高之位而猶求升不已,只能招致災難。

考　辨

【恆】語出卦名及爻辭。《説文解字·二部》:"恆,常也。從心、舟在二之間上下,心以舟事,恆也。……古文恆,從月。《詩》曰:如月之恆。"段玉裁注:

> 謂往復逍遙而心以舟運旋,歷久不變,恆久之意也。……《小雅·天保》文,此説從月之意。……按,《詩》之恆,本亦作緪,謂張弦也。月上弦而就盈,於是有恆久之義,故古文從月。①

---

① 段玉裁:《説文解字注》,第681頁。

恆指恆久，本是取自月虧復盈之象，因為月亮是永恆的，故早期恆字取象於月亮。篆文恆字從心，表示人的心態穩定，隨遇而安，如船行水上往復不變。

【振】語出上六爻辭。《禮記·月令》：孟春之月，"蟄蟲始振，魚上冰"。鄭玄注："振，動也。"這裏把魚上冰看作是蟄蟲始振的一種事象，振指的是上冰，是上行走勢。《大戴禮記·夏小正》："魚陟負冰。陟，升也。負冰云者，言解蟄也。"王聘珍在其《解詁》中稱："魚，水蟲也，盛寒之時，蟄於水下，逐其溫暖。正月陽氣既上，出遊於水上，近於冰。"這裏所說的魚上游於水面，指的就是"蟄蟲始振"，振指魚向水的上層遊。

《說文解字·手部》："振，舉救之也，從手，辰聲。一曰奮也。"段玉裁在解釋振的後一種意義時寫道：

> 此義則與震略同。《采芑》傳曰："入曰振旅。"《振鷺》傳曰："振振，群飛貌。"《七月》傳曰："沙雞羽成而振訊之。"皆此義。①

段玉裁認為振有奮義，與震略同，而不完全一致。所舉毛傳都出自《毛詩》。

《說文解字·奞部》："奮，翬也，從奞在田上。《詩》曰：'不能奮飛。'"段玉裁注：

> 《羽部》曰："翬，大飛也。"雉雞羊絕有力皆曰奮。田猶野

---

① 段玉裁：《說文解字注》，第603頁。

也。……《邶風》文,毛云奮翼,即許云張毛羽自奮奪也。①

振有奮義,而奮字的本義是鳥在原野展翅高飛,因此,奮有向上升起之義。對於《恆》上六的"振恆"古今多以震釋恆,雖大義近之,但是不夠確切。

遯

☶☰ 遯 dùn 逃離:亨,小利貞小有利於占問。

初六:遯尾逃離而居於末尾,厲。

六二:執用黄牛之革握持黄牛之革製成的繩索(控制逃離者),莫之勝未能經得住挣扎,說同"脱",此指被挣脱。

九三:係遯拴住逃離者,有疾,厲。畜臣妾畜養男女奴僕。男為臣,女為妾吉。

九四:好喜歡遯,君子吉,小人否。

九五:嘉遯得到嘉賞而逃離,貞吉。

上九:肥遯同出異歸而逃離,无不利。

---

① 段玉裁:《説文解字注》,第 144 頁。

解　析

一、卦名和卦辭

卦名《遯》,遯指逃離,是當時經常出現的社會現象,也是有些人所選擇的生存方式。遯謂逃離,採取這種行為方式的有兩部分人,一種類型不堪現實生活的重壓,通過逃亡躲避痛苦和災難,另謀生路;另一種類型是富貴之人的逃離,去過隱士生活。爻辭對這兩種類型的逃離人員均有涉及。

逃離是一種消極的生存方式,但有時可以躲避困厄災難,免於社會的干擾,所以卦辭稱亨,這條道路順暢可行。但緊接著又加以強調"小利貞",占問這類事情,得出的結論只能是小有所利,而不能大吉大利。卦辭對於逃離這種行為方式和生存方式持保留態度,只做有限度的肯定。在卦辭作者看來,採取逃離的方式生存,無法成就大事偉業,只能帶來有限的益處。

二、爻位和爻辭

初六爻辭是"遯尾,厲"。逃離而居於末尾,有被抓回去的可能,是很危險的。卦的宗旨是遯,意謂處於逃離之際。"遯尾"是逃離而居後,與卦旨有符合之處,但又不完全一致。初六爻位的意義是"履霜堅冰至",不宜前行之義。逃離而居於末尾,與初六爻位的意義不相契,但也沒有大的背離。綜合爻辭與卦旨、爻位意義的關聯,得出的結論是會出現困厄,但還不至於造成大的災難。

初六居於卦的最底部,故以末尾與之對應,是從空間部位方面把初六和末尾整理在同一系列。如果以爻位順序來看,初六不是末尾,而是首始。

六二爻辭出示的是對逃離者加以制止、掌控的事象。逃亡人員被用牛皮繩束縛起來，繩的另一端由逃亡者的主人握持在手中，這是在路上行走的場景。但是，逃亡人員最終還是掙脫逃逸。牛皮繩是堅牢結實的，人力無法掙斷，顯然是握持者的手無法抵擋掙脫力所出現的結果。逃亡合乎卦的宗旨。六二爻位的意義是"直、方、大，不習无不利"，意謂不要接觸陽剛之物。逃亡本身是陰柔之行，牛在《周易》中象徵陽剛，黃牛之革製成的繩索屬於陽剛之物。掙脫牛皮繩的束縛而逃亡，乃是脫離於陽剛之象，與爻位的意義相一致，逃亡終於成功，對於逃亡者而言是幸運吉祥之事。

再從逃亡者主人方面來看，他阻擋逃亡，違背卦的宗旨。他用牛皮繩索束縛逃亡人員，系陽剛之行，與爻位意義相悖。這樣一來，他必然成為失敗者。

六二居於單卦中間部位，黃是中色，故以黃牛之革相對應。黃牛之革，還見於《革》卦初九。

九三爻辭首言"係遯"，把有逃離意向或行為的人束縛拘留起來，限制他的行動，不許離開。這種做法本身違背卦的宗旨。九三爻位的意義是"君子終日乾乾，夕惕若"，前行不已而又有憂患恐懼。把逃離者加以拘留，與九三爻位意義不完全一致，但有相同之處。綜合這一事象與卦旨和爻位意義的關係，得出的結論是被拘留人員會生疾病、存在危險。事實的確如此，想逃亡而被拘留，會生疾病，導致生命危險，也有可能群起反抗或逃走，總之存在隱患和危機。

九三爻辭的最後一句是"畜臣妾吉"。蓄養奴僕和拘留逃亡者是性質根本不同的事情。主人蓄養男女奴僕，是以陽制陰，主人屬陽，奴僕屬陰。九三是陽爻居陽位，爻位意義強調有所作為，主人蓄養臣妾，與卦宗不相違背，因為它不涉及逃亡；另一方面，與爻位意義相契，因此，出示的斷語是吉利。對於貴族而言，當逃亡之際，能夠正常地蓄養奴僕,是一種幸運。

　　初六、六二、九三是一個單卦,三條爻辭的敘事帶有連續性,前後有暗綫相聯接。初六爻辭稱"遯尾,厲",逃亡居於末尾,有被抓回的危險。六二爻辭出現的是牽係逃亡者的事象,由於初六已經開始逃亡,因此,六二爻辭是掌控逃亡者的情節,為的是防止他們奔逸。但是,這些人還是從主人手中逃脱。吸取此次教訓,九三爻辭出現的是拘留逃亡人員的舉措,把他們安置在固定場所,以對待犯人的方式對他們加以管制,最終造成在押人員生病等一系列困厄。

　　《詩經·魏風·碩鼠》中的農奴反復吟唱"逝將去女,適彼樂土","逝將去女,適彼樂國","逝將去女,適彼樂郊"。古代農奴是没有人身自由的,這裏所説的適、去,只能是以逃亡的方式離開主人。《訟》九二亦稱:"不克訟,歸而逋其邑人三百户。"主人官司敗訴,於是他的邑人就集體逃亡。《遯》卦前三爻敘述的是下層平民的逃亡及受阻,反映出那個歷史階段平民逃亡的社會現實。

　　《遯》卦九四、九五、上九,講述的是另一種類型的逃離,是以貴族出世隱居為題材。

　　九四爻辭"好遯,君子吉"。這裏明確指出逃離的行動主體是貴族君子。逃離合乎卦的宗旨。九四爻位的意義是"或躍在淵",龍從地面躍起之後落入深水中。龍藏身於淵,入於淵是得其所哉。君子逃離是為了尋找更適合自己生存的理想之處,合乎九四爻位的意義,與龍入於淵相似。因此之故,爻辭出示的斷語是吉祥。

　　九四爻辭在稱"君子吉"之後馬上强調"小人否"。對於貴族來説,庶民百姓逃離是他們的損失,而且會受到限制,因為他們没有逃離的自由。九四是陽爻,故以君子當之。小人屬於陰的系列,故在九四爻位處於被否定地位,把他們排除在合法逃亡系列之外。

　　九五爻辭是"嘉遯",受到賞賜而逃離。嘉指獎賞,這種含義還見於《離》九五"有嘉折首",因有作戰斬首之功而得到獎賞。受到賞賜而逃離,合乎卦的宗旨。九五爻位意義是"飛龍在天,利見大人",得到賞賜正是見到大人的機會,合乎爻位意義。"嘉遯"合乎卦的宗旨和爻位意義,故斷語是貞吉,占問的結果吉利。通常情況下是論功行賞,得到獎賞是立功所得到的回報。獲賞而逃離,屬於功成身退。

上九爻辭是"肥遯",肥指同出異歸。雖然是出身於貴族,但卻選擇異於其他貴族成員的人生歸宿。不在朝廷及地方任職,而是逃離現實過隱居生活。肥遯合乎卦的宗旨。上九爻位的意義是"亢龍有悔",而肥遯則是急流勇退,沒有亢進,符合爻位意義,故斷語是"无不利"。

《遯》卦後三條爻辭敘述的均是貴族的隱退。九四、九五、上九屬於上卦,故以貴族當之,與下卦以平民百姓為逃亡主角形成對照。其中出現的富貴而隱退的事象,反映出周族先民的生存智慧和價值取向,是後來道家思想的濫觴。中國古代涌現出一大批富貴而隱遁的高人,《周易》本經生成的時代已經存在這種社會風尚。

考　辨

【遯】語出卦名及爻辭。《說文解字·辵部》:"遯,逃也。"段玉裁注:"鄭注《周易》曰:'遯者,逃去之名。'"遯指逃離,這是它的本義。《說文解字·辵部》:"遁,遷也,一曰逃也。"段玉裁注:

　　　　此字古音同循,遷延之意。凡逡遁字如此,今逡巡也。《儀禮》鄭注用逡遁十有一。(一曰逃也)此別一義。以遁同遯，蓋淺人所增。①

遯的本義是逃離，逜的本意是遷延不前，或稱逡遁、逡巡。把遯、逜相混淆，作為同義詞使用，是後代出現的現象。《遯》卦用的是遯字本義，與逜字有別。

【肥遯】語出上九爻辭。《詩經·邶風·泉水》："我思肥泉，茲之永歎。"毛傳："所出同，所歸異，曰肥泉。"《爾雅·釋水》："歸異出同流，肥。"郭璞注："《毛詩傳》曰：'所出同，所歸異，為肥。'"《釋名·釋水》："所出同，所歸異，曰肥泉。本同出時所浸潤少，所歸各枝散而多，似肥者也。"早期字書及注家均以水同出異歸為肥。泉水同出一源，而所形成的水流不歸於一處，故稱肥泉。肥有同出異歸之義，《遯》上九所說的"肥遯"，行為主體系貴族成員，與其他貴族成員屬於同出。他選擇的是離世隱居的道路，與其他貴族成員的人生歸宿相異。肥，取其同出異歸之義。注家多釋肥為飛，肥、飛二字以通假相釋。明代焦竑則認為肥是蜚字的訛誤：

《遯卦》："肥遯无不利。""肥"字古作"芘"，與"蜚"字相似，後世因訛為"肥"字。《九師道訓》云："遯而能飛，吉孰大焉！"張平子《思玄賦》云"欲飛遯以保名"，曹子建《七名》云"飛遯離俗"，金陵《攝山碑》"緬懷飛遯"，皆可證。②

焦氏之論，可立一説。

---

① 段玉裁：《説文解字注》，第 72 頁。
② 焦竑：《焦氏筆乘》，中華書局，2008 年版，第 11 頁。

大　壯

☱☰大壯過於強壯：利貞。

初九：壯于趾足趾強壯，謂急於前行，征凶，有孚（預言）可信、可驗證。

九二：貞吉。

九三：小人用壯強壯，君子用罔網，用以捕獲獵物，貞厲。羝 dī 羊公羊觸頂撞藩籬笆，羸 léi 纏繞，束縛其角。

九四：貞吉，悔亡。藩決不羸籬笆被撞破，羊角沒被纏繞，壯于大輿之輹健壯而又撞到大車下的伏兔。

六五：喪羊于易喪失羊群在有易之地。易，有易，古代部落名稱，位於今河北易縣一帶，无悔。

上六：羝羊觸藩，不能退，不能遂順遂，此指衝破籬笆前進，无攸利，艱則吉艱難則吉祥。

解　析

一、卦名和卦辭

卦名《大壯》，取其強壯過分之義。《大壯》與《遯》是對卦，《遯》卦所述事象是主動逃離、隱退，而《大壯》則多是莽撞前行之事，二者對照極其鮮明。《遯》是守陰柔而退逃，《大壯》是陽剛過盛而亢進。

卦辭是"利貞",當陽剛過盛之際利於占問,言外之意,對於過分的強壯要有所警惕和節制,而不能任性使氣,鹵莽行事。

二、爻位和爻辭

初九爻辭是"壯于趾,征凶,有孚"。壯於足趾必然急於前行,這與《大壯》的背景一致,與卦旨相違。在這種情況下出征作戰,定要輕敵冒進,急於求成,從而導致戰敗,乃至自身的傷亡,因此,出示的斷辭是後果凶險,並認為這種預言是可信的,可以得到驗證。"壯于趾"是急於前行,與卦旨相違,與爻位意義相悖反,所下的斷語據此而來。初九居於卦的底部,故取象於足趾。

九二爻辭是貞吉。九二是單卦的中位,爻辭認為即使當大壯之時,也應該守中,要進行占問,而不能武斷行事。爻辭合於卦旨,與九二爻位"見龍在田,利見大人"有相通之處。占問與"見大人"意蘊相類似。

九三爻辭展示的是一幅生動的場景。爻辭先是說"小人用壯,君子用罔",以用壯還是用網來區別小人君子。用壯是自恃強健而以體能稱雄,用網則是對強壯加以約束、轄制。言外之意,所謂的君子,都能對陽剛過盛的現象加以控制,而不是任其發洩。"羝羊觸藩"體現的是以網制壯的理念。籬笆通常用樹條或禾杆編織而成,而以前者居多,有的還呈網格狀。公羊觸撞籬笆,它的角被纏繞而卡在那裏,無法脫離,猶如被網所束縛。爻辭中的羝羊,顯示的是大壯之象,與卦旨相合。九三爻位的意義是"君子終日乾乾,夕惕若",羝羊觸藩有乾乾之象,無惕若之心,與爻位意義不完全相契。九三爻辭沒有出示斷語,展示的場景帶有戲劇性。羝羊觸藩而角被纏繞,必然極力挣扎。這種動作頗為可笑,但籬笆也不會對羊造成太大的傷害,是過盛的陽剛得到抑制的場景,無所謂吉凶,小有困厄而已。

九四爻辭首言"貞吉，悔亡"，是承九三爻辭的場景而來，意謂當大壯之際遭遇困厄，通過占問可以清除，回應卦辭的"利貞"之語。被籬笆纏住角的羝羊確實"悔亡"，它擺脱了困厄，籬笆被它撞開。但是，羝羊並没有就此甘休，而是繼續急急前行，又去頂撞大車的伏兔。這種行為依然是陽剛過盛的大壯之舉，與卦的背景相合而與卦旨相違。九四爻位的意義是"或躍在淵"，羝羊頂撞大輿之輹的舉措與爻位意義相疏離，這條爻辭也没有出示斷語，因為結局仍然是戲劇性的，或是羝羊把大車的部件損壞，或是無果而終，没有吉凶可言，而爻辭與卦的宗旨、爻位意義的關聯又頗為複雜，所以不下明確的斷語。

六五爻辭"喪羊于易"，用的是殷人祖先在有易被殺、牛羊喪失的歷史典故。喪羊于易而"無悔"，没有困厄，這是從陰陽觀念出發而得出的結論。羊在《周易》本經中是陽剛的象徵，所謂"喪羊于易"，指的是喪失陽剛於輕忽。易，指輕忽、粗心大意。《大壯》的卦旨是"貞吉"，以占問的方式制約大壯之行。喪羊于易，是陽剛喪失之義，與卦旨有一致之處，但是不完全切合。六五爻位的意義是"黄裳，元吉"，居高位而以謙下之態出現。陽剛喪失則陰柔得以居中，與爻位意義相近。綜合爻辭與卦旨、爻位意義的關聯，得出的斷語是"无悔"，連小的災患都可以避免，還是比較幸運的。

上六爻辭繼出現羝羊觸藩、羊被纏繞的場景，與九三爻辭用語相同，結論是"无攸利，艱則吉"。爻辭出現的事象與卦旨相合，陰盛犯陽必定發生衝突、造成傷害。"羝羊觸藩，羸其角"是陽剛得到制約之象，從而避免與盛陰的衝突。對於雙角被卡住的羝羊來説，進退兩難的處境是艱苦的，但對於上六爻位而言，卻是吉祥的。

羊生有雙角，顯得威武雄壯，因此，《周易》本經把它作為陽剛的象徵物。除《大壯》外，《夬》九四、九五，《歸妹》上六，均把羊作為陽剛的象徵物。《史記・項羽本紀》稱:"猛如虎,很如羊,貪如狼。"這裏的"很如羊",指的羊性倔强、不屈服。《國語・吳語》:"今王將很天而伐齊。"很天,謂違逆天。羊性桀驁不馴,且喜爭鬥,這裏所説的羊,指的均是山羊,而不是溫順的綿羊。

羊因生有雙角而成為陽剛的象徵,牛也是如此,《旅》上九的"喪牛于易",它的象徵意義與《大壯》六五的"喪羊于易"完全一致。

考　辨

【君子用罔】語出九三爻辭。《説文解字・网部》:"网,庖犧氏所結繩以田以漁也。从冂,下象网交文。凡网之屬皆从网。……或从亡。……㒺,古文網,从冂,亡聲。"許慎對於網的構形演變説明,㒺是網的籀文字形,篆文作網。綜合籀文、篆文的構形,網又作罔。罔,它的本義指的就是網。《易》注或釋罔為亡、無,失其本義,有違於《大壯》爻辭的語境。

【大輿】語出九四爻辭。輿謂車,大輿指大車。古代稱用於運載貨物的車為大車,車體大於載人的車。有時又稱牛車。《詩經・王風・大車》:"大車檻檻"、"大車啍啍"。檻檻、啍啍,均是車輛前行發出的聲音,由車聲的濁重可知是載物重車。《周禮・考工記》提到大車:"大車,崇三柯,綆寸,牝服二柯,有參分柯之二。"鄭玄注:"大車,平地載任之車,車轂長半柯者也。"大車是載物的車,形制大於用以載人的車,輪大,車身較高,所以《大壯》九四有羝羊"壯于大車之輹"的場面。《周禮・考工記》提到"大車之轅",鄭玄注:"大車,牛車也。"所謂大車,又稱牛車。

【喪羊于易】語出六五爻辭。《楚辭·天問》:"該秉季德,厥父是臧,胡終弊乎有扈,牧夫牛羊?"文中的該,指的就是王亥。《山海經·大荒東經》:"王亥托於有易,河伯僕牛。有易殺王亥,取僕牛。"以上是有關王亥在有易被殺的早期記載。王國維先生《殷卜辭中所見先公先王考》對於這個事件有具體的考辨。①

晉

☲☷ 晉疏通洞達:康侯周武王之弟康叔,封於衛地為諸侯用錫通"賜",賞賜馬蕃繁殖庶衆多,晝日一天一夜三接三輪交配。

初六:晉如摧如疏通遭到挫折,貞吉。罔動詞,籠絡、網羅孚裕通過籠絡取得廣泛信任。裕,增多,无咎。

六二:晉如愁如疏通遇到憂愁,貞吉。受得到兹此介福洪福于其王母輩分大、地位高的祖母輩人物。

六三:衆允衆人相信,悔亡。

九四:晉如鼫鼠疏通如同鼫鼠(穿穴),貞厲。

六五:悔亡,失得勿恤不必憂慮得失,往吉,无不利。

上九:晉其角用角疏通,維被繩索束縛,用伐邑,厲,吉,无咎。貞吝。

---

① 王國維:《觀堂集林》,中華書局,2006年版,第415—418頁。

解　析

一、卦名和卦辭

卦名《晉》，取其疏通、相貫使其洞達之義。周初分封的諸侯有晉國，首位國君是周武之弟唐叔。國名為晉，取其要與周王朝相貫通之義。

卦辭列舉康叔善於經營馬群繁殖的事象，用以揭示卦的宗旨。康侯對於周王朝賜予的馬匹，令其迅速繁殖。為了達到這個目的，不失時機掌握馬的交配，甚至一日之內進行三輪之多。馬匹的迅速增多是"晝日三接"的結果，卦辭以此暗示：貫通洞達才有可能成就一番事業，全卦的爻辭均以疏通相貫事象為題材進行編排。

卦辭以馬群的繁衍為例，用以揭示卦的宗旨，這種取材與當時的社會現狀密切相關。中國古代把馬的數量作為衡量國家實力強弱的重要尺度，這個標準持續使用的時間跨度很大。《左傳‧僖公二年》有如下記載：

> 衛文公大布之衣、大帛之冠，務材訓農，通商惠工，敬教勸學，授方任能。元年，革車三十乘。季年，乃三百乘。

衛文公是康叔的後裔，是春秋時期衛國的中興之主。他即位時只有三十乘戰車，還是齊桓公所贈。經過二十多年經營，戰車三百乘，達到中等諸侯國的水準。兵車由馬牽引，沒有足夠數量的馬，兵車再多也沒有用武之地。衛文公兵車數量迅速增多，是以馬群的龐大為支撐的。

二、爻位和爻辭

初六爻辭的開頭是"晉如摧如",疏通相貫遇到挫折,在這種情況下進行占問吉利。這説明,疏通相貫並非輕而易舉之事,不可能一蹴而就,開始階段就可能遇到障礙,需要對行動有所調整。占問之後,在神意的啟示下,通過對周圍人加以網羅,信任度增加,不再有困厄。罔,已見於《大壯》九三:"小人用壯,君子用罔。"罔指網罟。《晉》初六的罔字作動詞用,指的是進行籠絡、加以網羅。爻辭出示的事象是疏通受阻,然後調整策略,取得進展,所謂的信任度增加,是加強溝通的結果。爻辭的事象與卦的宗旨相合。

初六爻位的意義是"履霜堅冰至",可是,"晉如"是向前疏通,與爻位意義相悖,因此遭到挫折。所謂的"摧如"取自與爻位意義逆反。爻辭後半部分不再是前行疏通,而是對周圍人員加以網絡溝通,既符合卦的宗旨,又與爻位意義不相衝突,故能走出困境,沒有災患。

六二爻辭首先出現的也是疏通遇到障礙而進行占問的事象,與初六爻辭的開頭相似。經過占問得到的斷語是吉祥,於是,去和祖母輩的女性進行溝通,從她那裏得到洪福。整個事象均與卦的宗旨相合。六二爻位的意義是"直、方、大,不習无不利",意謂不接觸陽剛。與王母溝通,接觸的是女性,屬於陰柔之列。爻辭所示事象與爻位意義亦相契。爻辭與卦旨、爻位意義均相一致,故兩次提到吉、介福,結局都是吉祥的。

六二是陰爻,居單卦之中,故以主内的女性王母當之。

六三爻辭"衆允,悔亡"。衆允是衆人對於疏通之事都很信任,内部貫通之象,合乎卦的宗旨。衆人内懷信任,與六三爻辭的"含章可貞"亦相契,是内懷美好之象。斷語是"悔亡",小的災患會消失,屬於正面斷語。

九四爻辭出現的是鼫鼠形象。鼠類穴居，為築穴就必須疏通土壤、相貫洞達。這與《晉》卦的背景是一致的。但是，它與卦的宗旨相違。卦辭明言貫通洞達是為了繁衍，而鼫鼠的掘穴卻是破壞性的。九四爻位的意義是"或躍在淵"，這與鼫鼠掘穴有相通之處。綜合爻辭與卦旨及爻位意義之間的關聯，得出的斷語是"貞厲"，占問的結局是危險。

六五爻辭是"悔亡，失得勿恤，往吉，无不利"。意謂正值需要疏通之際，小的災禍會消失，不必計較得失，只要前行就會吉祥，無有不利。這條爻辭是以疏通為前提和背景，與卦的宗旨相一致。六五爻位的意義是"黃裳，元吉"，尊位而以謙下之態呈現，為的是與周圍人能夠順利地溝通，亦與卦的宗旨一致。爻辭既合乎卦旨，又與爻位意義相契，所以，出示的都是吉祥類的斷語。

上九爻辭展現的是以戰爭的方式進行疏通，合乎卦的宗旨。上九爻位的意義是"亢龍有悔"，知進不知退、知得不知失，故有災患。以伐邑的方式進行疏通，確實屬於亢龍之類。但用繩索加以束縛，就使得陽剛得以節制，不會過度。如此一來，角的作用不能充分發揮，故有艱難。爻辭與上九爻位的意義相合，雖有厲、吝之類斷語，因其合乎卦旨和爻位意義，故又稱无咎、吉。

上九居於卦的最高位，故以角當之。上九是陽位，故以角作為陽剛的象徵物。

《晉》卦以溝通洞達為宗旨，並且圍繞這個主綫編排相關事象。卦爻辭所列舉的疏通方式多種多樣，馬的"晝日三接"是疏通，田鼠穿穴是疏通，人際之間的友好交流是疏通，以戰爭的方式伐邑也是疏通，占問向神靈諮詢也是疏通。《晉》卦所說的疏通是廣義的，但並不是所有的疏通方式都可取，鼫鼠穿穴就是被否定的對象。還有的疏通方式，時而被肯定，時而又被否定。初六、六三都有貞吉之語，與神意相溝通是吉利的。而九四、上九則是貞厲、貞吝。九四爻辭先是説"晉如鼫鼠",像田鼠穿穴那樣進行疏通,這種疏通方式及其功能本身就不可取,因此稱"貞厲",占問的結果是有危險。上九爻辭是以伐邑的戰爭為背景,在戰爭進行的過程中再去占問,必然貽誤戰機,是不合時宜的舉措,正常的做法是在戰前進行,因此,所下的斷語是"貞吝"。

《晉》卦以疏通相貫為宗旨,在敘述相關事象過程中,出現一系列表示遇到阻礙的詞語:摧如、愁如、貞厲、貞吝。在卦爻辭編纂者看來,疏通相貫並非易事,而是要經歷艱難險阻,對此,必須有充分的心理準備,並能採取適當的應對措施。

考　辨

【晉】語出卦名及卦辭。《説文解字·日部》:"晉,進也。日出而萬物進,从日从臸。《易》曰:'明出地上,晉。'"段玉裁注:"禮古文、周禮故事,皆假晉為箭。故其字从日,臸者,到也。以日出而作會意。"許慎以進釋晉,與《晉·彖》所做的解釋相同。他所引的《易》,出自《晉·彖》。

晉,篆文作晉,構形从日从至,太陽升起之象。"至……甲骨文作𦥑,……象箭矢落地之形。箭矢速度快,矢一離弓,便飛抵目標。"①晉字構形从至,是箭矢射出之象。晉,太陽升起放射光綫之象,與箭矢射出有相似之處,故《楚辭·九歌·東君》中的太陽神"舉長矢兮射天狼",古希臘的太陽神阿波羅是神射手。段玉裁稱禮古文、周禮假晉為箭,實有緣由,是由晉字的構形而來。箭矢有穿透力,故晉有疏通、貫穿之義。《周禮·春官·典瑞》有"王晉大圭"之語,鄭玄注引鄭衆語:"晉,讀為搢紳之搢,謂插於紳帶之間,

---

① 尹黎雲:《漢字字源系統研究》,第203頁。

若帶劍也。"晉,有插入之義,是揳字的初文。插入,亦是貫通之義。《易》之《彖》《序卦》,都是以進釋晉,大意得之,但未能深入揭示它的確切含義。《易·象》釋晉為"明出地上",《雜卦》釋晉為晝,於物象得之,亦未能進一步指出它的深層意蘊。

【康侯】語出卦辭。康侯指衛國首位君主康叔,《左傳·定公七年》及《史記·衛康叔世家》有具體記載。《尚書》的《梓材》《康誥》《酒誥》,都與康叔封於衛地相關。康叔而稱侯,司馬貞《史記索隱》做了辨析:

> 《康誥》稱:"命爾侯於東土。"又云:"孟侯,朕其弟,小子封。"則康叔初封已為侯也。①

《晉》卦的卦辭提到康侯,亦即康叔,這是《周易》本經有年代可考的史實的下限,此卦當作於西周初期。

【鼫鼠】語出九四爻辭。《爾雅·釋獸》:"鼫,鼠。"郭璞注:"形大如鼠,頭如兔,尾有毛,青黃色,好在田中食粟豆。關西呼為鼩鼠。"鼫,字形从鼠从石。石,有時通碩,有碩大之義。鼫鼠形體碩大,且又危害農作物,為先民所深惡痛絕,故在《晉》卦中作為負面形象出現。

---

① 司馬遷:《史記》,第1590頁。

明　夷

☷☲明_彰顯_夷_遭創傷_：利艱貞_利於占問艱難之事_。

初九：明夷_虛擬的鳥名，意謂彰顯而受創傷_于前往飛，垂其翼_翅膀下垂_。君子于行_君子行於路上_，三日不食_三天不得食_。有攸往，主人_求助對象_有言_有微詞譏諷_。言_帶有諷刺、嘲笑等意味的負面話語_。

六二：明夷，夷于左股_左腿上部受傷_。用拯 zhěng _解救、救援_馬壯_因此把馬從強壯中解救出來_，吉。

九三：明夷于南_南飛_，狩，得其大首_狩得它碩大的頭_，不可疾貞_不可在疾病時占問_。

六四：入于左腹_(箭)從左腹射入_，獲_射中明夷之心_，于出門庭_在走出門庭之際_。

六五：箕子之明夷_箕子顯明昭著而受創傷_，利貞。

上六：不明，晦_不要彰顯，應該晦暗_。初登于天，後入于地_開始飛上天，後來被射落於地_。

解　析

一、卦名和卦辭

卦名《明夷》是一種虛擬的鳥，也是具有象徵意義的提示語。明夷，意謂因彰顯而遭遇創傷。言外之意，如果不加以彰顯，就可以避免創傷。卦的宗旨是強調應該隱晦封閉,防災遠禍。卦辭稱"利艱貞",意謂在這種形勢下利於占問艱難之事。

《明夷》和《晉》是對卦,《明夷》卦主張隱晦封閉以自固,不要彰顯於世;《晉》卦則是強調以疏通洞達的方式求發展,二者的宗旨相反,形成對立互補的結構。

二、爻位和爻辭

初九爻辭呈現的是一幅蒼涼的畫面:在天空飛的明夷鳥雙翅下垂,顯得疲勞無力。地面行走的君子連續三天沒有飯吃,想要尋求救助又有冷言冷語相譏諷。鳥在天空飛,人在路上走,都是自我顯露之象,與卦的宗旨相違背。初九爻位的意義是"潛龍勿用",鳥飛人行明顯與爻位意義相違。爻辭展示的事象與卦旨、爻位意義皆相違背,結局一定是悲慘的。雖然沒有給出明確的斷語,但是,對於這種行為方式的否定,則是一目了然。

六二爻辭出示的事象是明夷鳥左股被箭射傷,它之所以被射傷,是因為顯露於世。如果隱藏在山林草澤深處,未必有這場劫難。因顯露而被射傷,這個情節傳達的理念與卦的宗旨是一致的。六二爻位處於單卦的中間,明夷鳥也以居於巢中為宜。但是,它顯露於世,與六二爻位的居中相違背。六二爻位的意義是"直、方、大,不習无不利",不接觸陽剛之物。明夷鳥卻是因自我顯露而被射殺,接觸的是陽剛之物,箭是陽剛的象徵。爻辭雖然沒有明言箭矢,但在潛話語層面包含這種因素。

六二爻辭的後一句是"用拯馬壯,吉"。拯,謂拯救、解救。馬在《周易》本經中象徵陽剛。"用拯馬壯",就是對馬的陽剛之性加以拯救,使馬從那裏解脫出來,是對陽剛的銷解。六二是陰爻,所以,銷解陽剛所出示的斷語是吉,陽衰則陰長,有利於陰爻。

九三爻辭是向南飛的明夷被狩獵者俘獲其大首,所謂大首,指頭部碩大,顯然,殺死的是一隻大鳥。明夷南飛而被射中大首,這個事象表達的理念與卦旨相契。九三爻位的意義是"君子終日乾乾,夕惕若",明夷南飛還有以箭射鳥與君子終日乾乾並不相違,與爻位的意義有相合之處。九三爻辭與卦宗相契,與爻位意義亦有相合之處,爻辭出示的斷語是"不可疾貞",不可在疾病中占問。言外之意,這種事象的吉與凶對於雙方很難做出明確的判斷。

六四爻辭呈現的事象是明夷鳥被射入左腹,箭正中心臟。具體場所是在剛出門庭的地方。明夷鳥被射中是它進行顯露的結果,這個情節傳達的理念與卦的宗旨相契。《明夷》卦的宗旨是主張隱蔽、閉藏,可是,射中明夷鳥的獵手自身並沒有閉藏,而是走出門庭之外,這又與卦旨相違。九四爻位的意義是"括囊",納物於內而予以閉藏,無論是明夷鳥還是獵手,都不是括囊,而是脫囊而出,與爻位意義相違。六四爻辭所涉事象與卦旨、爻位的關聯很複雜,難以簡單地下斷語,因此,爻辭沒有出示具體結論。

六五爻辭以箕子的經歷回應卦辭的"利艱貞"之語。箕子生活在亂世,再加上他本人名聲顯赫,儘管採取佯狂的方式加以遠害,最終還是遭到囚禁。箕子遭遇給人的啟示與卦的宗旨相契,即處在艱難的環境中利於占問,卦辭稱"利艱貞",爻辭稱"利貞",傳達的理念是一致的。六五爻位的意義是"黃裳,元吉",處尊位而以謙下之態處世,進行占問本身就是謙下求教,合乎六五爻位的意義。

上六爻辭是對卦爻辭所做的總結。"不明,晦",道出了《明夷》卦的宗旨,是在前幾爻敘述明夷鳥一系列不幸遭遇基礎上得出的結論。卦辭沒有明確說出的話語,在上六爻辭中做了表述,可謂篇末點題。上六爻位的意義是"龍戰于野,其血玄黃",陰盛犯陽之象。爻辭提出"不明,晦"屬於內斂性行為方式,不會助長陰柔的繼續上升,因此,《明夷》的上六雖是陰盛之位,但不會出現陰盛犯陽之事。

《明夷》卦爻辭的編纂頗具匠心,從對明夷鳥和獵手兩方面的敘事來看,都有較強的文學色彩。

明夷鳥的名稱是虛擬的,具有象徵意義,不可以實求之。從卦辭的明夷鳥垂翼而飛到後面的受傷、致死,構成連續的故事情節。隨著爻位的推移,明夷鳥所受的傷害越來越重。先是疲勞飛翔,接著是左股受傷,再往後是被射中頭部和心臟。當然,這裏指的不是一隻鳥,而是一群鳥,有的受傷,有的致死。另外,"明夷於南",是取自華夏大地鳥類南北遷徙的現象。

《明夷》爻辭敘述獵手的射藝,也具有層次分明的特點,先是射中左股,後面依次射中的部位是大首和心臟,射藝越來越精湛。

考　辨

【主人有言】初九爻辭稱"主人有言"。《周易》本經稱有言或單稱言,往往指否定性的負面話語。《夬》九四"聞言不信",《震》上六"婚媾有言",《漸》初六"有言无咎",均屬此類。

【用拯馬壯】《明夷》六二爻辭是"用拯馬壯,吉"。相同爻辭還見於《涣》初六。《説文解字・手部》:"拯,上舉也,出休為拯。从手,丞聲。《易》曰:'用拯馬壯,吉。'撜,拯或从登。"段玉裁注:

> 《易・明夷・釋文》曰:"丞,音拯救之拯。《説文》云:'舉也。'子夏作抍。"……而此篆古从丞、从登,不从升者,丞、登皆有上進之意,形聲中有會意。①

---

① 段玉裁:《説文解字注》,第603頁。

拯，或作撜，或作抍。許慎把拯釋為解救落水者，休，人溺於水中。他認為《易》爻辭的"用拯馬壯"，拯字是解救之義。揚雄《方言》稱："出休為抍。"抍，拯的異體，揚雄也是把拯釋為解救落水者。

　　《明夷》六二、《渙》初六的"用拯馬壯，吉"，其中的拯字，用的也是拯救之義。意謂把馬從盛壯之性中解救出來，使其解脫。"拯馬"，銷解陽剛之謂。初六、六二俱是陰爻，陽剛得到銷解則有利於陰，故稱吉。或釋拯馬為騬馬、騸馬，即被閹割的馬，實大誤。

　　【不可疾貞】出自《明夷》九三。《周易》本經的疾字，均指疾病。《豫》："貞，疾恆不死。"《无妄》九五："无妄之疾，勿藥有喜。"《鼎》九二："鼎有實，我仇有疾，不我能即，吉。"以上疾，均指一般的疾病。《明夷》九三的"不可疾貞"，當釋為不可在疾病之際占問。釋疾為急切，在《周易》本經中找不到根據。

　　【獲明夷之心】出自《明夷》六四。獲，指射中。《詩經·秦風·駟驖》有"舍拔則獲"之語，鄭玄箋："言公善射。"這裏的獲字，指的是射中目標。《周禮·鄉射禮》有"獲者坐而獲"之語，鄭玄注："射講武田之類，是以中為獲也。"獲指射中目標，《明夷》六四"獲明夷之心"，指射中明夷鳥的心臟。

　　【夷于左股、入于左腹】分別出自《明夷》六二、六四，弓箭射中之處冠以左字，與先秦狩獵習俗有關。《詩經·秦風·駟驖》有"公曰左之"詩句，鄭玄箋："從禽之左射之也。"《詩經·小雅·車攻》稱"大庖不盈"，鄭玄箋：

　　　　故自左膘而射之，達於右腢為上殺。射右耳本次之。射左髀,達於右為下殺。①

這裏所提到的狩獵規則,都是射擊野獸的左側。"射右耳"指的是射中左耳,箭達於右耳。《明夷》卦兩次提到明夷鳥傷於左,當是出自這種狩獵習俗。

家　人

☲☴家人_{家族成員}:利女貞_{利於女性占問}。

初九:閑_{演練,閑習,此指治理、管理}有家_{治理家族},悔亡。

六二:无攸遂_{無所前往,沒有離開家。遂,前行},在中_{家中}饋_{供給食物,料理飲食},貞吉。

九三:家人嗃_{hè 嗃嚴厲貌,説話高聲貌},悔,厲,吉。婦妻子子兒女嘻嘻_{喜笑貌},終吝_{最終家境艱難}。

六四:富家_{使家族富足},大吉。

九五:王_{周王}假_{至,來到}有家,勿恤,吉。

上九:有孚威如_{有誠信而威嚴},終吉。

---

① 孔穎達:《毛詩正義》,中華書局,1980 年影印《十三經注疏》本,第 429 頁。

解　析

一、卦名和卦辭

卦名《家人》，指的是家族成員，亦即家族的管理問題。家，這裏指家族。當時的貴族基本是聚族而居，以家族為基本單位，不同於秦漢開始普遍出現的小家庭。家族成員較多，如何有效地進行管理，是當時社會的重要問題，因此，設立專卦予以解說。

卦辭"利女貞"，意謂利於女性占問。那個歷史階段男女兩性已經具有明確的分工，貴族階層的兩性分工更為明確。男主外，女主內，是普遍遵循的規則。《國語‧吳語》記載，越王句踐伐吳，出發之際有如下舉措：

> 王乃命夫人。王背屏而立，夫人向屏。王曰："自今日以後，內政無出，外政無入。內有辱，是子也；外有辱，是我也。吾見子於此止矣。"

從越王句踐的話語可知，貴族有內政外政之分。內政由女性主管，外政由男性承擔。女性如果干預外政，會被視為反常。《尚書‧牧誓》是周武王伐商的戰前動員令，他在列舉商紂王罪行時說道：

> 古人有言曰："牝雞無晨，牝雞之晨，惟家之索。"今殷王受，惟婦言是用。

在古人看來，女性參與政事，猶如雌雞打鳴，是不祥之兆。而殷紂王聽信妲己的話,所以把國家搞得混亂不堪。

《家人》卦辭"利女貞",是強調婦女在家族日常運轉過程中有著重要的擔當,應負起責任。

二、爻位和爻辭

初九爻辭是"閑有家,悔亡",意謂對家族進行管理很重要,即使出現小災小難,也會使之消失。初九是陽爻,這裏所說的家族管理者,應指男性家長。古代雖然有男主外、女主內的基本分工,但是,男性對家族的管理仍然起主導作用。《禮記·大學》稱:"所謂治國必先齊其家者,其家不可教而能教人者,無之,故君子不出家而成教於國。"雖然修身、齊家、治國、平天下的主張是在《周易》本經產生幾百年之後由儒家提出的,但是,重視對家族的治理,卻是由來已久的主張。

治理家族,符合《家人》卦的基本理念。初九爻位的意義是"潛龍勿用",不要有所動作。"閑有家"與爻位意義不是很協調,因此出示的斷語是"悔亡"。

六二爻辭的"无攸遂,在中饋",這裏的行為主體是女性。六二是陰爻,故以女性當之。六二居於單卦的中位,女性在家不外出,正是居中之象。女性所做的是料理飲食的事務,與女性的擔當一致,符合卦的宗旨。六二爻位的意義是"直、方、大,不習无不利",意謂不與陽剛相關的事象有接觸。女性料理飲食,符合六二爻位的規定。爻辭的斷語為吉,因為出示的事象與卦旨、爻位規定都符合。

九三爻辭是從正反兩方面展現家族治理的兩種不同方式及後果。"家人嗃嗃,厲,吉。"這是對家族進行嚴格管理,難免出現一些矛盾和衝突,甚至高聲訓斥、爭吵。雖然這種治家方式有時會出現危機,但最終結果是吉祥的。嚴於治家,與卦的宗旨相契。九三爻位的意義是"君子終日乾乾,夕惕若,厲,无咎"。《家人》九三爻辭的前半部分,與九三爻位的意義完全相契,其中有乾乾之舉,有憂患意識,也有出現的危機,但最終結果是吉利的。

九三爻辭的後半部分是"婦子嘻嘻,終吝",平時出現的是一團和氣、喜笑顏開的景象,最終結局卻是艱難的。這裏見不到對家族的治理,與卦旨、爻位意義皆相疏離。九三是陽爻,出現的妻子兒女卻是屬於陰柔系列,與爻位相悖。綜合各種因素,得出的是負面的結論。

六四爻辭"富家",使家族日益富足,合乎卦的宗旨。這裏出現的富,指物質上的充裕,財產的衆多。《小畜》九五的"富以其鄰",《泰》六四的"不富以其鄰",其中的富字,指的都是物質財富的充裕。使家族富足,乃是大好之事,合乎卦旨。六四爻位的意義是"括囊",富家正是括囊之象,是使財富積於家中。六四爻辭的斷語是"大吉",對於富家這種合乎卦旨、爻位意義的舉措予以充分肯定。

九五爻辭出示的事像是"王假有家",周王來到家族聚居之處,這是難得一遇的重大事件。因此,爻辭首先提醒家族成員不要擔心,然後指出此乃吉祥之事。周王來到貴族之家,是貴族之家的榮耀,也是對這個家族政治地位的充分肯定,會使它更加昌盛,這個事象合乎卦的宗旨,同時,也與九五爻位的"飛龍在天,利見大人"的意義完全相契。九五是陽爻至尊之位,故以周王當之。

上九爻辭的"有孚威如",繼續敘述對家族進行治理的事項,合乎卦的宗旨。上九爻位的意義是"亢龍有悔",單從治家威嚴而論,確實存在亢龍有悔的危險。但是,由於有孚,是以誠信治家,這就避免了治家從嚴可能產生的流弊,合乎上九爻位的意義。斷語為"終吉",著眼於家族治理的最終結果。

《家人》的爻辭所選擇的均是與治家相關的事象,體現出編纂者的治家理念及價值取向。治家要有明確的兩性分工，要從嚴治家而又對人以誠相待，這是爻辭傳達的理念。昌盛的家族不但物質上富裕，而且還要能得到王權的認可，享有崇高的政治待遇，這是編纂者的價值取向，兼顧經濟和政治兩個方面。

考　辨

【閑】語出初九爻辭。《説文解字·門部》："闌，門遮也。""閑，闌也。从門。"段玉裁對於閑字做了如下解釋："引申為防閑，古多借為清閒字，又借為嫻習字。"閑本指門的遮攔，即門栓，引申出多種含義。《周易》本經的閑字，取其嫻習之義。《大畜》九三的"閑輿衛"，指的是演習駕車技藝、訓練馬匹。《家人》初九的"閑有家"，指治理、管理家族，非防閑之義。

【无攸遂，在中饋】語出六二爻辭。遂字有多種含義，《周易》本經的遂字，指的是前行。《大壯》上六："羝羊觸藩，不能退，不能遂。"《震》九四："震遂泥。"遂字均指前行。六二爻辭"无攸遂"，謂無所前往。

《詩經·小雅·斯干》："乃生女子……無非無儀，唯酒食是宜。"鄭玄箋："婦人之事，惟議酒食耳。"詩及鄭箋，可為《家人》六二的"在中饋"作解。其中的"無非無儀"，非字指違逆，儀字指揣度。

【王假有家】語出九五爻辭。《萃》卦辭"王假有廟"、《涣》卦辭"王假有廟"，句式與"王假有家"一致。假，謂至、來到。《詩經·周頌·噫嘻》："噫嘻成王，既昭假爾。"鄭玄箋："假，至也。"假之含義與《周易》卦爻辭相同。

睽

☲☱ 睽 kuí 乖離：小事吉。

初九：悔亡。喪馬走失的馬匹勿逐不必尋找，自復自會返回。見惡人面目醜惡的人，无咎。

九二：遇主于巷在巷中遇見主人，无咎。

六三：見輿，曳其牛牽引駕車的牛，掣 chè 其人扯拉車的馭手，天古代的墨刑，在人的前額刺字塗墨且劓 yì 割掉鼻子的刑罰，无初有終沒有好的開始，結局還可以。

九四：睽孤離群的孤獨者遇元夫男子大漢，交孚彼此以誠相待，厲，无咎。

六五：悔亡。厥宗那個宗廟的人噬膚，往何咎？

上九：睽孤見豕豬負依託、靠著塗稀泥。豬伏於稀泥，載鬼一車。先張之弧拉開弓。弧，弓，後說同"脫"，放下之弧。匪寇，婚媾。往遇雨前行遇到雨則吉。

解　析

一、卦名和卦辭

卦名《睽》取其乖離、離異之義，是獨自一人活動，與《家人》的許多成員群居相反，《睽》和《家人》是對卦。《睽》卦所述均是獨自一人在外面遇到的許多事情,往往面臨風險。

卦辭是"小事吉",意謂脫離群體的單獨個人,只能是小事吉利,而不可能成就大事。反映的是以群體為本的理念,帶有那個歷史階段的特徵,也是中國古代基本的價值取向。

二、爻位和爻辭

初九爻辭先是稱"悔亡",意謂在初始階段,所遇到的困厄會消失,接下來講述兩件事。一是"喪馬勿逐,自復"。不去追尋走失的馬,而馬自復,合乎卦的"小事吉"的宗旨,因為這是常見的事情。初九爻位的意義是"潛龍勿用",喪馬而不去尋找,合乎爻位意義。馬自己返回是失而復得,這個結論是基於事件本身與卦旨和爻位意義相符而得出的。

初九是陽爻,馬是陽剛的象徵。馬的失而復得,合乎爻位的屬性,最終還是陽剛之物居於陽位。

"見惡人,无咎。"這也是一個有驚無險的遭遇。惡人面目醜陋,有的還奇形怪狀,給人一種恐懼感。但是,這類人通常不會無故傷害對方,不會帶來災患,故稱无咎。能夠見到面目醜陋的陌生人,表明行動主體已經走出居住場所,開始行動。見到惡人屬小事,但走出居住場所又與初九爻位"潛龍勿用"的意義相違,故斷語稱沒有困厄,屬於中性。

九二爻辭是"遇主于巷",在巷裏遇見從前的主人,這屬於巧遇,純屬偶然,但對這位獨自一人在外遊走的人而言也不能算是小事。他是從主人那裏疏離出來,如今又相遇,難免有幾分尷尬。九二爻位的意義是"見龍在田,利見大人",巷內遇故主與爻位意義基本相合。斷語是"无咎",因為這個事件本身與卦旨游離而與爻位意義相契,故得出中性結論。從斷語可以推知,主僕不期而遇,雙方沒有發生爭執之類的事情。

九二居於單卦中位,故以巷内應之,都是處於中間部位。九二是陽爻,所謂主人亦是男性。

六三爻辭講述的是一個突發事件:獨自在外行走者見到車輛,於是他牽引拉車的牛,拽扯駕車的馭手。因此,睽孤遭到懲罰,額頭刺字塗墨,鼻子被割掉。

這不是生活中常見的小事,因此,最後並沒有下以吉、亨之類的斷語,只是有終而已。六三爻位的意義是"含章,可貞",這位獨行者拽牛掣人的舉措,違背六三爻位的意義,因此,只能免於一死而已。

六三是陰爻居陽位,為陰爻的屬性所制約,爻辭出現的是陽剛受制、受損的事象。睽孤曳牛掣人,是以陽制陽之象。牛象徵陽剛,車夫、睽孤俱是男性,亦是陽剛的象徵。至於睽孤遭受兩種刑罰,則是陽剛受損之象。陽剛受制、受損利於陰柔,符合六三爻位的屬性。《繫辭下》論及爻位的意義時稱"三多凶",《睽孤》六三所敘確實是兇險事象。

九四爻辭敘述的是睽孤的又一次奇遇,他遇到的是一位大漢,強健程度遠遠高於他。兩位陌生的男子相逢,強弱相差懸殊,對於睽孤來説確實面臨風險。但是,由於兩人以誠相待,最終沒有什麼災患出現。睽孤遇元夫,是一個不大不小的事件,元夫這個稱謂表明來者不是普通男子,這就決定了結論不應該吉利,否則就不符合卦的宗旨。九四爻位是陽爻居於陰位,所謂的"或躍在淵",龍躍入深淵,是陽剛與陰柔相濟之象。淵指深水,是陰柔的象徵。睽孤和元夫俱為男性,屬於陽剛之列。二人都懷誠信以相交往,所謂的孚,在《周易》本經中作為柔性的美德出現。兩位男性都懷誠信,亦是剛柔相濟之象,與九四爻位的陰陽配置是一致的。

六五爻辭敘述的是睽孤的一次幸遇。他見到宗廟裏的祭祀已經完畢,人們正在吃胙肉,於是決定前往。祭祀是古代的大事,為卦的宗旨所制約，睽孤前往別族的宗廟去分食胙肉，不應該屬於吉祥之事。六五爻位的意義是"黃裳，元吉"，意謂要以謙下之態為人處世。睽孤主動前往其他家族的祭祖場所，與六五爻位的意義也不相符合。有鑒於此，斷語是以疑問語氣給出："往何咎？"不會有什麼災患。宗廟是祭祀場所，很難設想會出現打鬥之類的事件。

六五爻辭的斷語在一開始就已經給出，"悔亡"，意謂微小的災患也會消失。睽孤前往宗廟不會有什麼風險，這是事先預設的結論。六五是陰爻，所謂的"厥宗噬膚"，乃是以陰柔行事的象徵語。膚指肉皮，用以象徵陰柔。把睽孤前往宗廟的事件置於陰柔為主導的氛圍，決定了事件結局的柔性。

上九爻辭是睽孤的又一次有驚無險的遭遇。他看見稀泥中有豬，行進在路上的車輛，裝載的像是一群鬼，於是他張弓想要射箭。馬上他又發現，原來是化裝娶親的人員，於是把弓箭放下。娶親是件大事，古今都是如此。睽孤遇到娶親的車輛，為卦宗旨所制約，結局不應該吉利。睽孤受到了一場虛驚，慶幸的是沒有造成什麼嚴重後果。上九爻位的意義是"亢龍有悔"，如果睽孤真的把箭射出，那就是典型的亢龍之行而勢必有悔，這正是上九爻位所警示和反對的。他及時做出正確判斷，放棄射箭的舉措。就此而論，符合上九爻位的意義，沒有出現悲劇結局。這段爻辭最前面出現的是"睽孤見豕負塗"，豬在《周易》本經是陰柔的象徵，"見豕負塗"乃是見到陰柔的暗示語。上九是盛陽之位，豕負塗是以柔濟剛之象。睽孤在關鍵時刻沒有射出致命的一箭，乃是以柔相濟的結果。

爻辭的結尾是"往遇雨則吉"，前往遇雨，是生活中常見的小事，卦旨的預設決定了這個事象結果必然是吉利的。雨是陰柔的象徵，上九作為盛陽之位，容易出現"亢龍有悔"的現象。雨作為陰柔的象徵，對盛陽有制約作用，使它不至於亢龍有悔，從爻位意義衡量，結果也一定是吉祥的。

《睽》卦的主角是一位出處不明的獨行者，他的出行經歷帶有很強的傳奇色彩，仿佛是一篇獨行者的歷險記。這位獨行者遇到的多是離奇古怪之事，或是有驚無險，或是無驚有險。爻辭所展示的事象向人們表明，單獨的個人一旦脫離他所在的群體，就會舉步維艱，要遇到許多意想不到的事情。即使是化險為夷，能夠保持自身的安全，也無法成就大事。

《詩經》也有以出處不明的獨行者為題材的作品，《唐風》的《杕杜》《有杕之杜》是這方面的代表作。這兩首詩歌或是抒發孤獨感，或對獨行得到別人的幫助表示感激，可與《睽》卦對讀。

考　辨

【睽】語出卦名及卦辭。《說文解字·目部》："睽，目不相聽也。從目，癸聲。"段玉裁注："聽，猶順也。"睽，字形從目從癸，它的乖離之義，由癸而來。癸，籀文字形從癶從矢。《說文解字·癶部》："癶，足剌癶也。"所謂的足剌癶，"象兩足分立之形"，兩足分立，"引申則有使橫向分開義，可知是拔的初文"。① 癸，籀文作癸，從癶從矢，當是指箭矢離開了弓弧而射出之象。睽指乖離，由癸字而來。

【見輿，曳其牛，掣其人，天且劓】語出六三爻辭。各本斷句多為："見輿曳，其牛掣，其人天且劓。"有析言破句之嫌。"曳其牛，掣其人"，句式相同，排比、連言，不宜拆解。

---

① 尹黎云：《漢字字源系統研究》，第143頁。

【先張之弧】語出上九爻辭。弧，指弓，系古代男子所用武器，故用以象徵陽剛。《禮記·內則》："國君世子生……三日，士負之。吉者宿齋，朝服寢門外，詩負之。以桑弧蓬矢六，射天地四方。"《禮記·射義》亦有相同記載。《周易》本經的弧、矢，均作為陽剛的象徵物出現。射獵，亦作為陽剛之行看待。《解》上六"公用射隼于高墉之上"，以剛除剛，兩剛俱失之象。《井》九二"井谷射鮒"，以剛損柔之義。《旅》六五："射雉，一矢亡，終以譽命。"以剛除剛，兩剛俱失之義。

蹇

䷦蹇䷰艱難：利西南，不利東北。利見大人，貞吉。

初六：往蹇前往艱難來譽返回有稱譽。

六二：王臣王的臣下蹇蹇難上加難，匪躬之故不是自身的原因。

九三：往蹇來反小心謹慎。

六四：往蹇來連牽引人力車。

九五：大蹇大的艱難朋來朋友前來。

上六：往蹇來碩豐碩、巨大，吉，利見大人。

解　析

一、卦名和卦辭

卦名是《蹇》，蹇本指人的腿腳有疾病，行走艱難，又稱為跛。

蹇是行走艱難之象，兩脚不易分開前行，因此，《蹇》卦是以人的艱難處境為背景，敘述的是有往有來、相互關聯而不能拆解的事象。

卦辭稱"利西南，不利東北"，西南是形勢有利的地域，東北則是充滿風險的空間方位。既然《蹇》卦是以人生的艱難為背景，為了擺脫艱難，就必須趨利避害，選擇西南方向出行。人在艱難之中需要外力救援，大人指有權有勢的貴族成員，和大人相見有利於克服艱難，故稱利。

卦辭指出克服艱難必須有正確的選擇，一是對前往之處的環境形勢的選擇，二是對於所依賴的社會角色的選擇。客觀環境、依賴對象都屬於外部因素，但做出選擇卻是行為主體本身。

二、爻位和爻辭

初六爻辭"往蹇來譽"，是知難而退，得到稱譽。往蹇，是前行艱難。因其艱難而返回，故而得到稱譽。《蹇》卦的宗旨是趨利避害，在出行不利時返回，合乎卦的宗旨。

初六爻位的意義是"履霜堅冰至"，不宜前行之義。爻辭敘述的是不利出行而及時返回，屬於知難而退，合乎初六爻位的意義。爻辭與卦的宗旨、爻位意義均相契，故以得到稱譽為結局，是吉利之象。

六二爻辭"王臣蹇蹇，匪躬之故"，王的臣下難上加難，但是原因不在大臣自身，而是由外部條件決定的。《蹇》卦的宗旨是趨利避害，有所選擇，但是，身為王的大臣，所處環境是前定的，無法由自己選擇，因此，與卦的宗旨不相符合。

六二爻辭的意義是"直、方、大，不習无不利"，不接觸屬於陽剛類型的事象。然而，身為王的大臣，不接觸陽剛事象是不可能的。既然如此，也就與爻位意義相抵觸。六二爻辭與卦旨、爻位意義俱相違逆，所以出現的是難而又難之象。

六二是陰爻，故以王臣當之，君為陽，臣為陰。六二居於單卦的中位，王臣任職於朝廷之中，故與爻位相配。

九三爻辭是"往蹇來反"，出行時艱難，返回時小心謹慎。卦的宗旨是趨利避害，有所選擇，以便克服艱難。九三爻辭出示的事象與卦旨相近，有遠害保身之象。

九三爻位的意義是"君子終日乾乾，夕惕若，厲，无咎"。爻辭的"往蹇來反"，有"惕若"之象，雖難而猶出行，亦有乾乾之義。爻辭與卦旨、爻位意義大體一致，雖然沒有出示斷語，但結局還是可以的，屬於"厲，无咎"。

六四爻辭"往蹇來連"，展示的是出行時艱難卻又有所獲而歸的事象。既然如此，説明對於出行有所權衡和選擇，因此有獲而歸，這種事象合乎卦的宗旨。

六四爻位的意義是"括囊，无咎无譽"。牽引人力車而歸，車上必有承載，是有所獲而歸，正是括囊之象。車輛要靠人力牽引，而不是坐在車上駕馭，頗為辛苦，屬於无咎无譽之列。六四爻位與卦旨、爻位意義俱相符合，結局也是可以的。

九五爻辭是"大蹇朋來"，九五是一卦的高位，艱難到這個位置也就變得更大。但是，艱難雖大，有朋友前來，也就不難把它克服。朋友選擇大難時前來，為的是排憂解難，這種選擇對於遭遇艱難者而言自然有利。爻辭合乎卦的趨利避害宗旨。

九五爻位的意義是"飛龍在天，利見大人"。應該是大人出現的時機。在朋友處於大難之際前去救援，正是大人出現之象。九五爻辭與卦旨、爻位意義相一致，出示的結局是艱難即將解除之象。

上六爻辭"往蹇來碩，吉，利見大人"是艱難解除之象。出行艱難，返回時大有所獲，是當初做出正確選擇的結果，合乎卦的宗旨。"利見大人"亦與卦辭相應。

上六爻位的意義是"龍戰于野,其血玄黃",陰盛逼陽而出現衝突,造成創傷之象,言外之意,陰盛需要收斂。《蹇》卦上六爻辭的"往蹇來碩"確實是陰盛之象,但是,"吉,利見大人",吉祥而有大人出現,大人是陽剛的象徵,以陽制陰,不會出現陰盛犯陽之事。上六爻辭與卦旨、爻位意義均相契合,展示的是艱難解除之象。

　　《蹇》卦爻辭的編排,採用的是彼此相關聯的事象,多數以往來對舉的方式突出其關聯性。"往蹇來譽"、"往蹇來反"、"往蹇來連"、"往蹇來碩",是同一行為主體動作的先後關聯,即出行和返回,有往有來。"大蹇朋來",是強調朋友與消除艱難之間的關聯。"王臣蹇蹇,匪躬之故",則是暗示艱難與朝廷的關聯。重視兩種事象之間的關聯,是本卦爻辭的重要特徵。

　　《蹇》卦以艱難為背景,為克服艱難而往返的主要是獨立的行為主體,是單個的人。同時,也有外力的參與,其中有朋友、有大人。爻辭以此向人們昭示,每個人要戰勝艱難,主要靠自身的努力,同時,還要適當地借助外力,共克艱難。

考　辨

　　【蹇】語出卦名及卦辭。《說文解字·足部》:"蹇,𧿁也。"段玉裁注:"《易》曰:'蹇,難也。'行難謂之蹇,言難亦謂之謇。"許慎以𧿁釋蹇,𧿁,或作跛。段玉裁所引《易》,見於《蹇·象》及《序卦》《雜卦》,都是以難釋蹇。

　　《說文解字·尢部》:"尢,𧿁也,曲脛人也,从大,象偏曲之形。""𧿁,蹇也。"𧿁和蹇可以互釋,𧿁,字形从尢,而尢是人的小腿屈曲之象。小腿屈曲,必然造成行走不便,兩腿不易分開。

　　揚雄《方言》:"自關而西秦晉之間凡蹇者或謂之逴,體而偏長短亦謂之逴。"郭璞注:"行略逴也。"逴,走路時一腳低一腳高的樣子,不能保持身體平衡。蹇指小腿有疾病而走路艱難,故蹇與謇相通,關西方言稱蹇為謇。

蹇本指小腿有屈曲的疾病,兩腿不易分開,舉步維艱,由此而來,蹇字又有凝結之義。《管子·水地》:"是以水結於玉,而九德出焉。凝蹇而為人,而九竅五慮出焉。"尹知章注:"蹇,停也。言精液凝停則為人也。"①這裏所說的凝停,指的就是凝結。《呂氏春秋·別類》:"漆淖水淖,合兩淖則為蹇,濕之則為乾。"陳奇猷先生做了如下解釋:

> 淖,今語"流體"。……漆液之性,易在濕空氣中凝固,故著漆之器必置潮濕之處或擱水盆之上。此文所言,即此物理現象也。②

《呂氏春秋·別類》篇所說的"合兩淖則為蹇",指兩種流體凝結成固體。蹇,指兩種因素相凝結。《易·蹇》卦的爻辭,所呈現的也是兩種因素相凝的狀態,即往和來對舉,二者不可分割。

【反】語出九三爻辭。《說文解字·又部》:"反,覆也,从又、厂。"對此,當代學者有如下解說:

> 反……甲骨文作反,與小篆同,在厂之下增一又,象以手攀援山崖之形。此山崖要以手攀援,足見有一定坡度。③

---

① 黎翔鳳:《管子校注》,中華書局,2009年版,第816頁。
② 陳奇猷:《呂氏春秋新校釋》,上海古籍出版社,2009年版,第1653頁。
③ 尹黎雲:《漢字字源系統研究》,第312頁。

反的本義是以手攀援山崖，它的許多含義都是由此引申出來的。攀援山崖有很大的風險，因此，必須小心謹慎，才能確保安全。《詩經・小雅・賓之初筵》："賓之初筵，溫溫其恭。其未醉止，威儀反反；曰既醉止，威儀幡幡。"毛傳："反反，言重慎也。幡幡，失威儀也。"這是以重慎釋反反，即小心謹慎之義。《詩經・周頌・執競》："降福簡簡，威儀反反。"毛傳："反反，難也。"鄭箋："反反，順習之貌。"毛傳釋反反為重慎，又釋作難，二者意義相通，因艱難，故慎重。鄭玄釋為順習，亦與慎重之義相通。慎重則有規則可循，故有順習之象。《蹇》九三的"往蹇來反"，反，取其小心謹慎之義，身處艱難，故須謹慎。

【連】語出六四爻辭。《説文解字・辵部》："連，負車也。從辵、車，會意。"段玉裁注寫道：

> 連即古文輦也。《周禮・鄉師》"輂輦"，故書輦作連，大鄭讀為輦。《巾車》"連車"，本亦作輦車。《管子・海王》："服連軺輂。"《立政》："刑餘戮民，不敢服絻，不敢畜連。"負車者，人輓車而行，車在後如負也。字從辵、車，會意。猶輦從扶、車，會意也。與車相屬不絕，故引伸為連屬字。①

連，謂輦，指用人力牽引的車。《蹇》六四的"往蹇來連"，指的正是人力牽引著車輛而歸，有所獲取之象。

---

① 段玉裁：《説文解字注》，第73頁。

解

☷☵ 解_{解開}：利西南。无所往，其來復_{有人返回}吉。有攸往，夙 sù _早，趕早吉。

初六：无咎（解開）沒有災禍。

九二：田_{田獵}獲三狐，得黃矢_{黃銅箭頭}，貞吉。

六三：負且乘_{背負著東西乘車}，致寇至_{招致強盜到來}，貞吝。

九四：解_{放鬆}而_{同"爾"，代詞，你的}拇，朋至斯孚_{朋友到來則誠信}。

六五：君子維有解_{君子的束縛被解開}，吉，有孚于小人_{得到平民百姓的信任}。

上六：公用射隼 sǔn _{鷹類猛禽}于高墉_{城牆}之上，獲之，无不利。

解　析

一、卦名和卦辭

卦名《解》，解開、解脫之義。卦辭"利西南"，還是取其趣利避害之義，在解脫之際也要堅持這個原則。

《解》卦的宗旨是解開、分開，下面的卦辭是就往和來這種人際交往的方式立論。《禮記·曲禮上》寫道："禮尚往來。往而不來，非禮也；來而不往，亦非禮也。"有來有往，是人際交往的基本原則，來和往經常聯繫在一起，是交往的兩個組成部分。《解》是以解開為宗旨，因此卦辭也強調往和來要分開，不要總是糾纏在一起。無所往而有人返回，這是無往而有來，吉利。如果有所往，那就要趕早起程，趁對方沒有到來就動身，這是有往無來。以上兩種情況，都符合《解》卦的宗旨。

《解》和《蹇》是對卦。《蹇》卦以艱難為背景，《解》卦則是以順境為背景。《蹇》卦的往和來是捆綁在一起的，由單獨行動個體加以體現。《解》卦的卦辭則是把往和來分開，爻辭所敘事象也是以解開為吉。

二、爻位和爻辭

初六爻辭是"无咎"，意謂解開而不會有災患，合乎卦的宗旨。初六爻位的意義是"履霜堅冰至"，不宜前行，亦是不宜有所動作之義，解開的動作與爻位意義不相符合。兩者綜合，得出的斷語是无咎，屬於中性。

九二爻辭出示的事象是狩獵捕獲三隻狐狸，在狐狸身上發現黃銅箭頭。狩獵獲取三隻狐狸，無論是用弓箭射中，還是用網羅捕獲，開弓張網都是解開之象，與卦的宗旨相契。但是，從狐狸身上發現黃銅箭頭，是當解而未解之象，正常情況下狐狸身上不應有箭頭，這又與卦旨小有背離。

九二爻位的意義是"見龍在田，利見大人"，是行有所得之象，田獵獲得三狐，與爻位的意義基本一致。綜合爻辭與卦旨及爻位意義的關聯，得出的結論是"貞吉"，占問會吉利，其他事情未必全都如此，是有限定的正面斷語。

九二是陽爻，故以金屬箭頭當之，是陽剛的象徵物。九二居於單卦的中位，故以中色的黃相配。

六三爻辭展示的是一幅頗為滑稽的畫面：乘車人員的後背負載著物品，不肯放下，結果招致強盜前來。身負物品而不肯放在車上，很容易被人認為是因為物品過於貴重的緣故，由此誘發強盜的賊心。正常情況下是乘車而把背負的物品放下，負且乘是當解而不解，違背卦的宗旨，不但自身受累，而且引來危險。

六三爻位的意義是"含章，可貞，或從王事，无成有終"。負且乘是把物品顯露於外，給人以寶相示的印象，違背六三爻位的意義。至於他出行是否與王事相關，爻辭沒有標明。

負且乘的事象與卦辭、爻位意義俱相違背，因此導致強盜前來的後果。即使進行占問，得出的結論也是將處於困厄之中。《解》卦總體上以寬鬆的環境為背景，因此，所下的負面斷語不是很嚴厲。

九四爻辭的"解而拇，朋至斯孚"，是勸人放鬆身心接待朋友，而不要處於緊張嚴肅的狀態中。拇，指拇指，包括手和腳的拇指。拇指解開則五指皆鬆，五指皆鬆則手腳乃至全身都處於寬鬆狀態。這裏表面上是勸人解開拇指，實際上是指身心的整體解脫。因為有了這種解脫，朋友到來才能以誠相待。身心解脫必然與朋友平等相處，沒有顧忌，彼此其樂融融。相反，身心放不開，彼此相處必然小心拘謹，乃至於虛與委蛇，很難有真誠可言。這種身心解脫合乎卦的宗旨。

九四爻位的意義是"或躍在淵"，龍躍入深水，得其所哉，那裏是它自由活動的天地。放鬆身心接待朋友，彼此以誠相待，與九四爻位的意義亦相切合。爻辭未言吉凶，但吉祥潛藏於話語之中。

六五爻辭敘述的是一位貴族君子的遭遇：他先是被繩索捆綁，後來得以開解，並且得到平民百姓的信任，是罪除官復，重新被起用的情節。君子從被治罪到獲釋官復，確實是一個大的解脫，與卦的宗旨相契。

六五爻位的意義是"黃裳,元吉",位尊而以謙下之態待人接物。君子鬆綁並且得到平民百姓的信任,與六五爻位所追求的人際關係亦相一致。爻辭與卦旨、爻位意義無有疏離,結局是吉祥的。

上六爻辭出現的是城牆上開弓射鷹並且命中的事象。張弓射箭是開解之象,合乎卦的宗旨。

上六爻位的意義是"龍戰于野,其血玄黃",警示陰盛而犯陽現象的出現。公高墉射隼,展示的不是盛陰之象,與爻位意義不相違背。

上六是卦的最高位,故以高墉相配。隼是鷹類猛禽,在《周易》本經中它和雉都是陽剛的象徵。射隼而獲之,乃是去剛之象。上六是陰爻,除陽剛而有利於陰柔,所以斷語是"无不利"。

《解》卦爻辭敘述的開解事象多種多樣,是以解脫為綫索加以編纂的。追求人生的解脫,是中國古代文學的重要主題之一。《莊子·養生主》嚮往"帝之懸解",《大宗師》則把安時處順看作"所謂其解也"。《易·解》卦可以說是中國古代文獻最早出示的解脫場面。

考 辨

【田獲三狐】語出九二爻辭。狐狸是古人重要的獵取對象。《楚辭·離騷》寫道:"羿淫遊以佚畋兮,又好射夫封狐。"王逸注:"封狐,大狐也。言羿為諸侯,荒淫遊戲,以佚畋獵,又射殺大狐,犯天之孽,以亡其國也。"狐狸肉不宜食用,獵取狐狸主要取其毛皮。《莊子·山木》寫道:"夫豐狐文豹,棲於山林,伏於巖穴,靜也;夜行晝居,戒也。雖饑渴隱約,猶且胥疏於江湖之上而求食焉,定也。然且不免於罔羅機辟之患,是何罪之有哉? 其皮為之災也。"人們獵取狐狸,為的是取其皮以為裘。《詩經》多次提到狐裘,具體見於《邶風·旄丘》《檜風·羔裘》。

損

☷☶損減損:有孚,元吉,无咎,可貞。曷之用用什麼呢?二簋裝載食物的器具用兩個簋,可用享可以用於祭祀。

初九:巳 sì 通"祀"事祭祀之事遄 chuán 迅速、盡快往,无咎,酌損之(可以)酌情減損祭品等。

九二:利貞,征凶,弗損,益之不能減損對方而有益於他們。

六三:三人行則損一人三人同行則減少一人,一人行則得其友一人獨行則能得到他的朋友。

六四:損其疾減損其疾病,使遄有喜使得迅速康復,无咎。

六五:或益之十朋之龜間或增益到用十朋(百貝)購入大龜(占卜),弗克違,元吉。

上九:弗損,益之,无咎,貞吉。利有攸往,得臣无家得到的男僕沒有自己的主人。

解　析

一、卦名和卦辭

卦名《損》,減損、減少之義,圍繞日常生活中如何運用減法而編排卦爻辭。

卦辭稱"有孚,元吉,无咎,可貞",一系列斷語都對減損之術予以充分肯定,而首要的是"有孚"。人們通常處理各種事物習慣於用加法,而對減法則往往忽略。有時即使勉強運用減損之術,也顯得勉強,不是心甘情願。減損是一種拋舍,對於所做的拋舍必須發自真誠,才能有吉祥的後果,才可以從事相關的活動。

那麼,怎樣做才合乎減損的準則呢?卦辭用具體事例做了說明:"二簋可用享。"簋是用來盛食物的器具,通常為圓形。二簋,指用兩個簋盛裝的食物,品種很少。《坎》六四:"樽酒、簋貳用缶,納約自牖。"敘述的是被拘留人員得到外邊送來的酒食,是裝在兩個簋中。對於被拘留者而言可謂美餐,但用於祭祀神靈則顯得簡陋。可是,在必須減損的情況下,卻可以因陋就簡,並不會給祭祀造成障礙或帶來不良後果。

二、爻位和爻辭

初九爻辭是"巳事遄往,无咎,酌損之"。對於祭祀之事要迅速前往,這樣就不會有災患。至於所用祭品,以及相關的禮儀,可以酌情減損。祭祀貴在心誠,也就是卦辭所說的有孚,而祭品的豐約、禮儀的繁簡則是次要的。因為急忙前往祭祀場所,來不及做充分的準備,所以要對祭品等酌情減損,這種做法合乎卦的減損宗旨。

初九爻位的意義是"潛龍勿用",不宜有所行動。爻辭出示的事象是急忙前往祭祀場所,並且做出減損的舉措,與初九的爻位意義相違,因此,沒有做出吉利之類的斷語。

九二爻辭"利貞,征凶,弗損,益之",意謂當減損之際,利於占問而不宜出征作戰,否則,結局兇險。出兵作戰是要擴大地盤,獲得更多的財物和人口,對於主動出兵的一方而言,這是在擴充自己,屬於增益,而不是減損,因此,爻辭予以否定。當減損之際而出征作戰,其結果是對於敵方不是減損,而是增益,意謂主動出兵的一方要打敗仗。出征作戰與卦的宗旨相違背,故爻辭予以反對。

九二爻位的意義是"見龍在田,利見大人",是吉祥事象,而出征作戰則是不祥之事,與九二爻位的意義相違背。

九二是爻位的中爻,居於中間,出征作戰則是離開居住地區,是疏離於中,與九二爻位亦相違背。

九二爻辭稱"利貞",占問是以恭敬之心向神靈求教,是自我減損的一種方式,合乎卦辭的"可貞"宗旨。同時,占問是神靈對占問者進行指點,正是九二爻位的"利見大人"之象,故稱有利。

六三爻辭的"三人行則損一人,一人行則得其友",這條爻辭是基於生活經驗而來的。三人同行,涉及如何處理好彼此之間的親疏關係,以及怎樣達成共識,取得一致的意見。在具體操作過程中,這些問題處理起來比較麻煩。如果兩個人結伴同行,彼此之間就要相互依賴,意見容易統一。這樣一來,三人同行就有一人顯得多餘,需要減掉。但是,單獨一人出行不但孤獨,而且存在危險,需要找一個夥伴同行。《繫辭下》在引述這條爻辭之後稱"言致一也",指出了其中的道理。"三人行則損一人",合乎卦的宗旨。"一人行則得其友",與卦宗相違。

六三爻位的意義是"含章,可貞。或從王事,无成有終"。爻辭著眼於夥伴的致一,也就是相互依存,友好相處,順利出行。這與六三爻位的意義相合。

六四爻辭"損其疾,使遄有喜,元吉"。疾病是人生的困擾之一,對於患者來說,儘快消除疾病,是人們普遍的追求。這種做法合乎卦的宗旨。

六四爻位的意義是"括囊,无咎无譽",病除則喜至,歡樂生於心中,這與六四爻位的意義亦相符合。

消除疾病而恢復健康,並且越快越好,這種減損對於人有利而無害,爻辭予以充分的肯定。

六五爻辭講述的是用十朋購入大龜,不能違背這種做法,結局是元吉。從購買大龜的價格來看,用掉十朋百貝,確實是花費頗大,較之於購入普通的龜是進行增益,是以增益的方式表示對神靈的虔誠。而從買主來看,用高價買大龜是一筆巨額支出,對自身是頗有強度的減損,與卦的宗旨是一致的。

六五爻位的意義是"黃裳,元吉",居尊位而以謙下姿態出現。出高價買大龜用於占卜,表現的是對神靈的虔誠和敬畏,與爻位的意義相契。

上九是卦的最高爻位,減損到這個層位,不能再持續下去。因此,不是繼續減損,而是要增益。這種做法與卦的宗旨相悖。

上九爻位的意義是警示"亢龍有悔"現象的出現,不能再繼續減損,避免過分,這種做法與爻位的意義一致。

綜合爻辭與卦旨與爻位意義的關聯,雖違於卦旨而合乎爻位意義,所下的斷語是"无咎",不會有災患,屬於中性結論。"貞吉"屬於正面結論,但是有限定。貞問會吉利,其他事情則未必如此。

上九爻辭的結尾是"得臣无家",得到一名沒有主人的男僕,是小有增益之象,用以表明減損階段已經結束,開始進入增益。

卦爻辭所涉及的減損事象,有祭祀、出征作戰,屬於軍國大事;有占問,屬於人神關係;有出行、治病,屬於日常生活。減損的覆蓋面較廣。卦爻辭的編纂者認為,減損是帶有普遍適用性的一種行為方式,人們應該學會如何操作,以使減損而有道、減損而合理。

考　辨

【巳事】語出初九爻辭。巳,通祀。對此,趙誠先生有如下論述：

祀，從示，巳聲。或寫作㠯，不從示。從文字發展來看，當是先作㠯，後加形符示作祀。甲骨文用作祭名，為祭祀之專名……後代才發展為祭祀的通稱。①

巳是祀的初文，《損》六二的巳事，指的是祭祀之事，用祀字的初文。

益

☰☷ 益增益：利有攸往，利涉大川。

初九：利用為大作利於面對大的創製。為，面對。作，創制、創造。元吉，无咎。

六二：或益之十朋之龜，弗克違，永貞吉。王用享于帝祭祀天帝，吉。

六三：益之用凶事增益的做法用於凶險之事，无咎。有孚，中行告公用圭中途向公建議使用玉圭。圭，王制禮器，條形，上尖或圓而下方形，用於朝廷典禮。

六四：中行告公，從被採納，利用為依遷國利於應對那些所遷邦國并使之歸附。為，應對。依，使之歸附。

---

① 趙誠：《甲骨文簡明詞典——卜辭分類讀本》，第243頁。

九五：有孚惠心心理感受到恩愛,此指仁愛達於人心,勿問不必問,元吉。有孚,惠我德以我的德為恩惠。

上九：莫益之,或擊間或要減損之。立心勿恆立心莫要恆定不變,凶。

解　析

一、卦名和卦辭

卦名《益》指的是增加、增益,與《損》卦相對,二者的宗旨相反。人的立身行事,需要用減法,也需要用加法,治國理政同樣如此。損和益,是中國古代的一對重要命題。《老子》第四十八章稱:"為學日益,為道日損。"益還是損,是儒、道兩家的分歧之一。這對命題的提出,始於《周易》本經。

《益》卦的卦辭是"利有攸往,利涉大川",利於出行,利於涉渡大川。而涉大川,乃是踐履陰柔之行的象徵語。當增益之際,利於有所前往,利於用陰柔。

二、爻位和爻辭

初九爻辭"利用為大作",其中的"為"字,指的是面對,由偶對之義引申而來。大作,指大的創作。始興、始發、創始為作,帶有原創的性質,是有新的增益。面對大的創制,合乎卦的宗旨。

初九爻位的意義是"潛龍勿用",面對大的創制,並不是行為主體本身進行創制,這種行為方式與初九爻位的意義亦相符合。

《益》卦是以增益為背景,初九爻辭與卦旨、爻位意義均相契,出示的斷語也最為吉祥,開局就出現明顯的上行走勢。

六二爻辭的前半部分與《損》六五相同,都是以十朋之龜説事。

《損》六五爻辭的十朋之龜事象似益而實損，這裏則完全是從增益的角度進行審視。在古人看來，龜的形體越大，用它進行占卜就越靈驗。《莊子·外物》篇提到的神龜"其圓五尺"，用它進行占卜，"七十二鑽而無遺策"，預測的準確率達到百分之百。用大龜進行占卜，通常用於預測大事，故爻辭稱"永貞吉"，占問長遠的事情會吉利，而長遠的事情往往是重大的、戰略性的。

六二爻辭後半部分是周王祭祀天帝的事象，這是最高層次的祭祀，它與用十朋之龜占卜都符合卦的宗旨，故吉利。

六二爻位的意義是"直、方、大，不習无不利"，意謂不接觸陽剛事象。用大龜占卜、祭祀上帝，都是對神靈的尊崇，是對神靈依賴，這兩種事象均與六二爻位意義相契，結語都吉利。

六三爻辭首先提出一個增益的理念，即在遇到災難時以增益的方式加以處理，人力、物力、財力加大投入，不會有禍患。古人確實是按照這種理念行事的。《詩經·大雅·雲漢》作於周宣王時期，敘述人們與旱災相抗爭的情況，其中提到"靡神不舉，靡愛斯牲，圭璧既卒"，所祭祀神靈的類別，所用祭品的數量，均較正常情況多有增益。以增益投入的方式減災消禍，是生產生活經驗的總結，其中也有神秘的因素。

六三爻辭的後半部分是"有孚，中行告公用圭"。這位貴族內懷誠信，行進中途向公轉告要讓圭派上用場。圭用於多種典禮，用圭是高級別的典禮，或是大臣上朝時所持，或是祭祀高級別神靈的禮儀用於奉獻沉埋，總之是禮儀上的增益性因素。爻辭所述益之用凶事、告公用圭，都符合卦的宗旨。

六三爻位的意義是"含章，可貞。或從王事，无成有終"。凶事加大投入、典禮上用圭，表面看來是把美好之物顯露於外。從另一方面來看，這兩種事象都反映出行為主體內心的美好，與含章可貞並不相違。"告公用圭"，指的是軍國大事，也就是王事。

六三爻辭與卦旨、爻位意義皆相符合，都是作為正面事象出現的。

六四爻辭上承六三爻辭而來，先是一位貴族中途向公建議，典禮要用圭，使之更加隆重。公採納了他的建議，有利於應對那些搬遷的邦國，使他們歸附順從。這個事象符合卦的宗旨，典禮的增益舉措帶來政治上的正面效應，使政權更加穩固。

六四爻位的意義是"括囊，无咎无譽"，把外物納入囊中而又加以束結，使之不會流失，內裏充實。搬遷的邦國順從歸附，正是納物於囊中而又括結之象，二者相一致。六四爻辭與卦旨、爻位意義均相符合，出現的是吉祥太平的景象。

卦辭提出"利涉大川"，即利於踐履陰柔之行。九五爻辭就是圍繞卦的這個宗旨編排的。先是說"有孚惠心，勿問，元吉"，後面又稱"有孚，惠我德"，意謂我有誠信則仁愛達於人心，我有誠信則被人視為恩惠。既然如此，必定得到廣泛的擁戴。這條爻辭展示的是治國理政因誠信而凝聚力日益加強的事象，符合卦的宗旨，也符合九五爻位"飛龍在天，利見大人"的意義，其中出現的確實是貴族大人的形象。爻辭稱"勿問，元吉"，靠誠信開創的盛世局面，其吉祥是不言自明。

九五是至尊之位，又是單卦的中位。孚指誠信、惠愛，發自人的內心。九五爻辭反復提到孚，一方面是回應卦辭，另一方面也因為九五爻位居於中，孚出自人的心中。

上九是卦位的最高端，增益至此，已經沒有再擴展的餘地。本於物極必反的理念，上九爻辭提出"莫益之，或擊之"，不能再繼續增益，有時還要去掉、減損。人的思維具有慣性，由增益而轉為停止，甚至還要減損，不是所有人都能適應的。因此，爻辭提出"立心勿恆"，要有變通性，否則結局凶險。《恆》六五："恆其德，婦人吉，夫子凶。"這兩條爻辭可以相互印證。

上九爻辭的"莫益之，或擊之"，與卦的宗旨相違，但與上九爻位"亢龍有悔"的警示意義相契。所出的斷語也是警示性的，為的是避免因增益失控而出現不良後果。

《損》卦所列的減損對象，涉及戰爭、祭祀、占卜、出行、疾病等許多方面，既有軍國大事，又有日常生活事象。《益》卦的初九以"用為大作"開始，往後的六二、六四、九五，所出示的都是與治國理政密切相關的大事，基本上見不到普通的生活事象。《損》《益》兩卦取材的差異，反映出《周易》本經編纂者的政治理念。在他們看來，治國理政一方面要兼用損和益兩種方式，但對於整個國家而言，它的生存發展主要靠的是增益，而不是減損，所持的是頗為大氣的治國理政觀念。爻辭展示的多是軍國大事，與西周初期的歷史、政治關聯頗為密切，多數爻辭可以找到與它相對應的事件。

考　辨

【利用為大作】語出初六爻辭。這裏所說的大作，不是指一般的大的創制，而是專門指大興土木，進行建築方面的宏偉工程。《後漢書志》記載：

> 將作大匠一人，二千石。本注曰：承秦，曰將作少府，景帝改為將作大匠。掌修作宗廟、路寢、宮室、陵園土木之功，並樹桐梓之類列於道側。①

將作大匠，是漢代主管朝廷土木建築的高官，秦稱將作少府。

---

① 司馬彪撰，劉昭補：《後漢書志》，中華書局，2006年版《後漢書》，第3610頁。

儘管名稱有些變化，但是"將作"二字冠於其前則是一致的。這裏的將字，指的是大。《説文解字·手部》："拇，將指也。"拇指稱為將指，取其大於其他指頭之故。《左傳·定公十四年》："闔閭傷將指，取其一屨。"杜預注："其足大指見斬，遂失屨。"這是脚的拇指稱為將指，取其大之義。秦、漢主管宮廷建築的高官，其職務名稱都冠以將作二字，可見這種稱謂由來已久，當是繼承周制。所謂的將作，即大作之義。《易·益》初六所説的大作，指的是宮殿建築方面的創制。

西周初期，在宮殿建築方面確實有大的創制，這就是成周洛邑的營造。《逸周書·作雒解》記載：

周公敬念於後曰："予畏周室克追，俾中天下。及將致政，乃作大邑成周于土中。"①

周公是秉承周武王的遺囑，營造洛邑。先是由召公負責，後來周公又予以監督驗收。《史記·周本紀》也寫道："成王在豐，使召公復營洛邑，如武王之意。周公復卜申視，卒營築，居九鼎焉。"司馬遷把洛邑營造的經過敘述得更加簡明清晰，主要取材於《尚書》。《逸周書》稱營造成周是作雒、是作大邑，這與《益》初六所説的大作可以相互印證，指的都是營造洛邑，是宮殿建築方面的大手筆。初六爻辭的"利用為大作"指周公將要到洛邑，視察那裏的宮殿建築情況。

【或益之十朋之龜】語出六二爻辭。《尚書·洛誥》敘述周公如下話語：

---

① 黃懷信、張鶴懋、田旭東：《逸周書匯校集注》，第 525 頁。

予惟乙卯,朝至於洛師。我卜河朔黎水,我乃卜澗水東,瀍水西,惟洛食。我又卜瀍水東,亦惟洛食。伻來以圖,及獻卜。①

周公在前往洛邑進行巡視之前,反復占問,以便確定洛邑宮殿應選擇的空間方位。他還把占卜得到的兆象帶到洛邑,供人參考。占問洛邑的宮殿建築,是朝廷的重大事件,選用大龜在情理之中。這項占問事關周王朝未來的發展,六二爻辭所説的"永貞吉",可與上面所引的周公話語相互印證。周公的占問確實永貞,並且吉利。

【王用享于帝】語出六二爻辭。《尚書·洛誥》有如下記載:

戊辰,王在新邑,烝祭歲。文王騂牛一、武王騂牛一。……王賓,殺禋,咸格。王入太室祼。②

所謂的烝,指的是冬祭,祭祀對象是天帝。禋,指焚柴而祭,是祭天的方式。六三爻辭所説的"王用享于帝",取材於周成王在洛邑的烝祭。

【中行告用圭】語出六三爻辭。中行,謂中途。用圭,指舉行重大禮典的必備之物。《益》卦以營造洛邑為綫索,周公是爻辭中的主要角色。中行告用圭,是周公在向洛邑行進的途中,向召公傳達的資訊。當時召公正主持洛邑營造之事,重大禮典由他負責。

---

① 孔穎達:《尚書正義》,第114頁。
② 孔穎達:《尚書正義》,第217頁。

【中行告公,從,利用為依遷國】語出六四爻辭。告公,指告召公。從,謂召公聽從周公的建議。"利用為依遷國",遷國,指被搬遷的邦國。《史記·周本紀》有如下記載:

  成王既遷殷遺民,周公以王命告,作《多士》《無佚》。召公為保,周公為師。東伐淮夷,殘奄,遷其君薄姑。①

爻辭所說的遷國,指的是遷於宋地的殷商遺民、遷於薄姑的奄遺民。

【有孚惠心,有孚惠我德】語出九五爻辭,當是以周公制禮作樂、施行文治為背景。《史記·周本紀》寫道:

  成王自奄歸,在宗周,作《多方》。既絀殷命,襲淮夷,歸在豐,作《周官》。興正禮樂,度制於是改,而民和睦,頌聲興。②

九五爻辭所展示的,是一幅天下大治的景象,與《周本紀》的上述記載相符。

---

① 司馬遷:《史記》,第 133 頁。
② 司馬遷:《史記》,第 133 頁。

夬

☰☱ 夬 guài 決斷、分決：揚 發布、頒布 于王庭，孚號 誠信的號令。有厲 告危險的信息 自邑，不利即 就、接觸 戎 指參加戰爭，利有攸往。

初九：壯于前趾 前腳趾躁動，急欲出行之象，往不勝 前往不能取勝，為咎 面臨災患。

九二：惕號 驚懼地發號令，莫 同"暮"夜深 夜有戎，勿恤 不必憂慮。

九三：壯于頄 qiú 顴骨躁動，有凶。君子夬夬 急忙貌 獨行，遇雨若濡 身如水洗，渾身濕透貌，有慍 憤怒 无咎。

九四：臀无膚 臀部沒有皮膚，其行次且 亦作"趑zī趄jū"，行走艱難。牽羊悔亡 牽羊會使微小的災患消失，聞言不信 對於閒言雜語不要相信。

九五：莧 xiàn 一種野菜，可食，生於路旁或田地 陸 跳躍、越過，夬夬中行 急急在路中前行，无咎。

上六：无號 沒有號令，終有凶。

解　析

一、卦名和卦辭

卦名《夬》，意謂決斷、分決，能夠當機立斷，迅速做出決策，並採取相應的行動。所有這一切,都是在很短的時間内完成的。

卦辭首先稱"揚于王庭,孚號",在決斷之際,從王庭發出誠信的號令。指的是王庭能迅速、準確地做出判斷,並且及時地發出號令,反映出王庭決策的高效和可行。

卦辭第二層是"有厲告自邑",從王庭所屬的地方城邑傳來出現危險的資訊。這與《泰》上六的"自邑告命"有相似之處,都是從外地城邑傳入王庭的資訊。

那麼,對於來自外地城邑的報警信號如何處理呢?卦辭最後做了回答:"不利即戎,利有攸往。"不利於從事戰爭,利於有所往。意謂當決斷之際,不能因為外邑告急而立刻動用武力,而應該前往調查,取審慎的態度。"不利即戎,利有攸往",也是《夬》卦的宗旨,意謂當機立斷不利於戰爭,容易出現失誤。"利有攸往"則是說正值分決之際,離開住地出行則有利,主張決離、分開。

二、爻位和爻辭

初九爻辭"壯于前趾",與《大壯》初六"壯于趾"相似,都是腳趾躁動,急於前行之義。壯與夬的含義有相通之處,都指行動的力度很大,而且急於完成。"壯于前趾"與《夬》卦的分決之旨是一致的。

初九爻位的意義是"潛龍勿用",不宜有所行動。腳趾躁動則是要急切前行,與爻位意義相違。綜合爻辭與卦旨和爻位意義之間的關聯,斷語是"往不勝,為咎",前往的決斷會出現自身無法承擔的後果,面臨的只能是災患。為:指面對、面臨。斷語的主要依據是爻辭與爻位意義相違。

初九是卦的最低位,故所選取的物象是人的腳趾。

九二爻辭出現的是予以警示的號令,給人帶來的是恐懼。能夠及時發出預警信號,是有決斷力的表現,有利於人們及時採取應對措施，避免或減少不必要的傷亡和損失。預警信號傳達的消息是"莫夜有戎"，深夜會有戰爭。既然已經瞭解這種情況，也就不必憂慮了。這條爻辭出現的事象與卦旨相契，一是有決斷力，二是躲避兵戎之事，在戰爭到來之前隱蔽、走離。

九二爻位的意義是"見龍在田，利見大人"，爻辭出示的事象與爻位意義不相違背，但也不相切合，處於疏離狀態。爻辭斷語是"勿恤"，主要根據爻辭與卦旨相契。

九二居於單卦的中間，爻辭所說"莫夜"，指的是深夜，相當於後代所說的半夜，亦即夜之中，以此與九二爻位相應。

《離》九三："日昃之離，不鼓缶而歌，則大耋之嗟，凶。"這條爻辭所敘述的事象，與《夬》九二的及時發出預警號令正相反。

九三爻辭首稱"壯于頄，有凶"。顴骨躁動，是喜怒哀樂見於面部、情緒失控之象。在需要做出決斷的時機，人的情緒失控，很難做出正確的決斷。九三爻位的意義是"君子終日乾乾，夕惕若"，情緒失控不是乾乾之象，也見不到憂患意識。"壯于頄"與卦旨和爻位意義均相違逆，故斷語稱其後果凶險。

九三爻辭的後半部分是"君子夬夬獨行，遇雨若濡，有慍无咎"。君子急急前行，合乎卦的決斷、利有攸往的宗旨，也與九三爻位的"君子終日乾乾"之象一致，故斷語是沒有災患。

急於前行而遇雨，並且渾身濕透，如同被水沖洗，確實令人惱怒，故稱有慍。爻辭中的君子夬夬獨行，一副陽剛之象。雨水是陰柔的象徵，夬夬獨行中而遇雨若濡，是以柔濟剛之象。大雨使急急獨行的君子放慢腳步，有利於冷靜下來做出決斷，也符合九三爻位"夕惕若"的意義。

九四爻辭的前半部分是"臀无膚，其行次且"。臀部沒有皮膚，受傷之象，行走艱難。儘管如此，與卦旨的"利有攸往"還有相合之處，因為他畢竟在前行。九四爻位的意義是"或躍在淵"，龍而躍入深水,得其所宜居,而爻辭出示的事象則與此相違背。九四是陽爻居陰位,龍入於淵是剛柔相濟之象。"臀無膚"則是陰柔受損而離去,與卦旨的分決相契,而與九四爻位的剛柔相濟不合。臀無膚而艱難前行,緣於這個事象與卦旨相合而與爻位意義相違的複雜情況。

九四爻辭稱"牽羊悔亡",牽羊是羊順從於人,與卦旨的決斷之義相契,人對羊有決斷力。九四爻位的"或躍在淵",是剛柔相濟之象。羊是陽剛的象徵,牽羊,意謂陽剛得到駕馭,與九四爻位的意義雖然不相契合,但也不相違背。斷語的"悔亡",是綜合爻辭與卦旨及爻位意義的關聯而得出的。

九四爻辭的"聞言不信",其中的言,指的是負面話語,閒言雜語之類。聞言不信,不相信流言蜚語,是有決斷力的表現,與卦的宗旨相契,但與"或躍在淵"不甚相合。

九五爻辭"莧陸,夬夬中行,无咎"。前行遇到莧菜,跳躍而過,繼續急急前行。這是前行不已的形象,不會因中途出現障礙物而放慢腳步。莧菜是一種野菜,生命力旺盛,生長週期的後一階段植株較高,且莖杆堅硬,很容易給人造成行動障礙。爻辭展示的事象合乎卦的決斷、前行的宗旨。九五爻位的意義是"飛龍在天,利見大人",是上行而又可以有所作為之義,爻辭也與此相符合。斷語為无咎,是因為所涉事象常見而普通,與九五爻位的至尊屬性尚有一定距離。

九五是單卦的中位,故以中行相應,與《泰》九二的"得尚于中行",《益》六三的"中行告公用圭"含義一致。

上六爻辭是"无號,終有凶"。无號是沒有號令,當然也不會有相應的行動,與卦的宗旨相悖。上六爻位的意義是"龍戰于野,其血玄黃",警示不要以陰犯陽,免受傷害,但並非無所作為。无號是無所作為之象,上六是卦的最高位,居高位而無所作為,亦與爻位相悖。上六爻辭與卦旨、爻位意義俱相違背,故稱"終有凶"。

考　辨

【莧陸,夬夬中行,无咎】語出九五爻辭。何謂莧陸,古注衆説紛紜,王弼注:"莧陸,草之象。柔脆者也,決之至易,故曰夬夬也。"孔穎達《正義》寫道:

> 莧陸,草之柔脆者。《子夏傳》云:"莧陸,木根草莖,剛上柔下也。"馬融、鄭玄、王肅皆云:"莧陸,一名商陸。"皆以莧陸為一。黄遇云:"莧,人莧也。陸,商陸也。"以莧陸為二。①

或以莧陸為一物,或以莧陸為兩種植物,説法不一。查閱早期字書,只有莧,找不到莧陸這種植物。《説文解字·草部》:"莧,莧菜也。"這是把莧釋為菜,没有涉及陸。《爾雅·釋草》:"蕢,赤莧。"郭璞注:"今之莧赤莖者。"莧有赤莖者,稱為蕢,這裏也是單提莧,而不涉及陸。《埤雅·釋草》對於莧有如下解説:

> 莧有紅莧、白莧、紫莧三色。《爾雅》曰:"蕢,赤莧。"即今紅莧是也。莖葉皆高大而見,故其字从見,指事也。《易》曰:"莧陸夬夬。"……莧,陸之象也。《列子》曰:"老韭之為莧也,老鸙之為猿也。"言物以老故,變有如此者。②

這裏把莧作為一種野生植物,而認為陸字是狀其高而平的形

---

① 孔穎達:《周易正義》,第57頁。
② 陸佃:《埤雅》,第172頁。

態，因為陸的本義是指高平之地。他所引的《列子》之語見於《天瑞》篇。

或認定莧陸是一物，或以陸解釋莧的形態，均無法落到實處。陸，在這裏是動詞，表示跳躍、騰越。《莊子·馬蹄》描寫馬的原始本性，稱其"翹足而陸"。司馬彪注："陸，跳也。"成玄英釋"翹足而陸"為"舉足而跳躑"①。陸，確實有跳躍之義。所謂的莧陸，指遇到莧草跳躍而過。以往各本多以"莧陸夬夬"為句，似應斷為"莧陸，夬夬中行"為宜。意為從莧草上跳躍而過，急急地在道路中途前行，"夬夬中行"，與九三爻辭的"夬夬獨行"，句型結構一致。王夫之《周易稗疏》釋莧，認為莧當作覓，指細脚山羊。近代解《易》者多有從之者，似難圓通，不可取。

姤

☴ 姤 gòu 牽繫：女壯女性強壯，勿用取女。

初六：繫于金柅 nǐ 紡車上金屬制的部件，用以收絲，貞吉。有攸往，見顯露出來，凶。羸豕被拴繫的豬孚順從、老實，蹢 zhí 躅 zhú 同"躑躅"，徘徊不前貌。

九二：包有魚包裝裹有魚，无咎，不利賓不利於來賓。

九三：臀无膚，其行次且，厲，无大咎。

九四：包无魚，起從坐席上站立起來，凶。

---

① 郭慶藩：《莊子集釋》，第 330 頁。

九五：以杞柳樹，這裏指柳樹的枝條包瓜，含章內裏有美好的東西，有隕自天隕落之事從天而降。

上九：姤其角牽繫於其角，吝，无咎。

解　析

一、卦名和卦辭

卦名《姤》取其牽繫、相遇之義，指雙方相牽繫，聯繫在一起。

卦辭稱"女壯，勿用取女"，因女方強壯，故提出當相互牽繫之際，不宜取女，因為女方強壯，娶女會受制於對方。這是《姤》卦的宗旨，即當行牽繫之際，不能受制於陰柔，這種牽繫方式是不可取的。

《蒙》九二稱："包蒙，吉。納婦，吉。子克家。"這條爻辭是以《蒙》卦的覆蓋、籠罩為背景，得出納婦吉的結論。因為女性出嫁乘坐的車輛是封閉型的，符合《蒙》卦宗旨。而《姤》卦涉及的是雙方的牽繫，究竟誰處於主導地位，這是必須明確和解決的問題。而當時的觀念中，陰柔受制於陽剛是正常的，陽剛受制於陰柔則屬反常。因此，面對陰柔一方強壯的狀況，提出"勿用取女"的主張，即不能受陰柔牽繫，不能讓陰柔處於主導地位。

《姤》卦與《夬》卦是對卦，《夬》決斷、決分，《姤》主牽繫、糾葛，二者的取向相反。

二、爻位和爻辭

初六爻辭由三段構成，敘述兩個事象。第一個事象是被牽在織機的金屬部件上。金柅用於收絲，由此推斷，應是絲綫纏繫在金柅上，被固定在那裏。這個事象合乎卦的宗旨，是柔繫於剛。金柅是金屬所制，象徵剛。繫於金柅則處於靜止狀態，與爻位意義相契。"貞吉"的斷語就是根據爻辭所述事象與卦旨、爻位意義相一致而來。

緊接著"繫於金柅"的爻辭是"有攸往，見，凶"。這是從反面進行警示。有攸往則脫離牽繫，進行顯露也是脫離牽繫，與卦宗、爻位意義皆相悖，故稱結局兇險。

爻辭出現的第二個事象是進行拴養的豬。"羸豕"指被拴繫的豬。豬通常被拴繫在穩固耐拉的物體上，或是木樁，或是樹木，或是其他堅實沉重之物。拴養的豬不是繫於陰柔之物，它無法挣脱。久而久之，它也不想挣脱，只是在有限的範圍内徘徊，顯得老實馴服，故爻辭以孚稱之。拴養的豬能保持被繫於陽剛之物的狀態，符合卦的宗旨及初六爻位的意義。豬能被拴養而不挣脱，自然是吉利之事，無須斷語而結局自明。

九二爻辭"包有魚，无咎，不利賓"。外部包裝裹有魚，這對主人而言"无咎"。但是，沒有把包裝打開，客人吃不到魚，故稱不利賓。九二爻位的意義是"見龍在田，利見大人"，賓是作為大人出現，與爻位意義相合。魚放在包裝裹不取出來，合乎卦的宗旨。但是，對於作為大人出現的來賓不利，亦不利於雙方友好相處，與卦旨又有相違之處。爻辭所述事象與卦旨、爻位意義既有相合之處，又有背離，而以相悖的因素居多，故斷語在正面、負面之間遊動。

九二是單爻的中位，故以魚被包裝相對應，是入乎其中之象。

九三爻辭的取象與《夬》九四相同，均是"臀无膚，其行次且"，但二者的著眼點不同。這裏的"臀无膚"，取其不牽繫於陰柔之義。臀有膚，是被陰柔所包裹，牽繫於陰柔。臀无膚，則沒有陰柔包裹於其上，脫離陰柔的制約，合乎卦的宗旨。但是，《姤》卦的背景是牽繫、纏繞，臀无膚又是脫離牽繫，與卦的背景又有所游離。九三爻位的意義是"君子終日乾乾，夕惕若"，臀无膚而次且前行，與爻位意義相近，但稍有疏離。綜合以上複雜的因素，得出的斷語是"厲，无大咎"，基本屬於中性結論。從人體的生理狀況考察，臀無膚而前行，確實給人造成痛苦，甚至有創傷加重的危險。不過，在正常情況下，皮膚的創傷，脫掉一層皮，還不會有多麼嚴重的後果。

九四爻辭的"包无魚"，指包裝裏沒有魚，是空的，這與卦的宗旨不相符，沒有牽繫之象。起，指從坐席上站立起來，這就使得人與茵席相脫，亦是無牽繫之象。

九四爻位的意義是"或躍在淵"，龍躍入深水，得其所宜居。而"包无魚，起"，包裝裏無魚而站立脫離坐席，與九四爻位意義相違背。爻辭與卦旨、爻位意義皆相悖，故斷語為凶。

九五爻辭出示的事象是用柳樹枝條包瓜，瓜的花紋及美好的內核都包裹在裏面。柳樹枝條柔軟，根本無法把瓜包牢，結果墜地，瓜被摔破。以杞包瓜、杞軟瓜硬，是以柔包剛、以柔牽繫剛，與卦的宗旨完全相反。

九五爻位的意義是"飛龍在天，利見大人"，爻辭出現的卻是"有隕自天"的事象，飛龍在天是上行，有隕自天則是下行，二者的指向亦完全相反。爻辭未出示斷語，有了瓜被摔破的結局，無須再出示斷語。

上九爻辭是"姤其角"之象，牽繫於角，是系於陽剛，《周易》本經中的角均屬陽剛。牽繫於角，符合卦的宗旨。

上九爻辭是警示"亢龍有悔"，牽繫於角確實有亢龍之象，但由於符合卦旨，所以斷語是"吝，无咎"，有困厄而無災難。

上九居於一卦的最高位，故以角相對應。

考　辨

【姤】語出卦名及卦辭。對於姤的含義，《彖》傳、《序卦》、《説卦》均釋為遇。《象》傳則稱："天下有風,《姤》。"也是以遇釋姤。這種解釋道出了卦的背景,是以雙方相遇、相牽繫為背景。後代對於姤字的運用,多取其相遇、構合之義。

《姤》的卦辭是"女壯,勿用取女"。為什麼把姤與女壯聯繫在一起？孔穎達綜合前代注家的看法,做了如下解釋：

> 此卦一柔而遇五剛,故名為姤。施之於人,則是一女而遇五男。為壯至甚,故戒之曰：此女壯甚,勿用取此女也。①

《姤》卦除了初六為陰爻,其餘均為陽爻,是一陰與五陽相遇之象,因此,人們也就用它的卦象解釋卦辭的女壯之語。從字形考察,卦辭把姤與女壯相溝通,當是取它的本義。姤,字形從女從后。后,早期指君主、諸侯,指的都是首領。土神稱為后土,亦取其土地之主的含義。后與司,含義相同,構形亦一致,正寫為后,反寫為司,古文字正寫反寫往往意義無別。② 司,指主持,管理。后,亦取這種含義。姤,字形從女從后,本義應是指女性的首領,或是指女性的管理者,是女性中的強人,故卦辭由姤字引出"女壯"之語。

姤的字形從女從后,故有女壯之義。壯,由從后字而來。《說文解字·部》："厚,山陵之旱也。從厂從𠪋。𠪘,古文厚,從后、土。"厚,古文的構形從后從土,意謂土之高者。這與姤字指女性強者,構字原理是一致的。

【繫于金柅】語出初六爻辭,《說文解字·木部》："柅,絡柄也,從木,尸聲。柅,柅或從木,尼聲。"段玉裁注：

---

① 孔穎達：《周易正義》,第57頁。
② 王鳳陽：《古辭辨》,第353、356頁。

《竹部》曰："籰，所以收絲者也。……籰即絡車也，所以轉絡者。"①

梐，或作杘，杘是本字。《説文解字·木部》另有梐："梐，梐木也，實如棃，从木，尼聲。"此為果樹之梐，另屬別類。

【羸豕】語出初六爻辭。羸，謂拴繫。《大壯》九三："羝羊觸藩，羸其角。"《大壯》九四："藩決不羸。"羸，謂纏繞、卡住。《姤》初六的羸豕，謂拴繫的豬。或釋羸豕為牝豕，為羸弱之豕，均不符合本義。

【包有魚】語出九二爻辭。《姤》卦的"包有魚"、"包无魚"，均指包裝裏魚的有無。九五的"以杞包瓜"之包字，亦用其包裝、包裹之義。注家多以庖釋包。包指廚房，《周易》本經無例證。《蒙》九二的"包蒙"，《否》六二、六三的"包承"、"包羞"，包，指包裝、包裹，與《姤》卦的包字用義相同。

萃

䷬萃聚集：亨。王假有廟，利見大人，亨。利貞，用大牲

---

① 段玉裁：《説文解字注》，第264頁。

用大牲畜作祭品。大牲，謂用於祭祀的牛吉。利有攸往。

初六：有孚不終有誠信而未能到最終結束，乃亂乃萃就會在混亂中聚集，若順應、服從號號令。一握長度與人手的握持相等。指用於祭祀的牛，其角較長為面對笑譏笑，勿恤，往前往祭祀无咎。

六二：引有人導引吉，无咎，孚乃利用禴 yuè 誠信利於僅用飯菜的薄祭。禴，春天的祭祀，所用祭品簡約，僅飯菜而已，不用牛羊豬等。

六三：萃如嗟如聚集而嗟歎，无攸利。往无咎，小吝。

九四：大吉，无咎。

九五：萃有位聚集而各居其位，无咎。匪孚，元永貞，悔亡。

上六：齎 qí 諮 zī 諮嗟歎息涕洟 yí 流鼻涕淌眼淚，无咎。

解 析

一、卦名和卦辭

卦名《萃》，聚集、會集之義，指的是群體活動。

以萃集為背景，卦辭皆為吉利事象和斷語。在舉行聚會的時候，天子會到廟宇中，有機會目睹許多貴族成員出現，還利於占問，利於用牛、羊、豬一類的大牲畜作祭品，因為有高級別的祭祀。卦辭首次出現的"亨"，是針對眾人聚集這個事象下的總體性斷語，意謂眾人聚集就能順通暢達，反映的是以群體為本位的理念。卦辭出現的第二個"亨"字，是針對"王假有廟，利見大人"而言。王和高層貴族在群體聚會中出現，與神靈溝通，與參加聚會的其他人員交流，當然是順通暢達。

卦辭的"利貞，用大牲"，都是針對人神關係而言，占卜、祭祀是人神之間的溝通。在群眾聚會的時候占問和進行祭祀，無疑增加了這兩項活動的分量,也顯示出人對神靈的虔誠和崇敬。

"利有攸往"是針對人的活動而言。群體聚會把人團結在一起,具有單獨個體所不具備的力量優勢。因此,利有攸往。

二、爻位和爻辭

初六爻辭首先列舉的是群體集會經常出現的情況,開始心懷誠敬,秩序井然,到了後來就缺少自我約束,聚會變得混亂不堪。《詩經·小雅·賓之初筵》敘述的就是始敬終亂的場面。那麼,如何扭轉這類局面呢?爻辭給出的對策是"若號",即順應、服從聚會主持者的號令。若,謂順從。號指號令,見於《夬》卦辭九二、上六,均指自上而下發布的指令。

初六爻辭列舉的第二種事象,是祭祀活動經常遇到的,就是祭品達不到相應祭祀所應達到的規格。以牛祭為例,用牛犢是規格最高的禮儀。牛犢的角極小,因此這類祭品最為珍貴。爻辭出現的事象則相反,用於祭祀的家畜,其角的長度已經可以用人的手握持。這類祭品是不達標的,因此往往受到嘲笑。爻辭則稱"勿恤,往无咎",意謂只要是前去祭祀、參加聚會,祭品的未達標不應構成障礙。

初六爻辭列舉的均是與聚會相關的事項,並且極力促成聚會的善始善終,有更多人員參加,符合卦的宗旨。

初六爻位的意義是"履霜堅冰至",不宜前行之義。可是,群體聚會,人們必須前行到聚會地點,從而與初六爻位的意義相違背。

爻辭中出現的"有孚不終"、"一握為笑"的不盡如人意的事象,就是基於群體聚會事象合於卦旨而背離爻位意義所做的編排。

六二爻辭的"引吉,无咎",上承初六爻辭的"有孚不終"、"若號"而來。由於聚會出現混亂,於是要求與會者聽從號令,並且由主持者派人進行引導。古代重要禮儀都有相禮者,即協助主持人進行工作。引導當由這類儐相承擔。秩序得到恢復,不會有災患。

六二爻辭的"孚乃利用禴"也是承接初六的"有孚不終"而來。經過引導,與會者又恢復對神靈的虔誠崇敬,在這種情況下才可以舉行所用物品簡約的禴祭。祭祀的關鍵在於心誠,所用祭品越是單薄,越是需要祭祀者内心的誠信加以支撐。

六二爻辭展示的是在有秩序、心懷誠信的氛圍中將要進行的祭祀,合乎卦的力主聚集的宗旨。六二爻位的意義是"直、方、大,不習无不利",意謂不接觸陽剛之事。禴祭是薄祭,用的祭品簡約,合乎六二爻位的意義。六二爻辭所出現的吉利,其根據是爻辭與卦旨、爻位意義的相契。

六三爻辭開始出現的場面是"萃如嗟如",聚集的人群長籲短歎,應是遭遇到了不幸的事件,不會是什麼有利的事。在這種情況下,前往加入聚會不會有災患,因為這是出自同情心,是與別人分擔悲哀和不幸。但是會有小的困厄,加入這種聚會之後,自身也必然沉入痛苦之中,經受一些折磨。

爻辭展示的是群體聚會的場面,儘管氛圍低沉,還是有人繼續前往加入,出現的事象合乎卦的宗旨。六三爻位的意義是"含章,可貞,或從王事,无成有終"。聚會而嗟歎,不是含章之象。前往參加聚會,則與"或從王事"有一致之處。爻辭列舉嗟歎、困厄,考慮到了所示事象雖與卦旨相契,但與爻位意義不完全符合的情況。

九四爻辭"大吉,无咎",意謂群體聚會是大吉利而無災患,因為這種場面完全合乎卦的宗旨。九四爻位的意義是"或躍在淵",龍躍入深水,得其宜居之處。單獨個人融入群體進行聚會,與九四爻位的意義完全相符,是得其所宜處的方式。大吉、无咎的斷語就是根據萃與卦旨、爻位意義的完全相契。

九五爻辭的前半部分是"萃有位,无咎"。聚會而參與者各當其位,秩序井然,等級分明,不會出現災難,這是理想的聚會場面。

合乎卦的宗旨，也與九五爻位的意義"飛龍在天，利見大人"相合。大人出現而視為吉利，體現的是等級觀念，萃有位也是以等級區分為基礎。爻辭前半部分的斷語基本是肯定性的，來自它與卦旨和爻位意義的一致。

爻辭的後半部分"匪孚，元永貞，悔亡"，群體聚會出現沒有誠信、缺失信任的情況，這就要占問長遠之事，這樣一來，小的災患就會消亡。這是從長遠、戰略方面著眼，通過面向長遠未來想大事，解決面臨的信任危機問題，最終又把群體成員凝聚在一起。這種做法合乎卦旨，也與九五爻位的意義相合。所謂的大人，就是要凝聚周圍的人，使群體不斷壯大發展。

上六爻辭出現的是嗟歎和涕淚俱下的場面，當是遭遇不幸之後的聚會。而所遭遇不幸的程度，又遠勝於六三爻辭的"萃如嗟如"場面。遭遇巨大的不幸，在聚會中表現出莫大的悲哀，這是人之常情，也合乎卦的宗旨。

上六爻位的意義是"龍戰于野，其血玄黃"，警示陰盛犯陽現象的出現，以免造成創傷。在聚會時衆人嗟歎並且鼻涕眼淚交流，確實是陰盛之象，涕洟都是作為陰柔的象徵出現的。但是，這種痛苦的場面雖然是盛陰之象，並無犯陽之嫌，而只是有些過度的心理情感宣洩而已，不會引出嚴重的後果。爻辭的斷語"无咎"，就是基於爻辭與卦旨爻位意義比較一致的情況而做出的。

《萃》卦列舉的群體聚會，有多種多樣的類型，有的是進行祭祀，初六、六二爻辭屬於此類；有的是喜慶聚會，九四爻辭屬於此類；還有的是遭遇不幸而集合，六三、上六爻辭屬於此類。古禮有吉、凶、嘉、賓、軍之分。《萃》卦沒有涉及賓、軍兩類聚會。

《萃》卦敘述各類聚會，反復強調的是孚，是秩序，這兩者又是緊密聯繫在一起的。群體聚會如果缺少誠意，彼此之間沒有信任感，聚會也就徒具形式。群體聚會必須有良好的秩序，否則就會出現混亂。而秩序與否，又往往和人的誠信密切相關。《萃》卦對於群體聚會這兩方面的注意事項反復提及，有重要的參考價值。

考　辨

【一握為笑】語出初六爻辭。《國語·楚語下》記載楚昭王與觀射父有關祭祀用牲的對話，其中有如下片段：

> 王曰："其小大若何？"對曰："郊禘不過繭栗，烝嘗不過把握。"王曰："何其小也？"對曰："夫神以精明臨民者也，故求備物，不求豐大。……"①

韋昭注："角如繭栗。郊禘，祭天也。把握，長不出把。"《漢書·郊祀志》顏注："牛角之形或如繭，或如栗，言其小。"祭祀所用牛，角愈小而愈顯尊貴。把握，牛角長度，用於一年的歲時之祭。

《禮記·王制》也有相關記載："祭天地之牛角繭栗，宗廟之牛角握，賓客之牛角尺。"對此，孫希旦做了如下解釋：

> 愚謂繭栗，謂牛角初出，若繭栗、栗實然也。祭天地之牲用犢，貴誠之意也。宗廟卑於天地，故牛角握。賓客又卑於宗廟，故牛角尺。此禮之以小為貴者。②

孫希旦的解釋是正確的。祭祀的對象等級越高，所用於祭祀的牛就角越小，體現的是以小為貴的理念。《萃》初六爻辭稱"一握

---

① 徐元誥：《國語集解》，中華書局，2002年版，第516頁。
② 孫希旦：《禮記集解》，中華書局，1998年版，第354頁。

為笑",應是前往進行祭天神,所用祭品牛的角就長達把握,低於應有的規格,故受到嘲笑。

【元永貞】語出九五爻辭。又見《比》卦卦辭:"比,吉。原筮,元永貞,无咎。不寧方來,後夫凶。"《萃》九五和《比》卦辭的"元永貞",指的均是占問大事、長遠之事,而且又是面臨調節人際關係之時採用的占問。人際關係不協調或存在隱患,通過占問大事、長遠之事,可以化解矛盾,凝聚人心。

升

䷭升 上升:元亨。用見大人 以此大人現身,勿恤。南征,吉。
初六:允 誠信(地)升,大吉。
九二:孚乃利用禴,无咎。
九三:升虛邑 位於大土丘之上的城邑。虛,大丘。
六四:王用 因此 享于岐山,吉,无咎。
六五:貞吉,升階 沿著臺階上升。
上六:冥升 不再上升。冥,通"瞑",休止,利于不息 不再增長(之事)之貞。

解　析

一、卦名和卦辭

卦名《升》，上升之義。爻辭敘述的是依次上升到最後停止的過程。上升，謂升高、提升，是上行態勢，因此，該卦總的斷語是"元亨"，最為通達順暢。人往高處走，是普遍的心態和期待。因此，對於《升》卦所下的斷語最為吉祥。

升是升到高處，《升》卦敘述的是升高祭祀的過程。祭祀是古代的大事，高層貴族要親身參加，卦辭稱"用見大人"，意謂因登高祭祀的時機而大人現身。貴族大人難得一見，故卦辭告誡能有機會目睹高層貴族的平民不要憂慮，這是件好事。

卦辭最後稱"南征吉"，向南方出兵作戰吉利，這是從當時形勢出發而做出的斷語。岐山的西部、北部是強大的獫狁等部落，古公亶父是迫於這些強敵的壓力而遷到岐山。岐山南部沒有強敵，故稱南征吉。

《升》卦和《萃》卦是對卦，而且都是群體聚集。區別在於，《萃》卦群體聚集的地點相對固定，位於平面空間；而《升》卦所進行的祭祀，參與人員不是聚集在固定地點，而是做動態的立體提升，不限於平面空間。

二、爻位和爻辭

初六爻辭"允升，大吉"，允，謂信任、服從。滿懷信任地往高處走，是大吉之事。這一事實合乎卦的提升之旨。初六爻位的意義是"履霜堅冰至"，不宜前往之義。升與前行的空間趨向不同，一個是立體上升，一個是平面推移，因此，允升與爻位意義不相違背。

允,指懷著信任、服從而上升,正是陰柔之象。爻辭與卦旨、爻位意義俱相契,故稱大吉。

九二"孚乃利用禴"已見於《萃》六二。孚指誠信,發於人的内心,故兩條爻辭都是單卦的中爻。這裏提到的禴祭,没有提到升。不過,按照慣例,禴祭是在宗廟舉行,也屬於高敞之處,故與《升》卦宗旨是一致的。九二爻位的意義是"見龍在田,利見大人",宗廟祭祀必定有高層貴族親身參加,正是利見大人的時機,也與卦辭的"用見大人"相應。

九三爻辭是"升虛邑",虛指大丘,虛邑是位於大丘之上的城邑。升虛邑是升到高處,與卦的宗旨相合。九三爻位的意義是"君子終日乾乾,夕惕若",升虛邑是登到高處,是君子乾乾之象。登高而慄,乃人之常情,亦與"夕惕若"相應。爻辭未下斷語,但吉祥自在其中。

六四爻辭是"王用享于岐山",岐山是周族先民的重要居住地,古公亶父、王季都生活在岐山,他們分別是周文王的祖父和父親。岐山是周族的居住地,那裏也成爲重要的祭祀場所。在岐山進行祭祀,是登高而祭,合乎卦的升高之旨。六四爻位的意義是"括囊,无咎无譽"。祭祀是把祭品向神靈奉獻,在祭祀場所陳放,與六四爻位亦有相合之處,是把禮品納入祭祀場所,有括囊之象。爻辭與卦旨、爻位意義俱相符合,故斷語是"吉,无咎"。

六五爻辭"貞吉,升階",從臺階依次上升,循序漸進之義。這個事象合乎卦的宗旨。六五爻位的意義是"黃裳,元吉",居尊位而以謙下之象出現。沿著臺階上升,與六五爻位的意義不相違背,但也不相切合,游離於爻位意義。綜合爻辭與卦旨及爻位意義之間的關聯,得出的斷語是"貞吉",進行占問會吉利,是有限定的吉利。

上六爻辭"冥升,利于不息之貞",上六是卦的最高位,上升而至於此,已經再無伸展空間,故須停止。冥升,指的是停止上升。

儘管是冥升,但是畢竟還與上升有關聯,是上升的終點,與卦旨不是完全相契,可是有相通之處。上六爻位的意義是"龍戰于野,其血玄黃",對於陰盛犯陽的事象提出警示。"冥升"是停止上升,不會以陰犯陽,與爻位意義相合。斷語是"利于不息之貞",利於占問不再繼續增升的事象,因為上升到此已經結束,不再持續。

《升》卦所敘述的事象具有連續性,開始敘述群體向高處行進時的精神狀態,是充滿彼此間的信任。九二爻辭講述的是禴祭須誠心,與初六爻辭相承接。九三爻辭的"升虛邑",表明已經登到高處。六四爻辭指明具體的祭祀地點是在岐山,而六五的升階,顯然指的是沿著祭祀場所的臺階而上升,至此,整個升高而祭的過程結束,上六爻辭以"冥升"結束。

考 辨

【允升】語出初六爻辭。允,通常釋為信或誠信,與孚字的含義不易區分。《尚書·舜典》"惟明克允",馬融曰:"當明其罪,能使信服之。"①馬融將"允"字釋為"信服",亦即服從,《尚書》多用此義。《舜典》稱:"惟時柔遠能邇,惇德元允,而難任人,蠻夷率服。"這裏的柔遠能邇,即以懷柔的方式使遠近皆服從。後面的"元允",即特別服從之義。對於"允"字的含義,于省吾先生有如下解釋:

《湛露》三章稱:"顯允君子,莫不令德。"《采芑》三章和四章並稱:"顯允方叔。"孔疏訓"顯允"為"明信"。王先謙《詩三家義集疏》:"顯允方叔猶言明信方叔,謂其號令明而賞罰信也。"按王氏演此孔說,望文生義。顯訓顯明或顯赫本係常詁。

---

① 孫星衍:《尚書今古文注疏》,中華書局,1986年版,第67頁。

允應讀作夋,訓大,《爾雅·釋詁》謂:"駿,大也。"駿從夋聲,夋從允聲,故相通借。《酌》的"實為爾公允師",允也讀作夋。凡典籍中的駿字,金文通作畯,畯即今畯字,畯與駿古同用。①

這是說夋與允通,對此,尹黎雲先生亦有論述:

允象人著高冠之形,疑允的本義係古人所著的高冠。……而且從允從夋得聲的字也多含有高義。……可見允的核心意義就是高。允訓"信",則是因為和信聲音相通,故而借為信,並非它的初義。②

允的本義是大、高,而高大的人或物是世人崇拜的對象,由此而來,引申出服從、信任之義。《周易》本經的允字,均取此義。《晉》六三:"衆允,悔亡。"意謂得到衆人的信任、服從,小的不幸就會消滅。

【孚乃利用禴】語出《升》九二,又見於《萃》六二。《既濟》九五亦稱:"東鄰殺牛,不如西鄰之禴祭,實受其福。"禴,春祭為禴,《詩經·小雅·天保》:"禴祠烝嘗。"此指一年四季之祭。禴,又作"礿"。《禮記·王制》:"天子諸侯宗廟之祭,春曰礿,夏曰禘,秋曰嘗,冬曰烝。"孔穎達疏:"皇氏云:礿,薄也。春物未成,其祭品鮮薄也。"禴祭用物簡要,所以特別強調參祭人員的內心誠信。

---

① 于省吾:《澤螺居詩經新證·澤螺居楚辭新證》,中華書局,2003年版,第78頁。
② 尹黎雲:《漢字字源系統研究》,第11—12頁。

【虛邑】出自九三爻辭。高亨先生稱："虛，大丘也。虛邑，邑在大丘之上者。"①周族早期城邑，往往建於大丘之上。《詩經·大雅·公劉》敘述公劉在豳地創業定居經過，其中寫道："京師之野，於時處處，於時廬旅。於時言言，於時語語。"鄭玄箋："絶高為之京……乃升其南山之脊，乃見其可居者於京，謂可營立都邑之處。"其實，這裏的京、師，指的均是高丘。公劉是把城邑建在山的高處，詩的結尾也提供了這方面的資訊。《詩經·大雅·皇矣》敘述太伯、王季經營岐山的情況。第二章展示砍伐各種樹木的場面，第三章寫道："帝省其山，柞棫斯拔，松柏斯兑。帝作邦作對，自大伯王季。"這是說天帝見岐山的樹木已經砍伐，就令太伯、王季在這裏營建城邑，與上天相配。周族早期城邑建於高丘，主要出自安全方面的考慮，易守難攻之故也。

【岐山】出自六四爻辭。《詩經·大雅·綿》："古公亶父，來朝走馬，率西水滸，至於岐下。"周族自古公亶父起定居於岐山，由《綿》一詩可知。周族在岐山定居，城邑建於山上。

困

☱☵ 困 困厄：亨，貞，大人吉，无咎。有言不信有非議的話語不要相信。

----

① 高亨：《周易大傳今注》，第 295 頁。

初六：臀困于株木臀部受困於木棍（杖刑）。株木，指木棍，入于幽谷謂被投入拘留所。拘留所地勢低窪，在地平面以下，故稱幽谷。参見《坎》卦，三歲不覿 dí 見不到（這個人）。覿，見，相見。

九二：困于酒食，朱紱 fú 紅色蔽膝，貴族專用品方正值來謂正值君主賜予紅色蔽膝之際，利用享祀。征凶，无咎。

六三：困于石指坐在石頭上受審，據于蒺藜在植有棘樹的法庭受審，同《坎》上六"寘于叢棘"；入于其宮家，不見其妻。凶。

九四：來徐徐遲緩貌，困于金車被困在鑲有金屬的車輛中。金車，有金屬部件或裝飾的華貴車輛，吝，有終暫時有困厄，有好的結局。

九五：劓刖 yuè 把脚砍掉，古代刑罰，困于赤紱淺紅色的蔽膝，貴族專用品，乃徐有説遲緩地得以解脱，利用祭祀。

上六：困于葛藟 lěi 葛藤的枝條，于臲 niè 卼 wù 心神不定貌；曰動悔有通"又"悔動而困厄連續而至，征吉。

解　析

一、卦名和卦辭

卦名《困》，指的是困厄，艱難，無法通達，處於禁閉狀態。

卦辭稱"困，亨，貞，大人吉，无咎"，這段卦辭把貴族大人與困境相剝離。對於他們來説，雖有困境，但仍是亨通的，占問的結果是吉利，而且也不會有什麼災患。在卦辭編纂者看來，貴族大人不會有真正的困境，他們的最終結局是順通的。在世間如此，通過占問與神靈溝通也順達吉利。卦辭最後提醒"有言不信"，當困厄之際，對於負面言語不要輕信，意謂要有自己的主見，不為外界輿論所左右，這是應對困境應有的心態。

二、爻位和爻辭

初六爻辭展示的是被拘留者受刑、遭關押的事象。臀部受杖刑，被投入地牢，三年見不到他，確實是處於困境，是身陷囹圄之困。幽谷，代指地牢，即《坎》卦所說的坎，低於地平面的囚室。幽谷，還見於《詩經·小雅·伐木》："伐木丁丁，鳥鳴嚶嚶。出自幽谷，遷於喬木。"這裏的幽谷，指鳥的生存空間，並没有被視為惡劣的環境，與爻辭的幽谷含義不同。

初六爻辭展示的是身陷監牢的困境，而被關押人員遭受杖刑，屬於社會下層人員，不在貴族之列，與卦的宗旨是一致的。初六爻位的意義是"履霜堅冰至"，不宜前行之義。杖刑之後被置於地牢，自然也就無法前行，與初六爻位意義是一致的。該卦是以困為背景，故斷語是"三年不覿"，三年與外界無聯繫，人們見不到他，確實是困而不通。

初六處於卦的最下位，故以幽谷當之。

九二爻辭的主角是貴族成員，為酒食所困，宴會中醉飽過多。正在這時，得到君主賞賜的紅色蔽膝，是雖困而猶通之象。這裏所說的困，是富貴者的困擾，是享樂過度。爻辭又稱"利用享祀"，醉飽過分的貴族不但得到君主的賞賜，而且利於進行祭祀，可以和神靈進行溝通，回應卦辭的"大人吉"。

爻辭又稱"征凶，无咎"，為什麼是兩個相互矛盾的斷語呢？君主賞賜給貴族大人赤紱，即紅色蔽膝。蔽膝在作戰時起防護作用，可是，醉飽過度的貴族大人率兵出征，定會因醉酒而貽誤戰機，故稱"征凶"，出征作戰的結局會很凶險。可是，對於貴族大人本身來說，卻是"无咎"，不會有災患。

九二爻辭的"困于酒"，乃是貴族大人亨通之象，否則不會如此享樂。君主賜朱紱，也是通達之象，與卦的宗旨一致。

九二爻位的意義是"見龍在田,利見大人"。爻辭中的貴族大人醉飽過度之際得到君主賞賜,又率兵出征,雖經歷凶險而自身無災患,與九二爻位的意義亦大體相合,所出示的斷語與卦旨、爻位意義是一致的。

六三爻辭出現的是犯人受審之象:他站在石頭上,置身於植有棘樹的法庭之中,接受審判。進入他的家察看,見不到他的妻子,一副淒涼景象。

六三爻辭是囚徒被困,貴族大人進行審判的場景,對於貴族大人是吉祥無咎,合乎卦的宗旨。六三爻位的意義是"含章,可貞,或從王事,无成有終"。爻辭與此相疏離,最後的斷語是"凶",針對囚犯而言,主要根據是爻辭所述事象與爻位意義不相符合。

爻辭中出現的石、蒺藜,都是陽剛的象徵,被審人員是困於陽剛。"入于其宮,不見其妻",是陰柔走失之象。六三是陰爻,出現的卻是受制於陽剛而陰柔走失之象,對於陰爻而言確實是結局凶險,處在困境之中不得解脫。

九四爻辭出現的是貴族大人養尊處優生活中的一個小小的困擾:他乘坐有金屬部件或裝飾的豪華車輛,出行過程中受阻,前行緩慢,雖然小有困厄,但結局是好的。這種困厄不影響貴族成員的生活大局,確實是微不足道的。這個事象與卦旨完全一致。

九四爻位的意義是"或躍在淵",貴族大人乘坐金車,與龍躍入水中,都是得其所宜居。爻辭與卦旨、爻位意義均相一致,但由於是以困厄為背景,所以,中間還要設置小小的障礙。

九五爻辭出現的是被審判人員受處置的事象:囚徒的鼻子被割掉,腳被砍下,對他同時施以劓和刖兩種刑罰。主持其事的是繫著淺紅色蔽膝的貴族大人,故稱"困于赤紱"。遭受刑罰的囚徒不可能馬上離開,故稱"乃徐有說"。

九五爻辭的貴族大人作為刑罰的主管者出現,這與卦辭所説的"大人吉,无咎"相呼應。九五爻位的意義是"飛龍在天,利見大人",主管刑罰的貴族大人在爻辭中直接出現,確實是九五爻位所規定的那種景象。九五爻辭與卦旨、爻位意義皆相符合。對於貴族大人而言,他處理完畢對在押囚徒的行刑、判刑事宜,當然是吉利的。至於爻辭所說的"利用祭祀",是對貴族大人和被施刑人員雙方而言,意謂當此之際,可以祭祀神靈,人神之間的溝通並未處於困境。

上六爻辭是承九五爻辭而來。九五爻辭稱"困于朱紱,乃徐有說",被刑人員為貴族大人所困,經歷一段時間之後才得以解脫。那麼,他離開服刑場所之後的遭遇如何呢?上六爻辭做了敘述,這位刑餘人員"困于葛藟",葛藤枝蔓發達,四處伸展,成為這位刑餘之人的行動障礙。他之所以被葛藟所困,是因為他本身心神不定,注意力不集中所致。他鼻子被割,脚被砍下,剛出監獄,心有餘悸,行走的艱難可想而知,爻辭的結尾是"動悔有悔",只要有所行動就陷入困厄。那麼,如何擺脫困境呢?給出的答案是"征吉",隨軍出征吉利。在無法解脫之際,只有上戰場這條路可走。可是,對於這位形體殘缺的刑餘之人,他在戰場上能做些什麼呢?只有一死了之的結局,那就是被斬首示衆,用以激勵士氣。

上六爻辭敘述的刑餘人員繼續在困境中挣扎,無法擺脫。這對那些貴族大人而言並不是壞事,符合卦的"大人吉"宗旨。上六爻位的意義是"龍戰于野,其血玄黃",警示避免出現陰盛犯陽的現象。刑餘之人困於葛藟,葛藤柔軟,是困於陰柔之象,已無犯陽的可能。

上六居於卦的最外側,葛藤生於野外,故以葛藟與上六相配,取其空間方位偏於外的共同之處。

爻辭的編排有兩條綫索,一條綫索的主角是貴族大人,均在陽爻出現,九二、九四、九五的主角均是貴族大人。另一條綫索的主角是陷入困境的囚徒，初六、六三、上六屬於這條綫索。兩條綫索也有交織在一起的時段，那就是九五爻辭，貴族大人主持對囚徒的行刑。《困》卦主要是敘述囚徒的困境，構成前後相承接的比較完整的情節。初六爻辭敘述被拘留的三年，六三爻辭展示法庭審理場面，九五爻辭講述行刑和釋放，上六爻辭顯示的是出獄後的困境。這一系列情節的生成，都是貴族大人安排的，他們是囚徒困境的製造者。由此看來，《困卦》講述的是貴族大人如何把人置入困境，而不是使人走出困境。製造困境是《困》卦的事先預設，敘述困境是爻辭的取材對象。

考　辨

【困】語出卦名及卦辭、爻辭。《說文解字·口部》：“困，故廬也，从木在口中。朩，古文困。”段玉裁注：“《廣雅》：‘橜機，闌朩也。’按，稚讓用為梱字。此可證四海困窮之義。”困字籀文作朩，字形从止从木，與梱字同義。

《說文解字·木部》：“梱，門橜也。从木，困聲。”段玉裁注：“謂當門中設木也。《釋宮》：‘橜謂之闑。’《廣雅》：‘橜機，闌朩也。’同梱。”困的本義是豎立在門中央的地面的短木，用以控制門扇的關閉。困，古文作朩，意謂止步於門內，不外出之義。

困字的篆字是从口从木，對此，清人王筠在其《說文解字句讀》中做了如下解說：

《尚書大傳》：“行而無資曰乏，居而無食曰困。”許君則即字形為義，故曰“故廬”。故廬者，廢頓之廬也，故其字當平看。口者四壁，木在其中者，棟折榱崩，廢頓於其中也。困字與宋字正相反，宋字則直看。宀者上之棟宇，木其楹也，故其說曰

"居也"。困則不可居也。①

按照王氏的說法,篆文困表示的是房屋廢損、不可居住之義。所謂的貧困之義,就是由此而來。《困》卦敘述的身陷囹圄、閉塞不通的一系列事象,用的是困字的古義,指的是行動受限制,與外界無法交往溝通。

【株木】語出初六爻辭。《說文解字·木部》:"株,木根也。從木,朱聲。""朱,赤心木,松柏屬。從木,一在其中。"段玉裁注:"赤心不可像,故以一識之。"株,字形從木從朱,當指赤心樹木松柏之類。株木,指木質堅實的棍子。

【朱紱、赤紱】語出九二、九五爻辭。《小雅·采芑》:"服其命服,朱芾斯皇。"陳喬樅做了如下解說:

《易乾鑿度》:"天子、三公、九卿朱紱,諸侯赤紱。朱紱者,賜大夫之服也。"②

《詩經·小雅·斯干》:"乃生男子……朱芾斯皇,室家君王。"朱芾,即朱紱。

【困于石】語出六三爻辭。《周禮·秋官·朝士》有如下記載:

朝士掌邦外朝之法。左九棘,孤卿、大夫位焉,群士在其

---

① 王筠:《說文解字句讀》,中華書局,2011年版,第277頁。
② 王先謙:《詩三家義集疏》,第619頁。

後。右九棘,公侯伯子男位焉,群吏在其後。……左嘉石,平罷民焉;右肺石,達窮民焉。①

嘉石,是審判時所用。所謂的平罷民,指審理訴訟而須定罪之人,被審判之人須立於石上。至於"右肺石,達窮民",則指為申訴不平要求復議者所立之石。六三爻辭所説的"困于石",指的是立於石頭上進行訴訟。

【葛藟】語出上六爻辭。《詩經·王風·葛藟》:"綿綿葛藟,在河之滸。"毛傳:"綿綿,長不絶之貌。"葛藟,謂葛藤枝蔓很長。《詩經·周南·葛覃》:"葛之覃兮,施於中谷,維葉萋萋。"毛傳:"覃,延也。"這裏還是描寫葛藤的綿延,伸展到很遠的地方。

【臲卼】語出上六爻辭。《説文解字·出部》:"㐬,槷㐬,不安也。从出,臬聲。《易》曰'槷㐬'。"臲卼,或作槷㐬,指的是内心之象。臲卼,字形俱从危。《説文解字·危部》:"危,在高而懼也。从厃,人在厓上,自卩止之。"危字是人在懸崖之象,因此有恐懼不安之義。

井

䷯ 井:改邑不改井_{村邑雖改而井不搬遷},无喪无得,往來井

---

① 賈公彥:《周禮注疏》,第 877 頁。

井來往於井所在地的人秩序井然。井井，有秩序貌。汔 qì 接近至，亦未昧於，不熟悉繘 jú 井繩，此處作動詞，謂用繩索汲水井。羸其瓶汲水的器具被井繩纏繞。瓶，汲水器具，凶。

初六：井泥不食井中有淤泥，井水無法飲用，舊井无禽在舊井那裏無所獲取。禽，同"擒"，獲取。

九二：井谷井口下面射鮒從井口向下射小魚，甕 wèng 盛水的陶器敝漏毀壞、破漏。

九三：井渫 xiè 井水清潔不食未被飲用，為我心惻使我心裏傷悲。可用汲井水可以汲取使用，王明並受其福王英明則臣民俱永受福祉。

六四：井甃 zhòu 用磚石等材料維護井壁，无咎。

九五：井洌 liè 清涼寒泉井水清涼如寒泉，食飲用它。

上六：井收把井繩由下面收到上邊，汲水完畢勿幕不用井蓋封閉，以便其他人繼續汲水，有孚元吉。

解　析

一、卦名和卦辭

卦名《井》，是以水井為背景編撰的。人工挖掘水井，飲用地下水，是人類歷史的一大進步。《世本·作篇》稱："黃帝見百物，始穿井。"這是把發明穿井歸功於黃帝。井的主要功能是給人提供清潔的飲用水，因此，保持水井的暢通，對它加以充分利用，就成為本卦的宗旨。

"改邑不改井"，這是先民生活經驗的總結。周族先民生活在西北地區，那裏處於黃土高原，地下水距離地面很深，挖一口井要付出很多勞力和時間。因此，雖然城邑村落的位置會有變化，但是，已有的井不能廢棄，還要繼續利用。原有的井沒被廢棄，人們還到這裏來汲水，於是出現"往來井井"的景象。井的暢通無阻使原住居民也在汲水過程中保持交往。井通人亦通，是吉祥之象。卦辭巧妙利用井的多種含義，以"井井"描述往來有序的樣態。古代實行井田制，八家為一井，房屋整齊排列，農田亦劃分為八個相等的區塊，皆是秩序井然，因此，井井在這裏作為描述有序樣態的形容詞出現。

改邑不改井也帶來一個不容忽視的問題，即井如何使用。卦辭後半部分展示的就是這種事象。來到井口而沒有汲水的經驗，結果使汲水器纏繞在一起，無法解開，當然也就不能汲水。對於靠井水生活的人們來說，結果自然是凶險。

《井》和《困》是對卦。《困》卦敘述貴族大人如何把人置於困境而無法與外界相溝通；《井》卦宗旨與此相反，是把井的通暢作為主題。《雜卦》稱"《井》通而《困》相遇"，對於《困》卦宗旨的概括疏離原典，把《井》卦的宗旨鎖定為通，則是準確的。

二、爻位和爻辭

初六爻辭的"井泥不食，舊井无禽"講述的是同一個事象。井底充塞淤泥，井水渾濁無法飲用，人們從舊井那裏無所獲取。這條爻辭呈現的是遭遇艱難的事象。

《井》卦的宗旨是通達，井底充塞淤泥則地下水無法暢通於上，使井水渾濁。井水渾濁則無人前來汲取，井與人亦無有交通。這兩種事象都違背卦的宗旨。

初六爻位的意義是"履霜堅冰至"，不宜前行之象。井底淤泥使地下水的上涌受阻，人們因井水渾濁而不再前來，這倒是與初六爻位的意義相符。

初六爻辭與卦旨相違，而與爻位意義相符，所以，爻辭沒有出示斷語。從實際情況考察，水井淤塞是經常出現的現象，可以通過疏浚方式把它解決，不是太大的難題。

初六爻位居於卦的最下部，又是陰爻，故以井底淤泥當之，淤泥屬於陰柔系列，且沉積於井底。

九二爻辭的"井谷射鮒，甕敝漏"，是兩個相關聯的事象。井底有淤泥，並且有小魚生存。在疏浚井的開始階段，想把井中的小魚獵取，於是用弓箭從井口向下射。可是，魚沒有射中，反倒把汲水的陶罐損壞，使之出現漏洞。這種行為的目標合乎卦的宗旨，但具體運作方式不適當。鮒魚指小魚，只能用網捕撈，而用弓箭很難把它射中，因此出現不良後果。

九二爻位的意義是"見龍在田，利見大人"，是上行態勢。而井谷射鮒則是下行態勢，與爻位意義相違。爻辭與卦旨相符，而與爻位意義相違，所以，也沒有出示斷語。

九二是單卦的中位，井谷射鮒是從井口向下射箭，是在井中獵魚，亦取其中位之義。甕是陶器，象徵陽剛。鮒魚生活在水中，象徵陰柔。射魚未中而陶罐破損，陰柔存留而陽剛受損之象。

九三爻辭展示的是井被疏浚以後出現的事象。井水變得清潔，但無人前來取用，令人歎息。眾人前來汲水，又感謝王的功勞，是他的英明使井水由濁變清，百姓享受福祉。井水疏通暢達，人們前來汲水，則井與人之間亦相貫通，這都合乎卦的宗旨。

九三爻位的意義是"君子終日乾乾，夕惕若"，王的有所作為，正是乾乾之象。井水在開始階段無人取用，"為我心惻"，乃是惕若之象。爻辭與卦旨、爻位意義的兩相契合，最終出現的是喜慶景象。

六四爻辭"井甃，无咎"，講述的是對水井加以維護，用磚石或木材加固井壁，防止坍塌脫落，以保證井水通暢。這個事象合乎卦的宗旨，也合乎六四爻位的"括囊"之義。把井的四壁加固，使井水處於中間而保持清潔，與括囊之象頗為相似。爻辭與卦旨、爻位意義皆相符合，四壁得到加固的水井作為吉祥的物象呈現出來。

九五爻辭展示的井水，不但潔淨，而且清涼如同寒泉，人們紛紛前來取用。這種事象與卦旨相契，與九五爻位"飛龍在天，利見大人"雖然不相關聯，但也不相違背，因此作為吉祥事象出現。

九五是單卦的中位，又是尊位。井水既潔淨又清涼，是最純正的水，也是高品位的水，與九五爻位的屬性相對應。

上六爻辭居於一卦的最上端，所謂的"井收"，是指把井繩從下面提上來收起，汲水完畢之象，與上六爻位作為一卦終結的區位相對應。所謂的"勿幕"，指的是不要把井蓋放下，與上六爻位相應，這種做法利於其他人前來汲水。這是繼續保持井水的暢通和人與井之間的貫通，合乎卦的宗旨。

上六爻位意義是"龍戰于野，其血玄黃"，警示陰盛犯陽現象的出現。《井》卦的上六爻辭結尾是"有孚元吉"，是懷著誠心和善意不把井蓋放下，以利於他人汲水，沒有出現陰盛犯陽之象。上六爻辭展示的還是吉祥景象。

《井》卦的爻辭按照時間順序進行編排，敘述具有連續性。先是井裏充塞淤泥，無法食用。接著是對井加以疏通，但是方法不當。到九三爻辭，井水經疏浚變清，但開始階段無人前來取用。過了一段時間，人們陸續前來。以單卦為敘事板塊，至此告一段落。

六四爻辭開始一個新的階段，由於對井壁進行加固，使得井水品質進一步提升，並且源源不絕地為人們所取用，以圓滿的結局完成全卦的敘事。整個敘事呈現的是隨著爻位推移而逐步提升的走勢。

考　辨

【繘井】 語出卦辭。《説文解字·系部》："綆也。从糸，矞聲。"段玉裁注寫道：

> 《易·井卦》："汔至，亦未繘井，羸其瓶。"鄭玄："繘，綆也。"《方言》曰："繘，自關而東，周洛韓魏之間謂之綆，或謂之絡，關西謂之繘。"①

《井》卦稱井繩為繘，用的關西方言，與周族所處之地相合。籀文繘字形从絲从臼，是人的雙手相交而引繩之象。王筠《句讀》釋籀文繘則稱："从臼者，徒手引之，不用鹿盧也。"所言甚確。

【舊井无禽】 語出初六爻辭，李道平做了如下解釋：

> "禽"、"擒"古字通。《曲禮》"不離禽獸"，疏"禽者，擒也"。僖卅三年《左傳》"外僕屯禽之以獸"，蓋戰勝執獲曰禽，故"禽猶獲也"。又展獲字禽，亦其證也。②

李道平所引"禽猶獲也"之語，出自崔覲對《井》卦所作的注。禽謂獲。舊井无禽，意謂從舊井那裏無所取獲，淤泥充塞之故也。又高亨先生稱："古無阱字，只作井。禽，獸也。……捕獸之井

---

① 段玉裁：《説文解字注》，第 659 頁。
② 李道平：《周易集解纂疏》，第 432 頁。

破舊,則不可得獸。"①可備一説。

【井谷射鮒】語出九二爻辭。《説文解字·魚部》:"鮒,魚名,从魚,付聲。"朱駿聲在《説文通訓定聲》中寫道:

今之鰟魚。《易》"井谷射鮒",虞注:"小鮮也。"子夏傳則謂蝦蟆。《吕覽·貴直》"鮒入而鯢居",注:"小魚。"秦時孔鮒,字子魚,後名甲,孔子九世孫,著《孔叢子》。②

鮒魚為小魚。《莊子·外物》:"周昨來,有中道而呼者。周顧視車轍中,有鮒魚焉。"鮒魚為小魚,故可容身於車轍之中。

【井收勿幕】語出上六爻辭。李道平做了如下解釋:

古者井不汲則幕之。上六居井口,偶畫兩開,有勿幕之象。"井收勿幕",王氏所謂"不擅其有,不私其利者也"。③

以爻位卦象解釋"勿幕",可取。其中提到的王氏,指王弼,所引話語出自王弼《周易注》。

---

① 高亨:《周易大傳今注》,第 304 頁。
② 朱駿聲:《説文通訓定聲》,第 372 頁。
③ 李道平:《周易集解纂疏》,第 435 頁。

革

䷰革變革：巳日祭祀之日乃孚取信於人，元亨，利貞，悔亡。

初九：鞏 gǒng 加固用黃牛之革。

六二：巳日乃革之，征吉，无咎。

九三：征凶，貞厲。革言三就變革的話語重復三輪，有孚能使人相信。

九四：悔亡，有孚，改命改變原來的命令吉。

九五：大人貴族大人虎變像虎一樣變化，未占昧於占問有孚能取信於人。

上六：君子豹變，小人革面平民百姓嚇得臉色大變。征凶，居貞吉。

解　析

一、卦名和卦辭

卦名《革》，指的是變革，除掉。本卦和革相關聯的事象有兩大類，一是内部的變革，二是對外部的軍事征伐，均屬於革的範疇。

卦辭稱"巳日乃孚"，意謂在祭祀之日所進行的變革，才有可能取信於人，強調變革要選擇有利的時機，要充分利用人們對神靈的敬畏心理。言外之意，僅僅依靠人的力量進行變革，未必能夠成功。

卦辭把變革作為推動社會發展的舉措看待，充分肯定它所起的積極作用。因此，卦辭斷定變革是"元亨，利貞，悔亡"。變革會使事事通達，利於占問，並且使困厄消亡。變革的合理性、必要性通過幾個斷語得到明確的表述。

二、爻位和爻辭

雖然正值變革之際，但是，初九爻辭敘述的不是變革，而是對原有基礎的加固。這種做法看似與卦的宗旨相矛盾，實際上是為變革做預先的準備。變革必須有牢固的基礎，否則就會造成混亂，甚至不可收拾。正是為了預防負面效應的出現，所以初九爻辭提出用黃牛皮革所制的繩索加固，把基礎夯實。

"鞏用黃牛之革"，也是在用革，爻辭巧妙地利用革字兼有變革、皮革兩種含義，用以說明這種鞏固性的舉措與卦的變革之旨並不矛盾，而是統一的。初九爻位的意義是"潛龍勿用"，警戒躁動行為的出現。不急於變革而是對基礎予以加固，合乎初九爻位的意義。

六二爻辭先是稱"巳日乃革之"，在祭祀那天進行變革，與卦辭相呼應。變革的效應是出征作戰吉利，沒有災患。出兵作戰的目的是除掉對方，是外部革除，與卦的宗旨亦相契。

六二爻位的意義是"直、方、大，不習无不利"，意謂不能觸及陽剛之行。由於變革和出兵作戰都是在祭祀之日進行，這樣一來，就變成人對神靈意志的服從，而不是人的自主行為，從而也就消除了觸及陽剛的嫌疑，故出示的斷語是吉，是无咎。

九三爻辭首稱"征凶，貞厲"，這是因為六二已經開始出兵作戰，並且結局吉利。到九三爻位還繼續出兵作戰，已經發展到窮兵黷武的程度，必定結局凶險，占問所得到的答案也是充滿風險。不僅如此,連續的出兵作戰,也使得內部對變革表示懷疑,出現動搖。在這種情況下,有關變革的話語反復發布三輪,才得到人們的相信。

九三爻辭所出現的出兵作戰及革言三就事象,符合卦的變革宗旨,但是與九三爻位"君子終日乾乾,夕惕若"不完全一致,故出現凶、厲一類斷語,但最後結局還是比較好的。爻辭有關變革的敘事,到此第一階段結束,是以單卦為敘事的完整板塊。

九四爻辭敘述的是第二階段變革的開始。在經歷第一階段後期的調整之後,變革又轉向內部,使得困厄消失。在此基礎上,又有發自內心的誠信,對以往的有些命令做了變革,並且取得好的效果。九四爻辭出示的是進一步深化變革的事象,與卦的宗旨相契。九四爻位的意義是"或躍在淵",飛龍躍而入淵,進入屬於自己的空間。九四爻辭的有孚而改命,也有躍起之象,與爻位的意義是一致的。

九五爻辭的"大人虎變",指作為變革領導者的貴族大人,他的舉措有很大的力度,並且頗為可觀,不用占問就取信於人。虎的皮毛色彩斑斕,它的身體動作則富有威懾力,因此成為百獸之王。貴族大人在領導變革的過程中有虎變的威嚴,這與卦旨相契,也與九五爻位"飛龍在天,利見大人"的意義一致。大人不但出現了,而且表現得很威武,與爻位意義相切合。

上六爻辭的前半部分與九五爻辭相似,其中提到的君子,是作為變革的實施者出現。豹性兇猛,因此,君子豹變使平民百姓感到恐懼,臉色為之遽變。

上六爻辭的後半部分是"征凶,居貞吉"。上六是一卦的最高位,變革至此,應該鞏固已有成果,而不能再出兵作戰,革除外部對象。因此,爻辭稱"征凶",占問安居之事則吉利。

上六爻辭的"君子豹變,小人革面",都是變革之象,合乎卦的宗旨,其中"君子豹變"象徵陽剛發動,"小人革面"則是陰柔受制於陽剛之象,避免了陰盛犯陽而引發的衝突,合乎上六爻位的意義。

九五爻辭和上六爻辭的前半部分都是以陽制陰之象。區別在於,九五爻辭的以陽制陰是用威嚴博得信任,而上六爻辭的以陽制陰,則是用兇猛威懾對方,令受制服的平民百姓感到恐懼。虎為百獸之王,豹則比虎更加兇猛,九五、上六爻辭充分考慮到虎、豹之性的同和異,並在用語上體現出來。

《革》卦以變革為題材,以單卦為基本敘事單元。下卦講述變革的初級階段,上卦展示成功的景象,呈現逐步提升的態勢。

卦爻辭提到與變革相關的事象有祭祀,有占問,重視神靈在變革中所起的作用。卦爻辭多次提到孚,因為變革離不開人的誠信。這其中既包括大人君子的誠心,也包括平民百姓對變革的信任。爻辭把出兵作戰納入變革的範圍,但更注重內部的變革。內部變革要"革言三就",道出了變革的艱難。

考　辨

【巳日】語出卦辭。巳,通祀。《損》初九的"巳事遄往",指的就是對於祭祀之事要迅速前往。巳與祀通,甲骨文已有先例:

> 祀,从示,巳聲。或寫作巳,不从示。從文字發展來看,當是先作巳,後加形符作祀。甲骨文用作祭名,為祭祀之專名……後來才發展為祭祀之通稱。①

《周易》卦爻辭以巳為祀,反映的是漢字早期的書寫方式,與甲

---

① 趙誠:《甲骨文簡明辭典——卜辭分類讀本》,第243頁。

骨文一脈相承。

【黄牛之革】語出初九爻辭。黄牛之革,已見於《遯》六二:"執用黄牛之革,莫之勝,説。"黄牛之革象徵陽剛,六二是陰爻,故黄牛之革被掙脱,陽剛不勝之象。《革》初九是陽爻,故用黄牛之革加固,無負效應。黄牛之革為中色,與六二爻位居卦之中相應。初九不是卦的中爻,卻用中色加固,對此,程頤在《周易程氏傳》中做了如下解説:

> 鞏,局束也。革,所以包束。黄,中色。牛,順物。鞏用黄牛之革,謂以中順之道自固,不妄動也。①

稱牛為順暢,與《周易》卦爻辭本義不符。至於説"以中順之道自固",則是觸及黄牛之革的象徵意義,可資參考。

鼎

䷱鼎:元吉,亨。

初六:鼎顛趾_{鼎足倒伏}。顛,倒伏,利出_{自內向外運動}否_{封閉}。得妾以連帶、以及其子,无咎。

九二:鼎有食,我仇有疾_{我的仇人生病},不我能即_{不能即我},

---

① 程頤:《周易程氏傳》,第282頁。

無法來到我處,吉。

九三:鼎耳革脫落,其行塞搬運中途停止。雉zhì膏山雞肉及湯不食,方雨正值下雨,虧(佳餚)受損。悔,終吉。

九四:鼎折足,覆傾覆公餗sù稀飯、粥,其形渥wò形態濕而粘,連成一片。渥,濕潤,凶。

六五:鼎黄耳鼎耳黄色金(用)金屬(裝飾)鉉扛鼎的木杠,用它穿過鼎耳,扛在肩上,利貞。

上九:鼎玉(用)玉(裝飾)鉉,大吉,无不利。

解　析

一、卦名和卦辭

卦名《鼎》,鼎是加工食物器具,同時又是權力和地位的象徵。能夠鼎食的限於貴族階層,平民百姓則不具備這種條件。正因為如此,卦辭稱"元吉,亨",對於鼎予以充分的肯定。

《鼎》與《革》是對卦,《革》卦的宗旨是進行變革,《鼎》卦的宗旨則是保持穩固。鼎由金屬製成,重量很大,不宜頻繁移動,而是要放置在固定的地方。鼎又是王權的象徵,不能輕易動搖,因此,《鼎》卦力主穩定,而對轉移鼎的事象則出示它的不良後果。

《鼎·象》稱:"木上有火,鼎,君子以正位凝命。"這是把鼎視為王權的象徵,強調君子要保持正位,制定法令,是從穩固性方面加以解說,合乎《鼎》卦的宗旨。

《序卦》稱:"革物者莫若鼎,故受之以《鼎》。"《雜卦》亦稱:"《革》,去故也;《鼎》,取新也。"按照《序卦》和《雜卦》所做的解釋,《革》卦和《鼎》卦的宗旨相通,但卻得到普遍的認同,以訛傳訛,遂使革故鼎新作為成語而流傳至今。

二、爻位和爻辭

初六爻辭首先出現的是"鼎顛趾"之象。正常情況下,鼎是三足而立,如今鼎足倒伏,是鼎閒置未用之象。鼎趾倒伏,鼎中又沒有食物,利於把它搬運出去加以利用。只要抓住倒伏的鼎足和鼎耳,就可以進行搬運。

投入使用的鼎通常放置在室外,以便於炊事烹飪。爻辭所說的"利出",就是利於從內向外運出。至於所說的"否",指的是加以封閉,用蓋覆於其上。古代的鼎蓋用茅草編織而成,質地比較柔軟。把鼎運到室外並加蓋予以封閉,是為用鼎加工食物做準備。

《鼎》卦的宗旨是保持穩固。把倒伏的鼎運到室外,使之三足而立,正是保持穩固之象,與卦的宗旨相契。初六爻位的意義是"履霜堅冰至",不宜前行之義。把鼎放到應處的位置,與初六爻位的意義不相違背。爻辭與卦旨及爻位意義相一致,因此,出現的斷語是利,是无咎。

初六爻辭的後半段是"得妾以其子",同時得到妾及她的兒子,屬於喜慶之事。其實,男子得到妾及其所生兒子,與前面的用茅編織的蓋子覆於鼎口,都是得陰用陰之象。茅草編織的鼎蓋,妾及其所生子,均是陰柔的象徵,與初六爻位的屬性相應。鼎口覆以茅草編織的上蓋,男子得到妾及其所生子,是以柔濟剛之象。

初六爻位居於卦的最底部,故取象鼎趾,爻位與物象所處的空間位置相對應。

九二爻辭是上承初六爻辭而來。初六爻辭敘述為使鼎投入運用而做的準備,九二爻辭講述的則是享用鼎中食物的快樂。從鼎中取食,是即鼎而食,要保持鼎的穩定,合乎卦的宗旨。

九二爻位的意義是"見龍在田,利見大人",爻辭敘述的是鼎中取食的角色,明顯屬於貴族階層,是大人現身之象,與九二爻位的意義相符。爻辭與卦旨及爻位意義俱相契合，故斷語是吉。

九二是單卦的中位，從鼎中取食，食物入於口腹之中，皆合於中。

九三爻辭首稱"鼎耳革"，鼎耳脫落，顯然是搬運過程中出現的事故。由於鼎耳脫落，搬運工作不得不中途停止。這時，天降雨，雨水落入鼎中，所煮的山雞肉受到損耗，人們無法享用。搬運鼎違背卦的宗旨，鼎耳脫落而中止搬運，鼎不得不原地停留，這又合乎卦的宗旨。

九三爻位的意義是"君子終日乾乾，夕惕若"，搬運鼎是君子乾乾之象。鼎耳脫落，佳餚受損，則是惕若之事。爻辭與爻位意義亦相符合。爻辭與卦旨、爻位意義相一致，因此，儘管出現波折，但最終結果是吉利。

鼎是金屬器具，鼎耳革乃陽剛受損之象。雉、膏在卦爻辭中都是陽剛的象徵物。雉膏不得食而遇雨虧損，亦是陽剛受損之象。至於其中提到的雨，則是陰柔的象徵。爻辭出現的是陽損陰至、以柔濟剛的事象。

九三居於下卦的上部，故以鼎耳當之，二者皆居於上位。

九四爻辭的"鼎折足"，也是對鼎加以搬運而出現的事故。鼎足折則傾覆，結果稀粥落在地面，粘乎乎的一片。搬運鼎違背卦的宗旨，鼎足折則無法保持穩定，亦與卦的宗旨相悖。

九四爻位的意義是"或躍在淵"，龍躍入深水，得其所宜居。搬運鼎則是行其所不宜為，與爻位意義相違。爻辭所述事象與卦旨、爻位意義俱相違逆，故斷語為凶。

鼎折足，陽剛受損之象，稀粥滿地，陰柔過盛之象。

九四是上卦的最下爻位，故取象於鼎足。

六五爻辭轉入對鼎的觀賞，鼎耳黃，用於扛鼎的木杠飾以金屬，都是賞心悅目的物象。爻辭顯示的是處於靜態的鼎和扛鼎所用的杠,與卦的宗旨相合。

六五爻位的意義是"黃裳,元吉",爻辭的鼎黃耳與黃裳相應,都取象黃色。二者有相通之處,但並不完全契合。

爻辭出示的物象合乎卦旨,而與爻位意義不相衝突,故斷語是利於占問。六五居於單卦中位,故以黃色相配。

上九爻辭繼續從靜態角度觀照扛鼎所用的杠子,鼎在原地未動,合乎卦的宗旨。上九爻位的意義是避免"亢龍有悔"的事象出現。"鼎玉鉉",扛鼎的木杠用玉加以裝飾。玉的硬度小於常見的鋼鐵,也小於石頭。以玉為裝飾,玉有温潤之性,沒有陽剛過盛之嫌,與爻位的意義相符。上九爻辭的事象與卦旨、爻位意義皆相契合,故斷語最為吉利。

《鼎》卦的爻辭向人們表明,保持鼎的穩固是它的常態,而不必要的搬運則往往帶來損失。爻辭以單卦為敘事基本單元,三條爻辭依次出現,構成一個相對獨立的系列。

考　辨

【利出否】語出初六爻辭。出,謂將鼎置於室外。古代禮儀,鼎皆在門外。《儀禮·士冠禮》:"若殺,則舉鼎陳於門外。"初六爻辭所謂的出,指的正是將鼎置於門外。《儀禮·士昏禮》:"期初昏,陳三鼎於寢門外。"其他各種禮儀都是置鼎於門外。

"利出否",李道平疏:"否,閉也。"①釋否為閉,合乎否字在《周易》卦爻辭中的含義,《否》卦就是以閉塞為背景。鼎之所閉,指的是鼎蓋。《説文解字·鼎部》:"鼏,鼎覆也。"段玉裁注:"鼏,見禮經,所以覆鼎,用茅為之。"

---

① 李道平:《周易集解纂疏》,第447頁。

【我仇有疾】語出九二爻辭。《左傳·桓公二年》:"嘉耦曰妃,怨耦曰仇。"仇,謂仇人、仇敵,爻辭用的是這種意義。

【鉉】見於六五、上九爻辭。《說文解字·金部》:"鉉,所以舉鼎也。從金,玄聲,《易》謂之鉉,禮謂之鼏。"段玉裁注:

> 古說皆云鉉貫於耳,顔師古獨云:鉉者,鼎耳,非鼎扃也。其說甚誤。《易》言黃耳金鉉,則耳與鉉非一物明矣。①

鉉指扛鼎所用的木杠,禮書稱為鼏。《說文解字·鼎部》寫道:

> 鼏,以木橫貫鼎耳舉之,從鼎、冖。《周禮》"廟門容大鼏七個",即《易》"玉鉉,大吉"也。②

許慎對於鉉的功用、形制解釋得很清楚,指的是橫貫鼎耳的木杠,用於鼎的搬運。

震

☳☳ 震 震雷:亨。震來虩 xì 虩雷鳴電閃並作貌,笑言啞啞談笑輕

---

① 段玉裁:《說文解字注》,第704—705頁。
② 段玉裁:《說文解字注》,第319頁。

鬆貌，震驚百里，不喪匕匙，勺子鬯chàng香酒。

初九：震來虩虩，後笑言啞啞，吉。

六二：震來厲雷的到來存在危險，億安定、鎮靜。喪貝，躋于九陵朋貝喪失，在登九陵之際，勿逐，七日得七日會復得。

六三：震蘇蘇舒緩、強度減弱貌，震行雷鳴時出行无眚。

九四：震遂下落泥雷入於泥中。

六五：震往來往而復來厲，億，无喪有事做事不要有閃失。

上六：震索索絞結、糾錯之象，視矍jué矍驚懼四顧，征凶。震不于其躬，于其鄰雷沒有擊到身體，鄰居遭受雷災。无咎，婚媾有言婚姻遭人議論。

解　析

一、卦名和卦辭

卦名為《震》，取象於雷。《說卦》稱："雷以動之"，"動萬物者莫疾乎雷"。人們所經常接觸的自然現象，雷的響動最大，有很強的威懾力。卦名為《震》，因為雷是動態的存在，所以，也就把雷看作動態的象徵，用以講述人如何應對自然界的震動，應該以怎樣的姿態出現。

卦辭對震雷所下的斷語是"亨"，亦即通達之意。雷作為一種重要的自然現象，有很強的破壞力。同時，作為一種物候，它的出現是在春、夏、秋三季，而萬物閉藏的冬季通常不會有雷。這樣看來，與雷相伴隨的是萬物的滋生、發育、成熟，是生命之氣流通的季節。卦辭所說的"亨"，著眼於雷的撼動萬物的功能。

卦辭推出的是一幅帶有理想色彩的畫面：在雷電交加之際，人們依舊談笑風生,輕鬆自如,没有畏懼心理。即使雷聲震驚百里,仍然保持鎮定。手中的匕勺、香酒都不會被雷聲震落。雷作為一種自然暴力出現,同時也是對人們的考驗。卦辭欣賞那種臨變不驚,能從容應對巨大震動的人。卦辭提到的匕、鬯,多用於祭祀及社交禮儀,所出現的角色屬於貴族階層。

二、爻位和爻辭

初九爻辭截取卦辭的前半段,展示人們面對雷電交加而從容鎮定的樣態,與卦的宗旨一致。初九爻位的意義是"潛龍勿用",不要有所动作之義。"笑言啞啞"不是有所行動之象,與爻位的意義不相違背,爻辭所展示的場面,是被肯定的對象。

六二爻辭所描述的雷震,在強度上較之先前加大,已經帶有危險性。可是,其中出現的行為主體依然内心安定,並且在險境中登上九陵。在此過程中,用作貨幣的貝遺失。爻辭建議不必去追尋,七日之後還會得到數量相當的貝。在雷聲大作、充滿風險的情況下仍然出行,合乎卦的宗旨。

六二屬於單卦的中爻,這個人在雷聲中内心鎮定,合乎爻位的守中屬性。六二爻位的意義是"直、方、大,不習无不利",意謂不接觸陽剛之物,不踐履陽剛之行,在雷聲大作的險境中登上九陵,屬於陽剛之行,與爻位意義相違背。

六二爻辭與卦旨及爻位居中的屬性相契,而與爻位意義相違,因此,行動中出現波折,但最後結局尚可。

六三爻辭展示的雷震已經減弱,強度不大,在雷聲中出行也不會有什麼疾苦和風險。爻辭合乎卦的宗旨,但與六三爻位的"含章,可貞"相背離,因此,斷語限於"无眚"而已。

九四爻辭"雷遂泥",雷入於泥中,雷聲開始消失。這種事象游離卦的宗旨,已經見不到人與自然界暴力的抗爭。九四爻位的意義是"或躍在淵",龍躍入深水,得其所宜居。雷入於泥,是返回它的棲息地,先民認為雷的故鄉是沼澤地。爻辭與九四爻位的意義是一致的。與卦旨游離而與爻位意義相契,鑒於爻位的這種情況,沒有用斷語出示吉凶。

六五爻辭首先講述的是雷聲重新響起,並且往來多變,給人帶來危險。爻辭告誡人們,在這種情況下要保持鎮定,所做的事情不要出現閃失。爻辭所做的表述合乎卦的宗旨,但與六五爻位"黃裳,元吉"的意義相疏離。爻辭出現的"億"字已見於六二爻辭,有內心守中之義,與六五爻位居中的屬性相應。

上六爻辭所出示的雷震事象上承六五爻辭而來。六五爻辭稱"震往來厲",雷聲在天空滾動,不限於一處。上六爻辭所說的"雷索索",則是多處都有雷聲,它們交互絞結,不知要擊中何處。在這種情況下,爻辭出現的是滿懷畏懼、驚恐四顧的角色,是位膽小之人。顯然,這與卦旨明顯相違背。這個人還算幸運,沒有遭到雷擊,而是鄰居被雷擊中。他雖然躲過了這一劫,但由於把自己的膽小怯懦暴露得很充分,因此,面臨生存困境。出征作戰會遭遇凶險,戰場上膽小怯懦者必敗無疑。涉及婚姻,會有人非議譏諷,也不會順利。上六爻位的意義是避免陰盛犯陽現象的出現,這條爻辭所述事象沒有陰盛犯陽之嫌,但由於與卦旨相違,因此,出示的斷語都是負面的。

爻辭對於與雷震相關事象的敘述,基本是按時間順序編排,但是,並沒有把單卦作為固定的敘事單元,而是有所變通。從初九到九四,敘述的是第一輪雷震,以"震來虩虩"開始,到"震遂泥"結束,是一個完整的過程,用四條爻辭進行敘述。六五、上六所展示的是第二輪雷震,在強度上較之前一輪進一步加大。這種對於以單卦為敘事單元模式的突破,在《周易》本經是不多見的。

考　辨

【震來虩虩】 語出卦辭和初九爻辭。《説文解字·虎部》："虩，《易》：'履虎尾，虩虩。'恐懼也。一曰蠅虎也。从虎，䇂聲。"段玉裁注：

> 《履》九四爻辭，今《易》虩虩作愬愬。《釋文》曰：愬愬，子夏傳云："恐懼貌。"馬本作虩虩，云："恐懼也。"《説文》同。按《震》卦辭："震來虩虩。"馬云："恐懼貌。"鄭同馬。鄭用費《易》，許用孟《易》，而字同義同也。①

在《周易》流傳的過程中，《震》卦的"虩虩"與《履》九四的"愬愬"相混淆，出現不同的版本，前人認為它們含義相同，指的都是恐懼之象。

《履》九四："履虎尾，愬愬，終吉。"愬愬是履虎尾者的恐懼之象。而在《震》卦，虩虩、蘇蘇、索索，俱是表現雷震之象，而不是指人的心理，與《履》九四的愬愬所指不同，不能混淆。

虩，字形从䇂从虎。《説文解字·白部》："䇂，際見之白也。从白，上下小見。"段玉裁注：

> 際者，壁會也；壁會者，隙也。見，讀如現。壁隙之光，一綫而已，故从二、小。②

---

① 段玉裁：《説文解字注》，第211頁。
② 段玉裁：《説文解字注》，第364頁。

許慎、段玉裁對於夐字的原始本義解釋得很清楚,指的是牆壁縫隙透出的一綫光。虩字構形从夐,指的是與雷聲相伴隨的雲縫中射出的閃電,字形从虎,則是指雷電的威懾力。

【億】見於六二、六五爻辭。虞翻稱:"億,惜辭也。"李道平云:"億與噫通……《釋文》'億,本作噫。'故云'惜辭也'。"① 注家多以噫釋億,把億字說成是語氣詞。《周易》卦爻辭基本不用感歎類語氣詞,億字不充當語氣詞,而是有實義。《說文解字·人部》:"億,安也。"段玉裁注寫道:

  《晉語》"億寧百姓",注:"億,安也。"《吴語》"億負晉衆庶",注:"億,安也。"《左傳》曰"不能供億",曰"心億則樂",曰"我盍姑億吾鬼神,而寧吾族",杜注皆曰:"安也。"此億字之本義也,今則本義廢矣。②

億字的本義爲安,《震》六二、六五爻辭的億字,指的是安定、鎮静,是在雷鳴之際表現出的從容自持。

【九陵】語出六二爻辭。早期先民對於地名的稱呼,往往多冠以九字,對於墓地的稱呼也是如此。《禮記·檀弓下》記載,晉國趙文子宗廟建成,聽過張老的祝禱辭之後說道:"武也得歌於斯,哭於斯,聚國族於斯,是全要領以從先大夫於九京也。"這裏的九京,指趙氏家族的墓地。《禮記·檀弓下》還寫道:"趙文子與叔譽觀乎九原。文子曰:'死者如可作也,吾誰與歸?'"這裏的九原,指晉國大

---

① 李道平:《周易集解纂疏》,中華書局,1998年版,第456頁。
② 段玉裁:《說文解字注》,第376頁。

夫的墓地。京,指高丘。原,謂高平之地。先民的墳墓通常選在地勢較高之處,故墓地稱九京、九原。六二爻辭的九陵,可能指的也是墓地。卦辭的"不喪匕鬯",在祭祀場所可能性居多。

【勿逐,七日得】語出六二爻辭。類似事象在卦爻辭中屢次出現,但又存在一些差異。《睽》初九:"喪馬勿逐,自復。"《既濟》六二:"婦喪其茀,弗逐,七日得。"以上爻辭皆稱可失而復得,意義相通。至於如何失而復得,《震》六二、《既濟》六二均未明言,給人留下想象和猜測的餘地。至於把七天看作一個週期,《復》卦辭已有先例。

艮

☶ 艮制止:艮其背用手制止他的背,不獲其身未能控制住他的上身;行其庭走到他庭院,不見其人。无咎。

初六:艮其趾,无咎。利永貞。

六二:艮其腓小腿後肌,不拯上舉、抬高其隨小腿的隨從部位,指腳,其心不快愉快。

九三:艮其限制止他所限制的(身體禁區),列其夤陳列他所警戒的(身體隱秘部位),厲,熏心心如火燒。熏,用火熏炙。

六四:艮其身上身,无咎。

六五:艮其輔面頰,言有序使其說話有倫次,悔亡。

上九:敦艮被督促後進行制止,吉。

解　析

一、卦名和卦辭

卦名《艮》，指的是制止，具體指用強力對別人加以制止。《艮》卦與《震》卦是對卦，《震》卦是講述人如何應對外界的震動，而《艮》卦則是展示如何對他人實行強力制止。二者有動與止的差異，同時，行為方式又有受動與施動之別。《震》卦講述人對雷震的應對，人是作為受動者出現。《艮》卦則是把施動的一方作為行為的主體，而受動方的反應則處於次要地位。

卦辭講述的是追捕人的場景。抓住被追捕者的後背，但未能控制住他的整個上身，從而使之逃脫。走進被追捕者的庭院，見不到那個人，顯然沒有回家，而是到別處躲避起來了。卦辭的斷語是"无咎"，意謂沒有災患。對於被追捕者而言，能夠順利逃脫，當然沒有災患。而對於追捕者來說，是否也沒有災患呢？這就涉及卦的宗旨。《艮》卦名稱表示的是強力制止之義，因此，只要採取這種行為方式，就合乎卦的宗旨。至於強力制止的效果如何，那是次要的，施動者不必為此承擔責任。從實際情況考察，對於人的後背用強力加以制止，受動一方很容易掙脫，因為被制止的身體部位難以控制住。

對於《艮》卦的宗旨，《彖》傳稱："艮，止也。"《序卦》亦稱："艮，止也。"《雜卦》也寫道："艮，止也。"以止釋艮，大意得之。至於艮和止的具體內涵，尚須進一步加以挖掘。

二、爻位和爻辭

初六爻辭"艮其趾"，是對人的腳趾加以制止，使其不能舉足前行。這種事象合乎卦的以強力制止的宗旨。初六爻辭的意義是"履霜堅冰至",不宜前行之義,爻辭與爻位意義相符合。爻辭與卦旨、爻位意義俱相符合,故斷語是沒有災患,利於占問長遠之事,屬於吉祥之列。

初六居於全卦底部,故取象於人的腳趾。

六二爻辭"艮其腓",對於小腿後肌加以制止,這種行為方式符合卦的宗旨。六二爻位的意義是"直、方、大,不習无不利",意思是不踐履陽剛之行。艮其腓則屬於陽剛之行,是以剛制柔,與爻位意義相悖。艮其腓的行為方式符合卦旨而違背爻位意義,兩相綜合,後面出示的效果是小腿的隨從部位腳無法舉起,造成行走的困難,內心不快。

六二居於全卦比較靠下的部位,故取象於人的小腿。

九三爻辭出現的事象在現實生活中較為罕見,是對人體限制接觸的隱秘部位、對於人所警戒的器官進行強力制止,展示這種行為本身合乎卦的宗旨。

九三爻位的意義是"君子終日乾乾,夕惕若",肆無忌憚地制止,展示人的隱秘部位,有乾乾之象,無惕若之心,爻辭所涉事象與爻位意義有契合之處,又有相悖的一面。綜合這種事象與卦旨、爻辭的複雜關係,出示的結局是"厲,熏心"。有危險,被制止的一方心如火燒。這種強力制止勢必遭到對方的拒絕和反抗,因此處於危險境地。

六四爻辭的"艮其身,无咎",是對卦辭片斷的重復,與卦的宗旨相符。六四爻位的意義是"括囊,无咎无譽",指的是將外物納入並加以封存。艮其身正是納物於內的行為方式,與爻位意義是一致的。爻辭所述事象與卦旨、爻位意義相符合,所以,出示的斷語是沒有災患。

六四爻位屬於上卦,與此相應,取象於人體的上部。

六五爻辭"艮其輔"意謂對人的面頰加以制止,符合卦的宗旨。六五爻位的意義是"黃裳,元吉",意謂居尊位而以謙下的姿態出現。對人的面頰加以制止,必然對於人的嘴部構成限制,不便於過多説話,這與六五爻位的意義是一致的。

"艮其輔"的事象與卦旨、爻位意義俱相契,爻辭出示的結果是良性的:使人説話有條理,連小的災患也會消失。禍從口出,對於人的嘴加以轄制,有時確實有遠禍免災的效應。

六五是卦的高位、尊位,故取象於人的面頰、嘴部。

上九爻辭"敦艮",繼續採用強力制止的行為方式,合乎卦的宗旨。上九爻位的意義,是避免"亢龍有悔"事象的出現。"敦艮"是行為主體在外力的督促之後才進行強力制止,屬於被動性的做法,不是"亢龍有悔",没有陽剛過盛。敦艮之舉與卦旨、爻位意義皆相符,故斷語是吉。

《艮》卦是按照人的身體部位編排爻辭,由下而上依次推移。這種編排方式與《咸》卦相同,並且所出現的身體部位亦多有一致之處,兩卦可參照對讀。

考 辨

【艮】見於卦名及卦辭、爻辭。《説文解字·匕部》:"艮,很也。从匕、目。匕目,猶目相匕,不相下也。《易》曰:'艮其限。'匕目為艮,匕目為真也。"段玉裁注:

> 狠者,不聽從也。……目相匕,即目相比,謂若怒目相視也。①

---

① 段玉裁:《説文解字注》,第385頁。

艮字的本義是不相服從,怒目相視。因其不服從,故須強力加以轄制。《艮》卦之名,用的是艮字的引申意義。

【艮其限,列其夤】語出九三爻辭。王弼寫道:"限,身之中也。三當兩象之中,故曰'艮其限'。夤,當中脊之肉也。"對此樓宇烈先生做了如下解釋:

> "限",束腰帶處稱"限",所以説"身之中也"。
> "夤",腰帶,系在腰上,正在人體之中,所以説:"夤,當中脊之肉也。"①

王弼把限釋為腰,把夤釋為脊椎下部的肌肉,位於後腰。樓先生則把夤釋為腰帶。王弼對於限、夤所做的解釋,繼承的是東漢及三國時期的治《易》學者的説法:

> 虞翻曰:"限,要帶處也。……夤,脊肉。……馬氏云:'限,要也',故'艮其限'。""夤",鄭本作"䏝",馬氏以為夾脊肉,是也。②

把限、夤分別釋為腰和夾脊肉,在古代已成定論,當代學者多從之。考察限、夤二字,其本義均不是指人的身體部位,不與腰和夾脊肉相關聯。

《咸》卦提到人的身體部位,依次為拇、腓、股、脢、輔頰舌。從

---

① 樓宇烈:《王弼集校釋》,第483頁。
② 李鼎祚:《周易集解》卷十,中國書店,1987年影印本。

脚趾、小腿、大腿、後背，再到人的臉部，而對於人的隱秘部位，則略而避之。《艮》卦依次提到的人體部位分別是趾、腓、限、夤、身、輔。其中除了限和夤，其他部位均與《咸》卦相對應。據此可以推斷，《艮》九三爻辭提到的限、夤，應是《咸》卦回避和略去的人體隱秘部位，這從限和夤的本義可以得到驗證。

《說文解字‧阜部》："限，阻也，從阜，艮聲。一曰門也。"限，本義是險阻、阻隔。限，字形從阜從艮。阜謂高丘，艮字的本義指不相服從，它的構形所表達的是險阻、阻隔之義。限又指門檻，因為門檻使室內外相阻隔，門檻是限字的衍生意義。《艮》九三的"艮其限"，謂對於人體的阻隔部位加以制止。人體對外界加以阻隔的是警惕、警戒。人體加以警戒的部位，也就是隱秘部分。

《說文解字‧夕部》："夤，敬惕也。從夕，寅聲。"所謂的敬惕，指的是警惕、警戒。人體加以警戒的部位，也就是隱秘部位。

限、夤皆代指人體隱秘部位。這個部位處在人體的中部，因此，把它排編在九三爻位，居於它上部的是人的上身。《咸》的敘事對人體隱秘採用回避省略的方式，《艮》卦運用的則是虛化筆法，化實為虛，使人難以辨認。

【艮其身】語出六四爻辭。王弼注："中上稱身。"虞翻則稱："身，腹也。"審視《艮》卦的卦辭和爻辭，王弼的解釋得其本義，六四爻位居於上卦，與之相對應的應是人的上身。卦辭稱"艮其背，不獲其身"，是把背和身作為人體同一高度的部位。《說文解字‧身部》："身，躳也。"段玉裁注：

《呂部》曰："躳，身也。"二字互訓。躳必入呂部者，躳謂身之偏，主於脊骨也。①

許慎把身和躳互訓，而躳的本義指人的脊骨。由此看來，《艮》卦把人的上體稱為身，有文字學的根據。

漸

☲☴ 漸前進，前行：女歸返回原處吉，利貞。

初六：鴻鴻鳥漸于干流水的山澗，小子小孩厲，有言有言相勸阻，无咎。

六二：鴻漸于磐高出水面的巨石，飲食衎 kàn 衎歡樂愉快貌，吉。

九三：鴻漸于陸高平之地，夫征不復丈夫出征作戰沒返回，婦孕不育妻子懷孕而流產，凶，利禦寇抵禦強盜。

六四：鴻漸于木木头，或得間或遇到其桷 jué 方形木椽，无咎。

九五：鴻漸于陵高丘，婦三歲不孕，終莫之勝，吉。

上九：鴻漸于陸，其羽可用為應對儀禮儀。暗示鴻鳥被殺害，羽毛用作儀仗，吉。

---

① 段玉裁：《說文解字注》，第 388 頁。

解　析

一、卦名和卦辭

卦名《漸》，前進、前行之義。各條爻辭均以鴻漸領起，所以取漸字為卦名。卦名為《漸》，但是，卦辭卻是"女歸吉"，女性非但不應前行，反倒是應該復返、回歸。卦辭又稱"利貞"，也沒有提到前行。

《序卦》稱："漸者，進也。"以進釋漸，停留於字面意義。《雜卦》則稱："漸，女歸待男行也。"這種解釋觸及了卦的宗旨。雖然處於前行之際，然而對於女性來說，返回原處為吉利。言外之意，男性卻是應該前行，這是卦辭的潛話語。

二、爻位和爻辭

初六爻辭出現的鴻鳥位於山澗之中，那裏有流水，有水中生物，是它的宜居之處。鴻鳥在山澗，沒有離開它的棲息地，合乎卦的宗旨。

初六爻位的意義是"履霜堅冰至"，不宜前行之義。鴻鳥雖然從大的範圍來看沒脫離棲息地，但它的巢穴並不是在山澗，是經過前行才來到這裏，因此與爻位的意義稍有偏離。鑒於上述情況，爻辭設置了小男孩走向山澗的險象。但是，鴻漸于干畢竟合乎卦旨，且與爻位意義只是稍有偏離，因此，化險為夷，小男孩經人勸阻沒有赴險，最終沒有出現災患。

初六是卦的最低位，故以山澗當之。鴻是水鳥，是陰柔的象徵。水鳥而處於流水的山澗，得其所宜處。

六二爻辭中的鴻鳥在高出水面的巨石上，有美味可食，有澗水可飲，其樂無比。此時的鴻鳥仍未脫離它的棲息地，符合卦的宗旨。六二爻位的意義是"直、方、大，不習无不利"，意謂不踐履陽剛之行。飲食是滿足自身的需要，不屬於陽剛之行，與六二爻位的意義相符。爻辭出示的事象與卦旨、爻位意義全部相契，展現的是吉祥歡樂的場景。

六二是單卦的中爻，故以水中磐石當之。飲食是把水和食物送入心腹，是實中之象。鴻鳥休止於磐石之上，是柔附於剛之象。

九三爻辭出現的是不祥事象。此時的鴻鳥已經脫離水域，前行到陸地。這與卦的宗旨相悖。九三爻位的意義是"君子終日乾乾，夕惕若"，這裏的行為主體是男性君子，而不是女性。鴻漸于陸與九三爻位的意義相疏離。

鴻漸于陸既違背卦旨，又與九三爻位的意義相疏離，於是，所出現的事象都是女性的不幸：丈夫服兵役出征未歸，妻子懷孕之後流產，都是陰柔受損之象，故稱凶。

爻辭結尾又稱"利禦寇"，這是從男性方面所言。丈夫在外服兵役，自然利於抵禦強盜，這種行為本身符合九三爻位的意義。九三爻辭向人們表明，象徵女性的鴻鳥離開棲息地不返回，造成人生的悲劇。男性的在外不歸，卻未必帶來災難，甚至還存在有利的一面。

六四爻辭中的鴻鳥飛到有木頭的地方，並在方形椽上停留下來。這是停止前行之象，雖然不完全合乎卦旨，但也不與卦旨相悖。六四爻位的意義是"括囊，无咎无譽"，是自我收束，納物於內。鴻鳥落在方形椽上，與爻位意義相接近。最終的斷語"无咎"，就是根據鴻鳥留止在方椽這個事象，與卦旨、爻位意義的大體一致而來。

九五爻辭出現的鴻鳥前行到高丘，遠離它的棲息地。與此相應，是女性災難的發生：已婚三年未能怀孕，最終無法承受這種後果而被休棄。鴻鳥前行到高丘，違背卦的宗旨。九五爻位意義是"飛龍在天，利見大人"，行為主體是屬於陽剛系列的貴族大人。鴻雁是陰柔之物，它飛到高丘，與九五爻位意義相疏離。鴻鳥是陰柔的象徵，與其相對應的女性，只能有悲慘的結局。

九五爻辭結尾的斷語為"吉"，是針對男性而言。已婚女子因三年未能懷孕而被休棄，對於女性是悲劇，男子則可以續娶。九五是陽爻，女性厄運是陰柔受損，陰衰則陽勝，故稱吉。

上九爻辭是鴻鳥生命的終結，它前行到大丘之上的高平之處，最終被捕殺，用它的羽毛做儀仗的裝飾。斷語稱吉，也是從陰陽觀念出發所做的考量。上九是陽爻，鴻鳥作為陰柔的象徵而被除掉，是去柔而存剛，故稱吉。

鴻鳥飛到大丘之上的高平之地，與卦旨相違，也是上九爻位所反對的"亢龍有悔"之象，因此最後慘遭捕獲和殺害。

《漸》卦是按照時空順序編排爻辭，用以體現"女歸吉"的理念。當鴻鳥生活在水域時，它沒有遭遇風險，並且自得其樂。一旦離開它的棲息地，災難就接連而至，並且越來越深重。與此相應，女性的命運悲劇也反復出現。爻辭以此表明，即使前行之際，應該前行的也是男性，而不是女性。女性前行而不知返回，結局是很悲慘的。

爻辭按照空間方位的從低到高的順序依次排列，干、磐是在山澗及水面的巨石，而陸、陵則是高於水面的平地和高丘。至上九爻辭提到的陸，則是丘陵上部的高平之地，是爻辭所涉空間的最高處。

《漸》卦的主旨是"女歸吉"，可是作為女性象徵的鴻鳥非但不歸，反而離開家園越來越遠，是逆卦旨而行。卦爻辭的編排運用的是逆反思維，承載的理念與相關事象呈現的是反向對比。

由鴻鳥的前行聯想到人的回歸，這類作品在《詩經》中也可以見到。《豳風·九罭》第二、三章的分別是:"鴻飛遵渚,公歸無所,於女信處。""鴻飛遵陸,公歸不復,於女信宿。"其中提到的陸,在《漸》的爻辭中出現兩次。其中的渚,指水中小洲,是以水域為背景。《小雅·鴻雁》首章寫道:"鴻雁于飛,肅肅其羽,之子于征,劬勞于野。"還是由鴻鳥的飛行聯想到在外人員的回歸。

考　辨

【鴻】見於卦名和爻辭。《説文解字·鳥部》:"鵠,黃鵠也。""鴻,鵠也。"段玉裁注寫道:

> 《豳風》"鴻飛遵渚"。……經傳鴻字,有謂大雁者,如《曲禮》"前有車騎則載飛鴻",《易》"鴻漸于磐"是也。有謂黃鵠者,此詩是也。①

段玉裁認定《漸》卦的鴻指的是大雁,合乎卦的本義。但是,把《豳風·九罭》的鴻説或是黃鵠,則缺少根據。《詩經》單獨提到鴻,指的均是大雁。《邶風·新台》:"魚網之設,鴻則離之。"這裏的鴻鳥捕魚為食,指的是大雁。《小雅·鴻雁》是鴻雁連言,明顯是指大雁。

先秦典籍有時單獨稱鵠,指的應是天鵝。《莊子·天運》:"夫鵠不日浴而白,烏不日黔而黑。"這裏的鵠以白著稱,明顯是指白天鵝。鴻鵠連言,見於《孟子·告子下》,《管子》的《形勢》《形勢解》等文獻。究竟是指大雁,還是天鵝,抑或是兼而有之,已經難以判定。

---

① 段玉裁:《説文解字注》,第 151—152 頁。

【干】見於初六爻辭。干,有時指岸畔、水邊。《詩經·魏風·伐檀》:"坎坎伐檀兮,置之河之干兮。"毛傳:"干,厓也。"毛傳釋干為厓,亦即水涯。從全詩用語考察,這種解釋是正確的。第二章稱"置之河之側",第三章稱"置之河之漘",指的均是水边,干也是指河畔。

《詩經·小雅·斯干》:"秩秩斯干,幽幽南山。"毛傳:"干,澗也。"鄭玄箋:"喻宣王之德如澗水之源,秩秩流出,無極已也。"王先謙稱:"'干'即'澗'之借字,'考盤在澗',韓詩'澗'作'干'。"①王先謙提到的《考盤》一詩,見於《衛風》。干指山澗,這是它的另一種含義。

《漸》初六的"鴻漸于干",指鴻鳥進入山澗,在水中捕魚,故六二爻辭有"飲食衎衎"之樂。干,指山澗。如果指水邊,則爻辭中的"小子厲"就沒有著落。意謂小孩前往山澗,存在危險。

【磐】語出六二爻辭。磐,字形從般從石。《説文解字·舟部》:"般,辟也,象舟之旋,从舟从殳。殳,令舟旋者也。"許慎對般字的構形及含義解釋得很清楚,它本指船在水中轉頭,旋轉而還,顯然是遇到障礙的緣故,由此引申出退避之義。磐,字形從般從石。般指船退避而還,石則標示船之所以掉頭,是巨石阻擋的緣故。由此看來,磐的本義當指露出水面阻礙行船的巨石,六二爻辭用的是它的本義。

【或得其桷】語出六四爻辭。《説文解字·木部》:"桷,榱也。从木,角聲。椽方曰桷。"段玉裁注:"桷之言棱角也。椽方曰桷,則

---

① 王先謙:《詩三家義集疏》,第649頁。

知桷圓曰橡矣。"桷指方形橡子,圓橡不能稱為桷,那麼,為什麼鴻鳥"或得其桷"而"无咎"?對此,程頤在其《周易程氏傳》中寫道:"鴻趾連,不能握枝,故不木棲。桷,橫平之柯。唯平柯之上,乃能安處。"鴻脚是蹼狀,而不是爪狀,因此集於方形木橡上安穩舒適,故稱无咎。

【鴻漸于陸】 出自九三、上九爻辭。因為此語在爻辭中兩次出現,於是有的學者對上九爻辭的陸字提出置疑。《周易程氏傳》寫道:

  安定胡公以陸為逵,逵,云路也,謂虛空之中。《爾雅》:"九達謂之逵。"逵,通達無阻蔽之義也。①

另外,高亨先生亦稱:"陸當作陂,形近而誤。陂與儀為韻。陂,水池。"②以上兩種説法,均認為上九爻辭的陸字系訛誤,應為逵或陂,這樣一來,就不再與九三爻辭出現重復。

《説文解字·阜部》:"陸,高平地。"段玉裁注:"《釋地》、毛傳皆曰'高平曰陸'。"凡是高平之地,均可稱為陸,九三爻辭的陸,是指山澗旁邊的高平之地;上九爻辭的陸,是指丘陵上部的高平之處。雖然同用陸字,但它們所表示的空間位置及海拔高度是不同的。因此不忌諱重復。

---

① 程頤:《程氏周易傳》,第308頁。
② 高亨:《周易大傳今注》,第331頁。

歸　妹

☳☱歸出嫁妹代指女性：征凶，无攸利。

初九：歸妹以娣dì嫁女以其妹陪嫁。娣，女弟，謂妹妹，跛能而履前行，征吉。

九二：眇能視，利幽人之貞。

六三：歸妹以須或作嬃，指姐姐，反歸以娣妹妹被遣返。

九四：歸妹愆qiān推遲、拖延期嫁女延期，遲歸有時推遲出嫁的時間是有期限的。

六五：帝乙歸妹，其君謂帝乙之妹之袂mèi衣袖，代指衣服不如其娣之袂良她的服裝不如陪嫁妹妹的漂亮。月幾將近望盈滿，吉。

上六：女承捧筐无實沒有東西，男刲kuī刺、宰殺羊无血，无攸利。

解　析

一、卦名和卦辭

卦名《歸妹》，意謂嫁女。六五爻辭"帝乙歸妹"，指殷王帝乙把妹妹嫁出，這是歸妹的狹義和具體所指。在卦辭和其他爻辭中，歸妹均指嫁女，系泛指。《漸》卦的"女歸吉"，歸指返回，這裏則是指出嫁。《詩經·周南·桃夭》："之子于歸，宜其室家。"歸，指的就是出嫁。

卦辭是"征凶,无攸利",這是就嫁女一方而言,不能在嫁女的同時又出兵作戰,因為這是兩類性質不同的事情,不能混在一起。否則,就會無有所利。

《歸妹》和《漸》是對卦。《漸》卦的宗旨是女歸吉,女性返回家中吉利。《歸妹》則是女性出嫁,離開父母兄弟,與《漸》卦的指向正相反。《漸》卦的宗旨是女歸吉,爻辭敘述的則是作為女性象徵的鴻鳥,因為當歸而不歸遭到不幸。《歸妹》爻辭則是展現因為嫁女的種種不當,最終釀成婚姻悲劇。

《歸妹》六五爻辭有"帝乙歸妹"之語,所涉事象有歷史的投影,是以周文王娶殷王帝乙之妹為背景。

二、爻位和爻辭

初九爻辭的"歸妹以娣",是說女子出嫁時以妹妹陪嫁,這是中國古代的習俗。這句爻辭表示婚禮已經完成,是從娶女方面進行敘述,這個事象本身合乎卦的宗旨。那麼,所娶的新婦如何呢?"跛而履",雖是跛足,卻要一瘸一拐地走路,是令人生厭的形象。那麼,娶婦的男士怎麼辦呢?爻辭指明的出路是"征吉",既然新婚沒有帶來幸福,乾脆離開家庭,出兵作戰會吉利。卦辭稱"征凶,无攸利",是針對嫁女一方而言。對於娶女一方來說則與此相反,不是征凶,而是征吉。初九爻位的意義是"潛龍勿用",率兵出征的男子作為新婚丈夫,毅然離開家庭而捨棄新娘,確實是潛龍勿用,合乎爻位的意義。爻辭敘述的事象與卦旨、爻位意義皆符合,故得出的結論是吉利。

初九是卦的最低位,故取象於足。歸妹以娣,是二女共存,新婦既跛而履,是陰盛逼陽之象,故有陽剛出征的舉措。

九二爻辭"眇能視",是承初九爻辭而來。這位新娘不但跛足,而且雙眼大小不一。正像她跛足而要強行走動一樣,兩眼視力不一樣還要四處察看。於是,對她採取的措施是進行幽閉,關在屋裏不許出門。這位新娘的出嫁,合乎卦的宗旨。九二爻位意義是"見龍在田,利見大人",這位新娘不屬於大人之列,不應出現,把她幽閉起來合乎爻位意義。爻辭所涉事象與卦旨、爻位意義基本一致,故斷語是"利幽人之貞",這位女性如果足不出戶,眼睛不再投向外部世界,進行占問是吉利的。

九二處於單卦的中位,故以幽閉於室中之象相對應。

六三爻辭講述的是滑稽的婚姻事象:本來應該用妹妹陪嫁,但陪嫁前來的卻是姐姐。於是,男子把原來作為新娘的妹妹遣返,而把陪嫁的姐姐作為新娘留下。女子出嫁到男方,這個事象合乎卦的宗旨。古代以年齒論貴賤,出嫁女子的姐姐在家中比她妹妹的地位要高,不適於陪嫁。六三爻辭的意義是"含章,可貞",對於嫁女一方而言,把姐姐留下則合乎"含章"的爻位意義。爻辭敘述的事象與卦旨、爻位意義呈現出錯綜複雜的關係,所造成的結果則是喜劇性的,令人啼笑皆非。

九四爻辭"歸妹愆期,遲歸有時",嫁女的日期被推遲,但有一定的期限。這個事象與卦旨有所偏離,但沒有達到悖逆的程度,因為婚姻畢竟沒有破裂。九四爻辭的意義是"或躍在淵",龍躍入深水,得其所宜居。女子出嫁日期被推延,沒有"龍躍"之象。但她繼續住在家裏,與龍生活在深水故居又有些相似。鑒於爻辭所涉事象與卦旨、爻位的複雜而微妙的關係,爻辭沒有出示斷語。

六五爻辭展示的是女子出嫁時的場面:殷王帝乙把妹妹嫁給周文王。這位公主新娘是女性的君主,但是她的新婚禮服沒有陪嫁妹妹的漂亮。就公主新娘與陪嫁妹妹的陰陽劃分而論,公主新娘為陽,陪嫁的妹妹為陰。妹妹的衣服比姐姐的漂亮,是陰盛之象。爻辭所說的"月幾望",表面是顯示新婚的時段,實際是説陰盛,月亮作為陰柔的象徵出現。

爻辭所述嫁女事象,與卦的宗旨相合。六五爻位的意義是"黃裳,元吉",意謂位雖尊而以謙下之態出現。公主新娘的穿戴不及陪嫁妹妹的衣服漂亮,正是位尊而做謙下之態。爻辭所敘事象與卦旨、爻位意義俱相符合。六五是陰爻尊位,出現的又是陰盛之象。綜合考量,爻辭最後標示的斷語是吉祥。

上六爻辭敘述的是兩個相關聯的反常事象:女子捧著筐,裏面空無一物;男子宰羊,没有血流出。女子承筐,男子宰羊,都不是女子出嫁時的事情,已經脱離卦的宗旨。上六是陰爻最高位,可是出現的物品卻是有陽無陰。筐用竹木編成,比較堅硬,屬陽剛之物。女子所持的筐通常用以盛裝蔬菜,質地柔軟。承筐無實,是有剛無柔之象。羊的頭上有角,象徵陽剛。血為液體,象徵陰柔。刲羊無血,也是有剛無柔之象。陰爻最高位而有陽無陰,與爻位屬性完全相悖。上六爻位的意義是"龍戰于野,其血玄黄",是警戒陰盛犯陽。上六爻辭雖然有陽無陰,没有陰盛,但是卻有犯陽的事象,士刲羊是嚴重的犯陽、傷陽、夭陽。總之,無論從哪個角度考察,上六爻辭出現的均是不祥的事象,結局將是悲慘的。《歸妹》卦以殷王帝乙嫁妹為背景,娶帝乙之妹的是周文王。卦爻辭留下了這樁婚姻的歷史投影,可以把它與其他相關文獻對讀,印證某些細節。

考　辨

【征凶,无攸利】語出卦辭。所謂的征凶,是針對嫁女一方而言,指的是帝乙。《史記·殷本紀》稱:"帝甲淫亂,殷復衰。……帝乙立,殷益衰。"帝乙是殷商王朝倒數第二位君主,已經進入衰落的後期。在這種情況下出兵作戰,當然是結局凶險。

【征吉】語出初九爻辭。這是針對娶女一方而言。娶女的男性在看到新婦"跛而履"之後,於是率兵出征,是新婚後就投入戰爭。《詩經·大雅·大明》寫道:"文王初載,天作之合。在洽之陽,在渭之涘。文王嘉止,大邦有子。"王先謙稱:"'初載'應訓'初年'。"①這是敘述周文王繼位初年發生的事,他從大邦娶女。對此,顧頡剛先生寫道:"文王與帝乙及紂同時,在他的'初載',帝乙嫁女與他,時代恰合,這件事是很可能的。"②這是認為《大雅·大明》所說的文王從大邦娶女,指的就是《歸妹》六五所說的帝乙歸妹,此事是在文王繼位之初。據《古本竹書紀年》所載,帝乙繼位前兩年,周文王繼位。帝乙歸妹,是在帝乙繼位之後,當時是文王繼位初期。"帝乙處殷,二年,周人伐商。"帝乙即位居殷,第二年,周文王就出兵伐殷。《歸妹》初九爻辭敘述娶女之後緊接著有"征吉"之語,是因為帝乙歸妹與文王伐殷兩個事件相隔的時間很短。

【跛能履,眇能視】語出初九、九二爻辭。這兩句話還見於《履》六三:"眇能視,跛能履。履虎尾,咥人凶。"在《履》卦和《歸妹》卦,這兩句爻辭所敘述的事象都是負面的,是被否定的對象。《歸妹》的這兩條爻辭,為什麼把剛嫁過來的殷商公主說得如此令人討厭呢?《大雅·大明》在敘述文王的這樁婚姻時寫道:"文王嘉止,大邦有子。大邦有子,俔天之妹。"對此,顧頡剛先生做了如下解說:

"俔",《説文》云"譬喻也"。這句的意義是説,這個大邦

---

① 王先謙:《詩三家義集疏》,第830頁。
② 顧頡剛:《〈周易卦爻辭〉中的故事》,《古史辨》第三册,上海古籍出版社,1982年版,第12頁。

之女仿佛像天的少女一般。……恐此詩所謂"大邦",也是指的殷商。至"俔天之妹",更與"帝乙歸妹"一語意義相符。①

從《大明》詩中可以看出,周人當初對於嫁給周文王的殷商公主抬舉得很高,把她視為仿佛是天帝的妹妹。帝乙歸妹,嫁出的是她的妹妹,故周人以天帝之妹視之,主要著眼於她來自天下共主所在之處,出身高貴。可能是這位公主到了周地之後,自恃血統高貴,有殷商作靠山,於是做了一些不屬她職權範圍內的事,成為跛而履、眇而視的令人討厭的人物。這兩句爻辭是批判她的多事、越權。

【歸妹愆期,遲歸有時】語出九四爻辭。《大雅·大明》對於此樁婚事有如下敘述:"文定厥祥,親迎於渭。造舟為梁,不顯其光。"對於這句詩,高亨先生做了如下解釋:

文,指卜筮的文辭。此句言文辭肯定兩國聯姻是吉祥的。梁,橋也。此句言制舟搭浮橋,以渡渭水。不,通丕,大也。②

周人對這樁婚事很重視,文王親自到渭水迎娶,並且用船搭成浮橋,排場很大。那個歷史階段交通不便,資訊傳遞亦頗為艱難。爻辭所說的婚期推遲之事,當是發生在文王親迎前後,歷史上實有其事。

【帝乙歸妹,其君之袂不如其娣之袂良】語出六五爻辭。陪嫁

---

① 顧頡剛:《古史辨》第三冊,第12頁。
② 高亨:《詩經今注》,上海古籍出版社,1980年版,第375頁。

女子的服飾比新娘的衣服漂亮，是古代的習俗。《韓非子·外儲說左上》寫道：

> 昔秦伯嫁其女於晉公子，令晉為之飾裝，從衣文之媵七十人。至晉，晉人愛其妾而賤公女。①

媵，指陪嫁女子，確實是盛裝打扮而使出嫁公主遜色。對於這種現象，《周易程氏傳》做了如下解說：

> 貴女之歸，唯謙降以從禮，乃尊高之德也，不事容飾以說於人也。娣媵者，以容飾為事者也。衣袂所以為容飾也。六五尊貴之女，尚禮不尚飾，故其袂不及其娣之良也。良，美好也。②

程頤所做的解釋是有道理的。由《歸妹》六五爻辭可知，這種習俗很早就已經存在。由後代婚禮及戲劇表演能夠看到，這種習俗在歷史上沿續的時間甚為久遠。

【女承筐无實，男刲羊无血】語出上六爻辭。對於這段爻辭，《左傳·僖公十五年》有如下記載：

> 史蘇占之，曰："不吉。其繇曰：'士刲羊，亦無衁也；女承筐，亦無貺也。西鄰責言，不可償也。'"③

---

① 陳其猷：《韓非子集釋》，上海人民出版社，1974年版，第623頁。
② 程頤：《周易程氏傳》，第314頁。
③ 楊伯峻：《春秋左傳注》，第363頁。

這是晉獻公將嫁伯姬於秦而問卦,所得卦辭出自《歸妹》上六,個別詞語與今本《周易》稍異。對此,楊伯峻先生寫道:

> 《歸妹》爻辭多言婚姻,此蓋亦言婚姻,且晉獻公此筮亦問婚姻。刲羊、無筐乃古代婚姻之禮,刲羊而無血,承筐而無實,故言不吉,《易》亦云"無攸利"。①

把《歸妹》上六的爻辭與婚姻的不幸聯繫在一起,春秋時期已經如此。對於這兩句爻辭,《周易程氏傳》的解説頗為充分:

> 上六,女歸之終而無應,女歸之無終者也。歸者,所以承先祖,奉祭祀。不能奉祭祀,則不可以為婦矣。筐筐之實,婦職所供也。古者房中之俎葅歜之類,后夫人職之。諸侯之祭,親割牲,卿大夫皆然,割取血以祭。禮云血祭,盛氣也。女當盛筐筐而無實,無實則無以祭,謂不能奉祭祀也。夫婦共承宗廟,婦不能奉祭祀,乃夫不能承祭祀也。……婦不能奉祭祀,則當離絶矣。是夫婦之無終者也,何所往而利哉!②

程氏分析得很透徹,《歸妹》上六爻辭,確實是暗示婚姻的不幸。他所提到的祭祀禮儀,見於《國語·楚語》、《禮記》的《郊特牲》《昏義》等文獻。李道平亦有類似論述:

> 女之適人,實筐以贄於舅姑,士之妻女,刲羊以告於祠廟。

---

① 楊伯峻:《春秋左傳注》,第363頁。
② 程頤:《周易程氏傳》,第314頁。

"筐無實,羊無血",約婚不終者也。①

李道平認為這兩條爻辭暗示的是"約婚不終",是未成夫婦之辭,這個結論未必穩妥。但是,他把這兩條爻辭視為婚姻不幸的寫照,則是可取的。

《歸妹》卦是以帝乙歸妹為背景,所涉事象多與周文王娶帝乙之妹相關。上六爻辭出示的事象,暗示這樁婚姻的結局是悲劇性的。《詩經·大雅·大明》在講述周文王從殷商娶女之後,緊接著是如下幾句:"有命自天,命此文王,于周于京。纘女維莘,長子維行,篤生武王。"高亨先生注寫道:

纘,繼也。莘(shēn 身),古國名,姒姓。此言繼娶莘國之女為妃。長子,長女。行,嫁也。古語也稱出嫁為行。此句指莘國之君的長女出嫁文王。②

周文王續娶的莘國之女,就是大姒,後來被稱為周室三母之一。而先前所娶的帝乙之妹,則是結局不明。對此,顧頡剛先生寫道:

它説"纘女維莘"。……如果直接講為繼配,則大邦之子或死或大歸,而後文王續娶於莘,遂生武王。③

這種推測是有道理的。《大雅·大明》敘述文王從殷商娶女,

---

① 李道平:《周易集解纂疏》,中華書局,1998 年版,第 478 頁。
② 高亨:《詩經今注》,第 375—376 頁。
③ 顧頡剛:《古史辨》第三冊,第 13 頁。

只涉及迎娶階段的風光場面,此後就再無交代。《歸妹》以帝乙歸妹為背景,所敘述的多是婚姻的糾葛及負面事象,從中透露出這樣的資訊:周文王娶帝乙之妹,最終是一場婚姻悲劇,帝乙之妹的結局是不幸的。

豐

䷶豐擴張:亨,王假之王來到搭建靈棚之處(弔喪),勿憂。宜日中適宜在中午。

初九:遇其配主喪主的副手,此指配合喪主料理喪事的副手,雖旬通作"徇",巡行,巡視无咎,往有尚。

六二:豐其蔀 bù 擴張其靈棚頂部。蔀,指頂部的蔽障,日中見斗北斗星,指靈棚內部昏暗不明,使人產生錯覺。往得疑疾前往那裏患上疑惑之症,有孚發若有誠信地祈禱。發,祈禱。若,表示樣態的虛詞,吉。

九三:豐其沛通"旆",謂帷幔,此指靈棚周圍的帷帳,日中見沫以水洗臉,此指為死者洗臉,幻象,折其右肱 gōng 胳膊,无咎。

九四:豐其蔀,日中見斗,遇其夷主主持把死者棺材納入靈棚陳放的人。夷,指陳放,吉。

六五:來返回章美好有慶譽得到賞賜和讚揚,吉。

上六:豐其屋,蔀其家擴張其房屋,障蔽其家,窺其戶從門往裏透視,闃 qù 寂靜其无人,三歲不覿三年不見其人,凶。

解　析

一、卦名和卦辭

卦名《豐》,《彖》傳稱:"豐,大也。"《序卦》亦稱:"豐者大也。"以上均是以大釋豐。《雜卦》則稱:"豐,多故也。"這裏所説故,指的當是變故、事故,屬於憂患災難之類事件。《雜卦》的結論是有道理的,《豐》卦確實是以不幸事件為背景,取材於喪禮期間靈棚的搭建。靈棚用於安放死者的棺柩,是殯殮期間所用。由此而來,爻辭中出現一系列怪異事象,反映出古人對死亡的恐懼。

卦辭:"亨,王假之,勿憂。"搭建靈棚以停放棺柩,同時也是為前來奔喪的人提供弔唁場所,故稱亨。人際交往,人神溝通,俱在靈棚舉行。"王假之",指的是王來到靈棚進行弔唁,當然無須憂慮。

"宜日中",意謂靈棚的搭建應在中午時段進行。搭建靈棚為的是遮蔽光綫,營造出一個幽暗的空間。如果不是在陽光充足階段進行,很有可能會出現漏洞,使光綫射到棚內。所以,"宜日中",是從搭建靈棚避免出現罅隙的角度而言,後面的爻辭也是以靈棚搭建者的語氣進行敘述。

二、爻位和爻辭

初九爻辭"遇其配主",指在將要搭建靈棚的地方遇見喪主的副手。喪事主持者通常有二人,有主次之分。因為副手是為配合喪主而設,故稱配主,一般以女性居多。這位主持喪禮的副手"雖旬无咎",雖然進行現場巡視,但準備搭建靈棚的人沒有災患。巡視之後對於所做的準備工作表示滿意,故"无咎"。旬,通徇,巡行、巡視之義。

"往有尚",往,指前往靈棚搭建處。有尚,謂得到資助。喪主的副手對於搭建靈棚的準備工作進行巡視檢查,並且提供資助,以便及時開工。

《豐》卦的宗旨的擴張靈棚,把它搭建好。主持喪禮的副手前來視察並且提供幫助,合乎卦的宗旨。初九爻位的意義是"潛龍勿用",不要有所行動。雖然主持喪禮的副手前來巡視、資助,但是,靈棚的搭建並未正式動工,合乎"潛龍勿用"的爻位意義。爻辭出現的事象與卦旨、爻位意義均相符合,所展示的結局是較好的,無咎而有尚。

六二爻辭"豐其蔀",指擴張靈棚的頂部,搭建工作迅速啟動,並且進度較快。由於靈棚頂部覆蓋面積較大,把光綫遮蔽,使得棚內昏暗不明,使人產生見到了北斗星的幻覺。人在白天走進陰暗的靈棚,在視覺上受到強烈的刺激,確實很容易產生幻覺,出現幻象。不僅如此,這個特定的空間是為安放死者棺柩而設,給人造成恐怖感,會患上疑惑之症,疑鬼疑神,精神恍惚。在這種情況下,就要心懷誠信地进行祈禱,可以得到吉祥的結果。

"豐其蔀"是擴張靈棚的頂部,合乎卦的宗旨。六二爻辭的意義是"直、方、大,不習无不利",意謂不踐履陽剛之行。可是,"豐其蔀",擴張靈棚頂部,正屬於直、方、大之列。爻辭的"豐其蔀"合乎卦的宗旨,卻與六二爻位的意義相違,因此,與其相隨的事象或凶或吉,先凶後吉,是兼顧到"豐其蔀"事象與卦旨和爻位意義之間的複雜關聯。

六二是單卦的中位,"有孚發若"是出自内心的祈禱,與卦位相應,俱主於中。

九三爻位的"豐其沛",指擴張靈棚周圍的帷幔。靈棚的頂部要用泥漿進行密封,所以,它的工序先於在下部設置帷幔。帷幔設置完畢,靈棚也就基本竣工,可以投入使用。沛,通旆,指幔帳。靈棚上部封頂,四周用帷幔遮蔽,裏面昏暗不明,更容易使人產生幻覺,"日中見沬"就是所出現的幻覺。所謂的見沬,指出現用水洗臉的景象。古代喪禮有為死者洗臉的舉措,這種場面作為幻覺出現在靈棚,當然令人十分恐懼,在極其恐怖的氛圍中摔倒,折斷右臂。

九三爻辭顯示的是靈棚已經搭建完畢的事象,合乎卦的宗旨。九三爻位的意義是"君子終日乾乾,夕惕若","豐其沛"是君子終日乾乾之象,"日中見沬"是夕惕若之象。爻辭展示的事象與卦旨、爻位意義皆相切合,所以,儘管有摔斷右臂的閃失,斷語卻是"无咎",不會出現災患。

九四爻辭的前半段與六二爻辭相同。後半段"遇其夷主",指靈棚即將投入使用,主持入殮的人前來視察。夷,謂陳列,指把死者入殮,將棺柩置於靈棚中陳放。

靈棚已經建成並且即將投入使用,合乎卦的宗旨。九四爻位的意義是"或躍在淵",龍躍入深水,處於其所宜居的空間。棺柩即將在靈棚陳放,那是應當安置棺柩之處,合乎九四爻位的意義。爻象於卦旨、爻位意義皆相符合,故斷語是"吉"。

六五爻辭"來章",指搭建靈棚的工匠順利完成任務,圓滿地返回,喪禮期的工作順利結束。這裏的來,指返回,與初九爻辭的"往有尚"相呼應。因為工匠在喪禮之間的表現出色,所以,受到賞賜和表揚,結局很圓滿。

六五爻辭暗示靈棚的搭建、拆除已完成,發揮了應有的效應,與卦旨相合。六五爻位的意義是"黃裳,元吉",居尊位而以謙下之態出現。喪主對工匠既有賞賜又有讚譽,與六五爻位的意義相契。爻辭的事象與卦旨、爻位意義均相符合,故斷語是吉。

上六爻辭居於卦的最高位,擴張至此本應停頓下來,但是,爻辭出示的事象卻與此相反。喪主在死者的殯殮期過去之後,又擴大自己的住宅，把家庭所在之處加以障蔽，與外界相隔絶。這是違背常規的舉動，結果是房内死一般寂靜，空無一人，三年不見人影。這位喪主究竟是因犯罪而家被查封，還是凋亡殆盡，無法落實，總之是家庭已經夭亡。

《豐》卦的宗旨是為死者的棺柩搭建靈棚，提供放置的場所。可是，喪主卻把適應於死者的舉措用於活著的人，顯得十分荒謬，違背卦的宗旨。上六爻位的意義是"龍戰于野，其血玄黄"，警示人們避免陰盛犯陽事件的出現。"豐其屋，蔀其家"正是陰盛犯陽之象，爻辭與卦旨及爻位意義皆相悖逆，故最後的結局極為淒慘。

《豐》卦是以喪禮為背景，取材於靈棚的搭建。為這種特殊的背景和題材所決定，爻辭反復出示怪異事象。《雜卦》稱"豐，多故也"，指的就爻辭中的怪異事象，是人生的不幸遭遇，既有精神疾病出現，又有形體遭受的損傷。

考　辨

【豐】見於卦名及爻辭。《説文解字·豐部》："豐，豆之豐滿也。从豆，象形。"段玉裁注："謂豆之大者也。引申之，凡大皆曰豐。許云豆之豐滿者，以其引申之義，明其本義也。"豐的本義指豆之大者，引伸為加大、擴張，或指大。它的字體構形透露出它與祭祀的關聯：

　　甲骨文與豊同字。凡祭祀，所用的樂和所獻的祭品數量都很多，規模十分龐大，故從豐指事可得豐滿義。①

---

① 尹黎雲：《漢字字源系統研究》，第168—169頁。

豐的本義與祭祀密切相關，而祭祀的對象是鬼神。人死為鬼，因此，豐字有時指為死者所備的物品。《禮記·檀弓下》敘述死者下葬之禮稱："公室視豐碑。"鄭玄注："豐碑，斲大木為之，形如石碑。於槨前後四角樹之，穿中，於間為鹿盧，下棺以繂繞。"豐碑，指的是埋葬時用以把棺柩放入墓穴的一種機械裝置。下葬機械的名稱而冠以豐字，透露出這個字與喪葬的特殊關聯。後世鬼域稱為豐都，或作酆都，亦取自豐字與死亡的關聯。《豐》卦以喪禮為背景，把搭建靈棚稱為豐，自有其淵源和根據。

【王假之】語出卦辭。《禮記·喪大記》："君於大夫疾，三問之；在殯，三往焉。士疾，壹問之；在殯，壹往焉。"王假之，指王前往殯殮場所進行弔唁，死者是大夫或士，而非普通平民百姓。

【配主】語出初九爻辭。《禮記·喪大記》："婦人迎送客不下堂，下堂不哭。男子出寢門見人，不哭。其無女主，則男主拜女賓於寢門內；其無男主，則女主拜男賓於阼階下。……喪有無後，無無主。"鄭玄注："喪有無後，無無主者，已自絕嗣，若無主，則對賓有闕，故四鄰、里尹主之也。"這裏的主，指喪主。喪主通常由死者的直系親屬擔任，有男性、女性。若無親屬，則由鄰居或所在村落行政長官代替。喪主的職責是應對前來弔唁者，處理喪葬事務。配主，指喪主中的配角，通常是女性。

【雖旬无咎】語出初九爻辭。旬，通徇，巡行之義。《詩經·大雅·江漢》："王命召虎，來旬來宣。"馬瑞辰稱："'旬'，通作'徇'。《廣雅》：'徇，巡也。'《白虎通》：'巡者，徇也。'"[1]

---

[1] 王先謙：《詩三家義集疏》，第893頁。

【豐其蔀】語出六二爻辭。高亨先生稱："蔀，棚也，院中所搭之席棚，以蔽夏日。"①蔀為席棚，是喪禮中所搭建的靈棚。對此，《禮記・喪大記》所載甚詳："君殯用輴，欑至於上，塗畢屋。大夫殯以幬，欑置於西序，塗不暨於棺。士殯見衽，塗上。帷之。"鄭玄注：

> 欑，猶菆也。屋，殯上覆如屋者也。幬，覆也。……帷之，鬼神尚幽暗也，士達於天子皆然。②

装載死者的棺柩通常停放於堂下，上面有棚屋覆蓋，四周有帷幔遮蔽，靈棚內的能見度很低。只是由於死者的社會地位不同，所搭建的靈棚有大小之別、繁簡之分。

蔀，字形从部。《周禮・考工記・輪人》："輪人為蓋……郭廣六寸，部長二尺。"對此，清人姜兆錫做了如下解說：

> 蓋，車上覆也。蓋斗曰部。……蓋之斗四面鑿孔，納弓於上，部高隆穹然，故因謂之為部也。③

部，指車蓋的頂部。蔀，謂靈棚的上部，是靈棚的頂蓋。這裏所說的發，指祈禱、祝願。《禮記・檀弓下》記載："晉獻文子成室，晉大夫發焉。"文中所載張老之言兼有祈禱與祝願之義。"有孚發若"，謂有誠信而祈禱祝願之象。

---

① 高亨：《周易大傳今注》，第 338 頁。
② 朱彬：《禮記訓纂》，第 666—667 頁。
③ 姜兆錫：《周禮輯義》卷十一，雍正九年（1731 年）刊本。

【豐其沛】語出九三爻辭。王弼注："沛,幡幔,所以禦盛光也。"沛,或作旆,指的是靈棚四周的帷幔,用以蔽光。

【日中見沫】語出九三爻辭。沫,謂用水洗臉。《説文解字·水部》:"沫,洒面也。从水,未聲。"段玉裁注寫道:

> 《律曆志》引《顧命》曰:"王乃洮沫水。"師古曰:"沫,洗面也。"《禮樂志》:"霑赤汗,沫流赭。"晉灼曰:"沫,古頮字。"《檀弓》:"瓦不成味。"鄭云:"味當作沫。沫,頮也。"按:此沫謂瓦器之釉,如洗面之光澤也。①

沫,指以水洗面,這是它的原始本義。沫,古或作頮。

古代喪禮,對於死者要以水洗臉。《禮記·喪大記》:"管人汲,授御者,御者差沐於堂上。……沐用瓦盤,挋用巾,如它日。"爻辭的"日中見沫",指的是出現為死者洗面的場景。

【遇其夷主】語出九四爻辭。夷:謂陳列。夷主:主司死者陳列事宜者。《禮記·喪大記》:"徹帷,男女奉尸夷於堂,降拜。"孔穎達寫道:

> 初死,恐人惡之,故有帷也。至小斂,衣尸畢有飾,故除帷也。此士禮耳,諸侯及大夫賓出乃徹帷。……夷,陳也。②

---

① 段玉裁:《説文解字注》,第 563—564 頁。
② 孔穎達:《禮記正義》,第 1573 頁。

這裏的夷，指陳放死者屍體，由室內轉移到堂下，那裏正是靈棚所在處。《儀禮·士喪禮》敘述移屍時寫道："士舉男女，奉尸侇於堂。幠用夷衾。"鄭玄注："侇之言尸。夷衾，覆尸柩之衾也。堂，謂楹間牀第上也。今文侇作夷。"這裏所說的侇，指的就是夷，亦即陳放。夷是由小斂轉入大殮的中間環節，主持此事的人即稱為夷主。

旅

☲☶旅_{行旅}：小亨。旅，貞吉。

初六：旅瑣瑣_{猥瑣細碎，謂做事不大度且繁瑣}，斯其所取災_{這是招致災禍(的原因)}。

六二：旅即_{來到}次_{客館}，懷_{動詞，懷揣}其資_{貨幣}，得童僕_{童年僕從}，貞。

九三：旅焚其次_{客館失火被燒}，喪其童僕，貞厲。

九四：旅于處_{停留}，得其資_{錢幣}斧_{財帛}，我心不快。

六五：射雉_{山雞}，一矢亡_{一支箭亡失}，終以譽命_{最終得到稱譽和信任}。

上九，鳥焚其巢_{鳥巢被焚燒，暗示旅店失火}，旅人先笑後號咷。喪牛于易_{這裏借用歷史典故，意謂喪剛於輕忽。牛，代指陽剛。易，暗指輕忽}，凶。

解　析

一、卦名和卦辭

卦名《旅》，指的是旅人、行旅。爻辭中出現的旅，是一位奔走於外的旅客。他的社會角色是商人，他不但攜帶錢幣，中途還獲得財帛，可見是位客商。

卦辭首稱"小亨"，意謂在外行走只能有小的通達，而不可能元亨，大吉大利。中國古代創造的是農業文明，由此形成先民安土重遷的心理和習慣。在卦爻辭編纂者看來，只有安居才能成就大事，而行旅只能小有順通。爻辭又稱"貞吉"，俗語云："在家千日好，出門一時難。"古代交通不便，旅途多有風險，因此要進行占問，與神靈溝通，以便趨利避害。《雜卦》稱："親寡，旅也。"這種概括在一定程度上道出了《旅》卦的基本取向。爻辭敘述行旅之人的經歷遭遇，凶多吉少，無人救助，道出了古代行旅的艱難和風險。

《旅》與《豐》是對卦。《豐》卦敘述在固定場所搭建靈棚之事，而《旅》卦則是展示旅人的行蹤不定。《豐》卦取材的事象以事死的喪禮為綫索，《旅》卦出現的則是謀生的角色。這兩卦也有相通之處，出現一系列負面事象，最終結局也很悲慘。《豐》卦反復出現的是靈棚，《旅》卦屢次提到的則是客館。前者是死者棺柩臨時的寄寓場所，後者則是行人暫時的落腳之處。《豐》卦和《旅》卦的主角，都有驚險的遭遇，帶有傳奇色彩。

二、爻位和爻辭

初六爻辭"旅瑣瑣，斯其所取災"，屬於經驗之談。行旅在外而做事猥瑣細碎，往往會招致不幸。猥瑣細碎為人所鄙視，同時也給對方提供可乘之機,把自身的弱點暴露得很充分。

《旅》卦的宗旨是行旅在外只能小有通達,猥瑣細碎則很難與人友好交往,即使小的通達也不會出現。初六爻位的意義是"履霜堅冰至",不宜前行之義。旅則是出外前行,與爻位意義相悖。爻辭所涉事象與卦旨、爻位意義均相違背,故結局是災難來臨。

六二爻辭"旅即次,懷其資,得童僕,貞",出現的是連續的行為。客商到旅店駐留,懷裏揣著錢幣,還得到童僕,這都是順暢之事。可是,行旅在外,還是有些擔心,於是進行占問。

爻辭敘述的事象確實是小有亨通,與卦的宗旨相契。六二爻位的意義是"直、方、大,不習无不利",爻辭所涉事象沒有屬於直方大系列者,與爻位意義不相違背。爻辭沒有斷語,但結局是吉利的。

六二是單卦的中位,故取象於懷揣錢幣以相配,是藏寶於中。

九三爻辭出現的是一場災難:客商所住旅店失火,先前得到的童僕也喪失掉,占問的結果是危險。客商居於店中,這是行旅的正常現象,與卦的宗旨不相違背。九三爻位的意義是"君子終日乾乾,夕惕若。厲,无咎"。客商住在旅店,無乾乾之象,亦無惕若之心,與爻位意義相悖。爻辭出示的結局是既喪失童僕,占問又不利,這主要根據爻辭與爻位意義相悖而來。

九四爻辭敘述客商的轉機:他在停留期間得到有圖案的帛、貨幣,但是他心裏不痛快。卦的宗旨是行旅而小有通達,得到帛和錢幣,合乎卦旨。九四爻位的意義是"或躍在淵",龍躍入深水是得其所宜居,這位客商卻是半路停留,沒有進入棲息的旅店,與九四爻位的意義相疏離。鑒於爻辭所敘事象與卦旨相合而與爻位意義疏離,故以"我心不快"作結,雖經濟上小有亨通而內心未能順暢。

六五爻辭的取材對象是射雉,當是客商在行旅中偶然所為。雖然射雉亡失一隻箭,但最終還是射中目標,得到別人的稱譽和信任。行旅途中射雉，與卦的宗旨不相違背。六五爻位的意義是"黃裳，元吉"，意謂高而下，居尊位而做出謙下之態。射出的箭丟失一隻，是從高空落下而無法尋找。射中的山雞也是由天空墜落，還是高而下之象，與爻位意義相符。

六五是陰爻尊位，射雉是除剛之象，一矢亡是失剛之象，雉矢都是陽剛的象徵物。除剛失剛則陰盛，與六五爻的屬性正相符合。

上九是卦的最高爻位，行旅至此應該停止或改變方式。但是客商繼續住在旅店裏，一場大火使其財產損失殆盡。客商在火災前有說有笑，沒有憂患意識和防範心理，火災之後則號咷大哭。

上九爻辭出現的客商住在旅店，這與卦的宗旨小亨有違背之處，客商不是滿足於小亨，而是追求大亨。上九爻位的意義是防止"亢龍有悔"現象的出現，而爻辭展示的正是亢奮狀態。結果是由於輕忽而遭到浩劫，一場大火使他損失慘重。這種悲慘的結局，來自爻辭所述事象與卦旨和爻位意義的違背。

上九爻辭採用的是象徵性的表達方式，以鳥焚其巢暗示客商所住的旅店失火，以喪牛于易暗示喪剛於輕忽，《大壯》六五的"喪羊于易"，與本卦的"喪牛于易"，都是喪剛於輕忽之義。

上九是卦的最高位，故取象於鳥巢，因為它也處在高位。上九及九三是陽爻，卦中所取兩次火災出現在這兩條爻辭中，火是陽剛的象徵。

《旅》卦爻辭的編排，是以單卦為相對獨立的敘事單元。初六到九三為第一階段，客商先得利，後遇災害。九四到上九為第二階段，客商還是先得利，後遇災害。不過，第二階段與第一階段比，無論是得到的利益，還是遇到的災害，呈現的都是強化的趨勢。上下兩卦的敘事，在前後相重復的過程中盤升遞進。

考　辨

【瑣瑣】語出初六爻辭。《詩經·小雅·節南山》："瑣瑣姻亞，則無膴仕。"毛傳："瑣瑣，小貌。"《爾雅·釋訓》："佌佌，瑣瑣，小也。"郭璞注："皆才器細陋。"《說文解字·玉部》："瑣，玉聲。"段玉裁注："謂玉之小聲也。"瑣有時與尾對言。《詩經·邶風·旄丘》："瑣兮尾兮，流離之子。"王先謙寫道："《說文》：'尾，微也。'是'尾'、'微'字訓互通。'瑣尾'即'微瑣'，若今言'猥瑣'矣。"①

【資斧】語出九四爻辭。周振甫先生稱："資斧：錢幣，仿斧形制的銅錢。"②資，已見六二爻辭，"懷其資"，資為錢幣，故可揣在懷裏。《爾雅·釋器》："斧謂之黼。"郝懿行《爾雅義疏》道：

黼者，《說文》云"白黑相次"。《考工記》畫繢之事云"白與黑謂之黼"。③

《禮記·檀弓上》："天子之殯也……加斧於槨上。"鄭玄注："斧謂之黼，白黑文也。以刺繡於綅幕，加槨以覆棺。"這裏的斧，指的是用以覆蓋棺槨的帛，上面繡有黑白相間的花紋。《周禮·天官·司几筵》："王位設黼依。"鄭玄注："斧謂之黼，其繡白黑采，以絳帛為質，依其制如屏風然。"這裏所說的黼，又稱為斧，上面繡有黑白相間的圖案，是用帛製成的屏風。上述事實表明，斧指的是帶

---

① 王先謙：《詩三家義集疏》，第661頁。
② 周振甫：《周易譯注》，中華書局，1991年版，第201頁。
③ 郝懿行：《爾雅義疏》，第708頁。

有黑白相間花紋的帛。帛在當時是貴重物品,《賁》六五敘述婚儀,就有"束帛戔戔"之語。素帛,沒有染色的帛。已經染色並有黑白相間花紋的帛則稱為斧,或稱為黼。斧是貴重的絲織品,故行旅客商把它作為收藏品以供交易,並且資斧連言。資為錢幣,斧謂絲類貨物。《巽》六五:"巽在牀下,喪其資斧。"資斧分別指錢幣和帶有黑白相間花紋的帛。它們被放置在牀下加以隱蔽,但最終都喪失。

【終以譽命】語出六五爻辭。譽:稱譽。命:相信,信任。《左傳·襄公十年》:"戰而不克,為諸侯笑,克不可命,不如還也。"楊伯峻先生注:"猶言勝不可必,命,信也,有信心之謂。"①《國語·周語下》:"命,信也。"終以譽命,謂最終得到稱譽和信任。譽,命,並列關係。

巽

☴ 巽順從下伏:小亨。利有攸往,利見大人。

初六:進退進而推,利武人之貞。

九二:巽伏在牀下,用史巫紛若眾多貌,吉,无咎。

九三:頻巽危險而下伏。頻,危險,此指出現、面臨危險,吝。

六四:悔亡,田獲三品三種(獵物),狩獵因埋伏而有獲。

九五:貞吉,悔亡,无不利,无初有終。先庚三日,後庚

---

① 楊伯峻:《春秋左傳注》,第 982 頁。

三日古代以甲乙丙丁戊己庚辛壬癸十干紀日,即所謂的天干紀日。先庚三日為丁戊己,後庚三日為辛壬癸。意謂在一旬十日當中,除甲乙丙三日外,其餘七日皆吉,即"无初有終"之義,吉。

上九:巽在牀下,喪其資斧,貞凶。

解　析

一、卦名和卦辭

卦名《巽》,順從、下伏之義。卦象是兩個單卦巽相疊,巽的單體卦像是下面一個陰爻,上面兩個陽爻,是陰爻伏於陽爻以下之象,故稱巽。

《説卦》稱:"巽,入也。"《序卦》亦稱:"巽,入也。"下伏是内斂性動作,是内斂。釋巽為入,大意得之。《雜》卦稱:"《兌》見而《巽》伏也。"《雜卦》所做的解釋最為確切。

卦辭是"小亨。利有攸往,利見大人",意謂以順從、下伏的方式行事,會有小的順通,但不會暢達元吉,對於這種行為方式及背景予以有限度的肯定。當需要順從下伏之際,利於有所前往,因為這種行為方式容易得到外界的認可,減少了遭遇障礙的可能,常人對於順從下伏者一般情況下是不會拒絕的。"利見大人",利於大人出現,這是因為順從下伏需要有對象,而貴族大人通常充當的就是使平民百姓順從下伏的角色。

二、爻位和爻辭

初六爻辭的"進退",指的是進而退,先進後退。進是顯現、出現,退是下伏。這種先進後退的事象合乎卦的宗旨。初六爻位的意義是"履霜堅冰至",不宜前行之義。進而退,與爻位的意義是一致的。

　　先進而後退伏，這種現象在戰爭中經常可以見到，故爻辭稱"利武人之貞"。武人進行占問有利，實際上服從占問的結果，順隨神靈之意。爻辭體現了所敘事象與卦旨、爻位意義的切合，以及先進而後退的做法在戰爭中的實際運用，退與伏作為相同的行為方式看待。

　　九二爻辭展示的是請祝史、巫師治病的場面：病人伏在牀下，祝史巫師或祭祀降神，或施展巫術，人員眾多，紛紜繁雜。病人伏在牀下，符合卦的宗旨。九二爻位的意義是"見龍在田，利見大人"，卦辭亦稱利見大人，祝史巫師，正是作為大人的角色出現。爻辭所涉事象與卦旨、爻位意義均相符合，故斷語稱"吉，无咎"，疾病得以醫治之義。

　　九三爻辭"頻巽，吝"，直到危險來臨才採取下伏的方式，確實是有些滯後，會出現困厄。未能及時下伏，與卦的宗旨稍有偏離，但並未相違，因為最後畢竟採取了補救措施。九三爻位的意義是"君子終日乾乾，夕惕若"，未能及時下伏，是終日乾乾之象。面臨危險而下伏，是惕若之象。爻辭展示的事象與卦旨稍有偏離而合乎爻位意義，故斷語是吝，會有艱難。

　　《復》六三："頻復，厲，無咎。"與《巽》九三極為相似。危險形勢都被編排在第三爻，確實如《繫辭下》所言"三多凶"。

　　六四爻辭稱"悔亡"，是前承六三的"吝"而來。困厄消失，狩獵獲取三種野獸。狩獵人員開始階段需要隱蔽自己，潛伏下來，這種行為方式合乎卦的宗旨。六四爻位的意義是"括囊，无咎无譽"。無論是狩獵人員隱蔽潛伏，還是獵取野獸，都是括囊之象。爻辭事象與卦旨、爻位均相符合，結局是吉利的。

　　九五爻辭首言"貞吉，悔亡，无不利"，意謂進行占問是吉利的，可以消除困厄，無所不利。所謂的占問，實際是下伏於神靈的旨意,合乎卦的宗旨。九五爻位的意義是"飛龍在天,利見大人",是上行態勢。而所謂的巽,則是下伏趨向。爻位意義與卦旨無法相契,於是設計出占問的舉措,下伏的對象是神靈,從而維護九五爻位的至尊屬性。然而,卦旨與爻位意義之間的不相協調,畢竟是無法全部彌合的,於是,對於所謂的"无不利"又做了限定,變成"无初有終",不是完美無缺,而只是結局圓滿,開始階段並非如此,從而與卦辭的"小亨"相呼應。

爻辭採用的是天干計時的表達方式,可與《蠱》卦辭相互參照。無初有終、繼往開來的理念,都是通過出示相關天干符號加以表達。

上九爻辭出現的是伏在牀下的事象。下伏至此,本應停止或轉換方式,但是,爻辭出現的卻是深度下伏的事象,雖與卦宗相合而違背上九爻位的意義。上九爻位的意義是避免"亢龍有悔"事象的出現,而伏於牀下正是伏而又伏的亢龍有悔之象。上九是卦的最高位,伏於牀下則是處於最低處,兩者高下相差懸殊,不符合上九陽位的居高屬性。爻辭所示的結局是錢財的喪失,主要根據爻辭所涉事象與爻位意義、爻位屬性的相悖而來。

《巽》卦羅列各種下伏事象,各條爻辭的編排見不到清晰的時間和空間順序。九二和上九爻辭都有伏於牀下的場面,但是所涉事象的性質則不同。九二爻辭伏於牀下的是患者,祝史巫師為他治病。上九爻辭伏於牀下之人則應是躲避強盜洗劫,結果是性命得到保全,貨幣財產受到損失。

考 辨

【巽】語出卦名和爻辭。《説文解字·丌部》:巽,具也。从丌,㔾聲。𢁅,古文巽。𢁅,篆文巽。段玉裁注:"具者,巽之本義也。"

巽,或作喿,字形从丌。《説文解字·丌部》:"丌,下基也,薦物之丌,象形。"巽,字形本从丌,演變為从卪、从共。丌是墊於物品下部者,是伏於下部。巽字最初構形,就有伏於下之義。許慎、段玉裁均將喿的本義認定為具。《説文解字·収部》:"具,共置也。"段玉裁注:"共,供,古今字。當从人部作供。"《説文解字·人部》:"供,設也。"段玉裁注:"共即供之假借字。凡《周禮》皆以共為供。《尚書》一經訓奉、訓侍者,皆作共。"巽的本義為具,具又指的是共,亦即供。《尚書》所用共字,指的是奉侍,亦即順從、下伏之義,巽的本義亦是如此。

《説文解字·卪部》:"卪,二卪也,喿从此。"巽,其中的卪,指的是卪,即二卪。對於卪字,尹黎雲先生做了如下辨析:

> 卪……象人屈膝長跪之形。這是人字的變體,主要突出人的腿膝關節,故卪的本義就是膝關節。"䩱"下云:"脛頭卪也。"卪是䩱的初義,其字只是在初文的基礎上增聲符㚔而已。①

所引對於䩱字的解釋出自《説文》。卪最初指人的膝關節,它的主要功能是可以屈曲,當屈曲到一定程度就使人下伏而跪。巽的字形从卪,也使它的本義指屈曲下伏。

【巽在牀下,用史巫紛若】語出九二爻辭。對此,高亨先生寫道:

> 巽,伏也。牀,病人之所臥也。周人室中無牀,地上鋪席,

---

① 尹黎雲:《漢字字源系統研究》,第44頁。

坐卧其上,有病而後設牀。……爻辭言病人伏在牀下,當是室中有鬼魅,病人驚懼,用史巫覺之可愈,則吉而無咎矣。①

此説可供參考,但是以覺釋紛不可取。周振甫先生寫道:

巽,順,指伏。伏在牀下,指病人怕鬼。史巫:史,向神禱告的人。巫,降神的人。紛若,亂紛紛的樣子。②

此説合乎爻辭的實際,當時確實有史巫驅鬼治病的習俗。

兌

☱兌言説:亨,利貞。

初九:和兌應和地談説,吉。

九二:孚兌心懷誠信地談話,吉,悔亡。

六三:來兌招致他人前來談説,凶。

九四:商兌自外向內考量評估而進行談説。商,自外而內進行考量評估,此指醫生診斷期間與患者的交談未寧尚未止息,介隔離、擺脱疾有喜。

九五:孚于剥心懷誠信地(談説)於剥落之際,有厲。

上六:引兌經導引而談説。

---

① 高亨:《周易大傳今注》,第347頁。
② 周振甫:《周易譯注》,第205頁。

解　析

一、卦名和卦辭

卦名《兌》，指的是談説、談論，是人際之間的語言交流。《彖》傳稱："兌，説也。……説以先民，民忘其勞；説以犯難，民忘其死。"充分肯定言説的重要作用。《象》傳稱："兌，君子以朋友講習。"還是把兌釋為談話、交談。兌的單卦是一陰爻位於兩陽爻之上，有似於人的開口説話之象。

卦辭稱："亨，利貞。"言談議論是人際交往的重要方式，交往才有可能通達。人神之間在占問過程中也有言語交談，因此稱利貞。總之，語言交談使人通達，利於占問。

《兌》和《巽》是對卦。《巽》的宗旨是下伏、順從，而《兌》卦以談説為背景，不是下伏，而是有諸內而發諸外。話從口中説出，是上騰，與《巽》卦的取向相反。《雜卦》稱"《兌》見而《巽》伏"，道出了兩卦之間的反向對應關係，所謂的見，指表現、顯示出來。

二、爻位和爻辭

初九爻辭"和兌"，以應和的方式交談，合乎卦的言談議論的宗旨。所謂的和，指應和、回應。初九爻位的意義是"潛龍勿用"，意謂不要主動地有所作為。和兌是被動的回應，不是首倡，合乎爻位的意義。爻辭與卦旨及爻位意義均符合，故斷語為吉。

九二爻辭所説的"孚兌"，指誠信地交談，合乎卦的宗旨。九二爻位的意義就是"見龍在田，利見大人"，是需要表現、適於表現的時機。誠信地與別人交談，合乎爻位意義。誠信是一種美德，爻辭的"孚兌"與卦旨、爻位意義皆相符合，故斷語為吉利，困厄會消亡。

六三爻辭的"來兌",是主動招致別人前來交談,是強造出來的交談,而不是自然而然出現的,與卦旨相違背。六三爻位的意義是"含章,可貞,或從王事,无成有終"。主動招致別人前來交談,不是內斂含章,而是向外伸展;不是被動地"或從王事",而是主動地自作主張。引兌之舉與卦旨、爻位意義均相背離,故出示的斷語是結局凶險。

九四爻辭敘述的是醫療診斷事象:醫生對患者從外到內進行診斷,並且與患者交談,詢問病情。交談尚未結束,疾病症狀便消失了,給人帶來愉快。醫生在診斷過程中與患者交談,合乎卦的宗旨。九四爻位的意義是"或躍在淵",得其所宜居。醫生診斷問病,也是得其宜,與爻位意義一致。商兌事象與卦旨、爻位意義俱相符合,故爻辭出示的是醫生手到病除,醫患雙方皆大歡喜的美好結局。

九五爻辭"孚于剝",意謂心懷誠信地進行交談卻遭到剝奪,無法繼續進行。交談而心懷誠信,符合卦的宗旨。九五爻位的意義是"飛龍在天,利見大人",誠信而被剝奪交談的權利,與九五爻位的意義爭相違背。"孚于剝"合乎卦旨而與爻位意義相悖,兩相綜合,得的結論是"有厲",有危險存在。當剝落之際,不適於交談,如果進行交談會出現危險,實際情況確實如此。

九二、九五是單卦的中爻,故都以孚相配,因為誠信是發自人的內心。

上六是卦的最高位,爻辭"引兌"是指經導引而進行交談,合乎卦的宗旨。上六爻位的意義是"龍戰于野,其血玄黃",意謂不要陰盛犯陽,造成衝突和傷害。引兌是被動的行為,是在外界導引之下進行交談,沒有陰盛犯陽之象。爻辭所說的引兌,與卦辭、爻位意義相一致,雖然沒標示斷語,但結局必定是吉利的。

爻辭列舉多種交談方式,所標的斷語也以正面的居多,從中可以看出對言語交談的重視和認可。爻辭肯定和兌、引兌而否定來兌,主張在交談中應取被動,而不要以主動、首發的姿態出現。爻辭兩次提到孚,充分認識到誠信對交談所起的重要作用,可與《乾·文言》的"修辭立其誠"相參照。

考　辨

【兌】見於卦名和爻辭。《說文解字·兄部》:"兌,說也。"王筠在《說文解字句讀》中寫道:

> 《易·說卦》文。《書·說命》,《禮記》作《兌命》。《呂覽》:"凡說者,兌之也。"《荀子》即用兌為說,《不苟》篇:"見由則兌而倨。"①

兌,謂說。說有多種含義,兌與說相通,取其言說、說話之義。兌指言說,是有諸內而發諸外,用言語加以表現。《咸》上六:"咸其輔頰舌。"《象》曰:"咸其輔頰舌,滕說也。"滕,水向上奔涌之象。先民把說話視為向上奔涌,兌指言說,從而與巽的下伏形成反向對比。

【和兌】語出初九爻辭。《說文解字·口部》:"和,相應也。從口,禾聲。"段玉裁注:"古唱和字不讀去聲。"和的本義是回應、應對。先有唱,後有和。唱為首倡,和為回應首倡。唱與和,有先與後、主動與被動之分。和兌,指用言語相回應,不取主動之義。

---

① 王筠:《說文解字句讀》,第 322 頁。

【商兑】語出九四爻辭。《說文解字·口部》:"商,從外而知內也。从口,章省聲。"對此,王筠《句讀》做了如下解說:

> 謂由外以測其內也。"蔨"下云:"規蔨,商也。"即此意。鄭注"商兑"曰:"商,隱度也。"《釋言》:"隱,占也。"郭注曰:"隱,度。"案,占如賈人占緡之占,今俗謂之估。《淮南·說山訓》:"聖人從外知內,以見知隱也。"①

商,指由外以測其內,是進行考量評估。商兑,謂在考量評估過程中的談話,具體指醫生進行診斷期間與患者的談話。

【介疾有喜】語出九四爻辭。介疾,謂脫離疾病狀態,介,指隔開、間隔。《周易程氏傳》稱:"兩間謂之介,分限也。地之介則加田,義乃同也。"釋介為分限,合乎爻辭本義。

《周易》爻辭往往把疾病痊癒與有喜聯繫在一起。《無妄》九五:"無妄之疾,勿藥用喜。"疾病之來出乎意料,疾病之去喜出望外,有喜,謂疾病消失。《損》六四:"損其疾,使遄有喜。"有喜,亦指疾病得到醫治,身體康復。

渙

䷺渙擴散:亨,王假有_{語助詞,無義}廟,利涉大川,利貞。

---

① 王筠:《說文解字句讀》,第78頁。

初六：用拯馬壯解救馬的過分強壯，吉。

九二：渙奔其机擴散開來奔向几案，悔亡。

六三：渙其躬舒展其身體，无悔。

六四：渙其群擴展其群體，元吉。渙有丘擴散丘邑。四邑為丘，古代行政單位，匪夷平常、一般所思。

九五：渙汗發布、擴散其大號大的號令，渙王居擴散王的居處，意謂王宮不能只限於一處，无咎。

上九：渙其血，去血液擴散，收藏起來，殺牲之象。去，收藏，逖 tì 出遠行，向遠方擴散之義。逖，謂遠，无咎。

解　析

一、卦名和卦辭

卦名《渙》，擴散之義。渙本指水的分散而流，卦爻辭則列舉多種人和事物的擴散形態，用以說明擴散是發展壯大的象徵，予以充分肯定。

卦辭稱"亨"，意謂擴散可以通達。"王假有廟"，王來到廟宇，卦爻辭就以此為背景進行編排，所敘各種擴散事象，與在廟宇舉行的朝廷聚會密切相關。《序卦》稱"渙者，離也"，《雜卦》稱"《渙》，離也"，得其旨。

"利涉大川"，當擴散之際，利於涉渡大川，實際是說利於用陰柔之行應對擴散。"利貞"，擴散之際利於占問，實現人神之間的溝通。

二、爻位和爻辭

初六爻辭"用拯馬壯"，敘述在前往廟宇集會的路上，對於駕車之馬的過分強壯加以解救,意謂使馬鬆弛下來,變得渙散,從而減緩前行的速度。這種舉措合乎卦的疏散之旨。初六爻位的意義是"履霜堅冰至",駕車的馬得以鬆弛、渙散,則不急於前行,合乎爻位的意義。"用拯馬壯"合乎卦旨和爻位意義,故斷語為吉。

"用拯馬壯"已見於《明夷》六二,也是出現在陰爻。馬是陽剛的象徵,解救馬的強壯是抑制陽剛,與陰爻的屬性相符合。

九二爻辭"渙奔其机",講的是進入廟宇之後的事象。机,指几案。各種集會都要為參與者設置几案,人們入廟之後,分散開來奔向各自的几案,是各就各位、秩序井然之象,合乎卦的宗旨。九二爻位的意義是"見龍在田,利見大人","渙奔其机"是貴族成員各就各位,是一種自我表現,與爻位的意義相一致。爻辭所涉事象與卦旨、爻位意義均相一致,故得出的斷語是"悔亡",困厄會消失。

六三爻辭"渙其躬",是與會成員入座之後的動作,他們各自舒展開形體,處於放鬆狀態,這種做法合乎卦的宗旨。六三爻位的意義是"含章,可貞,或從王事,无成有終"。渙其躬與含章不屬於同類行為,甚至有所疏離。而他們的聚集則確實是"從王事",謀劃朝廷擴散大計,就此而論,又與爻位意義相合。渙其躬事象與卦旨相合,與爻位意義有疏離又有契合,綜合上述情況,得出的斷語是没有困厄,還是比較吉利的。

六四爻辭進入對於朝廷擴散大計的討論階段。有人提出"渙其群",對於各類群體進行擴展,這種做法合乎卦的宗旨。對於各種群體進行擴展,使各個群體更加壯大,這與六四爻位的"括囊"主張是一致的。括囊是將外物納於内並加以封存,群體擴張則是吸納更多的人和物以充實自身,二者取向相同。渙其群既合乎卦旨又與爻位意義一致,故得出的斷語是"元吉"。

"渙有丘",隨著群體的擴張,必然帶來生存空間的擴張,於是提出擴散作為行政區劃的丘邑。這需要對於各諸侯的領地進行調整,是很複雜的問題,故稱"匪夷所思",是平時未曾想到的。

九五是至尊之位,其中所述事象也與貴族之王有關。一是擴散王的重要號令,二是擴散王的住處,這是在廟宇議事所取得的重要成果,並且與卦旨、爻位意義均相符合。王的重大號令能夠擴散,是王朝統治力強大的體現。王的住處加以擴散,就是有多處離宮別館,使王的生活更加舒適,這兩件大事都是吉祥的。

上九是一卦的終結,廟宇議事也進入尾聲,爻辭敘述的是集會結束階段的情況。"渙其血,去。"擴散的血被收藏,這是殺牲之象,當是用於祭祀或宴享。祭祀有血祭,宴享亦以牲血為食。渙其血,符合卦的宗旨。將血加以收藏,又符合上九爻位的意義,可以避免"亢龍有悔",亦即擴散過度。血象征陰柔,渙散其血而又加以收藏,是散陰藏陰,對於上九爻位具有以柔補剛的作用,防止陽剛過盛。爻辭的結語是"逖出",走向遠方,進行遠距離擴散之義,落實前面做出的相關決定,符合卦旨,與爻位意義亦不相違背,不屬於亢龍有悔之列。爻辭最後的斷語是"无咎",意謂沒有災難,對於殺牲儲血和向遠方擴散予以肯定。上九居於卦的邊緣,故爻辭以"逖出",即向遠方擴散與爻位相對應。

卦爻辭以擴散綫索進行編排,所敘述的事象前後相繼,構成連續的情節。卦爻辭是從積極方面理解分散、擴散的作用,把它和本族的發展聯繫起來,認為擴散是發展的正常態勢。卦辭稱"利涉大川",強調在渙散之際利於用陰柔,爻辭體現出這種理念。"用拯馬壯"、"渙其血,去",或是以柔制剛,或是以柔濟剛,都重視陰柔的重要作用。"渙奔其机"、"渙其躬"、"渙王居",則是人自身的舒展、鬆弛狀態,而不屬於陽剛之行。

上九爻辭往往被理解為恐怖事象,這是由於未能把它與前面的爻辭相貫通所致。該條爻辭是作為前面一系列事象的收束情節而出現,把擴散之舉推到更遠的地方,並無不祥的屬性。

考 辨

【渙】語出卦名和爻辭。《説文解字·水部》:"渙,散流也。从水,奐聲。"段玉裁注:

> 分散之流也。毛詩曰:"渙渙,春水盛也。"《周易》曰:"風行水上,渙。"又曰:"説而後散之,故受之以渙。渙者,離也。"①

段玉裁所引之文分别出自《詩經·鄭風·溱洧》毛傳、《易·渙·象》及《序卦》。《易》傳皆是以散釋渙。《説文解字·収部》:"奐,取奐也,一曰大也。"奐有取换、交换之義,由此衍生出離散之義。奐又指大。《渙》卦對於渙字,兼取擴散和大之兩種意義。

【渙奔其机】語出九二爻辭。机,有時通几,指的是几案。《莊子·齊物論》:"南部子綦隱机而坐,仰天而嘘,苔焉似喪其耦。"成玄英疏:"子綦憑几坐忘,凝神遐想。"《經典釋文》:"机,音紀,李本作几。"隱机而坐,即憑几而坐,机通几,謂几案。

《周禮·天官·司几筵》:"掌五几五席之名物,辨其用與其位。"這裏所説的几,指的是几案,用於朝廷集會及宗廟祭祀等場合,有專人管理。

【渙有丘】語出六四爻辭。《莊子·則陽》:"少知問於大公調曰:'何謂丘里之言?'"《經典釋文》引李頤注:"四井為邑,四邑為

---

① 段玉裁:《説文解字注》,第547頁。

丘。五家為鄰,五鄰為里。"①古代八户為一井,則邑為三十二户,丘為一百四十四户。

【涣汗其大號】語出九五爻辭。《説文解字·水部》:"汗,身液也。从水,干聲。"對此,王筠《説文解字句讀》做了如下解釋:

《後漢書·胡廣傳》:"政令猶汗,往而不反。"注云:"《易》曰:'涣汗其大號。'劉向曰:'汗,出而不反者也。'"②

涣汗:涣取其擴散,汗取其往而不返。王命擴散傳播甚廣之義。

【逖出】語出上九爻辭。《説文解字·辵部》:"逖,遠也。从辵,狄聲。"王筠《説文解字句讀》寫道:

《釋詁》文。《牧誓》:"逖矣,西土之人。"《周本紀》逖作遠。……《詩》曰:"舍爾介逖。"依《集韻》引增,《大雅·瞻卬》文。今作狄,傳以遠釋之。③

逖謂遠,或作狄。逖出,遠出,向遠處擴散之義。

---

① 郭慶藩:《莊子集釋》,第909頁。
② 王筠:《説文解字句讀》,第445頁。
③ 王筠:《説文解字句讀》,第65頁。

節

☱☵ 節_{節制}:亨。苦急切地節,不可貞。

初九:不出戶庭_{庭院},无咎。

九二:不出門庭_{庭院的外限。兩扇為門,通常用於房屋的內、外室},凶。

六三:不節若,則嗟若_{不節制則嗟歎感慨},无咎。

六四:安節_{安於節制},亨。

九五:甘舒緩地節,吉,往有尚_{前行會得到幫助}。

上六:苦節,貞凶,悔亡。

解 析

一、卦名和卦辭

卦名《節》,節制、約束之義。《雜卦》稱:"《節》,止也。"合乎卦名的本義,節,制止之義。

《節》卦與《渙》卦為對卦,渙指擴散,節指節制;渙是向外發散,節是向內收斂,二者的指向相反。

卦辭稱亨,意謂當需要節制之際而進行節制,遇事通達。卦辭又稱:"苦節,不可貞",苦節指急切地進行節制。占問以決疑,既然已經決定急切地進行節制,也就沒有必要再去占問,否則,就是褻瀆神靈。卦辭充分肯定進行節制的必要性,並且認為人的節制要有自主性，應該具有自我節制的能力。

二、爻位和爻辭

初九爻辭的"不出戶庭"，指的是不走出院庭，合乎卦的宗旨，是自我節制的行為。初九爻辭的意義是"潛龍勿用"與"不出戶庭"之象有相通之處。但是，不出戶庭已經開始自我節制，並非"勿用"，與爻位意義又有所偏離。綜合不出戶庭事象與卦旨、爻位意義的上述關聯，得出的斷語是"无咎"，不會有災患出現。

九二爻辭"不出門庭"，指不走出院庭大門之外，合乎卦的宗旨。九二爻位的意義是"見龍在田，利見大人"，力主進行表現、顯示。不出門庭卻是自我封閉，與爻位意義正相反。斷語稱凶，主要根據是爻辭意象與爻位意義的完全相悖。

六三爻辭的"不節若，則嗟若"，先是沒有進行節制，然後是歎息感慨，對先前的不節制行為進行反思，帶有反悔之意，因此，與卦旨雖未完全切合，但是亦不相悖。六三爻位的意義是"含章，可貞，或從王事，无成有終"，爻辭所述事象與爻位的意義不完全一致，但有相通之處。爻辭所述事象與卦旨、爻位意義不完全相合卻又有一致之處，故出示的斷語是"无咎"，不會有災患。

六四爻辭是"安節"，安於節制，合乎卦旨，亦合乎六四爻位"括囊"的主張，安節正是括囊之象。爻辭所述事象與卦旨、爻位意義均相符合，故斷語是亨，是對卦辭的回應。

九五爻辭所說的"甘節"，指舒緩地進行節制，合乎卦的宗旨。九五爻位的意義是"飛龍在天，利見大人"，在此過程中舒緩地加以節制並不是壞事，甘節本身就是一種自我表現的方式，與爻位意義相通。甘節合乎卦旨和爻位意義，故出示的斷語是吉利，並且前行會得到幫助。

上六是卦的最高位，節制至此也達到最大強度。所謂的苦節，就是急切地節制,已見於卦辭。已經決定迅速地加以節制,再去進行占問就沒有必要,並且會遭到拒絕,因此稱"貞凶"。急切地節制基本合乎卦旨。上六爻位的意義是"龍戰于野,其血玄黃",對於陰盛犯陽的現象加以警示。《節》卦所説的節,指的是自我節制,不針對客觀外界。因此,所謂的苦節,不會以陰犯陽。苦節與卦旨及爻位意義基本一致,故最終的結論是"悔亡",困厄會消失。急切地節制確實會有一些副作用,但這種方式的節制畢竟弊大於利,遠勝於放任自流。隨著節制的推進,先前的困厄會消失。

考 辨

【苦節、甘節】語出卦辭及九五、上六爻辭。

《莊子·天道》:"斲輪,徐則甘而不固,疾則苦而不入。"《經典釋文》引司馬彪注:"甘者,緩也;苦者,急也。"成玄英疏亦稱:"甘,緩也;苦,急也。"①甘、苦,分別與緩、徐相對應。

揚雄《方言》卷二:"逞,苦,了,快也。自山而東或曰逞,楚曰苦,秦曰了。"對此,古人有如下解説:

> 《爾雅·釋詁下》:"苦,息也。"郝懿行《義疏》:"《方言》云:'快也。'又云:'開也。'開明、快樂皆與安息義近。開、快、苦俱以聲轉為義也。"朱駿聲《説文通訓定聲》"苦"字下云:"苦、快一聲之轉,取聲不取義。"吳予天《方言注商》:"郝、朱二氏之説是也。楚語謂快為'苦',即'快'之聲轉。……

---

① 郭慶藩:《莊子集釋》,第491頁。

'快'、'苦'雙聲。"①

稱快為苦,楚語如此,保留了這個字的古義。

《莊子·天道》篇甘與苦對舉,分別指緩與急。《節》卦分別出現甘節、苦節,甘與苦亦應分別指舒緩與急切。《臨》六三的"甘臨",指舒緩地登臨,甘謂緩慢。

中　孚

䷼中孚_{內裏誠信}:豚_{小豬}、魚吉,利涉大川,利貞。

初九:虞_{安於(誠信)}。虞,安,歸宿吉,有它_{意外情況}不燕_{通"宴",安定}。

九二:鳴鶴在陰_{鶴在陰處鳴叫},其子和之。我有好爵_{本指一種酒器,這裏指酒},吾與爾靡_{分享}之。

六三:得敵_{遇到敵人},或鼓_{擊鼓(進攻)}或罷_{退卻回返},或泣或歌。

六四:月幾望,馬匹亡_{逸失},无咎。

九五:有孚攣如,无咎。

上九:翰音_雞登于天,貞凶。

---

① 華學誠:《揚雄方言校釋匯證》,中華書局,2006年版,第139—140頁。

解　析

一、卦名和卦辭

卦名《中孚》，守中而誠信之義。《雜卦》稱："《中孚》，信也。"《中孚》卦形六爻，上下各兩陽爻居外，中間兩爻是陰爻，是陽爻守護居中的陰爻之象，猶如人的守中而誠信。

卦辭稱"豚、魚吉，利涉大川"，在《周易》卦爻辭中，孚是作為一種屬於陰柔的美德出現的。《中孚》謂守中而誠信，主旨是固守這種陰柔屬性的美德。魚生活在水中，水質柔軟，所以，魚是陰柔的象徵物。在六畜中，豬遠較牛、馬、羊馴服，故用以象徵陰柔。《中孚》屬於柔性卦，故屬於陰柔系列的幼豬、魚，皆為吉利，同時，"利涉大川"，利於踐履陰柔。占問是向神靈進行諮詢，守中而誠信利於占問，所以，卦辭稱"利貞"。

二、爻位和爻辭

初九爻辭"虞吉"，指安於守中誠信吉利。太陽降落之處稱為虞淵，古代葬後拜祭稱虞，虞有歸宿之義。把守中誠信作為歸宿，符合卦的宗旨。初九爻位的意義是"潛龍勿用"，不要有所動作之義。安居於守中誠信，與爻位意義相符。爻辭出示的斷語為吉，其根據是安居於守中誠信，與卦旨爻辭意義均相符合。

爻辭的後半部分"有它不燕"，針對意外情況而言。如果出現意外情況，就無法再安於守中誠信，言外之意，要有所變通，用以應對特殊的形勢。

六二爻辭展示的是富有詩情畫意的場景。鶴在陰涼處鳴叫，子鶴以聲相和，享受著天倫之樂。人有美酒，願意與別人分享，顯得情真意切。這一切都是發自內心、出於真誠，與卦的宗旨相契合。九二爻位的意義是"見龍在田，利見大人"，野鶴鳴和，人則美酒共用，都是把美好的東西加以表現，與爻位的意義是一致的。爻辭雖然沒有出示斷語，但其中的吉祥不言自明。

六三爻辭列舉的是戰場上的景象，與敵方相遇，"或鼓或罷，或泣或歌"，其中的鼓與罷、泣與歌都是作為相反的事象出現。鼓是擊鼓進軍，罷是退卻回返。泣是失敗的悲哀和受到傷害的痛楚，歌則是戰鬥的豪邁和勝利的喜悅。這些行為的方式不同，但都是發自內心、出於真誠，與卦的宗旨相契。六三爻位的意義是"含章可貞。或從王事，无成有终"，其中的擊鼓進軍、放聲高歌、哭泣，是中孚的具體表現。至於退卻回返，則與爻位意義相違。戰爭充滿風險，同樣需要發自內心的真誠。至於勝敗乃兵家之常事，吉凶難測，所以爻辭沒有出示斷語。

六四爻辭的"月幾望，馬匹亡"用的都是象徵語。月亮即將盈滿，馬匹走失，都是自然而然發生的，猶如人的守中而誠信是出乎天性自然，所述的事象與卦的背景相契。"月幾望，馬匹亡"，是陰盛陽失的象徵語，月亮代表陰柔，馬匹代表陽剛。六四是陰爻，而居陰位，陰盛而陽失，符合爻位的屬性。爻辭所述事象與卦旨及爻位意義基本一致，得出的結論是"无咎"，不會有災患出現。

九五爻辭"有孚攣如"，還見於《小畜》九五。攣如，謂連綿不斷而相互聯結，是守中誠信的鼎盛狀態，顯示得最為充分。這種狀態，與卦旨相契，與九五爻位的至尊屬性、九五爻位"飛龍在天，利見大人"的意義亦相符合，故斷語是"无咎"。

上九爻辭"翰音登于天"，是家雞飛上天空的景象。翰音，指用於祭祀的雄雞。雞有一定的騰飛能力，但要飛上天空難度較大，而且難以持久。雞而一飛沖天，並非出自天性本能，與卦的宗旨相違背。上九爻位的意義是警戒"亢龍有悔"事象的出現，雞飛上天空，正是亢龍有悔。爻辭所列事象與卦旨、爻位意義俱相違背,故得出的斷語是"貞凶"。雞飛狗跳是反常現象,進行占問所得出的結論當然是凶險。

上九是陽爻,翰音指用於祭祀的雄雞。雄雞好鬥,作為陽剛的象徵出現,與上九的陽爻屬性相應。上九是卦的最高位,所以,取象於雞飛上天空的事象以相配。

《中孚》卦辭稱"豚、魚吉",對於守中誠信美德所產生的正面效應加以肯定,但有限度。爻辭除初九以吉祥的斷語外,其餘各爻辭再也見不到吉、元亨之類斷語。在卦爻辭編纂者看來,守中誠信固然是一種美德,它的正面效應主要是免除災患方面,單靠這種美德行事很難元亨大吉。

考　辨

【豚、魚吉】語出卦辭。《周易》卦爻辭的豬、魚,都是作為陰柔的象徵物出現。《大畜》六五"豶豕之牙",《睽》上九"睽孤,見豕負塗",豬均象徵陰柔。《井》九二"井谷射鮒",鮒亦象徵陰柔。

【或鼓或罷】語出六三爻辭。罷指撤退、回返。《國語·吳語》:"夫吳之邊鄙遠者,罷而未至。"韋昭注:"罷,歸也。"《韓非子·說林上》:"樂羊罷中山,文侯賞其功而疑其心。"王先慎曰:"《吳語》韋注:'罷,歸也。'謂樂羊歸自中山也。"[①]這兩處的罷,指的都是返回。

《說文解字·网部》:"罷,遣有罪也。从网、能。网,罪网也。言有賢能而入网,即貰遣之。《周禮》曰:議能之辟是也。"段玉裁

---

① 陳奇猷:《韓非子新校注》,上海古籍出版社,2009年版,第479頁。

注:"《大司寇》職文。"罷的本義是遣返罪人,故有返回之義。

【翰音】語出上九爻辭。《禮記·曲禮下》:"凡宗廟祭祀之禮,牛曰一元大武,豕曰剛鬣,豚曰腯肥,羊曰柔毛,雞曰翰音。"翰音,是對祭祀所用雞的雅稱。

《説文解字·羽部》:"翰,天雞也。赤羽。从羽,倝聲。《逸周書》曰:'文翰若翬雉,一名鷐風,周成王時蜀人獻之。'"翰本指天雞,《説文解字·鳥部》:"鷸,雞肥翰音者也。从鳥,倝聲。魯郊以丹雞祝曰:'以斯翰音赤羽,去魯侯之咎。'"翰音,謂啼鳴聲音悠長,是整合天雞之稱而來。王筠《説文解字句讀》稱:"雉雞一類,故其肥而高聲者,皆謂之鷸音。"天雞,即雉,山雞。

小　過

䷽小過減損而過於中:亨,利貞。可小事,不可大事可做小事,不能成就大事。飛鳥遺 wèi 贈與,指從天空傳下之音,不宜上不宜向上,宜下,大吉。

初六:飛鳥以凶飛鳥有凶險。

六二:過拜訪其祖祖父,遇其妣祖母;不及沒有遇到其君,遇其臣。无咎。

九三:弗過防之不前往拜訪而進行阻攔。防,本指堤防,此指阻攔,從因此或可能戕 qiāng 殺害,此指遭到傷害之,凶。

九四:无咎(減損過於中)沒有災患。弗過遇之沒有拜訪而相遇,往厲必戒前行有危險,必須警戒。勿用永貞不能占問長久之事。

六五:密雲不雨,自我西郊。公弋取彼在穴公用帶絲綫的箭在穴中把它射中獲取。弋取,用帶有絲綫的箭射中獵取。

上六:弗遇過之沒有接觸而前往拜訪,飛鳥離離開之,凶,是謂災眚。

解　析

一、卦名和卦辭

卦名《小過》,是根據卦形而來。《小過》的卦形是中間為兩個陽爻,上下各兩個陰爻,是四陰爻分上下而兩陽爻居中,陰爻多而陽爻少,故稱《小過》。所謂的小,指陰爻而言。與《小過》相反,《大過》是四個陽爻而兩個陰爻,兩個陰爻分別居於卦的上下,中間是四個陽爻。所謂的大,指的是陽爻。

《小過》的得名是由陰爻多於陽爻,陰柔過盛而來,因此,所謂的過,指的是陰柔超過中限,顯得過多。對於卦的宗旨,卦辭做了明確的說明:"飛鳥遺之音,不宜上,宜下,大吉。"以飛鳥贈言的方式昭示,《小過》卦的宗旨是避上取下,是以減損為指向。正如《象》傳所言:"《小過》,君子以行過乎恭,喪過乎哀,用過乎儉。"這種概括是準確的,《小過》主張的是自我減損而過度的行為方式。

卦辭稱"亨,利貞。可小事,不可大事"。自我減損過度會通達,容易被社會所接納,同時利於占問。但是,以這種方式為人處事,只能用於小事,不能用於大事。那些關乎身家性命的大事、治國理政的安邦大計,不能運用過分減損自我的方式徹底解決。

對於《小過》的宗旨,《彖》傳的概括最為準確、具體。《彖》傳稱:"《小過》,小者過而亨也。"道出了卦名的含義。《雜卦》稱:

"《小過》,過也。"未能指出所謂過的具體內涵,顯得過於籠統。

《小過》與《中孚》是對卦,《中孚》的宗旨是守中而誠信,《小過》則是主張自我減損超過中限,達到過度狀態。守中還是過分,構成兩卦的對立結構。

二、爻位和爻辭

初六爻辭"飛鳥以凶",意謂飛鳥有凶險之事。卦辭明言宜下不宜上,飛鳥則是向高處提升自己。鳥往高處飛,飛鳥上行,明顯與卦的宗旨相違背。初六爻位的意義是"履霜堅冰至",不宜前行之義。鳥的起飛則正是前行,與爻位意義相悖。鳥起飛這個事象與卦旨、爻位意義均相違背,故斷語為凶。

六二爻辭是以拜訪對象的遇與不遇為題材。本來要拜謁祖父,遇見的卻是祖母;本來要見君主,遇到的卻是臣下。在當時的人際關係層次中,祖的地位高於妣,君高於臣。實際見到的人,其地位明顯低於想要拜訪的對象,是對心理預期的一種減損。接受這種事實,合乎卦的"宜下不宜上"的宗旨。六二爻位的意義是"直、方、大,不習无不利",意謂不踐履陽剛之行。祖母與祖父相對而言,妣屬陰;臣下相對於君主而言,臣屬陰。因此,見到祖母、臣下而未能接觸到祖父、君主,是遇柔而離剛,與六二爻位的屬性及意義是一致的。爻辭提到的人際交往事象與卦旨、爻位意義皆相符合,因此,行為主體雖然沒有見到想要拜謁的對象,結局卻是无咎,不會有災患。當然,見到的是祖母和臣下,未能見到祖父和君主,所能辦成的只限於小事,而不可能是大事。

九三爻辭先是稱"弗過防之",不拜訪對方,反而對其進行遮攔,是很唐突無禮的行為,其中見到的不是謙恭之態,而是蠻橫之舉,與卦的宗旨明顯相悖。九三爻位的意義是"君子終日乾乾,夕惕若",可是"弗過防之"的行為方式已經背離君子乾乾的姿態,更見不到憂慮恐懼的心理，與爻位意義相去甚遠。"弗過防之"的行為方式與卦旨、爻位意義俱相違背，所以，招致的是凶險的結局。由於這種蠻橫無理的行為，可能要遭到對方的傷害。

防，本指堤防，在爻辭中指遮攔、阻攔，妨礙對方的行動。

九四爻辭的開頭是"无咎"，意謂以小過即自我減損過度的方式為人處事不會有災患。接著的"弗過遇之"指的是人際交往的偶然性。沒有進行拜訪卻不期而遇，缺少先期的交往基礎，未能事先向對方表達自己的謙恭友好，明顯疏離卦的宗旨。九四爻位的意義是"或躍在淵"，得其所宜居。而"弗過遇之"卻是遇其不宜遇，與爻位意義相違背。沒有拜訪卻不期而遇的事象游離卦旨，違背爻位意義，因此爻辭出示的斷語是"往厲必戒"，前行會有危險，一定要提高警惕。爻辭又稱"勿用永貞"，不期而遇帶有偶然性，事情突如其來、猝不及防，因此，不適於占問長久之事。言外之意，占問當下的事情還是適宜的。

六五爻辭"密雲不雨，自我西郊"，這是用象徵方式表達宜下不宜上的理念。密雲不雨，濃雲密布低垂之象，其中蘊涵大量水分，但是沒有降雨。這種現象是向人們暗示，下行才能有所蓄積。緊接著出現的是狩獵現象："公弋取彼在穴"。用帶有絲綫的箭射中了獵取對象，最終把它捕獲是在穴中，指的是幽深低下之處。這與密雲不雨意象所要表達的理念是一致的，即下行才能有所蓄積，與卦的宗旨相契合。六五爻位的意義是"黃裳，元吉"，意謂居尊位而以謙恭的姿態出現。爻辭的下行而蓄的意蘊，與爻位意義亦相一致。射獵而有獲，自然是吉利之事。這種吉利是根據爻辭所述事象與卦旨、爻位意義的相契而來的。

上六爻辭的"弗遇過之"，指的是事先與對方未曾有過接觸而貿然前去拜訪。上六是卦的最高位，自我減損過度的行為方式，到此也走向極端。素昧平生，事先未曾有過接觸而去拜訪，確實是謙恭到極點，但這種交往方式卻是對方無法理解和接受的。這種謙恭到極點的行為方式已經走到了反面。謙恭本來是表示順應對方、尊重對方，可是當謙恭發展到極點，就會變成把自己的意志強加於人，"弗遇過之"就是屬於這種情況，已與卦旨相違背。上六爻位的意義是"龍戰于野，其血玄黃"，警示盛陰犯陽現象的出現。"弗遇過之"在實際上成為對拜訪對象的觸犯，與上六爻位意義相違背。這種交往方式既違背卦旨，又與爻位意義相對立，當然不會有好的結局。"飛鳥離之"，以飛鳥的離開暗示拜訪對象的躲避、逃離，拒絕來訪。爻辭又稱"凶，是謂災眚"，把這種交往方式的危害性看得很重。

《小過》的爻辭均是以人際交往為綫索進行編排，其中涉及多種交往方式，對於減損過度的行為方式既有肯定又有限定，承認這種行為方式的可取，同時又提示不能發展到極端。《小過》卦有鮮明的道德色彩，與周禮的許多規定可以相互印證。

考　辨

【過其祖】語出六二爻辭。卦名《小過》，指自我減損過度。爻辭多次出現的過，指的則是探訪、拜謁，表示尊重對方，是一種謙恭的行為。

《戰國策·齊策四》敍述馮諼事蹟："於是乘其車，揭其劍，過其友。"《史記·魏公子列傳》："侯生又謂公子曰：'臣有客在市屠中，願枉車騎過之。"《漢書·韓信傳》："嘗過樊將軍噲，噲拜趨送迎。"以上出現的過字，皆指探訪。

【密雲不雨，自我西郊】語出六五爻辭，又見於《小畜》卦辭。密雲不雨，蓄積低垂之象。《小過》與《大過》相對，《小畜》與《大畜》相對。《小過》是陰盛過度，"可小事，不可大事"。《小畜》是小有蓄積,《大畜》是蓄積甚多。"密雲不雨"相關聯的事象,取其蓄積,取其向下、蓄積之義。

既　濟

☲☵既濟將渡過水域,指事情即將成功,已經接近完成。濟,渡水:亨,小利貞。初吉終亂開始吉利,最終出現禍亂。

初九:曳牽引其輪車輪,濡沾濕其尾,无咎。

六二:婦喪其茀 fú 車廂四周的蔽飾物,通常用鳥羽製成,勿逐,七日得。

九三:高宗殷高宗武丁。商朝第二十三任君主伐鬼方古代部落名,三年克之,小人勿用。

六四:繻 rú 有衣袽 rú 華美的衣服很多。繻,采繒為面料的衣服。袽,敗絮,指破舊衣服,終日戒整天處於警戒狀態。

九五:東鄰殺牛殺牛祭祀,不如西鄰之禴祭用普通飯菜進行的祭祀,較殺牛簡約,實受其福實實在在地承受福祉。

上六:濡其首沾濕人的頭部,厲。

解　析

一、卦名和卦辭

卦名《既濟》,意為將要渡過水域,亦即事情將要結束,已經接近於完成。既：將要、接近之義。對於卦名的含義，《雜卦》稱："《既濟》，定也。"把既濟釋為已經完成。《彖》《象》的解釋大體相同，均未能還原卦名的本義。

卦辭稱"亨，小利貞"，事情接近完成，可以順通，但所占問的事情限於小有所利者，因為事情接近結束，不會再有大利可用於占問。卦辭又稱"初吉終亂"，這是發出警示，意謂事情開始階段順利，人們往往因此而放鬆應有的警惕，從而導致結尾階段出現禍亂。實際上也是勉勵人們在事情將要完成之際要繼續努力，取得圓滿的結局，而不能前功盡棄，這就是卦的宗旨。《詩經·大雅·蕩》稱："靡不有初，鮮克有終。"《既濟》卦所要表達的正是這於慎終的理念，從中可以看出周人根深蒂固而又源遠流長的憂患意識。

二、爻位和爻辭

初九爻辭"曳其輪，濡其尾"，這是駕車渡水出現的場面。在即將到達對岸之際，車輛前行艱難，於是，人們只好從車上下來在水中拖拉車輪，以便使車輛繼續前行，到達彼岸。這種做法合乎卦的慎終宗旨，是要最後階段盡最大的努力。初九爻位的意義是"潛龍勿用"，水中牽引車輪與爻位的意義有所背離，但這是迫不得已而為之，是出於無奈，與主動地採取措施還是有區別的。鑒於曳輪事象與卦旨、爻位意義的複雜關係，爻辭出示的結果是人的尾部被沾濕，沒有出現災患，是比較好的結局。

初九位於卦的最底部，故爻辭以身體尾部當之。

六二爻辭"婦喪其茀"，是在車輛接近對岸時發生的另一件事，車廂前後的蔽飾喪失，婦女坐在車內。車廂蔽飾的喪失並沒有影響前進的速度，因為車內的婦女沒有進行尋找，這種選擇符合卦的宗旨，是在最後階段努力向前推進。六二爻位的意義是"直、方、大，不習无不利"，意謂不要踐履陽剛之行。婦女對失去的車廂蔽飾不去尋找,這種做法合乎六二爻位的意義。爻辭最後出示的結果是車的蔽飾在七天后得到,顯然,這不是失而復得,而是重新配置了車廂的蔽飾。這種吉利的結局,是由於婦女不去尋找失物,使車輛繼續前行而獲得的成果,是與卦旨、爻位意義相一致的緣故。

九三爻辭敘述殷高宗武丁伐鬼方,三年取得戰爭勝利的歷史事實。戰爭進行了三年才取得勝利,是武丁在戰爭最後階段仍然堅持不懈的結果,合乎卦的宗旨。九三爻位的意義是"君子終日乾乾,夕惕若。厲,无咎"。高宗伐鬼方,是乾乾之象。戰爭結束之後總結的教訓是"小人勿用",這類重大的軍事行動不能讓普通平民擔當重任,屬於"夕惕若"。戰爭進行得很艱苦,三年才見分曉,可謂是"厲,无咎",雖危險而無災患。爻辭符合卦旨和九三爻位的意義,結局是吉利的。《師》上六亦稱:"大君有命,開國承家,小人勿用。"所總結的也是戰爭的教訓,可與《既濟》九三爻辭相互印證。

六四爻辭是"繻有衣袽,終日戒"。雖然擁有華美的服裝,卻穿著破舊的衣服,終日懷著戒備的心理。繻指華美服裝,有,謂數量多,富足,但尚未達到大有的程度。《周易》的《大有》,卦名是特別富足之義。已經富足還繼續過著艱苦樸素的生活,會使財富更加增多,最後達到特別富足的大有狀態,這種做法完全符合卦的宗旨。這位貴族之所以能夠富日子當窮日子過,是因為他懷有深重的憂患意識,每天都在提醒自己,這正是卦辭所強調的慎終理念。六四爻位的意義是"括囊,无咎无譽"。有衆多華美的服裝不肯穿,並且繼續積累財富,向著極其富有的目標推進,這正是括囊之象。六四爻辭敘述的事象與卦旨、爻位意義均相符合,預示將會有圓滿的結局。

九五爻辭的意義與六四爻辭有重合之處,都是崇尚節儉,而忌諱鋪張浪費。殺牛祭祀,是最隆重的典禮,並非每種祭祀都要如此。對於可以採用簡約祭品的禮典,奉獻普通飯菜也就可以了。

這樣做的結果是經濟上付出有限,卻同樣能夠得到神靈的佑助。祭祀的關鍵在於內心的誠信,而不是祭品的豐厚。這是提醒人們,在即將取得成功之際,必須以誠信為本,尚儉務實,以最小的付出得到最大的回報。禴祭合乎卦的"小利貞"的宗旨,也是慎終理念的體現。

九五是陽爻,殺牛是除剛之象,與爻位屬性相抵觸,故被否定。

上六爻辭"濡其首",是呼應初九爻辭的"濡其尾",都是針對人體而言。人首被沾濕,是車輛在水中繼續前行的結果,合乎卦的宗旨。上六居於卦的最高位,故以人首當之。上六爻位的意義是"龍戰于野,其血玄黃",警戒陰盛犯陽現象的出現。頭部被水沾濕,正是以柔克剛、以陰侵陽,與上六爻位意義相違背。綜合"濡其首"事象與卦旨相契而與爻位意義相悖的事實,爻辭給出的斷語是厲,處在危險之中。上六是卦的最高位,車輛行進至此,已經距離彼岸極近。可是爻辭仍然把它設置在險境之中,而沒有讓車輛登上彼岸。這種設置向人們昭示,事情越是接近結束,所遭遇的艱難和風險往往更多更大。要想取得圓滿的結局,在最後階段必須付出極大的努力。

全卦六條爻辭,有三條爻辭以乘車渡水為背景,形成首尾照應的格局,是以渡水即將到達彼岸的階段,象徵事物即將結束時的艱難。中間穿插的三條爻辭,都是圍繞事情發展後期所採取的應對措施而編排。

考　辨

【既濟】出自卦名。《易傳》對於卦名所做的解釋,或不夠確切,或定性有誤。近代學者對於《既濟》所做的解釋,基本是把它視為已然之義。這是最常見的解釋,並且得到普遍認可。然而,從

《既濟》卦爻辭中見不到渡水已竟的事象，因此也就談不上事已成功。對於卦名的誤解，關鍵是用常見的意義去解釋既字，而忽略了它的本義。

《說文解字·皀部》："既，小食也。從皀，旡聲。《論語》曰：'不使勝食既。'"對此，王筠《說文解字句讀》做了如下解釋：

> 《鄉黨》文。食既猶《中庸》之"既廩"，皆復語也。今本作氣，氣古餼字，仍是復語。非氣臭之氣。《聘禮》注："古文既為餼。是知氣、既一字。"①

既字的本義是小食，即將飽而未飽，由此衍生出即將之義。《臨》六三："既憂之，无咎。"既，謂將要到達預定的登臨高度，仍是指將至而未至之義。《坎》九五的"祇既平"，指的是恰值將要治獄審判，既，指的也是將要、接近。《既濟》，指的是將要渡過水域，即將完成之義，而不是指已然之事。

【婦喪其茀】語出六二爻辭。茀，或作髴、紱，古注或釋為"鬒髮"，或釋為"婦人之首飾"，或釋為"婦人之蔽膝"②，均未得其旨。對此，黃壽祺、張善文先生寫道：

> 茀，音弗，古代貴族婦女所乘車輛上的蔽飾。《詩經·衛風·碩人》"翟茀以朝"，孔穎達疏："茀，車蔽也，婦人乘車不露

---

① 王筠：《說文解字句讀》，第180頁。
② 李道平：《周易集解纂疏》，第529頁。

見,車之前後設障以自隱蔽,謂之茀。"①

此解甚為恰當。《既濟》初九、六二均以乘車渡水為背景,所喪失者為車上之物,符合爻辭的語境。

【繻有衣袽】語出六四爻辭。《説文解字·系部》:"繻,繒采色,从系,需聲。讀若《易》'繻有衣'。王筠在《説文解字句讀》中寫道:

> 《既濟》六四:"繻有衣袽。"下文絮引《易》"需有衣絮"。此當依之,不嫌與需聲復者,此需讀若繻,故今本依聲改為繻。鄭注《考工記》引作"繻有衣絮",亦可見。②

繻有衣袽,或作繻有衣絮,袽即絮。繻指采色繒,屬於帛類絲織品,這裏代指華貴的服裝。絮,或用亂絲為之,或用亂麻為之,這裏代指破舊的衣服。對於"繻有衣袽",李道平做了如下解釋:"夫'繻有衣袽'者,謂采繒而繼以敗衣,已盛將衰,《既濟》過中之象也。"③繻為華貴之服,袽為破舊衣服,古今學者對此的看法比較一致,關鍵是如何看待二者之間的關聯。《既濟》並非大功告成之義,因此,談不上已盛將衰之象。既濟是將近結束渡水,將成未成之際,"繻有衣袽"乃是慎終之舉,富有而節儉度口。有,謂富有。《大有》卦名即取此義。

---

① 黄壽祺、張善文:《周易譯注》,上海古籍出版社,2001年版,第515頁。
② 王筠:《説文解字句讀》,第521—522頁。
③ 李道平:《周易集解纂疏》,第532頁。

未　濟

☲☵未濟昧於渡水，意謂不熟悉成就事業之道。未，謂昧，幽暗，引申為不瞭解、不熟悉：亨。小狐汔將要濟，濡其尾，无攸利。

初六：濡其尾，吝。

九二：曳其輪，貞吉。

六三：未濟，征凶，利涉大川。

九四：貞吉，悔亡。震人名，周君或周臣用因为伐鬼方，三年（歷經）三年，有賞于大國得到大國的獎賞。

六五：貞吉，无悔。君子之光有孚，吉。

上九：有孚于飲酒飲酒有誠信，无咎。濡其首（飲酒）滿頭是汗，有孚失是有誠信但失去了正當性。

解　析

一、卦名和卦辭

卦名《未濟》，亦即昧濟，昧於渡水，亦即對成就事業之道知之甚少，非常陌生，不知道如何取得成功。

《未濟》與《既濟》是對卦。《既濟》是以將要成功而尚未成功為背景，是在已有成就基礎上向前推進，卦的宗旨是在即將圓滿成功之前還有艱難險阻，必須有效地加以應對。《未濟》向人們暗示如何生存，怎樣才能有所成就。《周易》本經的自我定位是人生的教科書，因此，作為全書結尾的最後一組對卦，針對兩類不同的社會成員，分別做出事業、生存方面的指導。

卦辭"小狐汔濟，濡其尾"，是昧於成功之道的鮮明體現。狐狸尾巴很發達，也最引人注目。狐狸渡水，必須把毛茸茸的尾巴抬起，以免被水沾濕而使身體沉沒。小狐狸沒有渡水經驗，在渡水即將開始時尾巴被沾濕，從而無法渡水。卦辭稱"无攸利"，指的就是小狐因無法渡水，不能到達預期目標。

卦辭開始稱"亨"，意謂昧於有所成就也可以通達，可以選擇適於自己的生存方式。從古至今，真正有所成就的社會精英畢竟是少數。對於大多數社會成員來說，即使昧於有所成就，但是如果能夠進行自我調適，也會順通地生活。

二、爻位和爻辭

初六爻辭"濡其尾"是由卦辭而來，指的是小狐狸在渡水之前尾巴被沾濕。這個事象合乎卦的背景，但與卦的宗旨稍有背離，因為小狐狸的行為不利於應對現實。初六爻位的意義是"履霜堅冰至"，不宜前行。狐狸沾濕了尾巴，不利於前行，無法渡水，與初六爻位的意義相符。爻辭的結論是"吝"，面臨艱難，這個斷語是根據"濡其尾"事象與卦旨、爻位意義的關聯得出的。從實際情況考察，狐狸拖著一條濕尾巴，的確行走艱難。

初六是卦的最底位，故以狐尾當之。初六是陰爻，"濡其尾"是沾濕之象。

九二爻辭"曳其輪"，也是昧於有所成就之象。車輛的前行依靠牽引車轅，牽引者可以是牛馬，也可以是人。至於推拉輪子而使車輛前行，是在遇到偶然情況下的特殊舉措。昧於前行之術而推拉車輪，這種行為方式不可取，但它畢竟能使車輛前行，是應對現實的一種欠佳的選擇,但與卦的宗旨並非相悖,而是有一致之處。斷語"貞吉",意謂應該通過占問,求得神諭,這樣就會吉利。

六三爻辭的前半部分是"未濟,征凶",指的是昧於有所成就而出兵作戰,結局是凶險的。對於這類人來說,選擇走向戰場是不明智的,因為他們沒有駕馭戰爭風雲的能力,這種做法違背卦的宗旨。六三爻位的意義是"含章可貞。或從王事,无成有終",有內斂,有跟隨,出兵作戰則有違於爻位的這種意義。出兵作戰事象與卦旨、爻位意義皆相違離,故斷語結局凶險。

六三爻辭的最後一句是"利涉大川",亦即利於踐履陰柔之行,這與出兵作戰的性質正好相反。對那些昧於有成就的人來說,以陰柔的行為方式處世,確實比較適宜,合乎卦的宗旨,但與爻位的意義不完全一致,所以沒有出示斷語,但結局還是較好的。

九四爻辭也分前後兩部分。開始稱"貞吉,悔亡",昧於有所成就而進行占問,是一種明智的選擇,是向神靈求助,合乎卦的宗旨,可以避免困厄。

爻辭後半部分敘述的是名為震的人立功受賞之事。他因為跟隨別人征討鬼方,歷時三年,最後受到殷商王朝的獎賞。六三爻辭稱"征凶",指的是領兵出征,這裏的震則是作為隨從出征,並不擔當要職。震能夠適應形勢的需要投身於戰場,合乎卦的宗旨。至於戰爭的成敗與否,爻辭並沒有交待。對於昧於有所成就的人而言,無論是進行占問,還是跟隨別人出征,都符合九四爻位"或躍在淵"所表達的意義,是居其所宜居。爻辭所述事象與卦旨、爻位意義均相符合,最終的結局或是吉、無悔,或是受到獎賞,都是比較好的。

六五爻辭的前半部分是"貞吉,无悔",與九四爻辭的開頭基本一致,是以占問的方式彌補本身昧於有所成就的缺欠,合乎卦的宗旨。六五爻辭的後半部分是"君子之光有孚",君子放射的光輝有誠信,當然會受到人們的擁戴,這合乎卦的宗旨,是以誠信彌補自身昧於有所成就的不足。無論是占問,還是讓内心的誠信充分地加以表現,都符合六五爻位"黄裳,元吉"所表達的意義,顯示的是位尊而謙下的形象。爻辭所述事象與卦旨、爻位意義均相一致,故得出的斷語是吉、无悔。

上九爻辭先是説"有孚于飲酒,无咎",對那些昧於有所成就的人來説,能誠信地進行飲酒,可以在人際關係交往中得到認可,不失為一種適宜的生存方式。上九爻位的意義是警示"亢龍有悔",誠信地飲酒,與爻位意義不相違背,再加上符合卦旨,故斷語稱"无咎"。對人以誠信相待不會出現災患。

上九爻辭的"濡其首"是承前而來,誠信地飲酒達到超常的地步,以至於滿頭大汗,這就顯得過分,屬於"亢龍有悔"。這種意象也表明,這類誠信的酒徒確實昧於有所成就之道,把握不住自己,容易失控,不知道事情獲得成功對於度的規定。

綜觀《未濟》卦的爻辭,由於是針對昧於有所成就的人群所發,所以,其中提到的應對現實的舉措屬於保守型的,目的是用於自全其身。九二、九四、六五爻辭都稱"貞吉",把向神靈求卜占問作為處世良方,帶有明顯的依賴性。除此之外,六三爻辭提到利涉大川,六五、上九都提到有孚,這兩類行為方式都是柔性的,對自身起著保護作用。

《未濟》與《既濟》是對卦,爻辭多有相同者。但是,相同的爻辭,所表達的意義卻存在明顯的差異。《既濟》初爻辭的"曳其輪",是在渡水將到達對岸之際,因車輛前行艱難,而以人力助行,這種做法顯得執著而笨拙。《既濟》爻辭的"濡其尾""濡其首"都是針對駕車渡水的人員而言;《未濟》卦的"濡其尾"明確指出是小狐,上九的"濡其首"指的則是飲酒的人。有些事象在不同的卦中反復出現,這在《周易》本經是常見的。至於這些通用部件的功能在各卦中保持一致，還是有所變化，是值得注意的重要問題。

考　辨

【未濟】出自卦名。關於卦名，孔穎達稱："《未濟》者，未能濟渡之名也。"把未解釋為未能，未濟即未能渡過水域，沒有達到目標。

未，應釋為昧，暗昧不明之義。《淮南子·天文訓》："未，昧也。"這是直接以昧釋未。《漢書·律曆志》："昧薆於未。"顔師古注："薆，蔽也。"班固還是把未、昧視為同義詞，遮蔽幽暗之義。《釋名·釋天》："未，昧也。日中則昃向幽昧也。"對此，王先謙寫道：

　　《釋名》此語蓋用《易》義，為比例之詞，以申昧字之旨。言物理無常，盛極將衰，如日將昃，漸向幽昧。《漢志》言昧薆，亦即此義。①

《淮南子》《漢書》《釋名》，作為漢代幾部重要著作，都是以昧釋未，把它釋為幽暗、遮蔽。在十二地支中未排在第八位，按照時辰推算，未時確實是太陽開始西斜，由明轉暗的時段。《尚書·無逸》稱文王"自朝至日中昃，不遑暇食"，孔安國傳："從朝至日昳不暇食。"孔穎達稱："日昳為未。"昳，即昃，太陽西斜之時。

未字有幽暗之義，與它的構形直接相關。《說文解字·未部》："未，昧也，六月滋味也。五行木老於未，象木重枝葉也。"段玉裁注：

　　《天文訓》曰："木生於亥，壯於卯，死於未。"此即昧薆之說

---

①　王先謙：《釋名疏證補》，中華書局，2008年版，第12頁。

也。老則枝葉重疊，故其字象之。①

《淮南子·天文訓》從不同的角度把未與昧相溝通，取其暗昧之義。許慎對此有所借鑒，以樹木的衰老、死亡解釋未字，和幽暗密切相關。未字的構形是樹的枝葉重疊之象，如此一來，則濃蔭遮地，是暗昧之象。未是昧的初文，它的本義是指遮蔽、幽暗，因此，十二地支把它列在第八位，用以對應光綫由明轉暗的時段。

未指暗昧不明，它的這種含義在《易·井》的卦辭中也可以見到："汔至，亦未繘井，羸其瓶，凶。"對此，《周易程氏傳》做了如下解釋：

汔，幾也。繘，綆也。井以濟用為功，幾至而未及用，亦與未下繘於井同也。②

程頤的解釋具有代表性，古今注家對於"亦未繘井"，多解釋為沒有用井繩汲水。可是，既然如此，為什麼會"羸其瓶"呢？井繩與汲水器具纏繞在一起，顯然，"亦未繘井"，指的是昧於從井裏汲水的技巧，不熟悉汲水的操作，以至於井繩和汲水器具纏繞在一起。未，指的是不明白、不熟悉，即暗之義。卦名《未濟》，指的不是沒有渡河，而是指昧於渡河，對此不熟悉，實指昧於事情的成功，很難有所造就。《萃》九五："大人虎變，未占有孚。"未占，昧於占問。

【小狐汔濟】語見於卦辭。狐狸渡水，是先民關注的事象之一。《詩經·衛風·有狐》共三章，各章首句如下："有狐綏綏，在彼淇梁。""有狐綏綏，在彼淇厲。""有狐綏綏，在彼淇側。"這幾句詩

---

① 段玉裁：《說文解字注》，第 746 頁。
② 程頤：《周易程氏傳》，第 275 頁。

用於起興。狐狸在水邊行走,顯然是想要渡水。

【震用伐鬼方,三年,有賞于大國】語出九四爻辭。高亨先生寫道:

> 震,當是人名,周君或周臣也。鬼方,國名。大國指殷國。《既濟》九三曰:"高宗伐鬼方,三年克之。"與此文所記為一事。蓋周人助殷伐鬼方,三年勝之,故殷王賞之。①

此説穩妥可從。《未濟》是把歷史故實納入爻辭,反應了殷周之間的關係。

---

① 高亨:《周易大傳今注》,第377頁。

徵引書目

孔穎達:《周易正義》,中華書局,1980年影印《十三經注疏》本。
李鼎祚:《周易集解》,中國書店,1987年影印本。
程頤:《周易程氏傳》,中華書局,2011年版。
李道平:《周易集解纂疏》,中華書局,1998年版。
高亨:《周易大傳今注》,齊魯書社,2000年版。
黄壽祺、張善文:《周易譯注》,上海古籍出版社,2001年版。
周振甫:《周易譯注》,中華書局,1991年版。
孔穎達:《尚書正義》,中華書局,1980年影印《十三經注疏》本。
王頊齡主纂:《書經傳說彙纂》,中華書局,1988年版《四部要籍注疏叢刊·尚書》。
孫星衍:《尚書今古文注疏》,中華書局,1986年版。
孔穎達:《毛詩正義》,中華書局,1980年影印《十三經注疏》本。
陳奂:《詩毛氏傳疏》,商務印書館,1993年版。
馬瑞辰:《毛詩傳箋通釋》,中華書局,1998年版《清人注疏十三經》(一)。
王先謙:《詩三家義集疏》,中華書局,1987年版。
高亨:《詩經今注》,上海古籍出版社,1980年版。
賈公彦:《周禮注疏》,中華書局,1980年影印《十三經注疏》本。
姜兆錫:《周禮輯義》,清雍正九年(1731)衙藏版。
孔穎達:《禮記正義》,中華書局,1980年影印《十三經注疏》本。
賈公彦:《儀禮注疏》,中華書局,1980年影印《十三經注疏》本。

孫希旦:《禮記集解》,中華書局,1998年版。

朱彬:《禮記訓纂》,中華書局,1996年版。

王聘珍:《大戴禮記解詁》,中華書局,1983年版。

孔穎達:《春秋左傳正義》,中華書局,1980年影印《十三經注疏》本。

楊伯峻:《春秋左傳注》,中華書局,2000年版。

徐彦:《春秋公羊傳注疏》,中華書局,1980年影印《十三經注疏》本。

楊士勳:《春秋穀梁傳注疏》,中華書局,1980年影印《十三經注疏》本。

朱熹:《四書章句集注》,中華書局,1983年版。

楊伯峻:《論語譯注》,中華書局,2000年版。

司馬遷:《史記》,中華書局,1982年版。

班固:《漢書》,中華書局,1962年版。

徐元誥:《國語集解》,中華書局,2002年版。

范祥雍:《戰國策箋證》,上海古籍出版社,2006年版。

黃懷信、張懋鎔、田旭東:《逸周書彙校集注》,上海古籍出版社,2008年版。

樓宇烈:《老子道德經注校釋》,中華書局,2010年版。

孫詒讓:《墨子閒詁》,中華書局,2001年版。

郭慶藩:《莊子集釋》,中華書局,2004年版。

黎翔鳳:《管子校注》,中華書局,2009年版。

王先謙:《荀子集解》,中華書局,1988年版。

陳奇猷:《韓非子新校注》,上海古籍出版社,2009年版。

陳奇猷:《呂氏春秋新校釋》,上海古籍出版社,2009年版。

劉文典:《淮南鴻烈集解》,中華書局,1989年版。

樓宇烈:《王弼集校釋》,中華書局,1980年版。

焦竑:《焦氏筆乘》,中華書局,2008年版。

郝懿行:《爾雅義疏》,上海古籍出版社,1983年版。

華學誠:《揚雄方言校釋匯證》,中華書局,2006年版。

段玉裁:《說文解字注》,上海古籍出版社,1981年版。
王筠:《說文解字句讀》,中華書局,2011年版。
朱駿聲:《說文通訓定聲》,中華書局,2011年版。
王先謙:《釋名疏證補》,中華書局,2008年版。
陸佃:《埤雅》,浙江大學出版社,2008年版。
于省吾:《甲骨文字釋林》,中華書局,1999年版。
王鳳陽:《古辭辨》,吉林文史出版社,1993年版。
尹黎雲:《漢字字源系統研究》,中國人民大學出版社,1998年版。
趙誠:《甲骨文簡明詞典——卜辭分類讀本》,中華書局,1988年版。
洪興祖:《楚辭補注》,中華書局,1983年版。
湯炳正、李大明、李誠、熊良智:《楚辭今注》,上海古籍出版社,1996年版。
袁珂:《山海經校注》,巴蜀書社,1996年版。
王國維:《觀堂集林》,中華書局,2006年版。
于省吾:《澤螺居詩經新證 澤螺居楚辭新證》,中華書局,2003年版。
顧頡剛:《〈周易卦爻辭〉中的故事》,《古史辨》第三册,上海古籍出版社,1982年版。

後　記

　　我初步接觸《周易》，是在上世紀八十年代初讀博期間。當時主要梳理十二爻位與卦名之間的關聯，屬於以數解《易》。後來又想從卦形的排列切入，找出六十四卦前後順序的由來，因為在《臨》《觀》二卦遇到無法逾越的障礙，遂無果而終。

　　1989年，東北師範大學古籍所吳楓先生主編《中華儒學通典》分給我的任務是撰寫《周易釋讀》。該書作為《中華儒學通典》的組成部分，1991年由海南出版公司刊行。

　　上世紀九十年代，我指導的博士生于雪棠、呂書寶相繼以《周易》為研究對象撰寫學位論文，後來陸續出版。至於我本人，除了以《周易釋讀》為教材講過幾輪研究生的選修課，沒有再寫《周易》方面的論文。2012至2013年期間，我在中國人民大學面臨退休。作為退休前的緩衝，學校派我到本校蘇州研究院任教。蘇州分校各方面條件都很好，我所承擔的課程時數不多，在這種情況下，使我有機會重操舊業，完成對《周易》本經的注解、翻譯、解析和考辨。

　　本人是電腦盲，所寫書稿由我的研究生田勝利、劉洋、黃剛、雷欣翰分別打印，最後由田勝利董理組裝，總體校對。此次提交書稿，由於體例上與出版社的要求不一致，又由雷欣翰逐條做了調整。對於四位博士生所付出的辛勞，我會永遠銘記。

　　感謝劉小楓教授將這本小書納入他所主編的《中國傳統：經典

與解釋》書系,也感謝華夏出版社接納拙著。但願此書不會是謬種流傳,誤人子弟,余亦幸甚。

李炳海

2015年端午於北京寓所

圖書在版編目（CIP）數據

周易古經注解考辨 / 李炳海著.--北京：華夏出版社，2017.1
（中國傳統：經典與解釋）
ISBN 978-7-5080-8926-3

Ⅰ.①周… Ⅱ.①李… Ⅲ.①《周易》－研究 Ⅳ.①B221.5

中國版本圖書館CIP數據核字(2016)第201391號

周易古經注解考辨

作　　者	李炳海
責任編輯	王霄翎
責任印制	劉　洋
出版發行	華夏出版社
經　　銷	新華書店
印　　刷	三河市少明印務有限公司
裝　　訂	三河市少明印務有限公司
版　　次	2017年1月北京第1版 2017年2月北京第1次印刷
開　　本	880×1230　1/32
印　　張	13
字　　數	310千字
定　　價	69.00元

華夏出版社　地址：北京市東直門外香河園北里4號　郵編：100028
網址：www.hxph.com.cn　電話：(010)64663331(轉)
若發現本版圖書有印裝質量問題，請與我社營銷中心聯繫調換。

西方传统：经典与解释
Classici et Commentarii
HERMES
刘小枫◎主编

古今丛编

孟德斯鸠的自由主义哲学——《论法的精神》疏证
[美]潘戈 著

莫尔及其乌托邦
[德]考茨基 著

试论古今革命
[法]夏多布里昂 著

托兰德与激进启蒙
刘小枫 编

图书馆里的古今之战
[英]斯威夫特 著

但丁：皈依的诗学
[美]弗里切罗 著

在西方的目光下
[英]康拉德 著

大学与博雅教育
董成龙 编

探究哲学与信仰——基尔克果与苏格拉底
[美]郝岚 著

民主的本性——托克维尔的政治哲学
[法]马南 著

梅尔维尔的政治哲学——《切雷诺》及其解读
李小均 编/译

席勒美学的哲学背景
[美]维塞尔 著

果戈里与鬼
[俄]梅列日科夫斯基 著

自传性反思
[德]沃格林 著

黑格尔与普世秩序
[美]希克斯 等著

新的方式与制度——马基雅维利的《论李维》研究
[美]曼斯菲尔德 著

科耶夫的新拉丁帝国
[法]科耶夫 等著

《利维坦》附录
[英]霍布斯 著

巨人与侏儒
[美]布鲁姆 著

或此或彼（上、下）
[丹麦]基尔克果 著

海德格尔式的现代神学
刘小枫 选编

双重束缚
[美]基拉尔 著

古今之争中的核心问题
——施米特的学说与施特劳斯的论题
[德]迈尔 著

论永恒的智慧
[德]苏索 著

宗教经验种种
[美]詹姆斯 著

尼采反卢梭
[美]凯斯·安塞尔–皮尔逊 著

舍勒思想评述
[美]弗林斯 著

诗与哲学之争
[美]罗森 著

神圣与世俗
[罗]伊利亚德 著

论古人的智慧
[英]培根 著

但丁的圣约书
[美]霍金斯 著

古典学丛编

雅典谐剧与逻各斯
——《云》中的修辞、谐剧性及语言暴力
[美]奥里根 著

莱园哲人伊壁鸠鲁
罗晓颖 选编

《劳作与时日》笺释
吴雅凌 撰

希腊古风时期的真理大师
[法]德蒂安 著

古罗马的教育
[英]葛怀恩 著

古典学与现代性
刘小枫 编

表演文化与雅典民主政制
[英]戈尔德希尔、奥斯本 编

西方古典文献学发凡
刘小枫 编

古典语文学常谈
[德]克拉夫特 著

古希腊文学常谈
[英]多佛 等著

撒路斯特与政治史学
刘小枫 编

希罗多德的王霸之辨
吴小锋 编/译

第二代智术师——罗马帝国早期的文化现象
[英]安德森 著

英雄诗系笺释
[古希腊]荷马 著

统治的热望
——修昔底德笔下的阿尔喀比亚德和帝国政治
[美]福特 著

论埃及神学与哲学——伊希斯与俄赛里斯
[古希腊]普鲁塔克 著

凯撒的剑与笔
李世祥 编/译

伊壁鸠鲁主义的政治哲学
[意]詹姆斯·尼古拉斯 著

修昔底德笔下的人性
[加]欧文 著

修昔底德笔下的演说
[美]斯塔特 著

古希腊政治理论
[美]格雷纳 著

神谱笺释
吴雅凌 撰

赫西俄德：神话之艺
[法]居代·德·拉孔波 等著

赫拉克勒斯之盾笺释
罗逍然 译笺

《埃涅阿斯纪》章义
王承教 选编

维吉尔的帝国
[美]阿德勒 著

塔西佗的政治史学
曾维术 编

古希腊诗歌丛编

诗歌与城邦
[美]费拉格、纳吉 主编

阿尔戈英雄纪（上、下）
[古希腊]阿波罗尼俄斯 著

俄耳甫斯教祷歌
吴雅凌 编译

俄耳甫斯教辑语
吴雅凌 编译

古希腊肃剧注疏集

希腊肃剧与政治哲学
[美]阿伦斯多夫 著

古希腊礼法

希腊人的正义观
[英]哈夫洛克 著

廊下派集

廊下派的城邦观
[英]斯科菲尔德 著

希伯莱圣经历代注疏

希腊化世界中的犹太人
[英]威廉逊 著

第一亚当和第二亚当
[德]朋霍费尔 著

新约历代经解

属灵的寓意
[古罗马]俄里根 著

基督教与古典传统

无执之道——埃克哈特神学思想研究
[德]文森 著

恐惧与战栗
[丹麦]基尔克果 著

托尔斯泰与陀思妥耶夫斯基
[俄]梅列日科夫斯基 著

论宗教大法官的传说
[俄]罗赞诺夫 著

海德格尔与有限性思想（重订版）
刘小枫 选编

上帝国的信息
[德]拉加茨 著

基督教理论与现代
[德]特洛尔奇 著

亚历山大的克雷芒
[意]塞尔瓦托·利拉 著

中世纪的心灵之旅——波纳文图拉神学著作选
[意]圣·波纳文图拉 著

德意志古典传统丛编

穆佐书简
[奥]里尔克 著

纪念苏格拉底——哈曼文选
刘新利 选编

夜颂中的革命和宗教——诺瓦利斯选集卷一
[德]诺瓦利斯 著

大革命与诗话小说——诺瓦利斯选集卷二
[德]诺瓦利斯 著

黑格尔的观念论
[美]皮平 著

浪漫派风格——施莱格尔批评文集
[德]施莱格尔 著

美国宪政与古典传统

美国1787年宪法讲疏
[美]阿纳斯塔普罗 著

品达注疏集

幽暗的诱惑——品达、晦涩与古典传统
[美]汉密尔顿 著

阿里斯托芬集

《阿卡奈人》笺释
[古希腊]阿里斯托芬 著

色诺芬注疏集

居鲁士的教育
[古希腊]色诺芬 著

色诺芬的《会饮》
[古希腊]色诺芬 著

柏拉图注疏集

哲学的奥德赛——《王制》引论
[美]郝兰 著

爱欲与启蒙的迷醉——论柏拉图的《会饮》
[美]贝尔格 著

为哲学的写作技艺一辩——《斐德若》疏证
[美]伯格 著

柏拉图式的迷宫——《斐多》义疏
[美]伯格 著

人应该如何生活
[美]布鲁姆 著

情敌
[古希腊]柏拉图 著

哲学如何成为苏格拉底式的
[美]朗佩特 著

苏格拉底与希琵阿斯
王江涛 编译

理想国
[古希腊]柏拉图 著

谁来教育老师——《普罗塔戈拉》发微
刘小枫 编

立法者的神学——柏拉图《法义》卷十绎读
林志猛 著

柏拉图对话中的神
[德]薇依 著

厄庇诺米斯
[古希腊]柏拉图 著

智慧与幸福——柏拉图的《厄庇诺米斯》
程志敏 选编

论柏拉图对话
[德]施莱尔马赫 著

柏拉图《美诺》疏证
[美]克莱因 著

政治哲学的悖论——苏格拉底的哲学审判
[美]郝岚 著

神话诗人柏拉图
张文涛 选编

阿尔喀比亚德
[古希腊]柏拉图 著

叙拉古的雅典异乡人——柏拉图《书简七》探幽
彭磊 选编

阿威罗伊论《王制》
[阿拉伯]阿威罗伊 著

《王制》要义
刘小枫 选编

柏拉图的《会饮》
[古希腊]柏拉图 等著

苏格拉底的申辩
[古希腊]柏拉图 著

苏格拉底与政治共同体
[美]尼科尔斯 著

政制与美德——柏拉图《法义》疏解
[美]潘戈 著

《法义》导读
[法]卡斯代尔·布舒奇 著

论真理的本质
[德]海德格尔 著

哲人的无知
[德]费勃 著

米诺斯
[古希腊]柏拉图 著

亚里士多德注疏集

品格的技艺
[美]加佛 著

亚里士多德哲学的基本概念
[德]海德格尔 著

《政治学》疏证
[意]托马斯·阿奎那 著

尼各马可伦理学义疏
——亚里士多德与苏格拉底的对话
[美]伯格 著

哲学之诗——亚里士多德《诗学》解诂
[美]戴维斯 著

对亚里士多德的现象学解释
[德]海德格尔 著

城邦与自然——亚里士多德与现代性
刘小枫 编

论诗术中篇义疏
[阿拉伯]阿威罗伊 著

哲学的政治——亚里士多德《政治学》疏证
[美]戴维斯 著

莎士比亚绎读

莎士比亚的历史剧
[英]蒂利亚德 著

莎士比亚笔下的爱与友谊
[美]布鲁姆 著

莎士比亚戏剧与政治哲学
彭磊 选编

莎士比亚的政治盛典
[美]阿鲁里斯/苏利文 编

丹麦王子与马基雅维利
罗峰 选编

洛克集

上帝、洛克与平等
[美]沃尔德伦 著

卢梭集

论哲学生活的幸福
[德]迈尔 著

致博蒙书
[法]卢梭 著

政治制度论
[法]卢梭 著

哲学的自传——卢梭的《孤独漫步者的遐思》
[法]卢梭 著

文学与道德杂篇
[法]卢梭 著

设计论证——卢梭的《社会契约论》
[美]吉尔丁 著

卢梭的自然状态
[美]普拉特纳 等著

卢梭的榜样人生——作为政治哲学的《忏悔录》
[美]凯利 著

莱辛注疏集

汉堡剧评
[德]莱辛 著

关于悲剧的通信
[德]莱辛 著

《智者纳坦》研究版
[德]莱辛 等著

启蒙运动的内在问题——莱辛思想再释
[美]维塞尔 著

莱辛剧作七种
[德]莱辛 著

历史与启示——莱辛神学文选
[德]莱辛 著

论人类的教育——莱辛政治哲学文选
[德]莱辛 著

尼采注疏集

尼采引论
[德]施特格迈尔 著

尼采与基督教——尼采的《敌基督》论集
刘小枫 编

尼采眼中的苏格拉底
[美]丹豪瑟 著

尼采的使命——《善恶的彼岸》绎读
[美]朗佩特 著

尼采与现时代——解读培根、笛卡尔与尼采
[美]朗佩特 著

动物与超人之间的绳索
[德]A.彼珀 著

施特劳斯集

苏格拉底问题与现代性[增订本]
——施特劳斯演讲与论文集:卷二
[美]列奥·施特劳斯 著

政治哲学与启示宗教的挑战
[德]迈尔 著

霍布斯的宗教批判
[美]列奥·施特劳斯 著

斯宾诺莎的宗教批判
[美]列奥·施特劳斯 著

门德尔松与莱辛
[美]列奥·施特劳斯 著

哲学与律法——论迈蒙尼德及其先驱
[美]列奥·施特劳斯 著

迫害与写作艺术
[美]列奥·施特劳斯 著

柏拉图式政治哲学研究
[美]列奥·施特劳斯 著

阅读施特劳斯
[美]斯密什 著

《会饮》讲疏
[美]列奥·施特劳斯 著

柏拉图《法义》的论辩与情节
[美]列奥·施特劳斯 著

什么是政治哲学
[美]列奥·施特劳斯 著

古典政治理性主义的重生
[美]列奥·施特劳斯 著

施特劳斯与流亡政治学
[美]谢帕德 著

犹太哲人与启蒙——施特劳斯演讲与论文集：卷一
[美]列奥·施特劳斯 著

回归古典政治哲学——施特劳斯通信集
[美]列奥·施特劳斯 著

隐匿的对话——施米特与施特劳斯
[德]迈尔 著

苏格拉底与阿里斯托芬
[美]列奥·施特劳斯 著

驯服欲望——施特劳斯笔下的色诺芬撰述
[法]科耶夫 等著

论僭政（重订本）——色诺芬《希耶罗》义疏
[美]施特劳斯科耶夫 著

施米特集

施米特对自由主义的批判
[美]麦考米特 著

宪法专政——现代民主国家中的危机政府
[美]罗斯托 著

施米特对自由主义的批判
[美]约翰·麦考米克 著

伯纳德特集

古典诗学之路（重订版）
——相遇与反思：与伯纳德特聚谈
[美]伯格 编

弓与琴（重订版）——从柏拉图解读《奥德赛》
[美]伯纳德特 著

神圣的罪业
[美]伯纳德特 著

大学素质教育读本

古典诗文绎读 西学卷·古代编（上、下）

古典诗文绎读 西学卷·现代编（上、下）

中国传统：经典与解释
Classici et Commentarii

华夏苇航

刘小枫　陈少明◎主编

《毛诗》郑王比义发微 / 史应勇 著
宋人经筵诗讲义四种 / [宋]张纲 等撰
道德真经藏室纂微篇 / [宋]陳景元 撰
道德真经四子古道集解 / [金]寇才质 撰
皇清经解提要 / [清]沈豫 撰
经学通论 / [清]皮锡瑞 著
药地炮庄 / [明]方以智 著
药地炮庄笺释·总论篇 / [明]方以智 著
青原志略 / [明]方以智 原编
冬灰录 / [明]方以智 著
冬炼三时传旧火 / 邢益海 编
松阳讲义 / [清]陆陇其 著
起凤书院答问 / [清]姚永朴 撰
周礼疑义辨证 / 陈衍 撰
《铎书》校注 / 孙尚扬 肖清和 等校注
韩愈志 / 钱基博 著
论语辑释 / 陈大齐 著
《庄子·天下篇》注疏四种 / 张丰乾 编
荀子的辩说 / 陈文洁 著
古学经子 / 王锦民 著
经学以自治 / 刘少虎 著
从公羊学论《春秋》的性质 / 阮芝生 撰

经典与解释辑刊（刘小枫 陈少明 主编）

1 柏拉图的哲学戏剧
2 经典与解释的张力
3 康德与启蒙
4 荷尔德林的新神话
5 古典传统与自由教育
6 卢梭的苏格拉底主义
7 赫尔墨斯的计谋
8 苏格拉底问题
9 美德可教吗
10 马基雅维利的喜剧
11 回想托克维尔
12 阅读的德性
13 色诺芬的品味
14 政治哲学中的摩西
15 诗学解诂
16 柏拉图的真伪
17 修昔底德的春秋笔法
18 血气与政治
19 索福克勒斯与雅典启蒙
20 犹太教中的柏拉图门徒
21 莎士比亚笔下的王者
22 政治哲学中的莎士比亚
23 政治生活的限度与满足
24 雅典民主的谐剧
25 维柯与古今之争
26 霍布斯的修辞
27 埃斯库罗斯的神义论
28 施莱尔马赫的柏拉图
29 奥林匹亚的荣耀
30 笛卡尔的精灵
31 柏拉图与天人政治
32 海德格尔的政治时刻
33 荷马笔下的伦理
34 格劳秀斯与国际正义
35 西塞罗的苏格拉底
36 基尔克果的苏格拉底
37 《理想国》的内与外
38 诗艺与政治
39 律法与政治哲学
40 古今之间的但丁

41 拉伯雷与赫尔墨斯秘学
42 柏拉图与古典乐教
43 孟德斯鸠论政制衰败
44 博丹论主权

刘小枫集

诗化哲学［重订本］
拯救与逍遥［修订本］
走向十字架上的真
这一代人的怕和爱［增订本］
现代性与现代中国：现代性社会理论绪论
沉重的肉身
圣灵降临的叙事［增订本］
罪与欠
西学断章
现代人及其敌人
儒教与民族国家
拣尽寒枝
施特劳斯的路标
重启古典诗学
共和与经纶
设计共和
古典学与古今之争
卢梭与我们
好智之罪：普罗米修斯神话通释
民主与爱欲：柏拉图《会饮》绎读
民主与教化：柏拉图《普罗塔戈拉》绎读
巫阳招魂：《诗术》绎读

编修［博雅读本］

凯若斯：古希腊语文读本［全二册］
古希腊语文学述要
雅努斯：古典拉丁语文读本
古典拉丁语文学述要
危微精一：政治法学原理九讲
琴瑟友之：钢琴与古典乐色十讲